高等职业教育财务会计类专业创新教材

会计信息系统应用

KUAIJI XINXI XITONG YINGYONG

（用友ERP-U8V15.1）（第二版）

刘鹏　张丽静　主编

东北财经大学出版社
Dongbei University of Finance & Economics Press
大连

图书在版编目（CIP）数据

会计信息系统应用（用友ERP-U8V15.1）/ 刘鹏，张丽静主编．—2版．—大连：东北财经大学出版社，2023.8（2024.8重印）
（高等职业教育财务会计类专业创新教材）
ISBN 978-7-5654-4879-9

Ⅰ.会… Ⅱ.①刘… ②张… Ⅲ.会计信息-财务管理系统-高等职业教育-教材 Ⅳ.232

中国国家版本馆CIP数据核字（2023）第134254号

东北财经大学出版社出版
（大连市黑石礁尖山街217号　邮政编码　116025）
网　　址：http://www.dufep.cn
读者信箱：dufep@dufe.edu.cn

大连图腾彩色印刷有限公司印刷　东北财经大学出版社发行

幅面尺寸：185mm×260mm　　字数：437千字　　印张：18.5
2023年8月第2版　　2024年8月第2次印刷

责任编辑：王天华　周　慧　　责任校对：慧　心
封面设计：原　皓　　版式设计：原　皓

定价：48.00元

教学支持　售后服务　　联系电话：（0411）84710309

第二版前言

高职高专的教育目标是培养技术技能人才，注重培养学生的实践动手能力、职业岗位能力、创新能力和解决实际问题能力。本教材以党的二十大精神为引领，全面贯彻党的教育方针，落实立德树人根本任务。

本教材以某工业企业真实的经济业务为原型，突出实践、注重实操，针对会计信息系统应用的教学规律和高职高专学生的特点，合理安排各项目教学内容，力求准确、简明、完整，体现“学以致用”“即学即用”的编写思路，强调基础知识和实践环节相结合，注重操作步骤与应用技巧相结合。

本教材依托用友ERP-U8V15.1平台，采用项目化教学的体例，以“项目”“任务”为纲，每个“任务资料”配以详细的“任务指导”以完成教学任务。引入多媒体资源“微课”，扫描二维码可以更清晰直观地学习操作视频。同时配以“特别说明”“深学践悟”栏目，强化学生专业技术积累和职业素养养成。学生学完本教材后，可以加深对软件操作技巧和原理的理解，融会贯通，从而提高专业水平。

本教材由长期从事高职高专“会计信息系统应用”课程教学的一线教师编写而成，并特邀企业实务专家进行指导。本教材由黑龙江职业学院刘鹏、张丽静担任主编，陈艳梅担任副主编，新道科技股份有限公司黑龙江分公司富艳娇负责全书的操作指导。具体编写分工如下：项目一和项目二由陈艳梅编写，项目三、项目四和项目五由于涵编写，项目六、项目七、项目八和项目九由刘鹏编写，项目十由张丽静编写。

本教材在出版的过程中得到了东北财经大学出版社有关领导和编辑的大力支持与帮助，在此一并感谢。由于编者的经验和水平有限，加之编写时间仓促，书中难免存在疏漏之处，恳请各相关教学单位和广大读者在使用过程中给予关注并提出改进意见，以便今后进一步修订和完善。

编　者

2023年8月

目 录

项目一

账套管理与权限分工

学习目标

掌握操作员的增加、修改与删除；
掌握账套的建立与修改；
掌握操作员权限的划分与数据备份；
了解我国会计发展史，增强文化自信。

企业背景资料

一、基本情况

企业名称：温州旭日家用纺织品有限公司（简称旭日公司）
经营范围：专门生产床上用品
法定代表人：李浩霖
开户银行：中国工商银行温州经济开发区支行
账号：1202023097050103202
币种：人民币
金额单位：元至角分
统一社会信用代码：91033010005374O322
地址：温州经济技术开发区丽水大道803号
电话及传真：0571-86138322
邮编：325000
生产组织与工艺流程：生产部下设一车间和二车间，一车间单步骤大量生产床单，二车间单步骤大量生产被套

二、操作员及权限分工

操作员及其分工见表1-1。

表1-1 操作员及其分工

操作员编号	操作员姓名	隶属部门	职务	操作分工
101	王琳	财务部	财务经理	账套主管
102	李秀杰	财务部	会计	总账系统、应收款管理系统、应付款管理系统、固定资产系统和薪资管理系统的全部权限
103	张可心	财务部	出纳	总账（出纳签字，出纳）

三、基本要求

（一）科目设置及辅助核算要求

日记账：库存现金、银行存款
银行账：银行存款

客户往来：应收票据、应收账款、预收账款

供应商往来：应付票据、应付账款、预付账款

个人往来：其他应收款

数量核算：原材料、库存商品

部门核算：管理费用

部门、项目核算：生产成本——直接材料、生产成本——直接人工、生产成本——制造费用

项目、数量核算：库存商品、主营业务收入、主营业务成本

（二）会计凭证的基本规定

录入或生成“记账凭证”均由指定的会计人员操作，含有“库存现金”和“银行存款”科目的记账凭证均需出纳签字。采用收、付、转凭证格式。对已记账凭证的修改，采用红字冲销法。为保证财务与业务数据的一致性，在业务系统生成的记账凭证不得在总账系统直接录入。根据原始单据生成记账凭证时，除特殊规定外不采用合并制单。

（三）结算方式

公司采用的结算方式包括现金结算、支票结算、托收承付、委托收款、银行汇票、商业汇票、电汇等。

（四）薪酬业务的处理

由公司承担并缴纳的养老保险、医疗保险、失业保险、工伤保险、生育保险、住房公积金分别按20%、10%、1%、1%、0.8%、12%的比例计算；职工个人承担的养老保险、医疗保险、失业保险、住房公积金分别按8%、2%、0.2%、12%的比例计算。按工资总额的2%计提工会经费，职工福利费按实际发生数列支，不超过工资薪金总额14%的部分在所得税汇算清缴时准予扣除；各类社会保险金当月计提，当月缴纳。按照国家有关规定，公司代扣代缴个人所得税，其费用扣除标准为5 000元。工资分摊合并制单。

（五）固定资产业务的处理

公司固定资产包括房屋及建筑物、运输工具、办公设备，均为在用状态；采用平均年限法按月计提折旧。

（六）存货业务的处理

公司存货主要包括床单、被套等。各类存货按照实际成本核算。

（七）税费的处理

公司为增值税一般纳税人，增值税税率为13%，按月缴纳；按当期应交增值税的7%计算城市维护建设税、按当期应交增值税的3%计算教育费附加、按当期应交增值税的2%计算地方教育附加；企业所得税税率为25%。

（八）坏账损失的处理

除应收账款外，其他的应收款项不计提坏账准备。每年年末，按应收账款余额百分比法计提坏账准备，提取比例为0.5%（月末视同年末）。

（九）损益类账户的结转

每月末将各损益类账户余额转入“本年利润”账户，结转时按收入和支出分别生成记账凭证。

（十）利润分配

根据公司章程，公司税后利润按以下顺序及规定分配：（1）弥补亏损；（2）按10%提取法定盈余公积；（3）按30%向投资者分配利润。

任务一　增加用户

一、任务资料

用户基本信息见表1-2。

表1-2　用户基本信息

编码	用户姓名	部门	所属角色
101	王琳	财务部	财务经理
102	李秀杰	财务部	会计
103	张可心	财务部	出纳

二、任务指导

（一）以系统管理员admin的身份登录系统管理

1. 登录系统

执行“开始”→“程序”→“新道U8+”→“系统管理”命令，进入系统管理窗口，执行“系统”→“注册”命令，打开“登录”对话框，如图1-1所示。单击“确定”按钮，以系统管理员admin的身份进入系统管理。

图1-1　系统管理窗口

【特别说明】系统中预先设定了一个系统管理员“admin”，第一次运行时，系统管理员密码为空。

2. 修改密码

为了保证系统的安全性，在“登录”对话框中，可以设置或更改管理员的密码。如设置系统管理员密码为1234的操作步骤如下：

（1）选中“修改密码”复选框，单击“登录”按钮。

（2）打开“设置操作员密码”对话框，在“新密码”和“确认新密码”后面的输入区中均输入“1234”，如图1-2所示。

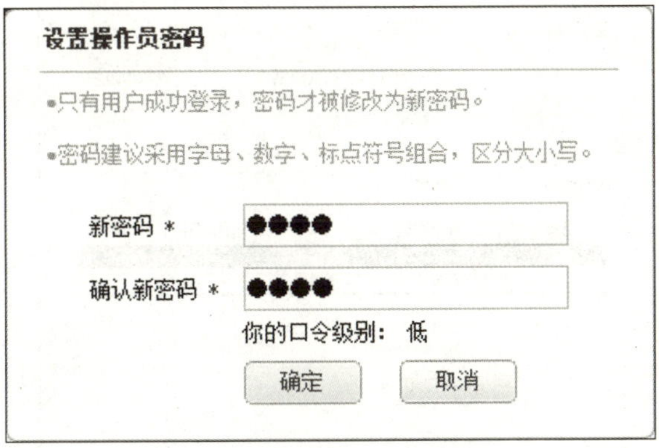

图1-2 设置操作员密码

（3）单击“确定”按钮，返回系统管理。

【特别说明】①一定要牢记设置的系统管理员密码，否则无法以系统管理员的身份进入系统管理，也就不能执行账套数据的引入和输出。②考虑实际教学环境，建议不要设置系统管理员密码。③如果实训室的学生机安装了还原卡，可以让学生设置密码。

微课

增加用户

（二）增加用户

1. 执行“权限”→“用户”命令，打开“用户管理”窗口，如图1-3所示。

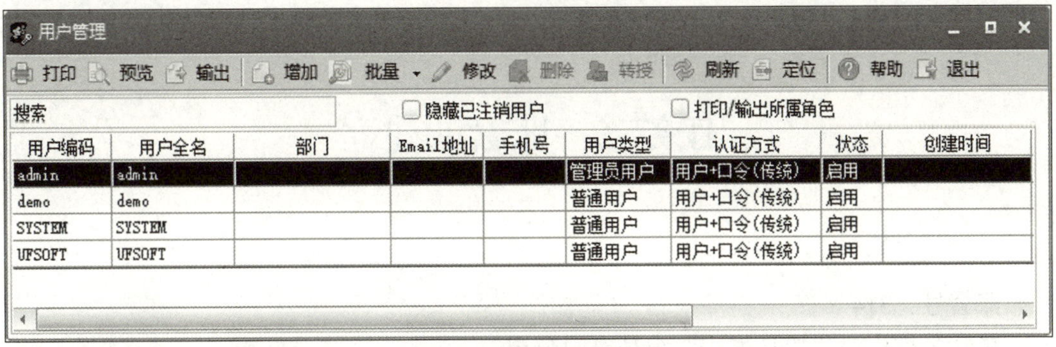

图1-3 用户管理窗口

2. 单击工具栏上的“增加”按钮，打开“操作员详细情况”对话框，按任务资料填写“王琳”的信息，即“101”“王琳”，所属角色勾选“账套主管”复选框，如图1-4所示。继续单击“增加”按钮，分别输入“李秀杰”“张可心”的信息。

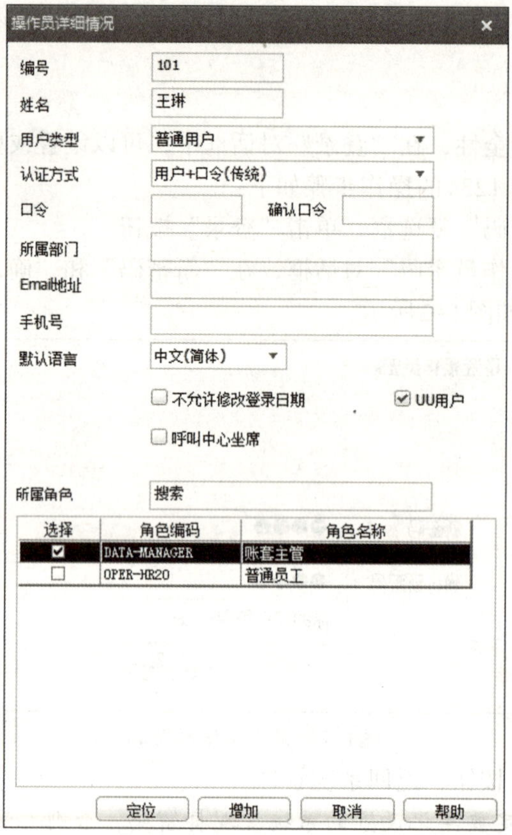

图1-4　操作员详细情况

3.输入结束后，单击“取消”按钮，返回“用户管理”窗口，所有操作员以列表方式显示。最后单击工具栏上的“退出”按钮，返回“系统管理”窗口。

【特别说明】①只有系统管理员才有权限设置角色及其用户。②设置用户口令时，为保密起见，输入的口令以“*”号在屏幕上显示。所设置的操作员一旦被引用，便不能被修改和删除。

任务二　账套的建立

一、任务资料

账套号：314

账套名称：温州旭日家用纺织品有限公司

企业类型：工业企业

行业性质：2007年新会计准则科目

基础信息：存货分类、客户分类、供应商不分类、无外币核算

编码方案：科目编码级次4-2-2-2

数据精度：采用系统默认

启用系统：总账、固定资产、薪资管理、应收款管理、应付款管理

启用日期：2024年1月1日

二、任务指导

（一）创建账套

执行“账套”→“建立”命令，选择“建账方式”：“新建空白账套”，对话框如图1-5所示。

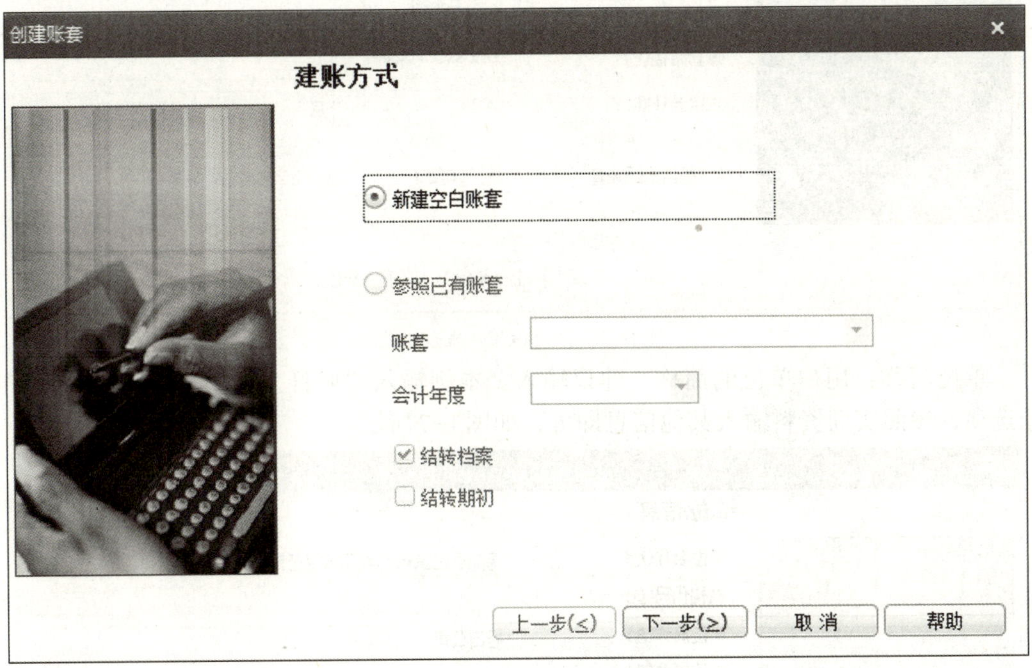

图1-5　创建账套-建账方式

（二）输入账套信息

已存账套：系统将已存在的账套以下拉列表框的形式显示，用户只能查看，不能输入或修改。

账套号输入“314”。账套名称输入“温州旭日家用纺织品有限公司”。

账套路径：用来确定新建账套将要被放置的位置，系统默认的路径为D：\U8SOFT\Admin，可以利用“…”按钮进行参照输入。

启用会计期：必须输入。系统默认为计算机的系统日期所在月份，本例为“2024年1月”。输入完成后，单击“下一步”按钮，如图1-6所示。接着进行单位信息设置。

（三）输入单位信息

单位名称：用户单位的全称，必须输入。单位全称只在打印发票时使用，其余情况全部使用单位简称。本例输入“温州旭日家用纺织品有限公司”。

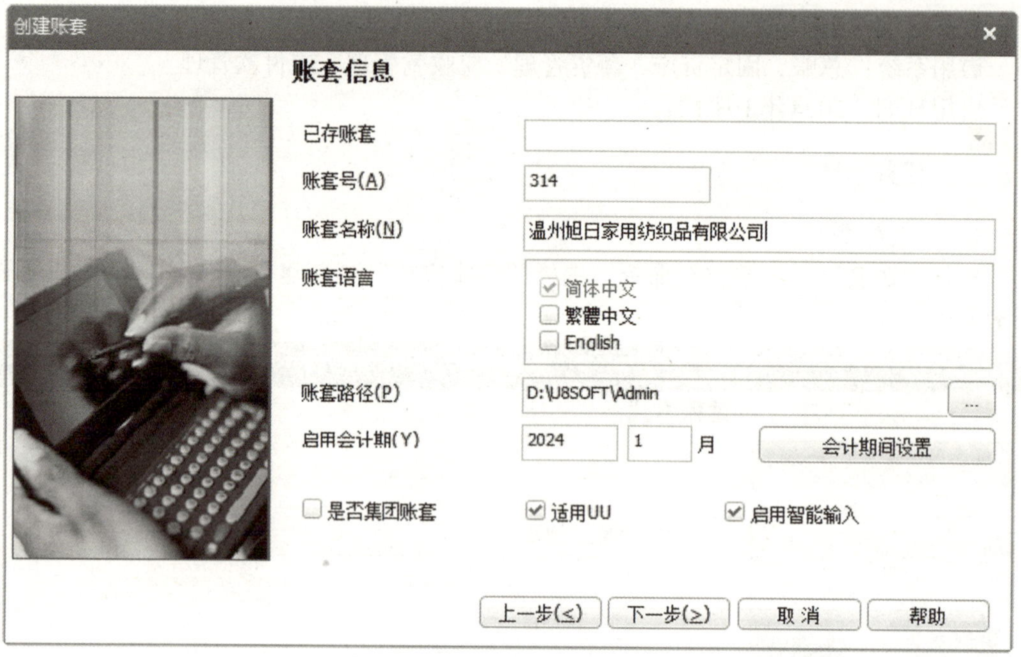

图1-6 创建账套-账套信息

单位简称：用户单位的简称，建议输入。本例输入“旭日公司”。其他栏目都属于任选项，参照实训资料输入其他信息即可，如图1-7所示。

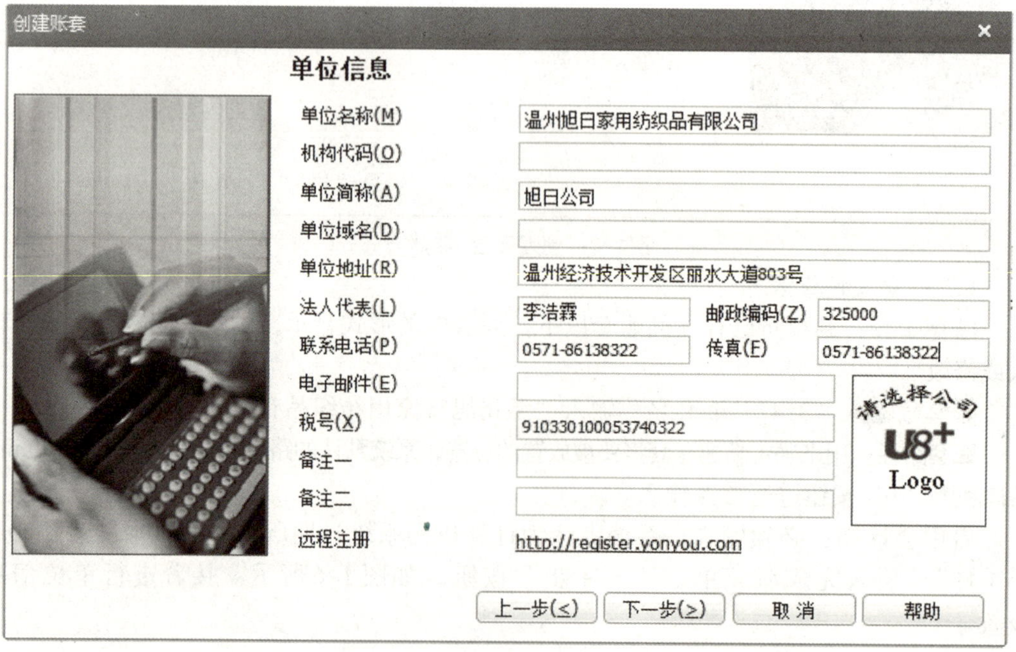

图1-7 创建账套-单位信息

输入完成后，单击“下一步”按钮，进入“核算类型”窗口，如图1-8所示，进行核算类型设置。

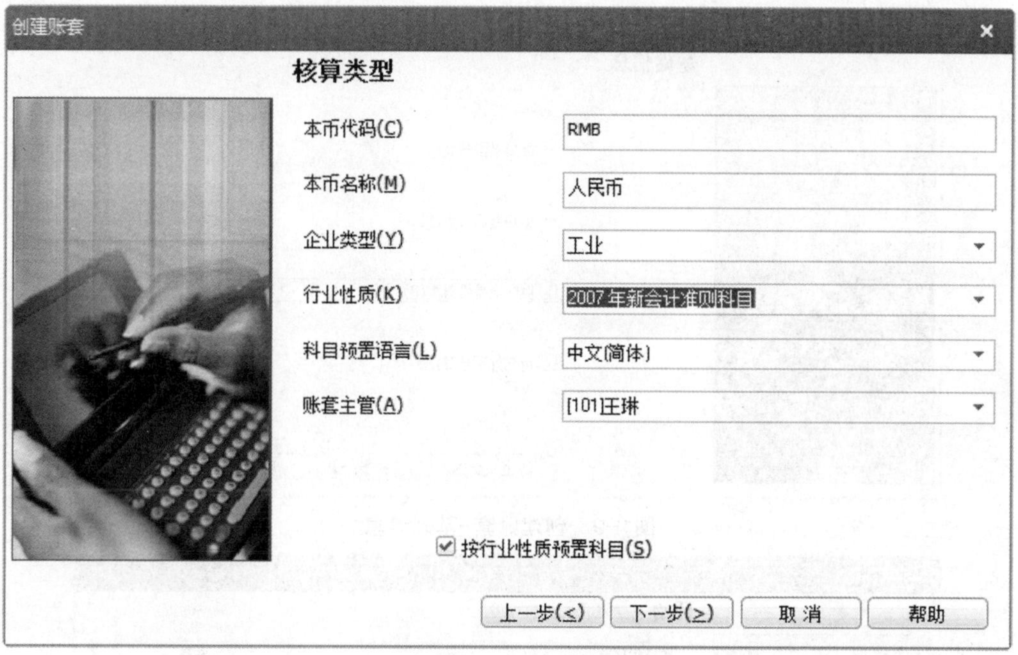

图1-8　创建账套-核算类型

（四）输入核算类型

1. 本币代码：必须输入。本例采用系统默认值 “RMB”。

2. 本币名称：必须输入。本例采用系统默认值“人民币”。

3. 企业类型：用户必须从下拉列表框中选择输入。系统提供了工业、商业两种类型。如选择工业类型，则系统不能处理受托代销业务；如果选择商业类型，可以处理委托代销和受托代销业务。本例选择“工业”。

4. 行业性质：用户必须从下拉列表框中选择输入，系统按照所选择的行业性质预置科目，本例选择行业性质为“2007年新会计准则科目”。

5. 账套主管：必须从下拉列表框中选择输入。本例选择“［101］王琳”。

6. 按行业性质预置科目：如果用户希望预置所属行业的标准一级科目，则选中该复选框，本例选择“按行业性质预置科目”。

7. 单击“下一步”按钮，进行基础信息设置。

（五）确定基础信息

如果单位的存货、客户、供应商相对较多，可以对它们进行分类核算。如果此时不能确定是否进行分类核算，也可以在建账完成后，由账套主管在“修改账套”功能中设置分类核算。

按照本例要求，选中“存货是否分类”“客户是否分类”复选框，如图1-9所示，单击“下一步”按钮。进入“准备建账”窗口，如图1-10所示，点击“完成”按钮。

系统提示“可以创建账套了么？”如图1-11所示，单击“是”按钮。稍候，进入“分类编码方案”窗口。

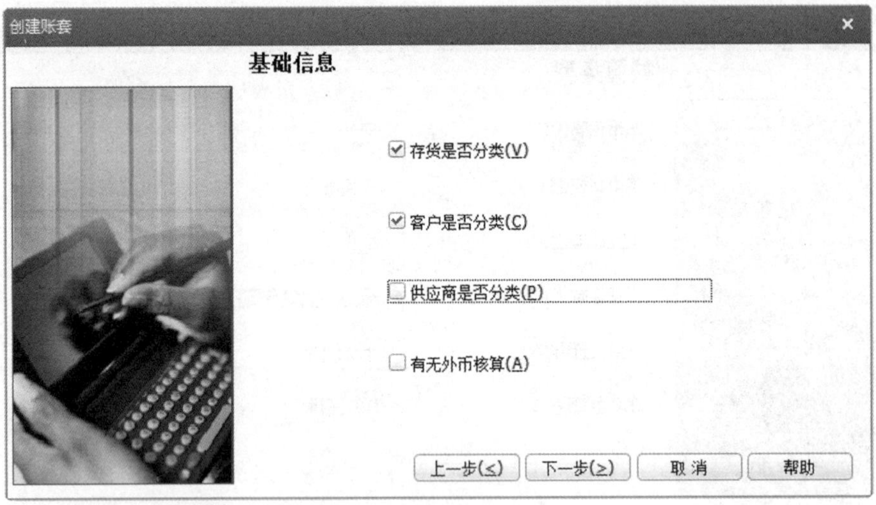

图1-9　创建账套-基础信息

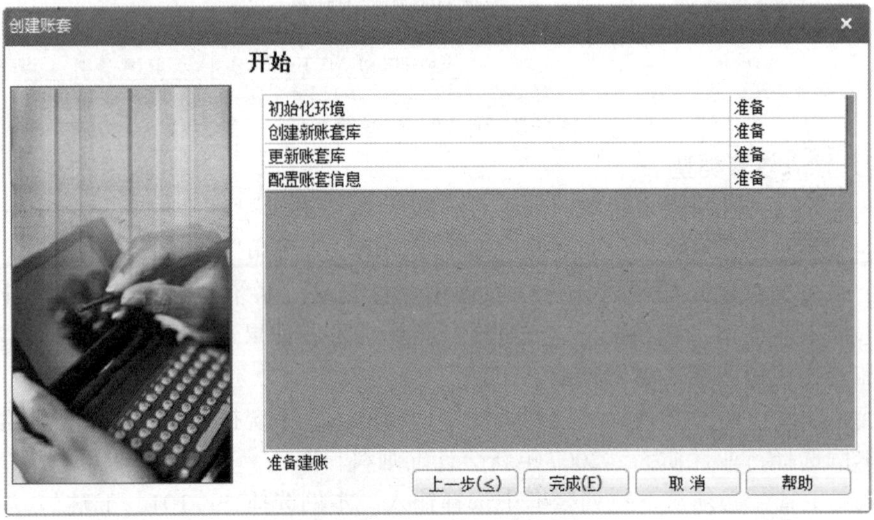

图1-10　创建账套-准备建账

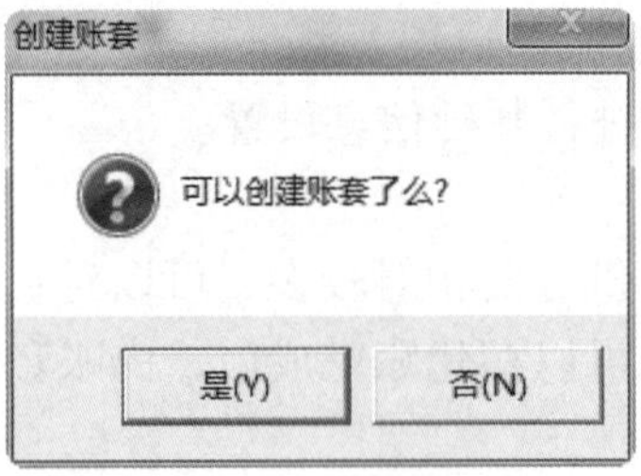

图1-11　创建账套

（六）确定分类编码方案

为了便于对经济业务数据进行分级核算、统计和管理，系统要求预先设置某些基础的编码规则，即规定各种编码的级次及各级的长度。按实训资料所给内容修改系统默认值，科目编码级次：4222，客户分类编码级次：234，部门编码级次：12，其他为默认值，如图1–12所示。单击“确定”按钮保存设置后，单击“取消”按钮退出编码方案，进入“数据精度定义”界面。

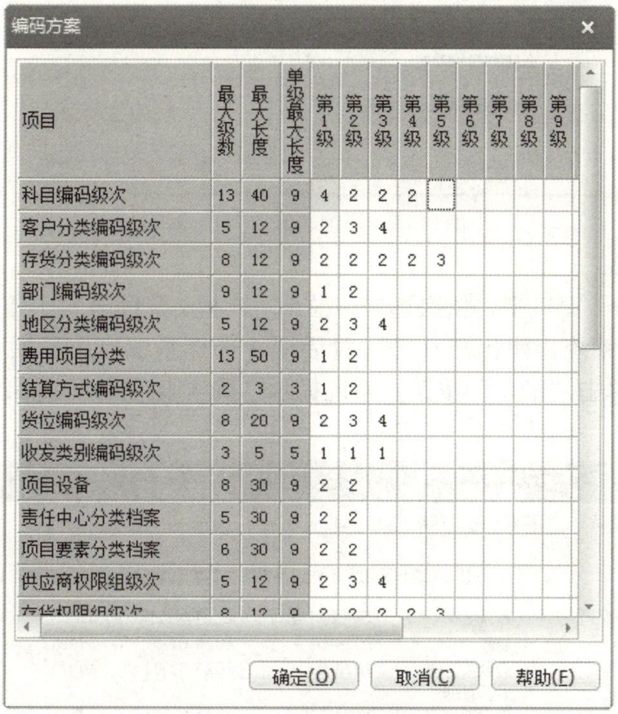

项目	最大级数	最大长度	单级最大长度	第1级	第2级	第3级	第4级	第5级	第6级	第7级	第8级	第9级
科目编码级次	13	40	9	4	2	2	2					
客户分类编码级次	5	12	9	2	3	4						
存货分类编码级次	8	12	9	2	2	2	2	3				
部门编码级次	9	12	9	1	2							
地区分类编码级次	5	12	9	2	3	4						
费用项目分类	13	50	9	1	2							
结算方式编码级次	2	3	3	1	2							
货位编码级次	8	20	9	2	3	4						
收发类别编码级次	3	5	5	1	1	1						
项目设备	8	30	9	2	2							
责任中心分类档案	5	30	9	2	2							
项目要素分类档案	6	30	9	2	2							
供应商权限组级次	5	12	9	2	3	4						
存货权限组级次	8	12	9	2	2	2	2	3				

图1–12　编码方案窗口

（七）数据精度定义

数据精度是指定义数据的小数位数，如果需要进行数量核算，必须认真填写该项。本例中：存货数量、存货单价、开票单价、件数、换算率及税率的小数位数均为2，如图1–13所示。

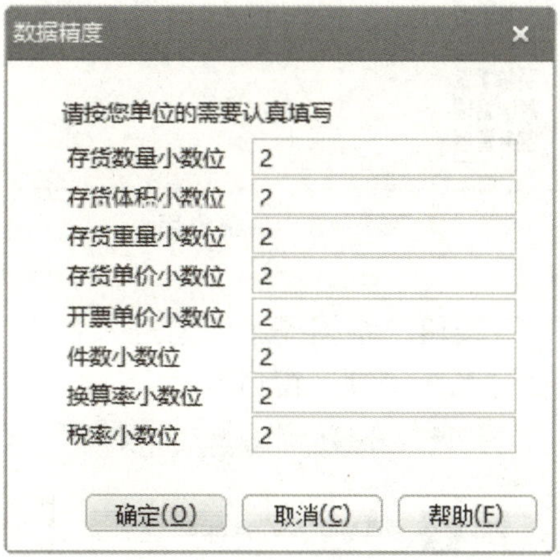

图1–13　数据精度定义对话框

单击“确定”按钮，系统弹出“创建账套”提示框，如图1–14所示。单击“是”按钮，进入“系统启用”窗口。

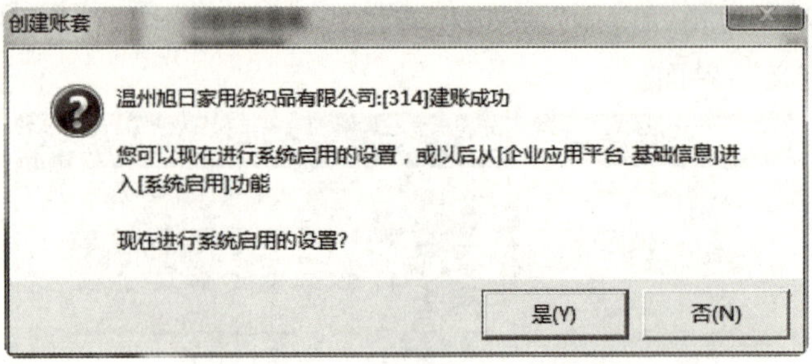

图1-14　“创建账套”提示框

（八）启用系统

在“系统启用”窗口中，依次选中“总账”“应收款管理”“应付款管理”“固定资产”“薪资管理”系统，弹出“日历”对话框，选择系统启用日期为“2024-01-01”，如图1-15所示，单击“确定”按钮，系统提示“确实要启用当前系统吗？”单击“是”按钮返回。

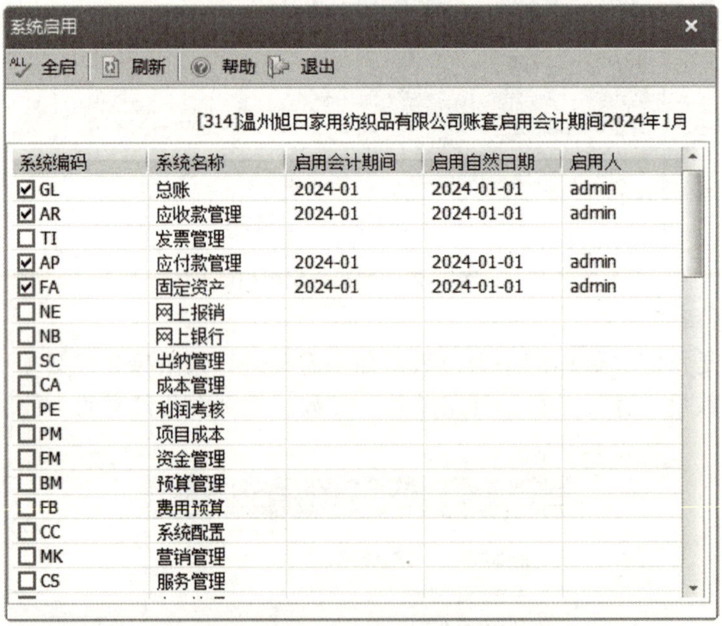

系统编码	系统名称	启用会计期间	启用自然日期	启用人
☑ GL	总账	2024-01	2024-01-01	admin
☑ AR	应收款管理	2024-01	2024-01-01	admin
☐ TI	发票管理			
☑ AP	应付款管理	2024-01	2024-01-01	admin
☑ FA	固定资产	2024-01	2024-01-01	admin
☐ NE	网上报销			
☐ NB	网上银行			
☐ SC	出纳管理			
☐ CA	成本管理			
☐ PE	利润考核			
☐ PM	项目成本			
☐ FM	资金管理			
☐ BM	预算管理			
☐ FB	费用预算			
☐ CC	系统配置			
☐ MK	营销管理			
☐ CS	服务管理			

微课

启用系统

图1-15　系统启用

（九）退出系统

单击工具栏上的“退出”按钮，系统提示“请进入企业应用平台进行业务操作!”，如图1-16所示，确定后返回“系统管理”窗口。

图1-16　“系统管理”提示框

【特别说明】编码方案、数据精度、系统启用项目也可以由账套主管在“企业应用平台”→“基础信息”→“基本信息”中进行修改。

任务三　设置权限

微课

设置权限

一、任务资料

操作员分工见表1-3。

表1-3　操作员分工

操作员编号	操作员姓名	隶属部门	职务	操作分工
101	王琳	财务部	财务经理	账套主管
102	李秀杰	财务部	会计	总账系统、应收款管理系统、应付款管理系统、固定资产系统和薪资管理系统的全部权限
103	张可心	财务部	出纳	总账（出纳签字，出纳）

二、任务指导

1. 在“系统管理”窗口中执行“权限”→“权限”命令，进入“操作员权限”窗口，如图1-17所示。

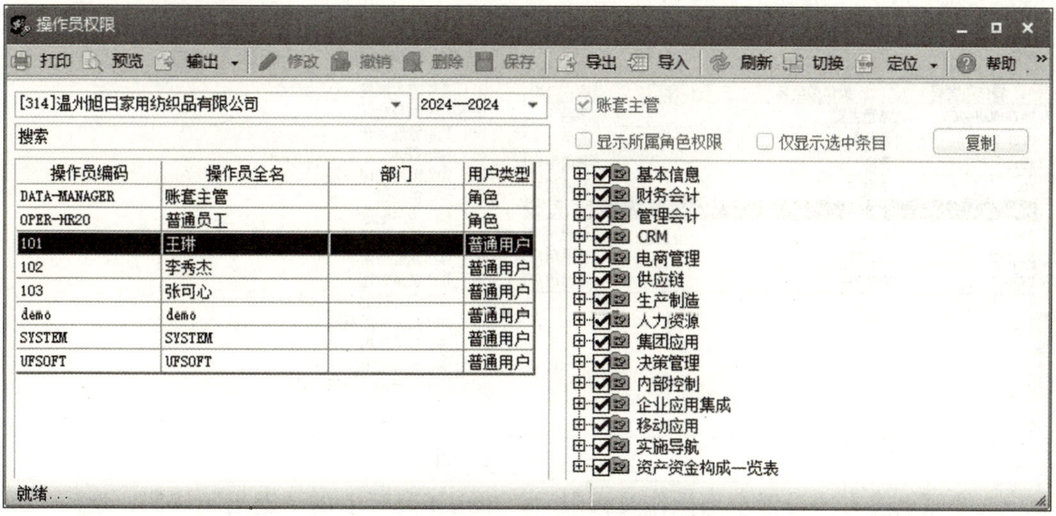

图1-17　操作员权限1

2. 选择“102 李秀杰”，单击工具栏上的“修改”按钮，打开“增加和调整权限”对话框，选中“财务会计—总账”“财务会计—应收款管理”“财务会计—应付款管理”“财务会计—固定资产”“人力资源—薪资管理”，单击“保存”按钮，如图1-18所示。

图1-18 操作员权限2

【特别说明】一个账套可以设定多个账套主管。账套主管自动拥有该账套的所有权限。

3.选择“103张可心”，单击工具栏上的“修改”按钮，打开“增加和调整权限”对话框，单击“财务会计—总账”前的“+”图标，选择“凭证”下的“出纳签字”权限，选择“出纳”的全部权限，单击“保存”按钮，如图1-19所示。

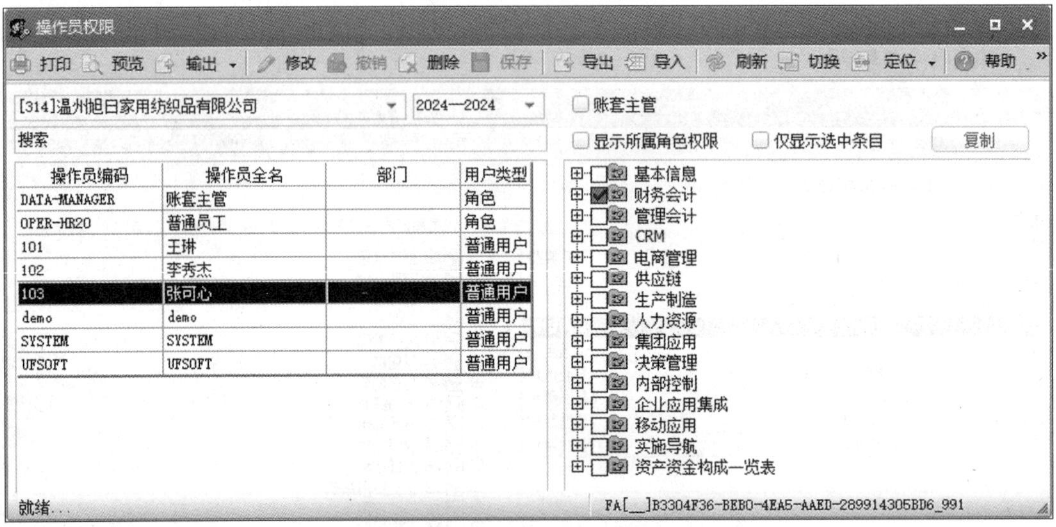

图1-19 操作员权限3

4.按照上述方法设置全部操作员权限后，单击工具栏上的“退出”按钮，返回“系统管理”窗口。

【特别说明】为了保证系统运行安全、有序，适应企业精细化管理的要求，权限管理必须向更细、更深的方向发展。用友U8V15.1管理系统提供了权限的集中管理功能。除了提供用户对各模块操作权限的管理之外，还相应地提供了金额的权限管理和对于数据的字段级和记录级的控制，不同的组合方式使得权限控制更加灵活、有效。功能权限的分配在系统管理中的“权限”→“权限”中设置，数据级权限和金额级权限在“企业应用平台”→“基础信息”→“数据权限”中进行设置，且必须在系统管理的功能权限分配之后才能进行。

任务四　账套管理

一、任务资料

1.2024年1月1日，请输出“温州旭日家用纺织品有限公司”账套至“D：\314账套备份\”文件夹中保存。

2.2024年1月1日，请将“314温州旭日家用纺织品有限公司”账套引至“C：\U8SOFT\Admin”文件夹中。

3.2024年1月1日，请以账套主管“101王琳”的身份登录【系统管理】，修改“温州旭日家用纺织品有限公司”账套的基础信息。

二、任务指导

（一）账套备份

1.以系统管理员admin的身份注册进入【系统管理】。

2.执行“账套”→“输出”命令，打开“账套输出”对话框，选择需要输出的账套314，单击“…”选择输出文件位置，如图1-20所示。

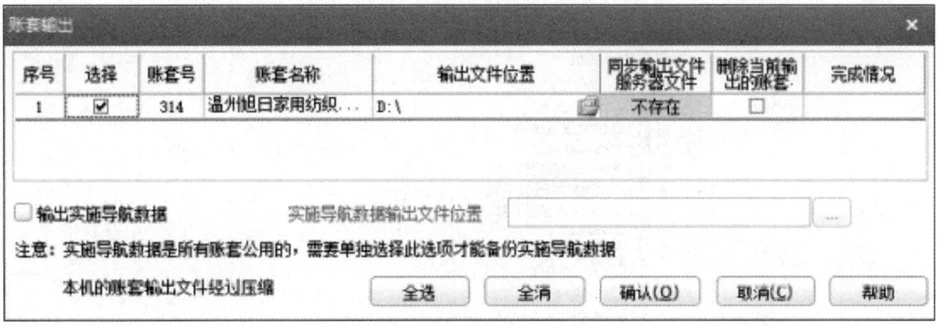

图1-20　账套输出

3.单击“确认”按钮，系统进行账套数据输出，完成后，弹出提示“输出成功”，如图1-21所示，单击“确定”按钮。

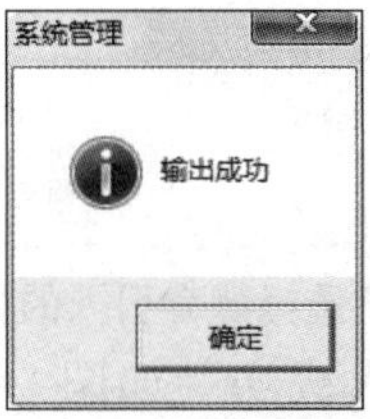

图1-21　“输出成功”提示框

（二）账套引入

1. 以系统管理员admin的身份注册进入【系统管理】。

2. 执行“账套”→“引入”命令，打开“账套引入”对话框，找到待引入账套的存储地址，单击“确定”按钮，如图1-22所示。

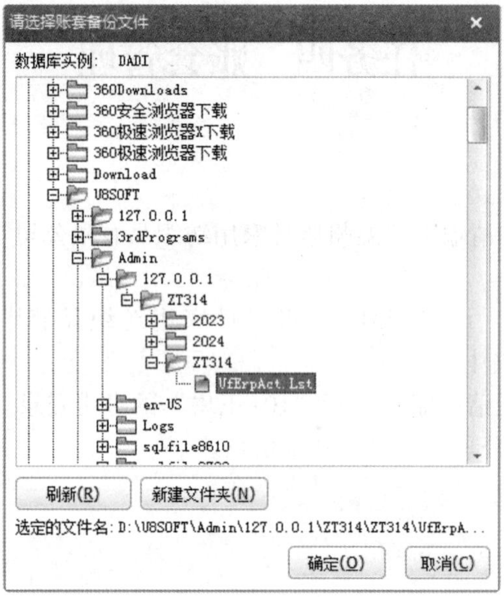

图1-22　“请选择账套备份文件”对话框

3. 系统会自动将账套数据引至系统中，系统弹出“请选择账套引入的目录”对话框，选择引入目录，如图1-23所示，单击“确定”按钮。

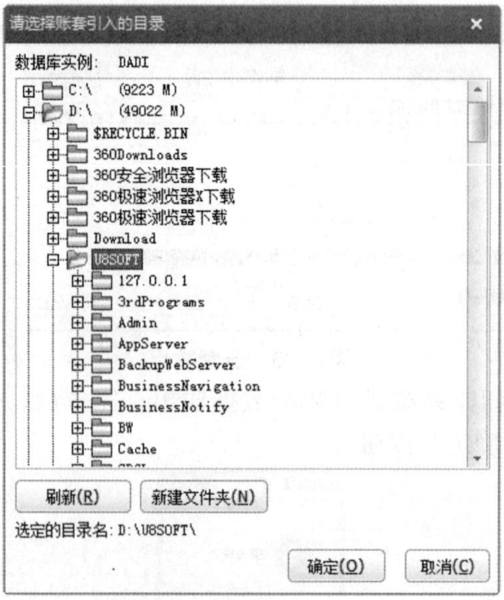

图1-23　“请选择账套引入的目录”对话框

4. 引入完毕，系统会提示“引入成功”如图1-24所示。单击“确定”按钮完成账套引入。

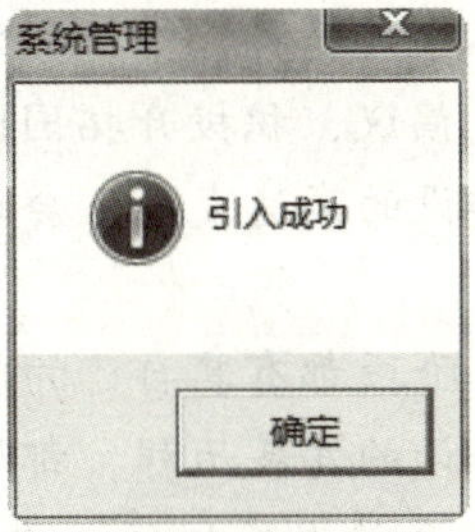

图1-24　“账套引入成功！”提示框

（三）账套修改

以账套主管“101王琳”的身份登录【系统管理】，执行“账套”→“修改”命令，打开“账套信息”窗口，进行相应修改。

深学践悟

从“结绳记事”到“会计信息化”

中国历史源远流长，早在原始社会末期，人们为记录劳动成果的数量就采用了“结绳记事”“刻契计数”等方法，这是人类会计的雏形。独立的会计职能出现于西周时期，西周王朝设立了“司书”“司会”等专门从事会计工作的官吏之职，来管理国家和地方的钱粮赋税。“会计”一词最早出现在西周，清代学者焦循所著《孟子正义》一书对“会计”一词解释为“零星算之为计”“总合算之为会”。

随着经济的发展，到唐宋时期，我国会计方法又有了新的发展，创建和运用了“四柱结算法”，“四柱”的内容包括“旧管”、“新收”、“开除”和“实在”。其含义分别相当于现代会计中的“期初结存”、“本期收入”、“本期支出”和“期末结存”。“四柱”之间的关系是“旧管＋新收－开除＝实在”，相当于现代会计账户中最基本的关系式“期初结存＋本期收入－本期支出＝期末结存”。运用“四柱结算法”编制的报告当时称为“四柱清册”。“四柱结算法”开始主要运用于官厅之中，后来也逐渐运用于民间商业活动之中。

明末清初出现了龙门账，龙门账将账目划分为“进”、“缴”、“存”和“该”四大类，运用“进－缴＝存－该”的平衡公式，分别编制“进缴表”和“存该表”。这两表计算的盈亏应该相等，称为“合龙门”。到清代又产生了“天地合账”，它要求一切账项都要在账簿上记录两笔，既登记“来账”，又登记“去账”。其账簿分上下两格，垂直书写。上格记“收”称为“天”，下格记“付”称为“地”。其上下两格所计数额必须相等，称为“天地合”。“四柱清册”“龙门账”“天地合账”是我国历史上极具特色的传统中式簿记。

随着经济的发展和科技的进步，会计制度逐渐完善。各种会计组织建立，会计手段由当初的手工会计逐渐发展为电算化会计，会计的管理职能也越来越重要，形成了新的学科体系，这些都标志着“经济越发展，会计越重要”。党的二十大为我国经济发展擘画了美好的蓝图，全面贯彻党的二十大精神，坚持新发展理念，构建新发展格局，积极践行国家战略部署和“一带一路”倡议，积极开拓国际业务，为全面建设社会主义现代化国家贡献力量。随着国家经济建设的高速发展，会计工作在经济建设中不可或缺的作用越发显现其特有的重要性。

我国会计产生与发展的每一个阶段都有其自己的特征，会计史就是一部人类文明发展史，从我国古代会计到信息化会计的发展历程，都展示着历史与现实社会变革的丰硕成果。会计史的研究不仅在于揭示会计发展规律，更在于要让人们严格遵守会计准则，培养严谨的工作作风和敬业精神，养成良好的职业习惯，同时增强文化自信，增强文化自信和爱国情怀。

资料来源：王芳．会计史就是一部人类文明发展史［N］．上海证券报，2021-07-01.

项目二

基础信息设置

学习目标

掌握部门、人员档案的设置；
掌握客户、供应商分类与档案设置；
掌握财务相关信息的处理；
严肃财经纪律，增强红线意识，坚持底线思维，杜绝账外账。

任务一　机构人员设置

一、任务资料

（一）部门档案

部门档案见表2-1。

表2-1　部门档案

编号	名称
1	财务部
2	经理室
3	采购部
4	销售部
5	生产部
501	一车间
502	二车间
6	仓储部

（二）人员类别

人员类别见表2-2。

表2-2　人员类别

人员类别编码	人员类别名称
1011	企业管理人员
1012	采购人员
1013	销售人员
1014	车间管理人员
1015	生产工人

（三）人员档案

人员档案见表2-3。

表2-3　　人员档案

人员编码	人员名称	性别	行政部门	雇佣状态	人员类别	是否业务员	业务或费用部门
101	王琳	女	财务部	在职	企业管理人员	是	财务部
102	李秀杰	女	财务部	在职	企业管理人员	是	财务部
103	张可心	女	财务部	在职	企业管理人员	是	财务部
201	苏晓晨	女	经理室	在职	企业管理人员	是	经理室
301	安琪	女	采购部	在职	采购人员	是	采购部
302	郑丽佳	女	采购部	在职	采购人员	是	采购部
401	宋燃	女	销售部	在职	销售人员	是	销售部
402	李译	女	销售部	在职	销售人员	是	销售部
501	刘云萱	男	一车间	在职	车间管理人员	是	一车间
502	刘向禹	男	一车间	在职	生产工人	是	一车间
503	杨帆	男	一车间	在职	生产工人	是	一车间
504	马向东	男	二车间	在职	车间管理人员	是	二车间
505	李响	女	二车间	在职	生产工人	是	二车间
506	刘宪华	男	二车间	在职	生产工人	是	二车间
601	高明远	男	仓储部	在职	企业管理人员	是	仓储部

二、任务指导

（一）设置部门档案

微课

设置部门档案

1.在“基础设置”选项卡中，执行“基础档案”→“机构人员”→“部门档案”命令，进入“部门档案”窗口。

2.单击“增加”按钮，录入部门编码“1”、部门名称“财务部”，如图2-1所示。

3.单击“保存”按钮，窗口左边会以树形目录显示。以此类推，录入其他的部门档案，如图2-2所示。

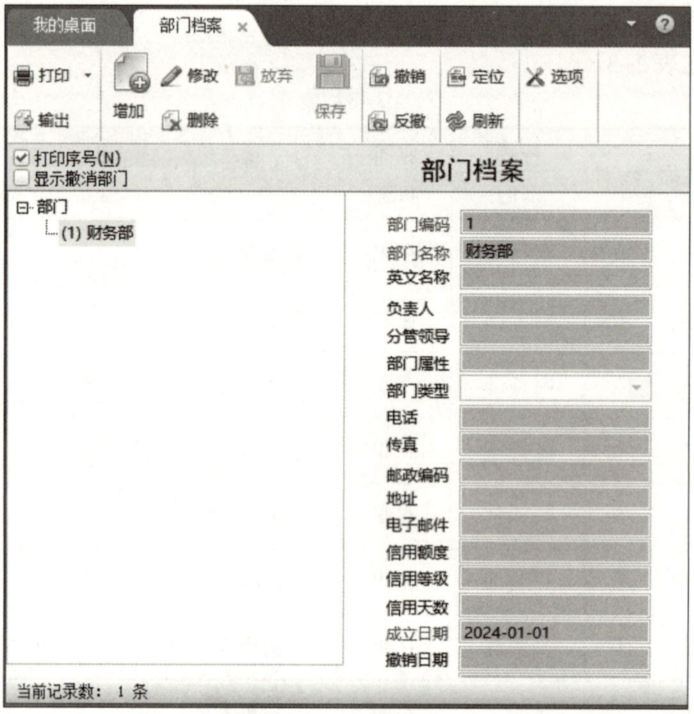

图2-1　部门档案1

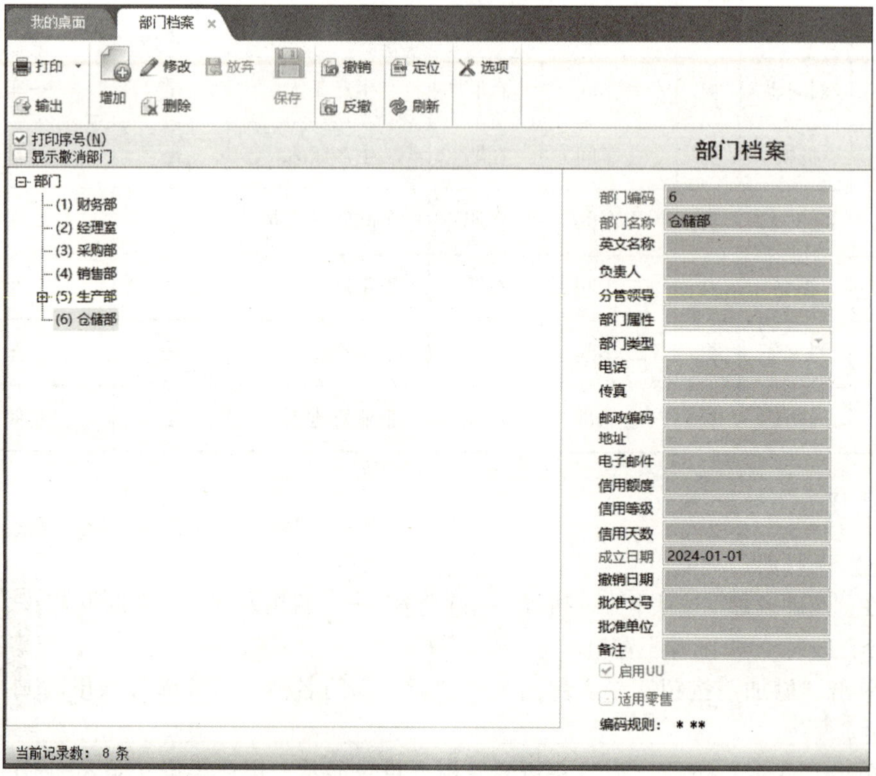

图2-2　部门档案2

【特别说明】①部门档案既可以在企业应用平台的基础档案中进行设置，也可以在使用部门档案的其他系统中进行设置，系统中的基础档案信息是共享的。②部门编码必须符合编码规则。如果在此发现编码方案不适合，可以在部门档案数据为空时修改部门编码方案。修改方法有两种：一种是以账套主管的身份在【系统管理】中修改账套参数中的编码方案；另一种是由账套主管在企业应用平台的【基本信息设置】中修改编码方案。③部门编码及部门名称必须录入，其他内容可以为空。建立部门档案时，应先从上级部门开始输入，然后建立下级部门档案。④由于此时还未设置“人员档案”，部门中的“负责人”暂时不能设置。如果需要设置，必须在完成“人员档案”设置后，再回到“部门档案”中以修改的方式补充设置。

（二）设置人员类别

1. 在“基础设置”选项卡中，执行“基础档案”→“机构人员”→“人员类别”命令，进入“人员类别”窗口。

2. 定位“正式工”，单击“增加”按钮，进入“增加档案项”窗口，录入档案编码“1011”、档案名称“企业管理人员”，其余可不录，如图2-3所示。

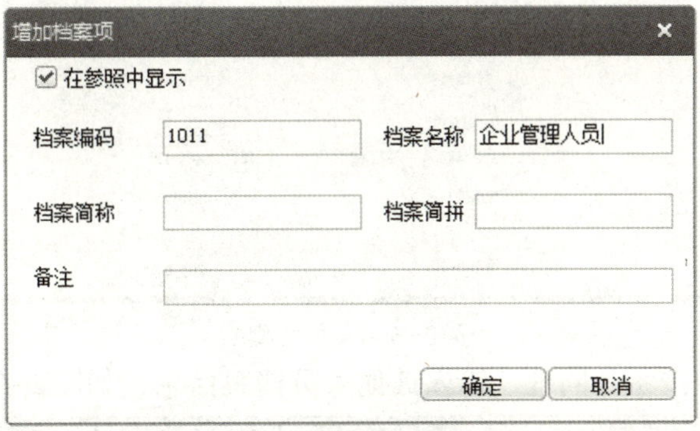

图2-3　人员类别1

3. 单击“确定”按钮，加以保存。以此类推，录入其他人员类别资料。保存好的人员类别信息会在窗口左边以树形目录显示，如图2-4所示。

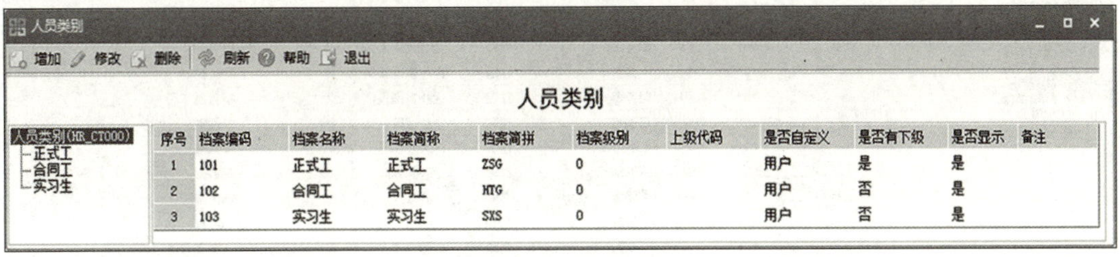

图2-4　人员类别2

【特别说明】①人员类别与工资费用分摊有关，工资费用分摊是薪资管理系统的一项重要功能。不同类别人员的工资在分摊时有不同的入账科目，人员类别设置是为了在工资分摊生成凭证时，按不同人员类别选择不同的入账科目。②人员类别是人员档案中的必录项目，需要在人员档案建立之前设置。如果未先设置人员类别，而将人员档案所属类别选为“在职人员”加以保存，则不能再在“在职人员”下增设人员类别。

（三）设置人员档案

1.在“基础设置”选项卡中，执行“基础档案”→“机构人员”→“人员档案”命令，进入“人员列表”窗口。

微课

设置人员档案

2.单击左侧窗口部门分类下的“财务部”，单击“增加”按钮，进入“人员档案”窗口，在“基本信息”选项卡中，按任务资料录入人员编码“101”、人员姓名“王琳”、性别选择“女”、行政部门“财务部”、雇佣状态选择“在职”，人员类别选择“企业管理人员”，勾选“业务员”，其余可不录，如图2-5所示。

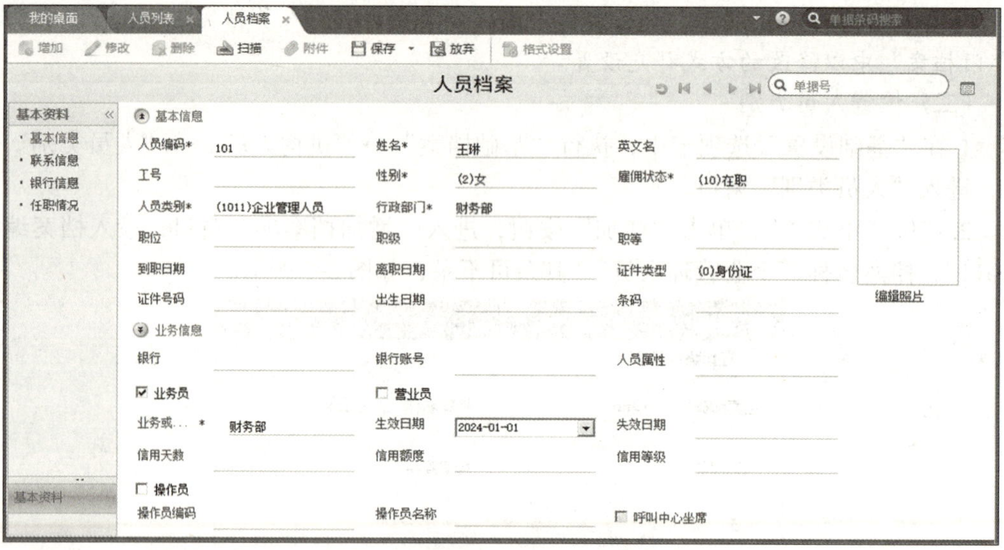

图2-5 人员档案1

3.单击“保存”按钮。同理，输入其他人员档案信息，如图2-6所示。

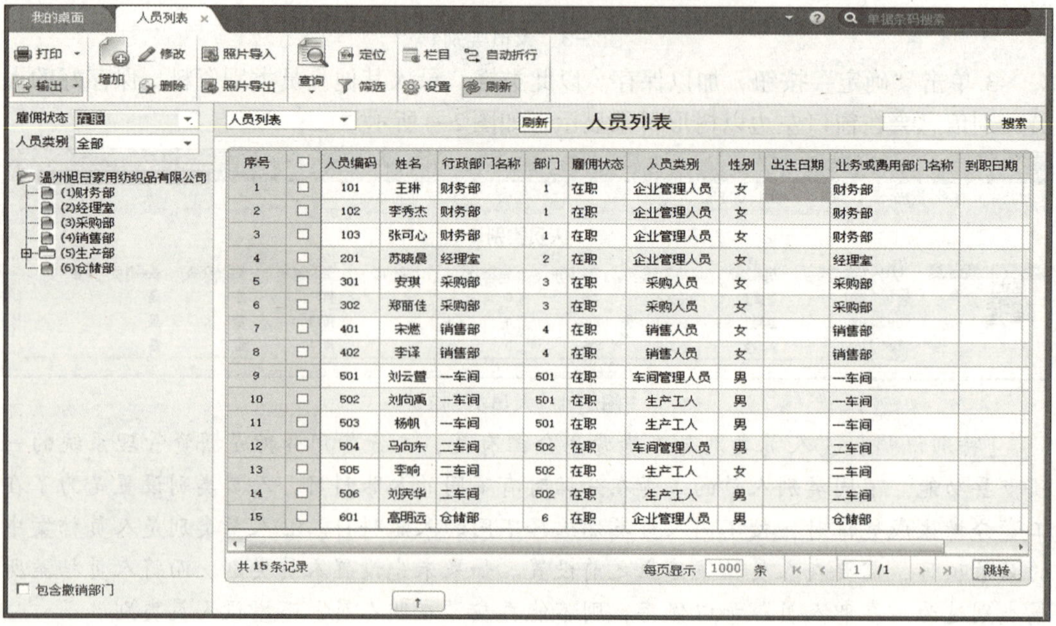

图2-6 人员档案2

【特别说明】①设置人员档案之前必须先设置部门档案，否则“行政部门”下拉框中无内容。②人员编码必须唯一，行政部门只能选择末级部门。如果行政部门选错了，需要重新选择时，必须将错误的部门先删除，否则无法显示其他部门内容。③如果该员工需要在其他档案或其他单据的“业务员”中被参照，需要选中“业务员”复选框。否则，在业务员列表中，将不显示此人的信息。

任务二　客商信息档案设置

一、任务资料

（一）客户分类

客户分类见表2-4。

表2-4　客户分类

客户分类编码	客户分类名称
01	长期客户
02	中期客户
03	短期客户

（二）客户档案

客户档案见表2-5。

表2-5　客户档案

客户编码	客户名称	简称	分类	税号	开户银行	账号	默认值
01	温州银座百货	银座	01	910330100053651085	中国工商银行温州南汇支行	1202022037457722412	是
02	温州商贸有限公司	温州商贸	02	910330100053656564	中国工商银行杭州良渚支行	1202023037469834602	是
03	温州大悦城	大悦城	03	910330100053658893	中国工商银行杭州南郊支行	1202023037469281468	是

（三）供应商档案

供应商档案见表2-6。

表2-6　供应商档案

供应商编码	供应商名称	简称	税号	开户银行	账号
01	嘉园布艺有限公司	嘉园	910330103202354678	中国工商银行三合支行	1202023055789321456
02	温州卓越纺织品原料有限公司	卓越	910330110157894512	中国工商银行永兴支行	1202023036798456158
03	温州春雨纺织品原料有限公司	春雨	910330196547812364	中国工商银行余杭支行	1202023046879134569

二、任务指导

微课

设置客户分类及客户档案

（一）设置客户分类

1.在“基础设置”选项卡中，执行“基础档案”→“客商信息”→“客户分类”命令，进入“客户分类”窗口。

2.单击“增加”按钮，按任务资料录入分类编码“01”、分类名称“长期客户”，如图2-7所示。

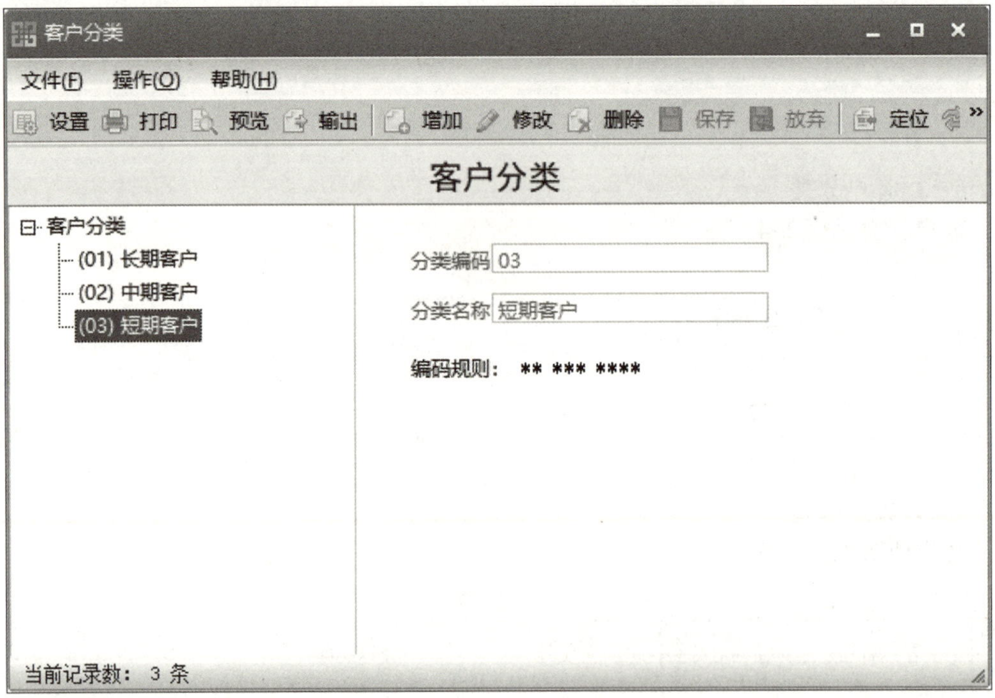

图2-7　客户分类

3.单击“保存”按钮。同理，输入其他客户分类信息。

【特别说明】

①如果在建账时，没有选中“客户是否分类”复选框，则在此不能进行分类设置，可由账套主管登录【系统管理】进行账套参数修改。

②客户分类编码必须符合编码方案的规定。

（二）设置客户档案

1.在“基础设置”选项卡中，执行“基础档案”→“客商信息”→“客户档案”命令，进入“客户档案”窗口。

2.单击左窗口客户分类下的“长期客户”，单击“增加”按钮，进入“增加客户档案”窗口，在“基本”选项卡中，按任务资料录入客户编码“01”、客户名称“温州银座百货”、客户简称“银座”、税号“910330100053651085”，如图2-8所示。单击“银行”按扭，录入开户银行信息，所属银行选择“中国工商银行”，开户银行输入“温州南汇支行”，输入银行账号“1202022037467722412”，点击“保存”“退出”按钮，其余可不录，如图2-9所示。

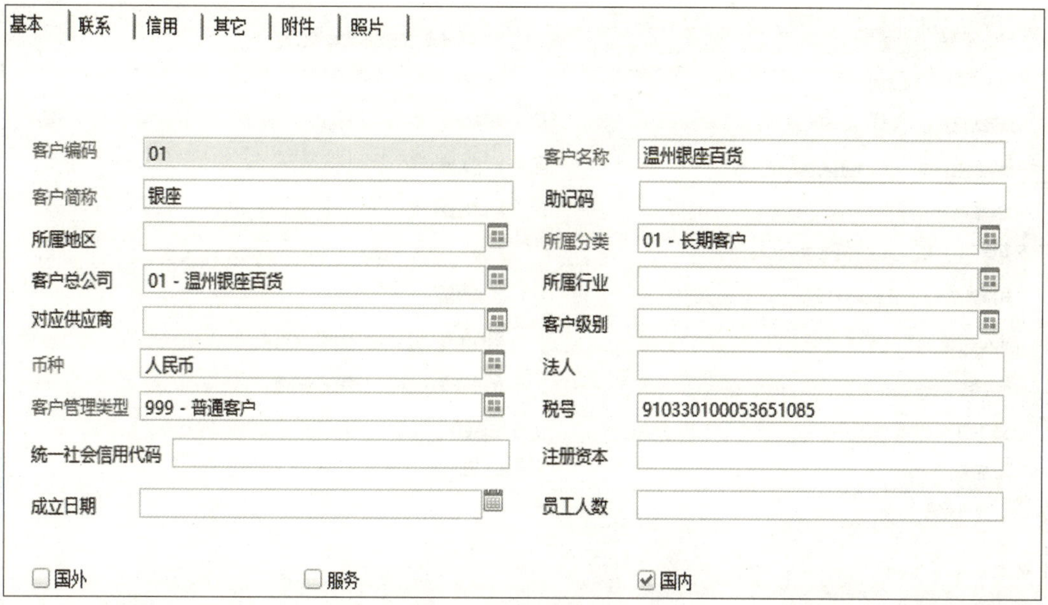

图2-8　客户档案

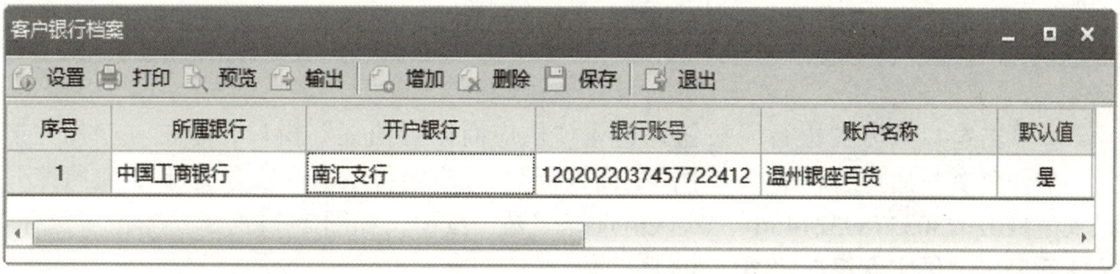

图2-9　客户银行档案

3.单击“保存”按钮，保存客户档案。同理，输入其他客户档案信息。

【特别说明】①客户编码必须唯一。②如果账套中并未对客户进行分类，则所属分类为“无分类”。③如果在建账时选中了“客户是否分类”项，则必须先设置客户分类，然后才能编辑客户档案。④系统在“客户档案”窗口设置了“基本”、“联系”、“信用”、“其他”、“附件”和“照片”六张选项卡，其中“联系”选项卡中设置了“分管部门”“专管业务员”，是为了在应收应付款管理系统填制发票等原始单据时能自动根据显示信息进行后续处理。

（三）设置供应商档案

微课

设置供应商分类及供应商档案

1.在“基础设置”选项卡中，执行“基础档案”→“客商信息”→“供应商档案”命令，进入“供应商档案”窗口。

2.单击“增加”按钮，进入“增加供应商档案”窗口，在“基本”选项卡中，按任务资料录入供应商编码“01”、供应商名称“嘉园布艺有限公司”、供应商简称“嘉园”、税号“910330103202354678”，如图2-10所示。

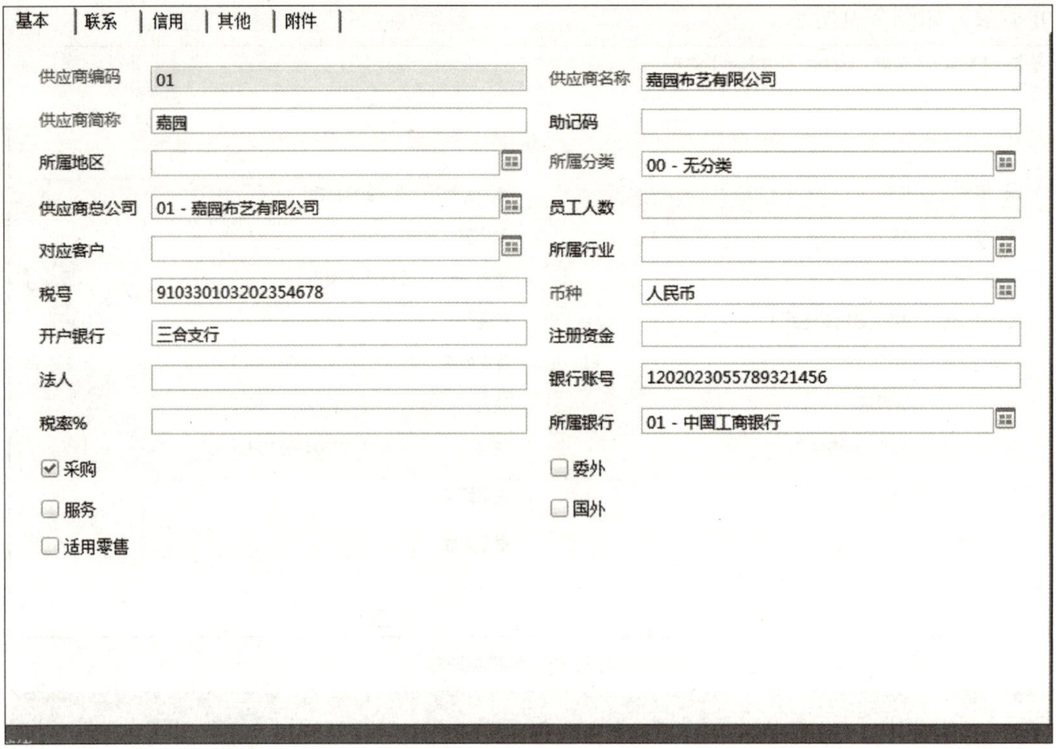

图2-10 供应商档案

3.单击窗口上方“银行”按钮，进入“供应商银行档案”窗口，单击“增加”按钮，按任务资料选择所属银行“中国工商银行”，开户银行录入“三合支行”，银行账号录入“1202023055789321456”，默认值选择“是”按钮，如图2-11所示。单击“保存”按钮后退出“供应商银行档案”窗口。

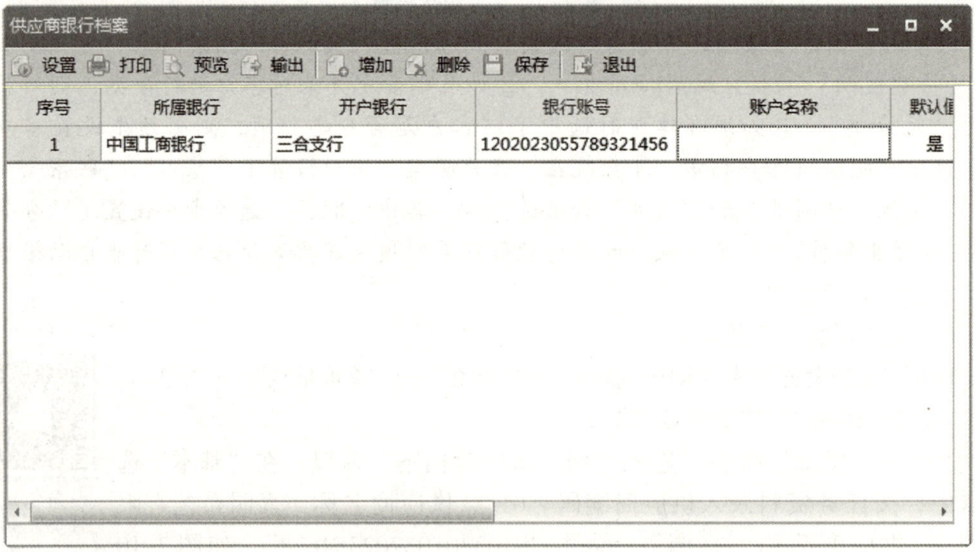

图2-11 供应商银行档案

4.同理，输入其他供应商的档案信息。

【特别说明】供应商分类和供应商档案设置的原则和操作步骤同客户分类和客户档案设置基本相同。

任务三　存货信息设置

一、任务资料

（一）计量单位

计量单位见表2-7。

表2-7　计量单位

计量单位组编码	计量单位组名称	计量单位组类别	计量单位编码	计量单位
01	自然单位组	无换算率	01	米
01	自然单位组	无换算率	02	个
01	自然单位组	无换算率	03	吨
01	自然单位组	无换算率	04	千米

（二）存货分类

存货分类见表2-8。

表2-8　存货分类

分类编码	分类名称	分类编码	分类名称
01	原材料	03	周转材料
02	产成品	04	其他

（三）存货档案

存货档案见表2-9。

表2-9　存货档案

分类编码	所属类别	存货编码	存货名称	计量单位	税率	存货属性
01	原材料	001	真丝	米	13%	采购，生产耗用，内销
		002	棉布	米	13%	采购，生产耗用，内销
		003	混纺纱线	吨	13%	采购，生产耗用，内销
02	产成品	004	床单	个	13%	自制，内销，外销
		005	被套	个	13%	自制，内销，外销
03	周转材料	006	包装箱	个	13%	采购，生产耗用
04	其他	007	运输费	千米	9%	内销，采购，应税劳务

二、任务指导

（一）设置计量单位

1. 在用友ERP-U8V15.1企业应用平台中，打开“基础设置”选项卡，执行“基础档案”→“存货”→“计量单位”命令，打开“计量单位”窗口。

微课

设置计量单位

2. 单击“分组”按钮，在“计量单位组”窗口，单击“增加“按钮，输入计量单位组编码“01”，输入计量单位组名称“自然单位组”，在“计量单位组类别”选择“无换算率”，单击“保存”按钮后，如图2-12所示，设置完毕后，单击“退出”按钮。

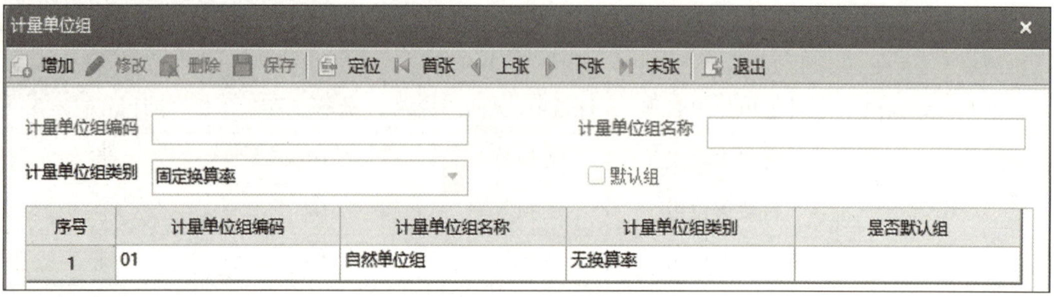

图2-12 计量单位组

【特别说明】无换算率计量单位组：该组下的计量单位都以单独形式存在，即相互之间不需要输入换算率，而且全部缺省为主计量单位。固定换算率的计量单位组：包括多个计量单位，一个主计量单位、多个辅计量单位。浮动换算率的计量单位组：只能包括两个计量单位，一个主计量单位、一个辅计量单位。存货档案中每一存货只能选择一个计量单位组。计量单位组保存后不可修改。

3. 单击“单位”按钮，在“计量单位”窗口，单击“增加“按钮，输入“计量单位编码”“01”，输入“计量单位名称”“米”，单击“保存”按钮，如图2-13所示。输入其他计量单位后，单击“退出”按钮，再单击“退出”按钮。

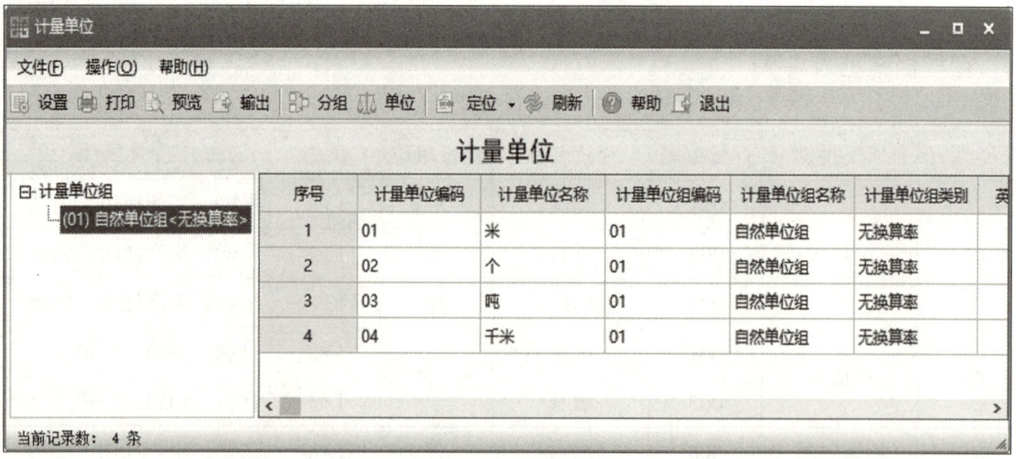

图2-13 计量单位

（二）设置存货分类

1. 在用友ERP-U8V15.1企业应用平台中，打开“基础设置”选项卡，执行“基础档案”→“存货”→“存货分类”命令，打开“存货分类”窗口。

2. 单击“增加“按钮，在编辑区输入分类编码和名称等分类信息，如图2-14所示，单击“保存”按钮。

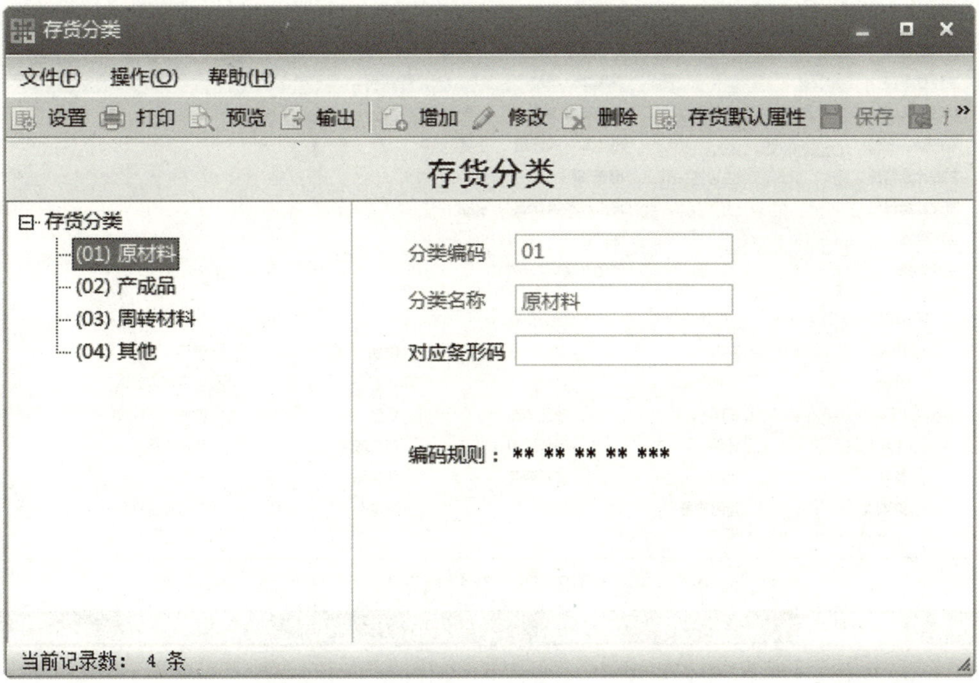

图2-14　存货分类

【特别说明】①有下级分类编码的存货分类前会出现带框的“+”符号，双击该分类编码时，会出现或取消下级分类编码。②新增存货的分类编码必须与编码原则中设定的编码级次结构相符。例如，编码级次结构为“××-×××”，那么，“001”是一个错误的存货分类编码。③存货分类必须逐级增加。除了一级存货分类之外，新增存货的分类编码必须有上级分类编码。例如，编码级次结构为“××-×××”，那么“01001”这个编码只有在编码“01”已存在的前提下才是正确的。

（三）设置存货档案

微课

设置存货档案

1. 打开“基础设置”选项卡，执行“基础档案”→“存货”→“存货档案”命令，打开“存货档案”窗口。

2. 单击“增加”按钮，在“增加存货档案”窗口，单击“增加”按钮，输入存货编码“001”，输入存货名称“真丝”，存货分类选择“原材料”，计量单位组选择“01”，主计量单位选择“米”，税率为“13%”，存货属性选择“采购、生产耗用、内销”，单击“保存”按钮后，如图2-15所示。继续增加其他存货。增加完毕，单击“退出”按钮，如图2-16所示。

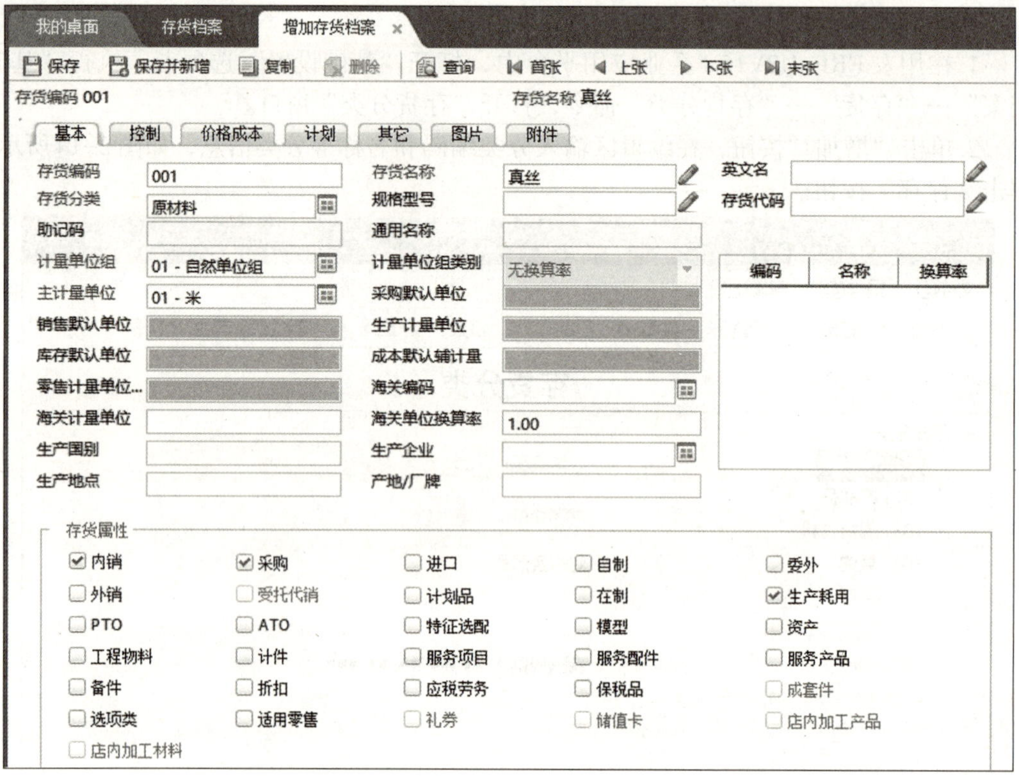

图2-15　存货档案1

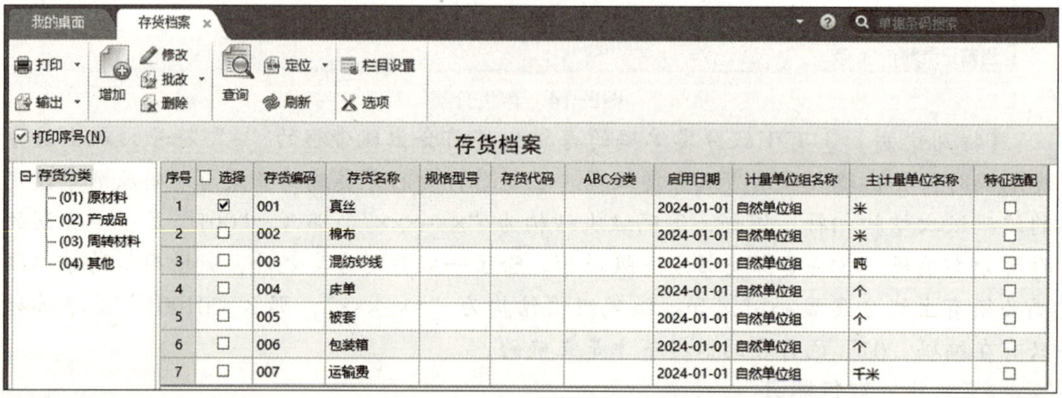

图2-16　存货档案2

任务四　财务信息设置

一、任务资料

（一）会计科目档案

会计科目档案见表2-10。

表2-10　　会计科目表

科目编码	科目名称	方向	辅助核算
			一、资产类
1001	库存现金	借	日记账
1002	银行存款	借	日记账、银行账
100201	工行存款	借	日记账、银行账
1012	其他货币资金	借	
1121	应收票据	借	客户往来、应收系统受控科目
1122	应收账款	借	客户往来、应收系统受控科目
1123	预付账款	借	供应商往来、应付系统受控科目
1131	应收股利	借	
1132	应收利息	借	
1221	其他应收款	借	
122101	应收个人款	借	个人往来
1231	坏账准备	贷	
1401	材料采购	借	
1403	原材料	借	
140301	真丝	借	数量核算（米）
140302	棉布	借	数量核算（米）
140303	混纺纱线	借	数量核算（吨）
1405	库存商品	借	
140501	床单	借	数量核算（个）
140502	被套	借	数量核算（个）
1411	周转材料	借	
141101	包装箱	借	数量核算（个）
1501	债权投资	借	
1504	其他权益工具投资	借	
1511	长期股权投资	借	
1601	固定资产	借	
1602	累计折旧	贷	
1604	在建工程	借	

续表

科目编码	科目名称	方向	辅助核算
1605	工程物资	借	
1606	固定资产清理	借	
1701	无形资产	借	
1801	长期待摊费用	借	
1901	待处理财产损溢	借	
190101	待处理流动资产损溢	借	
190102	待处理固定资产损溢	借	
2001	短期借款	贷	
2201	应付票据	贷	供应商往来、应付系统受控科目
2202	应付账款	贷	供应商往来、应付系统受控科目
2203	预收账款	贷	客户往来、应收系统受控科目
2211	应付职工薪酬	贷	
221101	工资	贷	
221102	职工福利	贷	
221103	工会经费	贷	
221104	职工教育经费	贷	
221105	社会保险费	贷	
221106	设定提存计划	贷	
221107	住房公积金	贷	
2221	应交税费	贷	
222101	应交增值税	贷	
22210101	进项税额	借	
22210102	销项税额	贷	
22210103	转出未交增值税	贷	
22210104	进项税额转出	贷	
222102	未交增值税	贷	
222103	应交消费税	贷	
222104	应交城市维护建设税	贷	
222105	应交教育费附加	贷	

续表

科目编码	科目名称	方向	辅助核算
222106	应交个人所得税	贷	
222107	应交企业所得税	贷	
222108	应交地方教育附加	贷	
2241	其他应付款	贷	
224101	养老保险	贷	
224102	医疗保险	贷	
224103	失业保险	贷	
224104	住房公积金	贷	
4001	实收资本	贷	
4002	资本公积	贷	
4104	利润分配	贷	
410401	未分配利润	贷	
410402	提取法定盈余公积	贷	
410403	提取任意盈余公积	贷	
5001	生产成本	借	
500101	直接材料	借	项目核算
500102	直接人工	借	项目核算
500103	制造费用	借	项目核算
5101	制造费用	借	
510101	其他	借	
510102	折旧费	借	
6001	主营业务收入	借	
600101	床单	借	数量核算（个）
600102	被套	借	数量核算（个）
6401	主营业务成本	借	
640101	床单	借	数量核算（个）
640102	被套	借	数量核算（个）
6601	销售费用	借	

续表

科目编码	科目名称	方向	辅助核算
660101	工资	借	
660102	其他	借	
660103	折旧费	借	
660104	福利费	借	
660105	广告费	借	
660106	社会保险费	借	
660107	业务招待费	借	
6602	管理费用	借	部门核算
660201	工资	借	部门核算
660202	福利费	借	部门核算
660203	办公费	借	部门核算
660204	差旅费	借	部门核算
660205	折旧费	借	部门核算
660206	社会保险费	借	部门核算
660207	业务招待费	借	部门核算
660209	其他	借	部门核算
6603	财务费用	借	
6701	资产减值损失	借	
6711	营业外支出	借	
6801	所得税费用	借	
6901	以前年度损益调整	借	

（二）凭证类别设置

凭证类别设置见表2-11。

表2-11　　凭证类别

凭证类别	限制类型	限制科目
收款凭证	借方必有	1001，100201
付款凭证	贷方必有	1001，100201
转账凭证	凭证必无	1001，100201

（三）指定科目

指定“1001库存现金”为现金总账科目，“1002银行存款”为银行总账科目。

（四）项目目录档案

项目大类：产品项目。

核算科目：生产成本——直接材料；

　　　　　生产成本——直接人工；

　　　　　生产成本——制造费用。

项目分类：1自产产品。

项目目录：1床单、2被套；是否结算：否；所属分类码：1。

二、任务指导

（一）设置会计科目

微课

会计科目的增加与修改

1.增加会计科目

（1）在“基础设置”选项卡中，执行“基础档案”→“财务”→“会计科目”命令，进入“会计科目”窗口，显示所有2007年新会计准则的科目。

（2）单击“增加”按钮，进入“新增会计科目”窗口，输入明细科目相关内容，如输入科目编码“100201”、科目名称“工行存款”；选择“日记账”“银行账”复选框，单击“确定”按钮，如图2-17所示。

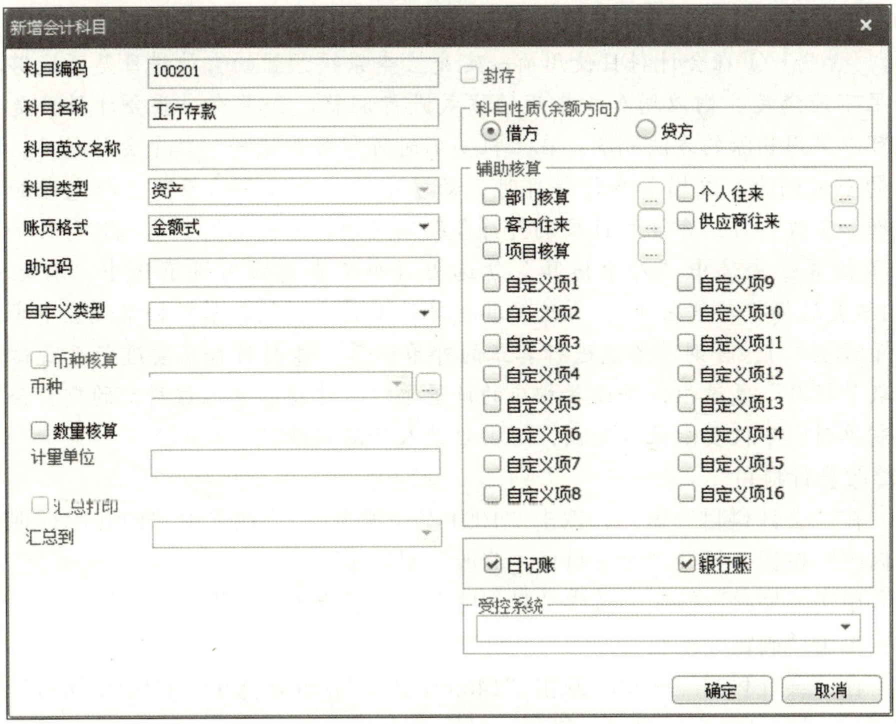

图2-17　新增会计科目

【主要栏目说明】

①科目编码：科目编码只能由数字0–9、英文字母A–Z或a–z、减号（–）、正斜杠（/）表示，其他字符（如&、空格等）禁止使用。

② 科目名称：分为科目中文名称和科目英文名称，可以是汉字、英文字母或数字，可以是减号（-）、正斜杠（/），但不能输入其他字符。

③ 科目类型：行业性质为企业时，科目类型分为资产、负债、共同、权益、成本和损益六类。

④ 账页格式：系统提供了金额式、外币金额式、数量金额式、外币数量式四种账页格式供选择，用于定义该科目在账簿打印时的默认打印格式。

⑤ 辅助核算：也叫辅助账类，用于说明本科目是否有其他核算要求，系统除完成一般的总账、明细账核算外，提供了部门核算、个人往来、客户往来、供应商往来和项目核算五种供企业选择。凡是设置有辅助核算内容的会计科目，在录入期初余额或填制凭证时，都需要录入相应的辅助核算内容。

⑥ 日记账、银行账：选择了“日记账”的科目可以生成日记账数据供查询，选择了“银行账”的科目才能执行银行对账等功能。

⑦ 受控系统：设置某科目为受控科目，受控于某一系统，则使用该科目制单只能在该受控系统中进行，而不能在总账系统中进行。如“应收账款”一般可设置为受控于“应收系统”，“应付账款”可设置为受控于“应付系统”。

（3）继续单击“增加”按钮，输入任务资料中其他明细科目的相关内容。

（4）全部输完后，单击“关闭”按钮。

【特别说明】①在会计科目使用前一定先检查系统预置的会计科目是否能够满足需要，如果不能满足，则以增加或修改的方式进行调整。如果有一些会计科目是不需要的，也可以采用删除的方法删除。在上机实训时可学习删除一、二个会计科目，不必将不需要的全部删除。②增加会计科目时，必须遵循自上而下的原则，即先增加上级科目，再增加下级科目；会计科目编码要符合编码规则；编码不能重复。③科目如果需要进行外币核算，应选中“外币核算”复选框（如果在建账时没有选中“有无外币核算”，则该复选框将不被激活），并选择其核算的币种（必须在基础档案设置中事先进行过“外币设置”），否则，不能进行真正的外币核算。④科目如果要进行数量核算，应选中“数量核算”复选框，并设置相应的计量单位。这样在录入该科目的期初余额和用该科目制单时，不仅要求录入金额，还需要录入物品数量。

2.修改会计科目

（1）在“会计科目”窗口，双击“1001库存现金”，或在选中“1001库存现金”后单击“修改”按钮，打开“会计科目_修改”对话框。

（2）单击“修改”按钮，选中“日记账”前的复选框，如图2-18所示。

（3）单击“确定”按钮。

（4）在“会计科目”窗口，双击“140301真丝”，或在选中“140301真丝”后单击“修改”按钮，打开“会计科目_修改”对话框。

（5）单击“修改”按钮，通过下拉框将账页格式由“金额式”改为“数量金额式”，再选中“数量核算”复选框，在计量单位栏录入“米”，单击“确定”按钮，如图2-19所示。

图2-18　会计科目修改1

图2-19　会计科目修改2

同理，修改任务资料中其他会计科目。

【特别说明】①只有处于修改状态才能设置汇总打印和封存。②已有数据的会计科目不能修改其科目性质。③在修改“应收账款”会计科目时，如果通过下拉框将右下角受控系统显示为空白，则该应收往来业务可以在总账系统中进行制单。

3.删除会计科目

（1）在“会计科目”窗口，选择要删除的会计科目。

（2）单击“删除”按钮，系统提示“记录删除后不能修复！真的删除此记录吗?”信息。

（3）单击“确定”按钮，即可删除该科目。

【特别说明】①如果要删除已设置有明细科目的会计科目，应自下而上操作，先删除明细科目，再删除一级科目。②如果科目已录入期初余额或已制单，则不能删除，必须先删除余额或凭证后，才能进行相应操作。③被指定为“现金科目”“银行科目”的会计科目不能删除；若想删除，必须先取消指定。

（二）设置凭证类别

1.在“基础设置”选项卡中，执行“基础档案”→“财务”→“凭证类别”命令，进入“凭证类别预置”窗口。

2.选中“收款凭证 付款凭证 转账凭证”前的单选按钮，如图2-20所示。

微课

设置凭证类别

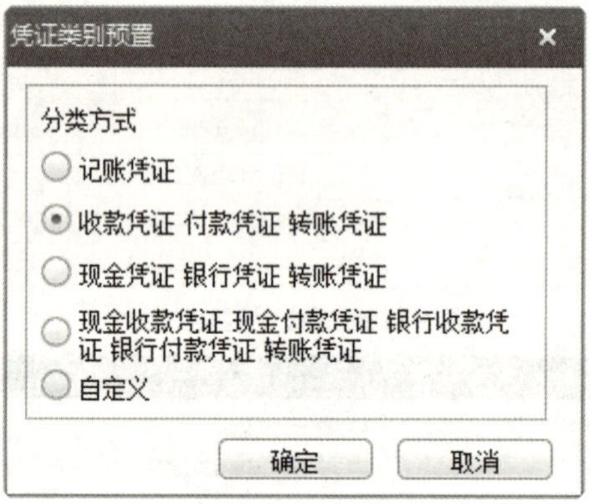

图2-20 凭证类别设置1

3.单击“确定”按钮，打开“凭证类别”对话框。

4.单击“修改”按钮，双击“收款凭证”所在行的“限制类型”栏，出现下三角按钮，从下拉框中选择“借方必有”，在“限制科目”栏录入“1001，100201”，或单击参照按钮，分别选择“1001”及“100201”。同理，完成对付款凭证和转账凭证的设置，如图2-21所示。

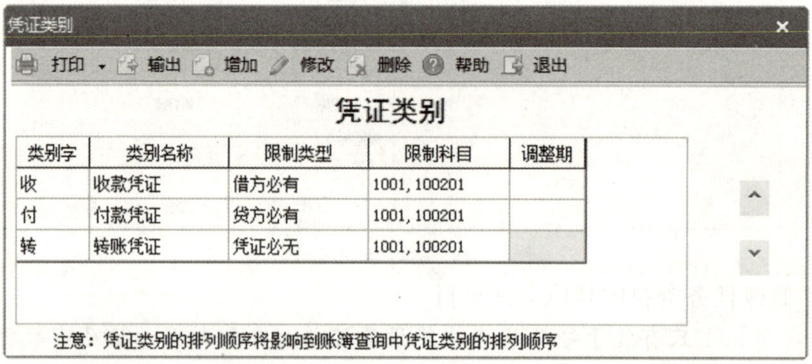

类别字	类别名称	限制类型	限制科目	调整期
收	收款凭证	借方必有	1001, 100201	
付	付款凭证	贷方必有	1001, 100201	
转	转账凭证	凭证必无	1001, 100201	

图2-21 凭证类别设置2

【特别说明】①限制科目之间的逗号要在半角方式下输入，否则系统会提示科目编码有误。②已使用的凭证类别不能删除，也不能修改类别字。③系统提示的限制类型有借方必有、贷方必有、凭证必无、凭证必有、借方必无、贷方必无、无限制等七种。④如果收款凭证的限制类型为借方必有“1001,100201”，则在填制凭证时系统要求收款凭证的借方科目至少有一个是“1001”或“100201”，否则，系统会判断该凭证“不满足借方必有条件”，不允许保存。付款凭证及转账凭证也应满足相应要求。⑤凭证类别的排列顺序将会影响账簿查询中凭证类别的排列顺序，可通过凭证类别表右侧的上下箭头进行调整。

（三）指定会计科目

1.在“会计科目”窗口，执行“编辑”→“指定科目”命令，进入“指定科目”对话框。

微课

指定会计科目

2.选择左边“现金科目”单选按钮，单击“>”按钮，将“1001库存现金”从“待选科目”窗口选入“已选科目”窗口，如图2-22所示。确定后继续指定银行科目。

3.选择左边“银行科目”单选按钮，单击“>”按钮，将“1002银行存款”从“待选科目”窗口选入“已选科目”窗口，如图2-23所示。

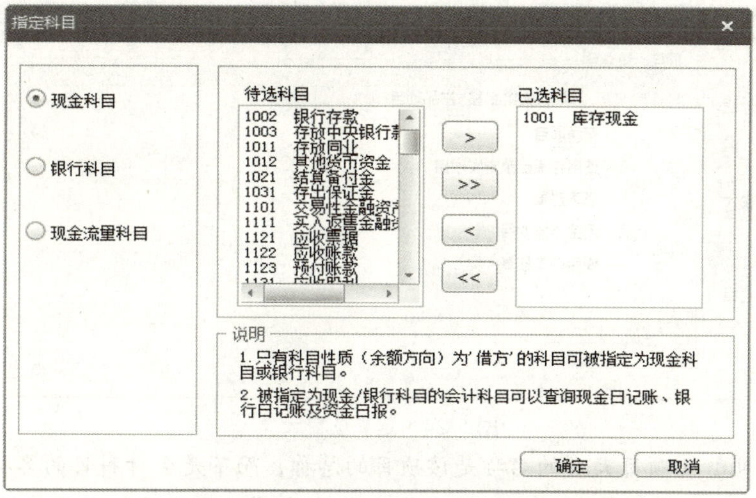

图2-22　指定会计科目1

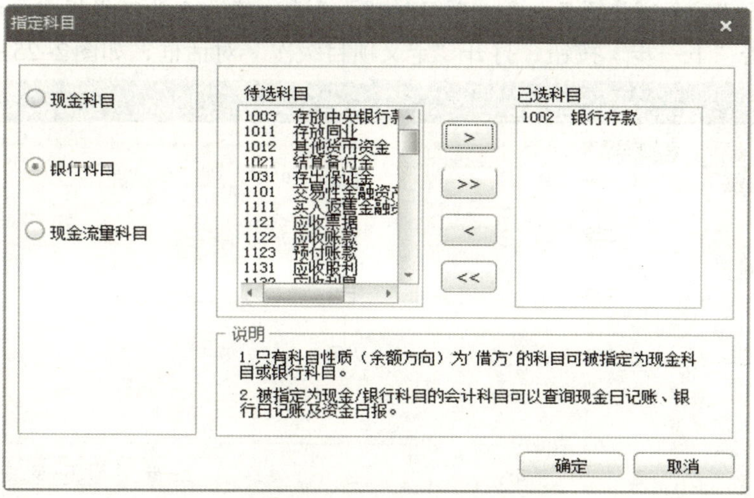

图2-23　指定会计科目2

4.单击“确定”按钮完成会计科目指定。

【特别说明】①指定会计科目是指指定出纳的专管科目。只有指定科目后，才能执行出纳签字，才能查看库存现金、银行存款日记账。②被指定的“现金科目”和“银行科目”必须是一级科目。③在指定科目之前，应在建立或修改“库存现金”和“银行存款”科目时选中“日记账”复选框。④如果企业需要利用总账中的现金流量辅助核算编制现金流量表，则可以对涉及现金流量的科目进行指定。

（四）设置项目目录

微课

设置项目目录

1. 定义项目大类

（1）在“基础设置”选项卡中，执行“基础档案”→“财务”→“项目目录”命令，进入“项目档案”窗口。

（2）单击“增加”按钮，打开“项目大类定义_增加”对话框。

（3）录入新项目大类名称“产品项目”，如图2-24所示。

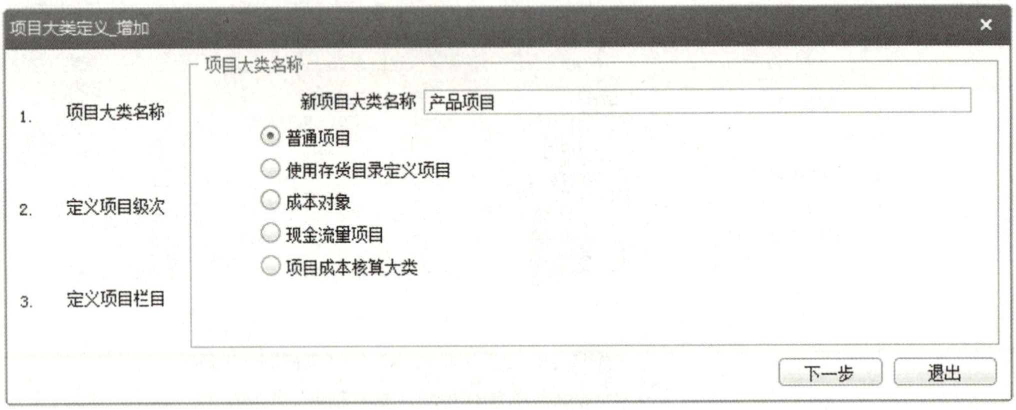

图2-24 定义项目大类

【特别说明】①项目大类的名称是该项目的总称，而不是会计科目的名称。例如，在建工程按具体工程项目核算，其项目大类名称应为“工程项目”而不是“在建工程”。②系统预设了“现金流量项目”和“项目管理”两个大类，企业可根据需要增设大类。

（4）单击“下一步”按钮，打开“定义项目级次”对话框，如图2-25所示。

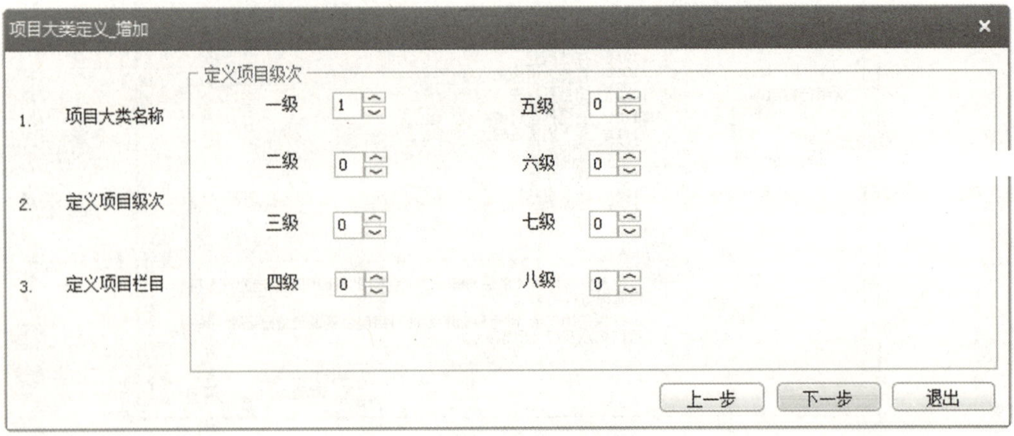

图2-25 定义项目级次

（5）默认系统设置，单击“下一步”按钮，打开“定义项目栏目”对话框，如图2-26所示。

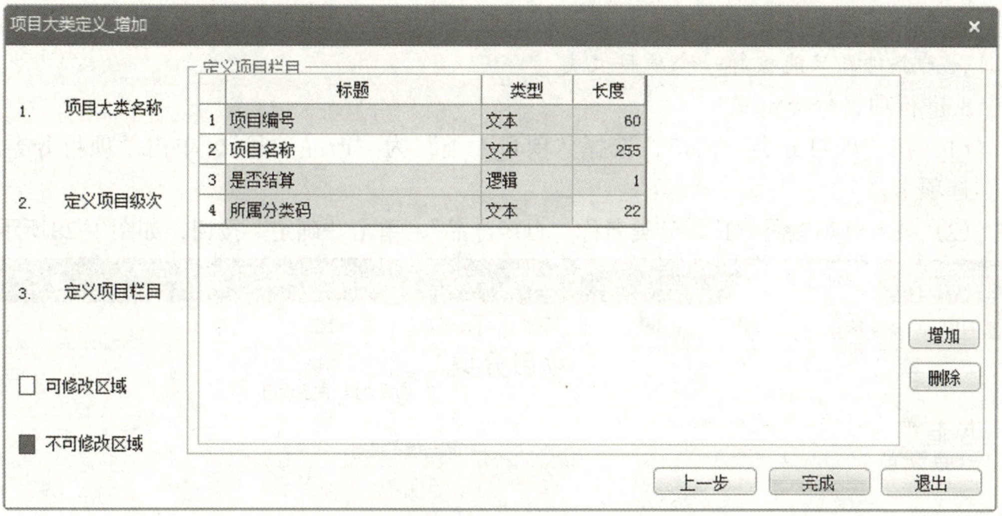

图2-26　定义项目栏目

（6）在“定义项目栏目”对话框中，单击“完成”按钮，返回“项目档案”窗口。

2.指定项目核算科目

（1）在“项目档案”窗口，单击“项目大类”栏的下三角按钮，选择“产品项目”项目大类。

（2）单击“核算科目”选项卡。

（3）单击“〉〉”按钮，将“直接材料”、“直接人工”和“制造费用”科目从“待选科目”列表中选入“已选科目”列表，如图2-27所示。

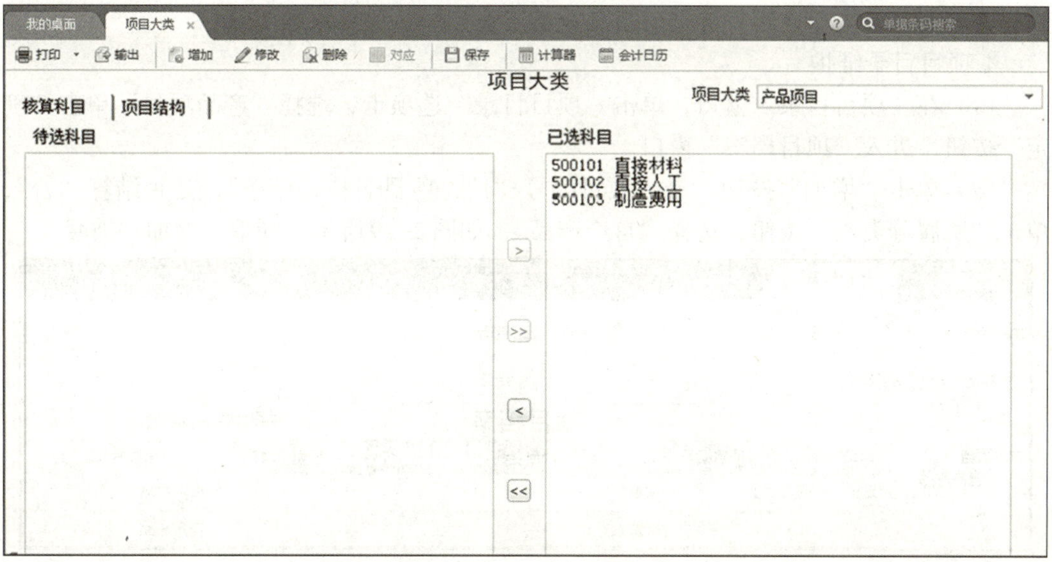

图2-27　指定项目核算科目

（4）单击“确定”按钮完成项目核算科目指定。

【特别说明】①在“项目分类”窗口中，“核算科目”选项卡中的待选科目是指设置科目时选择了辅助核算中“项目核算”功能的所有科目。②一个项目大类可以指定多个科目，一个科目只能核算一个项目大类。

3.进行项目分类定义

（1）在“项目分类”窗口，选择“项目大类”为“产品项目”，单击“项目分类定义”选项卡。

（2）录入分类编码“1”、分类名称“自产产品”，单击“确定”按钮，如图2-28所示。

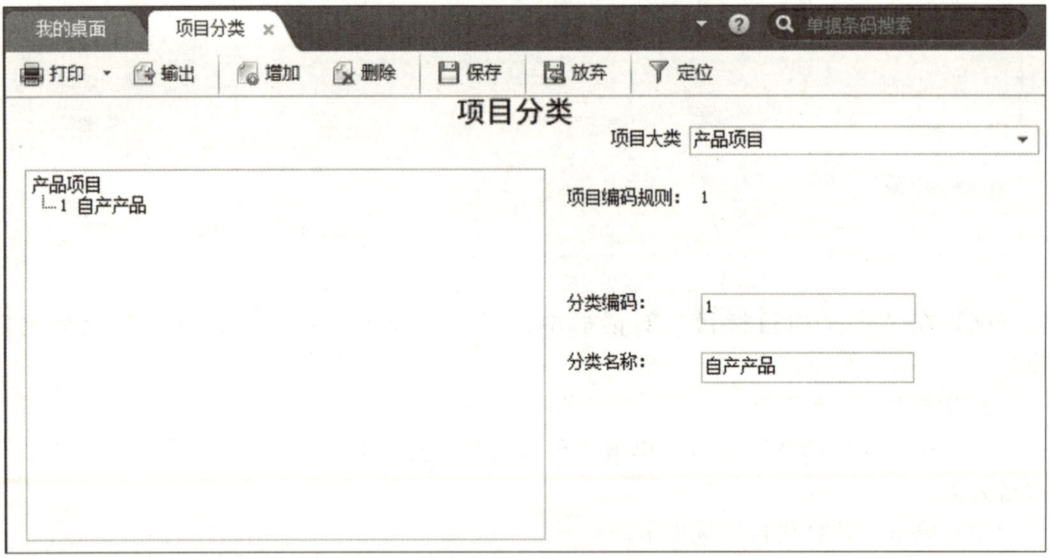

图2-28　项目分类定义

【特别说明】①为了便于统计，可对同一项目大类下的项目进一步划分，即定义项目分类。②显示“已使用”标记的项目分类不能删除。

4.项目目录维护

（1）在“项目目录”窗口，单击“项目目录”选项卡，选择“产品项目”单击“确定”按钮，进入“项目档案”窗口。

（2）单击“增加”按钮，录入项目编号“1”、项目名称“床单”，是否结算“否”，单击“所属分类码”按钮，选择“自产产品”，如图2-29所示。同理，增加“被套”。

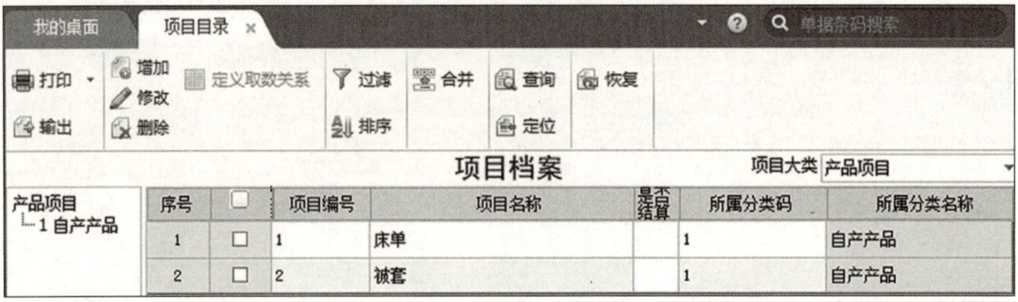

图2-29　项目档案

（3）设置完成后，单击“退出”按钮。

【特别说明】①如果在“项目目录维护”对话框中多拉出一行，退出时系统出现提示信息：“项目编号不能为空”，可按“ESC”键退出。②显示“结算后”的项目将不能再使用。③项目目录设置好之后，在录入凭证时，如果会计科目为项目辅助核算的会计科目，系统会自动提示输入项目名称。

任务五　收付结算信息设置

一、任务资料

（一）结算方式档案

结算方式档案见表2-12。

表2-12　结算方式

结算方式编码	结算方式名称	是否票据管理
1	现金结算	否
2	支票	否
201	现金支票	是
202	转账支票	是
3	商业汇票	否
301	银行承兑汇票	否
302	商业承兑汇票	否
4	电汇	否
5	其他	否

（二）单位开户银行信息

单位开户银行信息见表2-13。

表2-13　单位开户银行信息

项　目	内　容
企业开户银行编码	01
开户银行	中国工商银行温州经济开发区支行
账号	1202023097050103202
账户名称	温州旭日家用纺织品有限公司
币种	人民币
所属银行	中国工商银行

（三）付款条件

付款条件见表2-14。

表2-14 付款条件

付款条件编码	信用天数	优惠天数1	优惠率1	优惠天数2	优惠率2
01	30	10	2	20	1

二、任务指导

（一）设置结算方式

1.在“基础设置”选项卡中，执行“基础档案”→“收付结算”→“结算方式”命令，进入“结算方式”窗口。

2.单击“增加”按钮，录入结算方式编码“1”、结算方式名称“现金结算”，单击“保存”按钮，如图2-30所示。

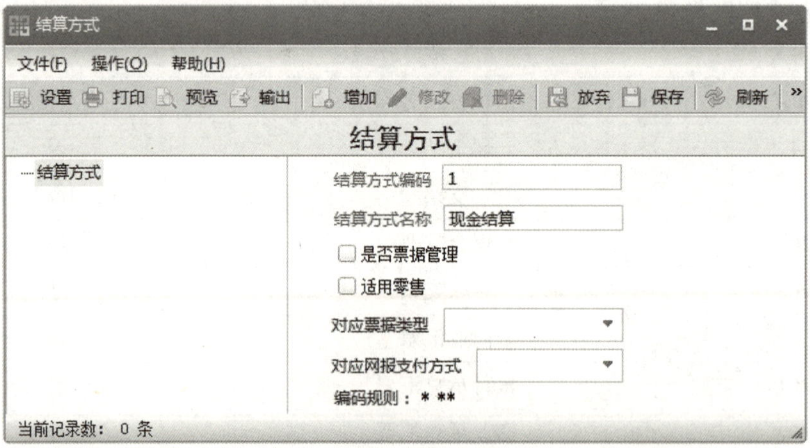

图2-30 结算方式1

3.依次输入其他结算方式资料，如图2-31所示。对于“现金支票”和“转账支票”要选中“是否票据管理”复选框，并选择对应票据类型。

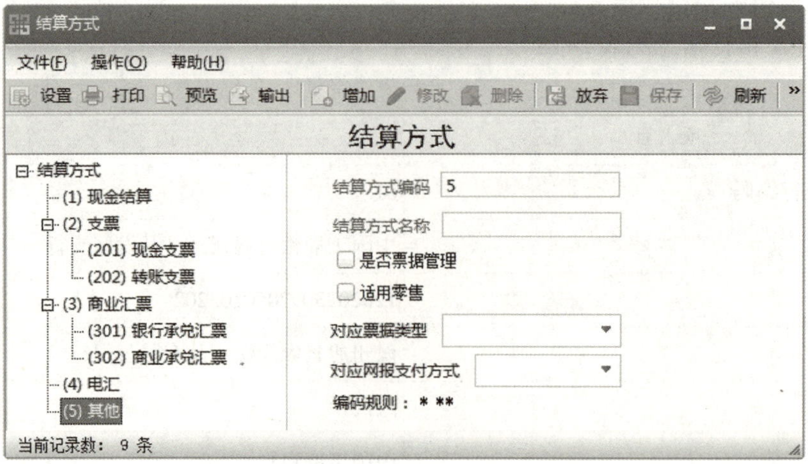

图2-31 结算方式2

4.设置完成后，单击“退出”按钮。

【特别说明】①如选中“是否票据管理”复选框，则在执行该种结算方式时，系统会提示记录发生该笔业务的票据信息，否则不提示。②在总账系统中，结算方式将会在使用“银行账”类科目填制凭证时使用，并可作为银行对账的一个参数。③结算方式必须符合编码规则。结算方式编码最多设置为两级。④结算方式一旦被使用，不能进行修改和删除操作。

（二）设置开户银行

1.在“企业应用平台”中，执行“基础设置”→“基础档案”→“收付结算”→“银行档案”，打开“银行档案”窗口，选中“01中国工商银行”，单击“修改”按钮，打开“修改银行档案”窗口，如图2-32所示。

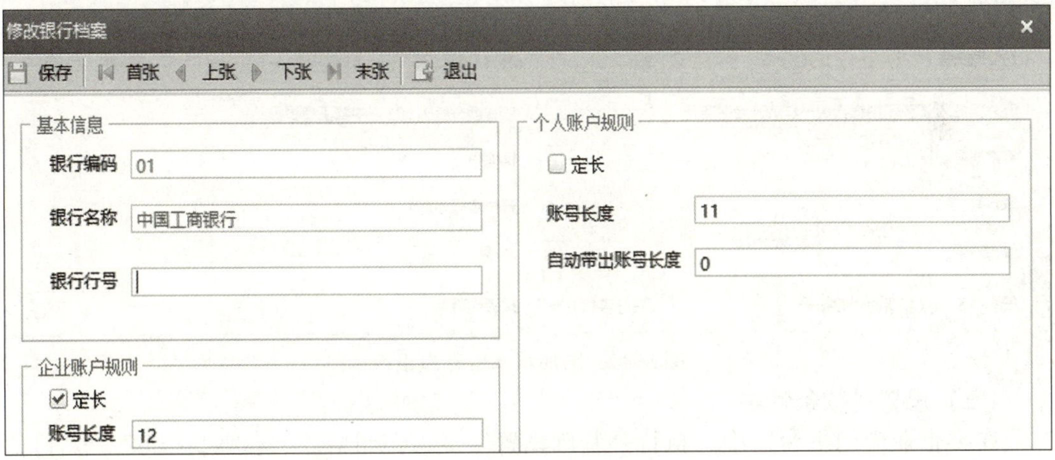

图2-32　修改银行档案1

2.取消企业账户规则“定长”，单击“保存”按钮，如图2-33所示。

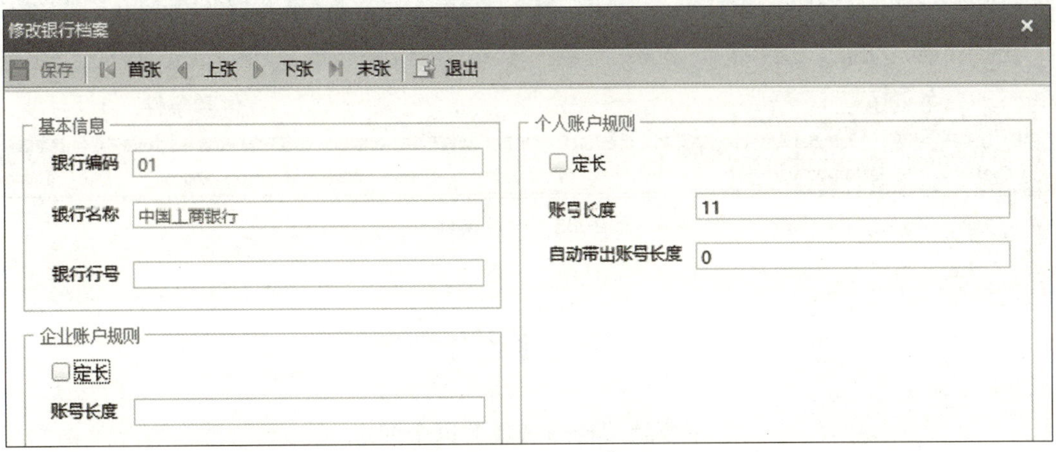

图2-33　修改银行档案2

3.执行“基础设置”→“基础档案”→“收付结算”→“本单位开户银行”命令，打开“本单位开户银行”窗口。

4.单击“增加”按钮，打开“增加本单位开户银行”对话框，输入开户银行资料，如图2-34所示，单击“保存”按钮，单击“退出”按钮。

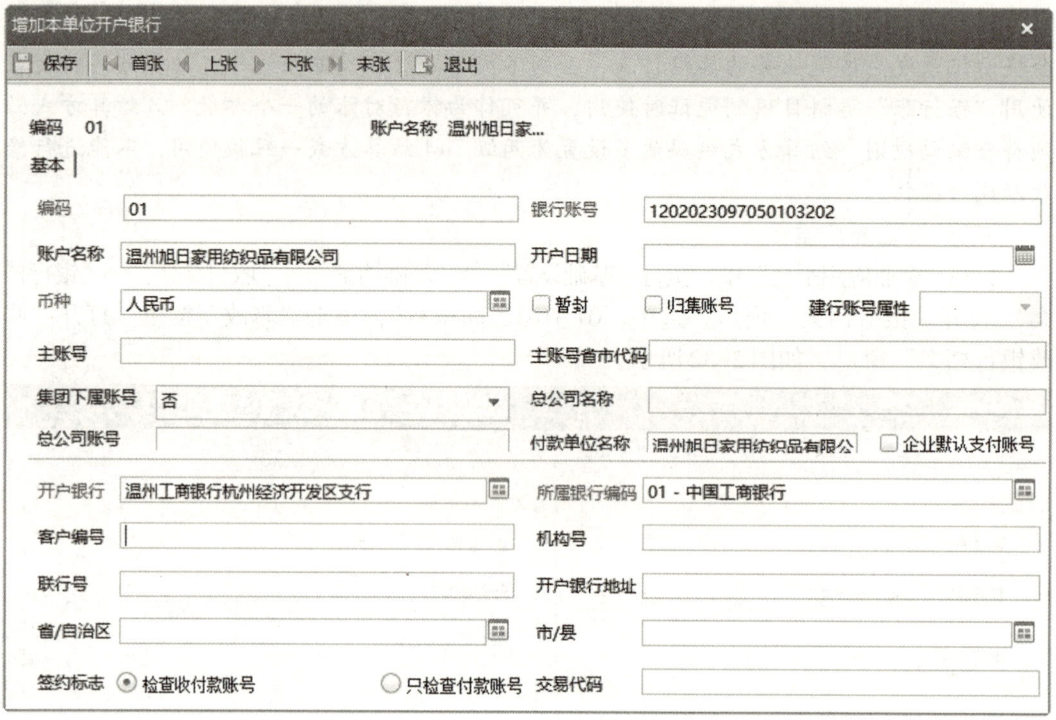

图2-34 增加本单位开户银行

（三）设置付款条件

在“企业应用平台”中，执行“基础设置”→“基础档案”→“收付结算”→“付款条件”，打开“付款条件”窗口，单击“增加”按钮，输入付款条件信息，如图2-35所示。

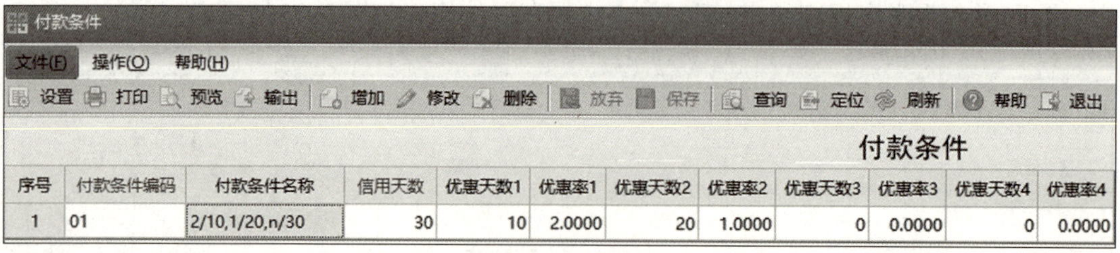

图2-35 付款条件

深学践悟

不要趟“合理避税”这个浑水

宜华生活科技股份有限公司（以下简称“宜华生活”）是一家年产值超百亿元的从事研发、设计、生产、销售等一体化的产业链服务的企业，2004年上市。证监会经调查发现该企业2016—2019年存在财务造假行为，通过虚构销售业务、虚增销售额等方式虚增利润27.77亿元；通过虚假记账、伪造银行单据行为等方式虚增银行存款86.58亿元；并且发现该公司有两个完全独立的生产业务系统，分别做出两套数据：一套数据用于报关，另一套数据是与客户对账的真实数据。2021年，宜华生活被予以摘牌，并被处以600万元的罚款。

2019年国家采取了一系列措施，加强税务稽查的力度，很多不规范的企业都面临被查的风险，以上案例，值得我们警惕、警觉、警醒。很多企业的老板都会要求财务部门进行“合理避税”，“合理避税”很多是踩着违法的边沿进行的，甚至有的企业要求财务人员做两套账，一套真实的，对内用；另一套是假账，对外报税用，以此来避税。财务人员的综合能力包括思想素质、业务能力、文化修养和协调能力四个方面。这四个方面也正对应了社会主义核心价值观爱国、敬业、诚信、友善的倡导和要求。一个人所做出的行为是要受到思想的指引和支配的，正确的思想方向决定了人的正确的行动方向。作为财务工作人员，在工作岗位上要牢记财经法律法规，增强自身红线意识，坚持底线思维。

资料来源：佚名.关于“两套账”的忠告［EB/OL］.［2019-02-28］.https://zhuanlan.zhihu.com/p/57931127.

项目三

总账系统业务处理

学习目标

掌握期初余额的录入；
掌握凭证的日常业务处理；
掌握出纳业务处理；
恪守会计人员的职业道德和职业操守，不做假账。

任务一　总账系统参数设置

一、任务资料

2024年1月1日，温州旭日家用纺织品有限公司总账系统参数信息见表3-1，请使用账套主管（101王琳）的身份修改参数。

表3-1　总账控制参数

选项卡	参数设置
凭证	取消制单序时控制 取消现金流量科目必录现金流量选项
权限	不允许修改、作废他人填制的凭证 出纳凭证必须经由出纳签字
其他	数量小数位和单价小数位设置为2 部门、个人、项目按编码排序

二、任务指导

以账套主管“101王琳”的身份登录总账系统。

微课
总账系统参数设置

1.执行“开始”→“程序”→“用友U8V15.1”→“企业应用平台”命令，弹出系统“登录”对话框，选择相关账套、操作员及操作日期登录进入企业应用平台。

2.在企业应用平台“业务工作”选项卡中，执行“财务会计”→“总账”命令，打开总账系统。

3.单击“编辑”按钮，进入选项编辑状态，如图3-1所示。

4.分别打开“凭证”“权限”“其他”选项卡，按照任务资料的要求进行相应的设置，如图3-2至图3-4所示。最后单击“确定”按钮保存设置。

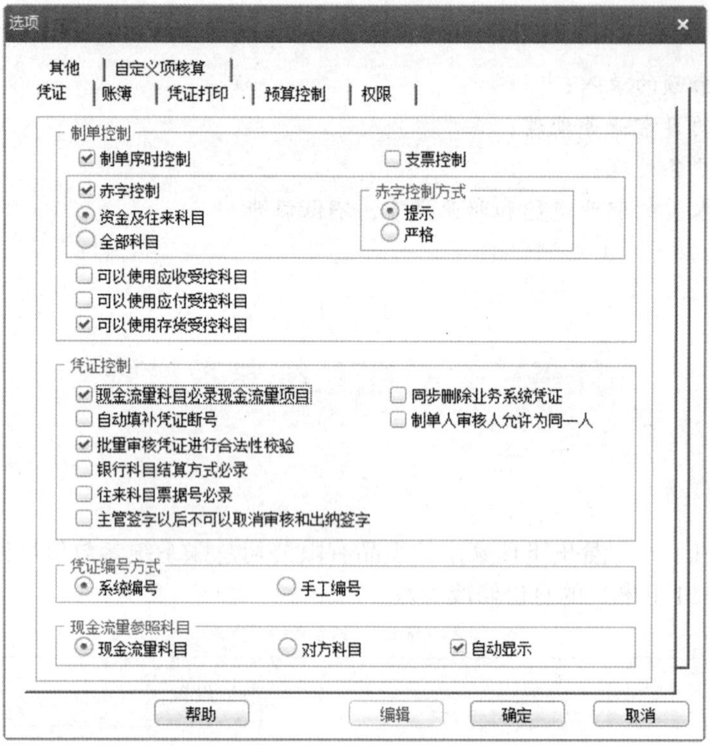

图3-1　选项

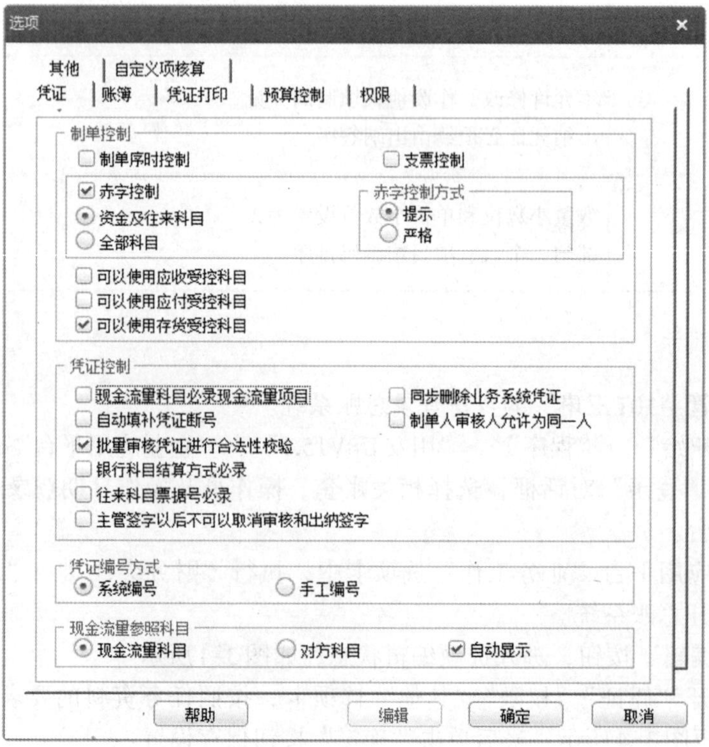

图3-2　“凭证”选项卡

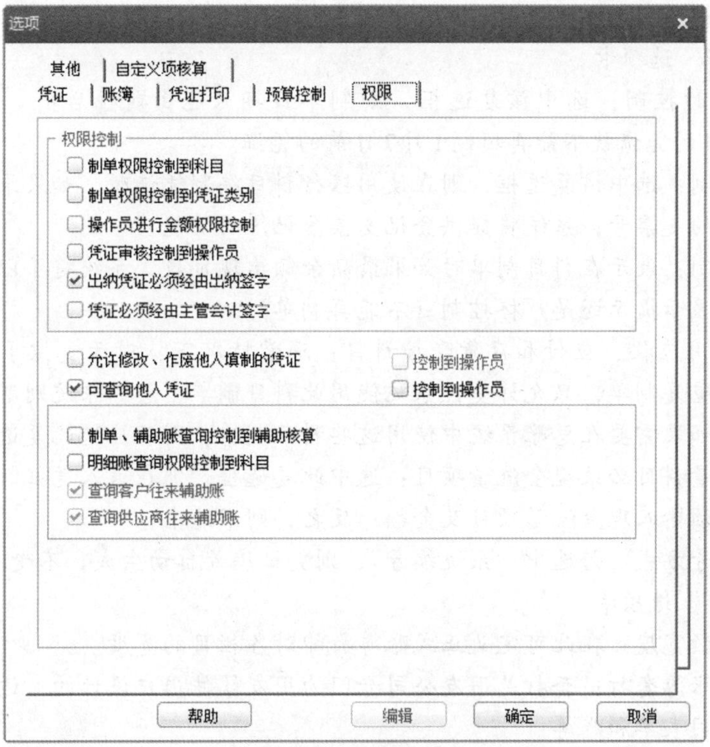

图3-3　“权限”选项卡

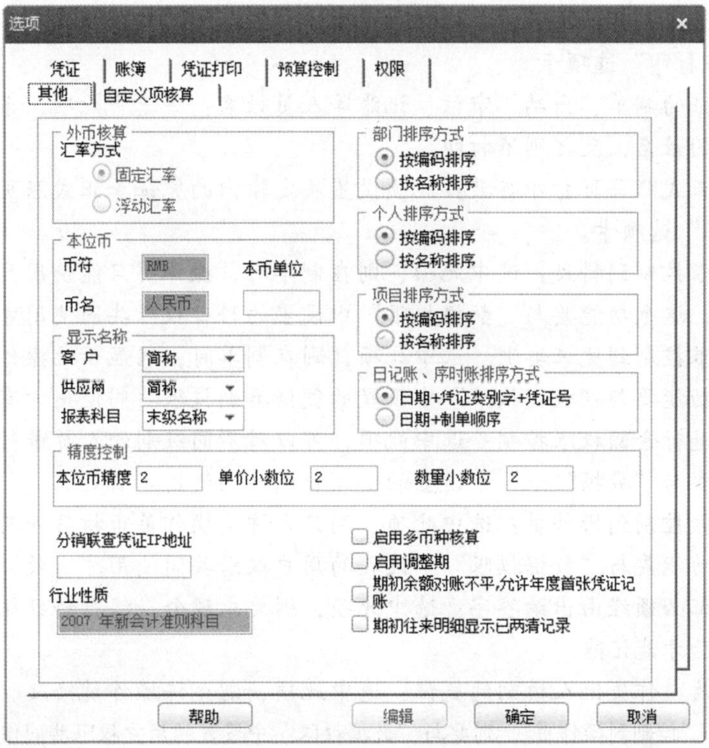

图3-4　“其他”选项卡

【特别说明】

(1)“凭证”选项卡。

①制单序时控制：选中该复选框，则制单日期只能由前往后填。例如，填制了2024年1月8日的凭证就不能再填制1月7日前的凭证。

②支票控制：选中该复选框，则在使用银行科目编制凭证时，如果录入了未在支票登记簿中登记的支票号，系统将提供登记支票登记簿的功能。

③赤字控制：表示在科目制单时如果最新余额出现负数，系统将予以提示；控制方式可以选择是显示提示还是严格控制（不能再制单）。

④可以使用应收、应付和存货受控科目：通常情况下，对于受控于其他系统的科目，为了防止重复制单，只允许受控系统使用此科目制单，总账系统则不能使用此科目制单。所以，如果需要在总账系统中使用这些科目制单，则不应选此复选框。

⑤现金流量科目必录现金流量项目：选中此复选框，则在录入凭证时如果使用现金流量科目则必须输入现金流量项目及金额；反之，则不选中。

⑥凭证编号方式：若选中“系统编号”，则凭证编号自动生成，不受人工干预。

(2)“账簿”选项卡。

①打印位数宽度：在此可定义正式账簿打印时各栏目的宽度。

②凭证、账簿套打：套打是用友公司专门为用友软件用户设计的，适合于用各种打印机输出管理用表单和账簿。

③明细账按年排页：全年账页统一排页，即只有一个第一页。若选择按月排页，则每月账页都从第一页开始排序。

(3)“凭证打印”选项卡。

①打印凭证的制单、出纳、审核、记账等人员姓名：若选中此项，系统会自动打印出这些操作员的姓名，反之则不打印。

②凭证、正式账每页打印行数：此项设置决定输出的凭证和正式账页每页的行数。

(4)“权限”选项卡。

①制单权限控制到科目：选中此项，则在制单时，操作员只能使用具有相应制单权限的科目制单，这个功能要与“数据权限”中设置的科目权限共同使用才有效。

②制单权限控制到凭证类别：选中此项，则在制单时，只显示此操作员有权限的凭证类别，这个功能要与“数据权限”中设置的凭证类别权限共同使用才有效。

③操作员进行金额权限控制：选中此项，可以对不同级别的人员进行金额大小的控制，这个功能要与“数据权限”中设置的金额权限共同使用才有效。

④凭证审核控制到操作员：选中此项，则只允许某操作员审核另外某个操作员填制的凭证，这个功能要与“数据权限”中设置的用户权限共同使用才有效。

⑤出纳凭证必须经由出纳签字：选中此项，则要求现金、银行科目凭证必须由出纳人员核对签字后才能记账。

⑥允许修改、作废他人填制的凭证：选中此项，则允许操作员修改、作废他人填制的凭证。如选择“控制到操作员”，则要与“数据权限”中设置的用户权限共同使用才有效。

⑦可查询他人凭证：选中此项，则允许操作员查询他人填制的凭证。如选择“控制

到操作员”，则要与“数据权限”中设置的用户权限共同使用才有效。

⑧明细账查询权限控制到科目：这是权限控制的开关，在数据权限设置中设置明细账查询权限，必须在总账系统选项中打开此项，才能起到控制作用。

任务二　期初余额录入

一、任务资料

微课

期初余额录入

（一）会计科目及期初余额

温州旭日家用纺织品有限公司2024年1月会计科目及期初余额见表3-2。

表3-2　会计科目及期初余额

科目编码	科目名称	方向	期初余额
1001	库存现金	借	10 200.00
1002	银行存款	借	669 315.00
100201	工行存款	借	669 315.00
1121	应收票据	借	24 860.00
1122	应收账款	借	101 700.00
1231	坏账准备	贷	600.00
1403	原材料	借	480 000.00
140301	真丝	借	150 000.00
		米	3 000
140302	棉布	借	180 000.00
		米	6 000
140303	混纺纱线	借	150 000.00
		吨	1 000
1405	库存商品	借	150 000.00
140501	床单	借	60 000.00
		个	6 000
140502	被套	借	90 000.00
		个	45 000
1411	周转材料	借	51 440.00
141101	包装箱	借	51 440.00

续表

科目编码	科目名称	方向	期初余额
141101	包装箱	个	1 000
1601	固定资产	借	862 500.00
1602	累计折旧	贷	160 160.00
2001	短期借款	贷	81 863.20
2201	应付票据	贷	21 000.00
2202	应付账款	贷	11 700.00
2203	预收账款	贷	
2221	应交税费	贷	111 055.00
222102	未交增值税	贷	67 890.00
222104	应交城市维护建设税	贷	4 752.30
222105	应交教育费附加	贷	2 036.70
222106	应交个人所得税	贷	138.20
222107	应交企业所得税	贷	34 880.00
222108	应交地方教育附加	贷	1 357.80
2241	其他应付款	贷	7 636.80
224101	养老保险	贷	2 752.00
224102	医疗保险	贷	688.00
224103	失业保险	贷	68.80
224104	住房公积金	贷	4 128.00
4001	实收资本	贷	1 400 000.00
4002	资本公积	贷	500 000.00
4104	利润分配	贷	56 000.00
410401	未分配利润	贷	56 000.00

（二）“应收票据（1121）”期初余额

“应收票据（1121）”期初余额见表3-3。

表3-3 “应收票据（1121）”期初余额

日期	客户	摘要	方向	金额	业务员
2023.12.18	温州商贸	赊销被套200个，含税单价124.3元	借	24 860	

（三）“应收账款（1122）”期初余额

“应收账款（1122）”期初余额见表3-4。

表3-4　“应收账款（1122）”期初余额

日期	客户	摘要	方向	金额	业务员
2023.12.16	银座	赊销床单300个，含税单价113元	借	33 900	
2023.12.30	大悦城	赊售被套400个，含税单价169.5元	借	67 800	

（四）“应付票据（2201）”期初余额

“应付票据（2201）”期初余额见表3-5。

表3-5　“应付票据（2201）”期初余额

日期	供应商	摘要	方向	金额
2023.12.19	嘉园	购买材料	贷	21 000

（五）“应付账款（2202）”期初余额

“应付账款（2202）”期初余额见表3-6。

表3-6　“应付账款（2202）”期初余额

日期	供应商	摘要	金额	方向	票号	票据日期
2023.12.18	嘉园	购买材料	11 700	贷	C51	

二、任务指导

1. 在总账系统中，执行“设置”→“期初余额”命令，进入期初余额录入窗口，如图3-5所示。

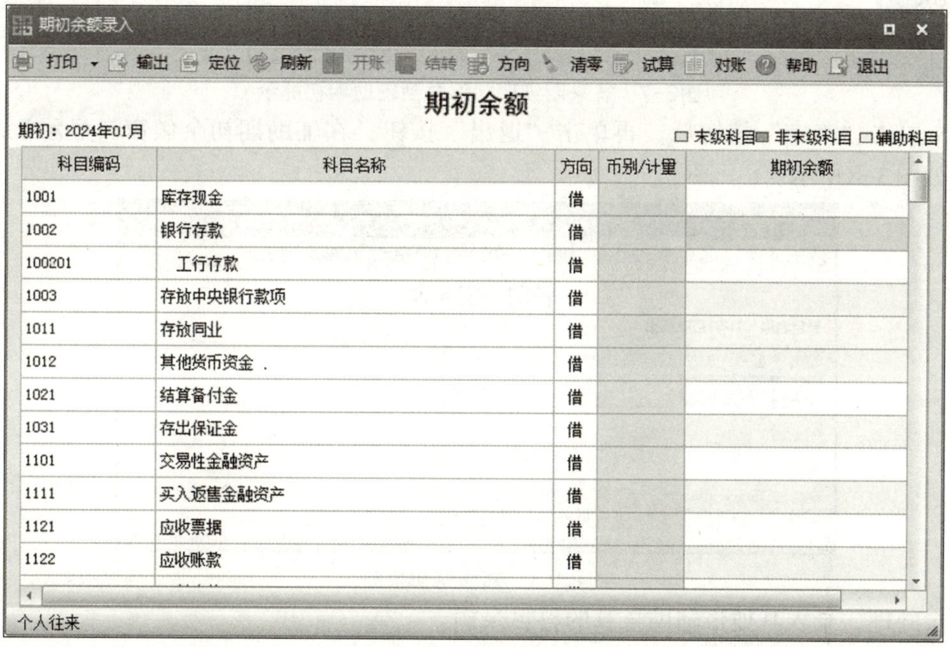

图3-5　期初余额录入

2.非辅助核算科目录入：直接输入末级科目的累计发生额和期初余额，如录入“银行存款-工行存款”“669 315”。同理录入实训资料中“库存现金”“固定资产”等科目。

3.辅助核算科目录入：设置了辅助核算的科目，其累计发生额可直接输入，但期初余额录入时，应双击“期初余额”栏，进入“辅助期初余额”窗口。在该窗口中单击“往来明细”按钮，进入“期初往来明细”窗口。单击“增行”按钮，录入辅助核算的明细期初数据，如“应收票据”科目，根据实训资料，在“日期”选择“2023-12-18”，在“客户”栏选择“温州商贸”，在“摘要”栏录入“赊销被套”，在“金额”栏录入“24 860”，如图3-6所示。

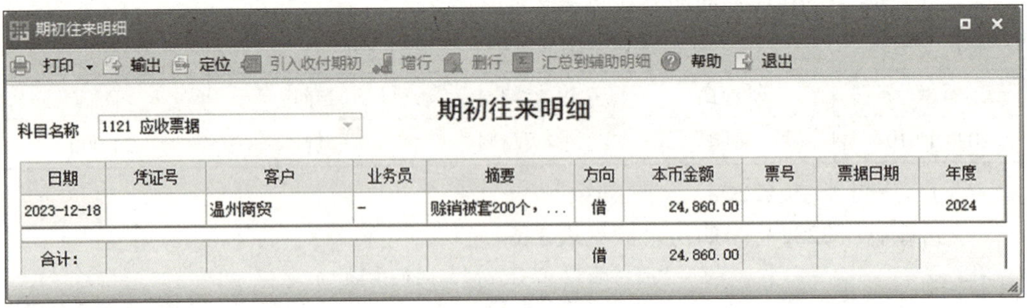

图3-6 期初往来明细窗口

4.单击“汇总到辅助明细”按钮，提示“完成了往来明细到辅助期初表的汇总！”，如图3-7所示。

微课

试算平衡和对账

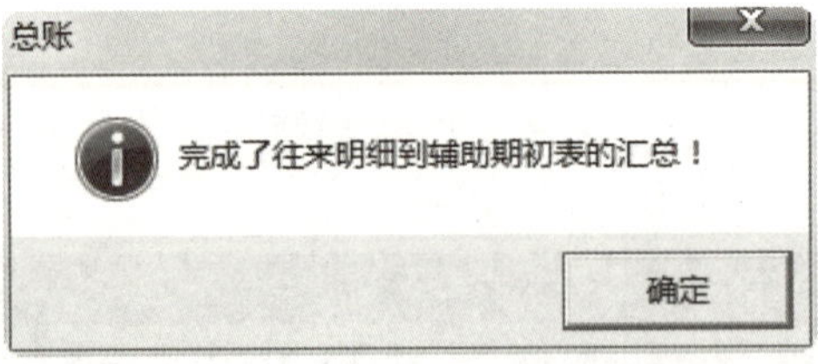

图3-7 往来明细期初汇总到辅助期初提示

5.单击“确定”按钮后，再单击“退出”按钮，在辅助期初余额窗口显示汇总结果，如图3-8所示。

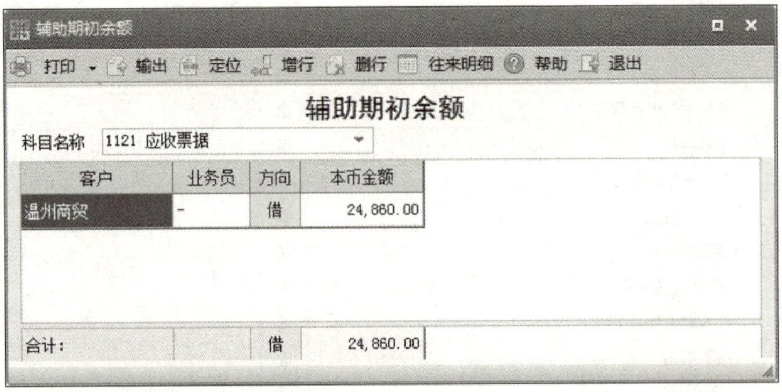

图3-8 辅助期初余额

6.同理，录入其他带辅助核算的科目余额。

7.单击“试算”按钮，系统进行试算平衡。试算结果如图3-9所示。

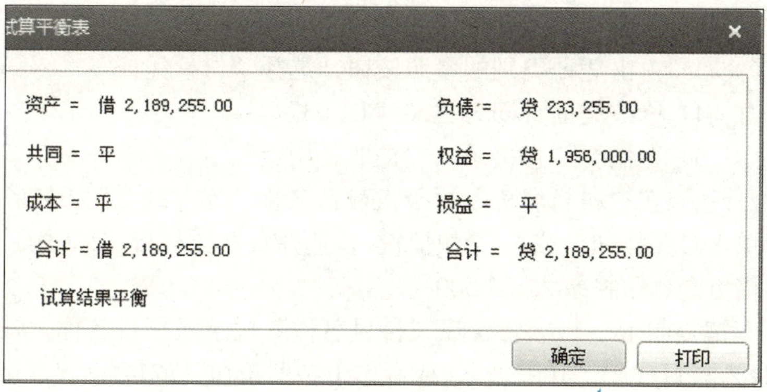

图3-9　期初试算平衡表

8.单击“确定”按钮。

9.单击“对账”按钮，系统进行对账处理。

任务三　凭证日常业务处理

一、任务资料

2024年1月，温州旭日家用纺织品有限公司发生以下经济业务：

1. 3日，财务部开出现金支票（票号XJ01035901）2 000元提取现金备用；

2. 5日，王琳预借差旅费1 800元，以库存现金支付；

3. 6日，收到罚没收入500元；

4. 7日，财务部购买200元的办公用品，以库存现金支付，附单据两张（操作员误将金额填为500）；

5. 10日，一车间为生产被套领用真丝1 000米，单价40元，共计40 000元；

6. 11日，二车间为生产床单领用棉布2 000米，单价5元，共计10 000元；

7. 15日，财务部王琳出差归来，报销差旅费1 700元，余款退回现金（操作员误将借方科目“管理费用/差旅费”填成“销售费用/其他”）；

8. 17日，财务部开出现金支票（票号XJ01035902）500元提取备用金，由于经常发生，将其保存为常用凭证，并调用凭证；

9.修改7日所填凭证。

二、任务指导

微课

凭证的填制

（一）凭证的填制与修改

使用“102李秀杰”的身份登录企业应用平台。

1.填制1月3日的凭证

（1）选中“业务工作”选项卡，执行“总账”→“凭证”→“填制凭证”命令，进入“填制凭证”窗口。

微课
凭证的修改

（2）单击“增加”按钮或者按F5快捷键。

（3）单击凭证类别的参照按钮，选择“付款凭证”。

（4）修改凭证日期为“2024.01.03”。

（5）在摘要栏直接录入“提取备用金”。

（6）在“科目名称”栏录入科目名称“库存现金”，或者录入科目代码“1001”，或者单击参照按钮（或按F2快捷键），选择资产类科目“1001 库存现金”。

（7）在“借方金额”栏录入“2 000”。

（8）按回车键复制上一行摘要，在“科目名称”栏录入科目名称“银行存款-工行存款”，或者录入科目代码“100201”，或者单击参照按钮（或按F2快捷键），选择资产类科目“100201银行存款/工行存款”。

（9）按回车键，在弹出的“辅助项”窗口中，输入结算方式“现金支票”，票号“XJ01035901”，发生日期“2024-01-03”，如图3-10所示。点击“确定”按钮返回凭证填制窗口。

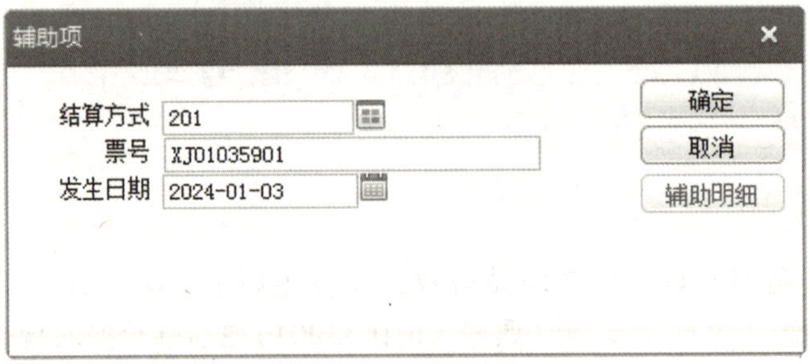

图3-10 辅助项对话框1

（10）在“贷方金额”栏录入“2 000”，或者直接按“=”键，进行借贷自动平衡，如图3-11所示。

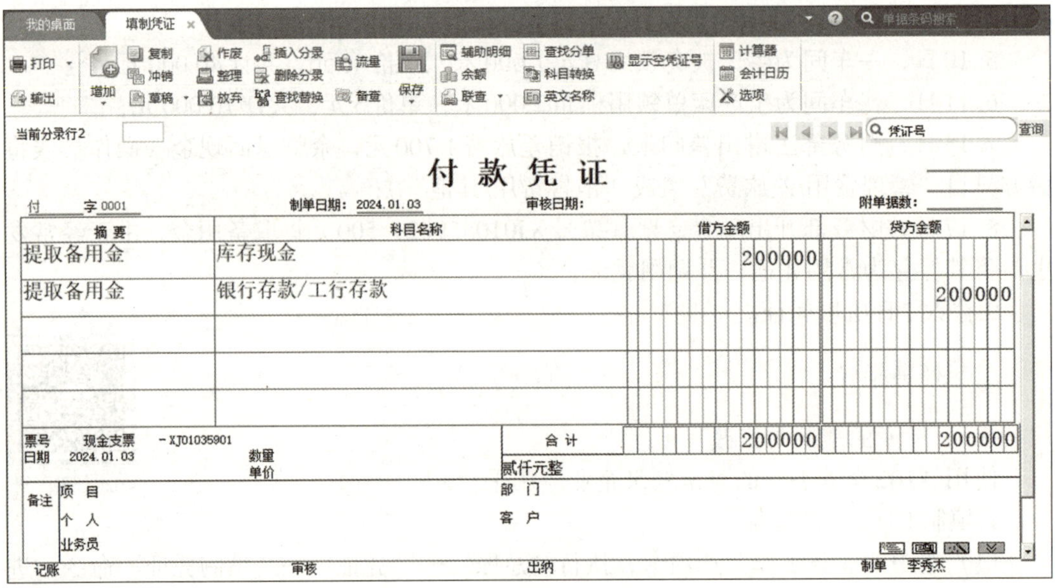

图3-11 第1笔业务付款凭证

（11）单击“保存”按钮，系统弹出“凭证已成功保存！”信息，如图3-12所示，单击“确定”按钮返回。

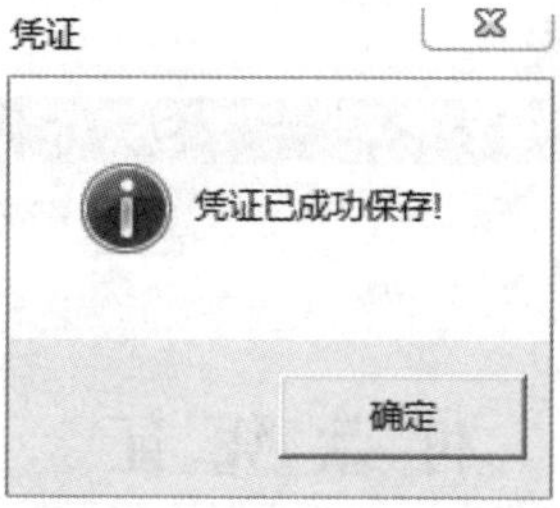

图3-12　凭证成功保存

【特别说明】①凡是涉及“银行科目”的，均应输入结算方式及票据号，否则将导致期末无法与银行对账。如果系统未弹出提示输入结算方式、票据号等内容的“辅助项”窗口，说明在科目设置时，未在有关“银行存款”科目中选中“银行账”复选框。②“结算方式”栏参照内容是共享基础档案设置中的内容，如果无内容或内容不全，应先在基础档案中完善后再选择。

2. 填制1月5日的凭证

（1）单击“增加”按钮或者按F5快捷键。

（2）单击凭证类别的参照按钮，选择“付款凭证”。

（3）修改凭证日期为“2024.01.05”。

（4）在摘要栏直接录入“财务部王琳预借差旅费”。

（5）在“科目名称”栏录入科目名称“其他应收款-应收个人款”，或者录入科目代码“122101”，或者单击参照按钮（或按F2快捷键），选择资产类科目“122101其他应收款/应收个人款”。

（6）按回车键，在弹出的“辅助项”窗口中，输入部门“财务部”，个人“王琳”，票号“JK0001”，发生日期“2024-01-05”，如图3-13所示，单击“确定”按钮返回。

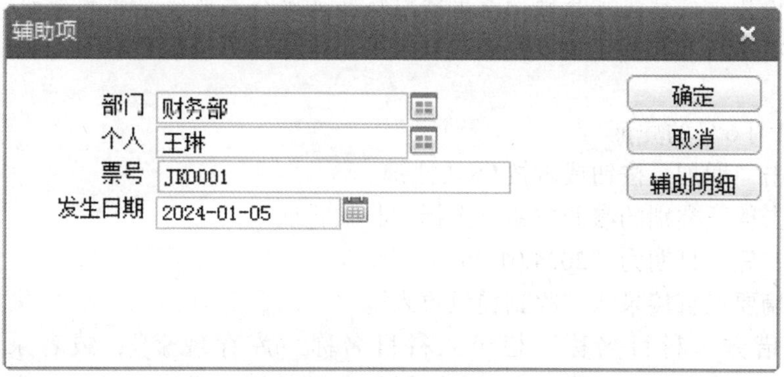

图3-13　辅助项对话框2

（7）在“借方金额”栏录入“1 800”。

（8）按回车键复制上一行摘要，在“科目名称”栏录入科目名称“库存现金”，或者录入科目代码“1001”，或者单击参照按钮（或按F2快捷键），选择资产类科目

"1001库存现金"。

（9）在"贷方金额"栏录入"1 800"，或者直接按"="键，进行借贷自动平衡。如图3-14所示。

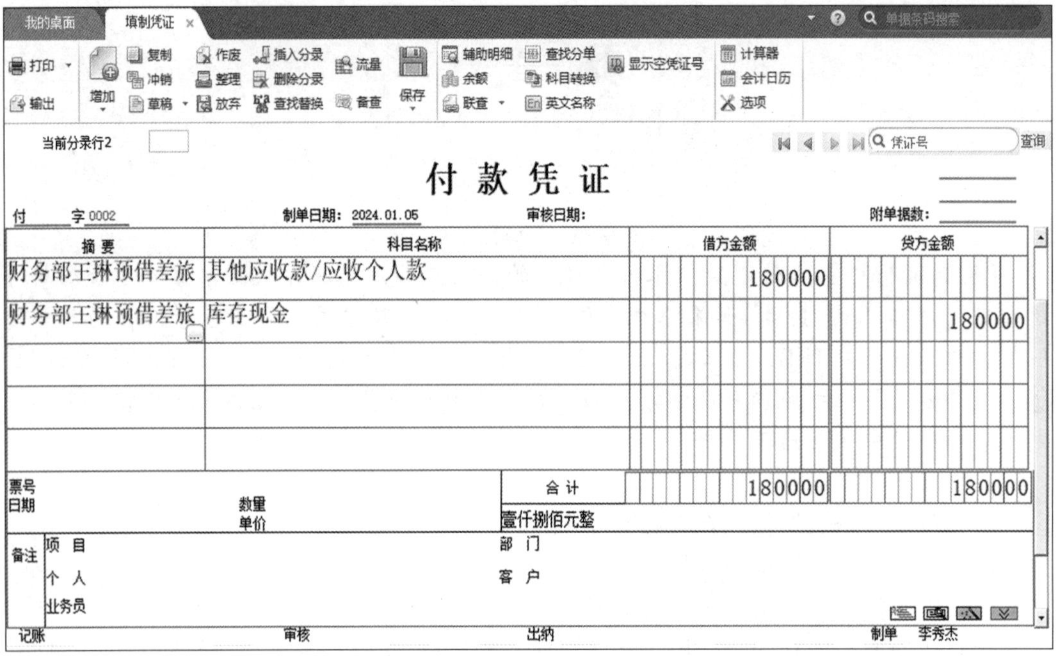

图3-14　第2笔业务付款凭证

（10）单击"保存"按钮，系统弹出"凭证已成功保存！"。

【特别说明】①只有对科目设置了辅助核算，在填制凭证时输入该科目，系统才弹出"辅助项"窗口。②在填制凭证时如果使用设置了辅助核算的会计科目，则除了录入金额信息外，还应录入其辅助信息。如果未录入辅助信息，仍可继续操作，不显示出错信息，则不能查询到辅助账的相关资料。③如果点击"辅助项"窗口的参照按钮后，无法查看部门信息，有可能是基础档案中部门信息没录入，此时应先完善部门档案后再选择；或者是该操作员没有"部门"查询的权限，此时应在"数据权限设置"中进行相应设置。

3.填制1月6日的凭证

（1）单击"增加"按钮或者按F5快捷键。

（2）单击凭证类别的参照按钮，选择"收款凭证"。

（3）修改凭证日期为"2024.01.06"。

（4）在摘要栏直接录入"收到罚没收入"。

（5）在借方"科目名称"栏录入科目名称"库存现金"，或者录入科目代码"1001"，或者单击参照按钮（或按F2快捷键），选择资产类科目"1001库存现金"。在"借方金额"栏录入"500"。

（6）按回车键复制上一行摘要，在"科目名称"栏录入科目名称"营业外收入"，或者录入科目代码"6301"，或者单击参照按钮（或按F2快捷键），选择损益类科目

“6301营业外收入”。

（7）在“贷方金额”栏录入“500”，或者直接按“=”键，进行借贷自动平衡。如图3–15所示。

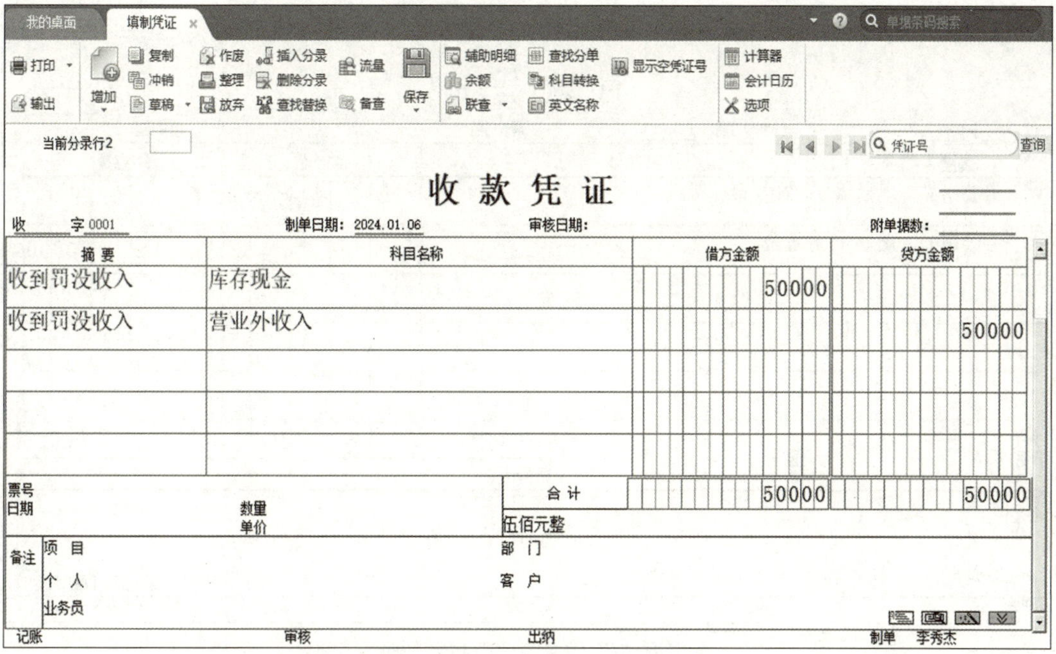

图3–15　第3笔业务收款凭证

（8）单击“保存”按钮，系统弹出“凭证已成功保存！”。

4.填制1月7日的凭证

（1）单击“增加”按钮或者按F5快捷键。

（2）单击凭证类别的参照按钮，选择“付款凭证”。

（3）修改凭证日期为“2024.01.07”。

（4）在摘要栏直接录入“购买办公用品，现金支付”。

（5）在“科目名称”栏录入科目名称“管理费用/办公费”，或者录入科目代码“660203”，或者单击参照按钮（或按F2快捷键），选择损益类科目“660203管理费用/办公费”。

（6）按回车键，在弹出的“辅助项”窗口中，输入部门“财务部”，单击“确定”按钮返回。

（7）在“借方金额”栏录入“500”。

（8）按回车键复制上一行摘要，在“科目名称”栏录入科目名称“库存现金”，或者录入科目代码“1001”，或者单击参照按钮（或按F2快捷键），选择资产类科目“1001库存现金”。

（9）在“贷方金额”栏录入“500”，或者直接按“=”键，进行借贷自动平衡。如图3–16所示。

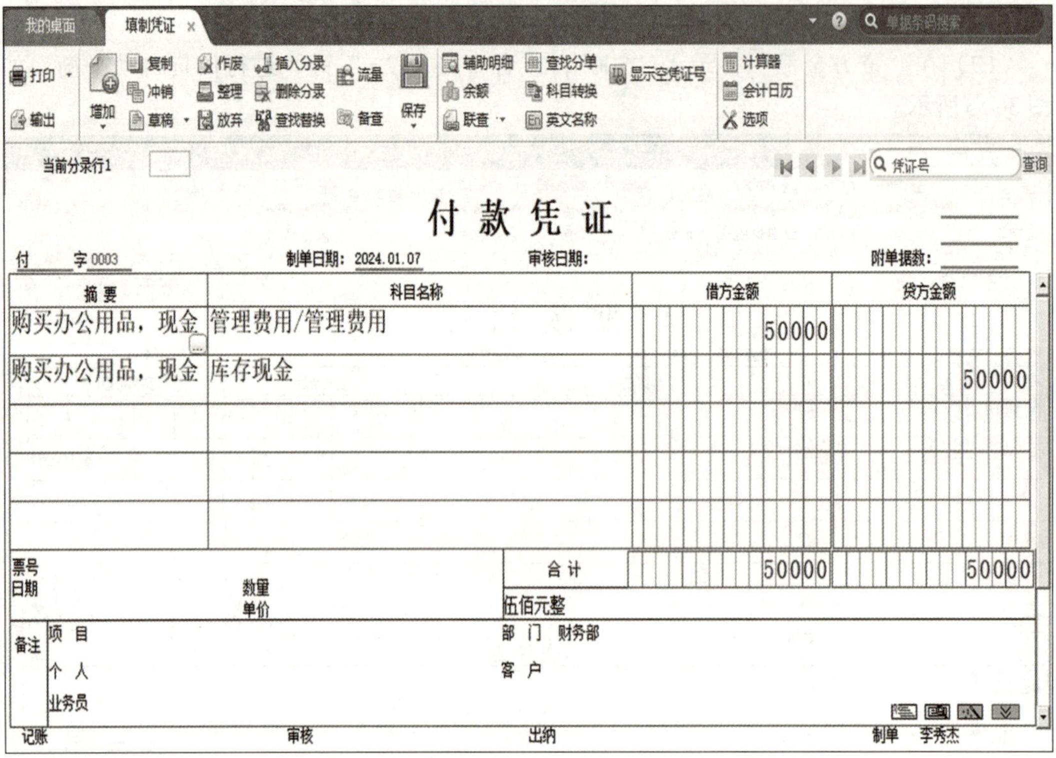

图3-16 第4笔业务付款凭证

（10）单击“保存”按钮，系统弹出“凭证已成功保存！”。

5.填制1月10日的凭证

（1）单击“增加”按钮或者按F5快捷键。

（2）单击凭证类别的参照按钮，选择“转账凭证”。

（3）修改凭证日期为“2024.01.10”。

（4）在摘要栏直接录入“一车间领用真丝”。

（5）在“科目名称”栏录入科目名称“生产成本/直接材料”，或者录入科目代码“500101”，或者单击参照按钮（或按F2快捷键），选择成本类科目“500101 生产成本/直接材料”。

（6）按回车键，在弹出的“辅助项”窗口中，选择项目名称“被套”，如图3-17所示，单击“确定”按钮返回。

图3-17 辅助项对话框1

（7）在“借方金额”栏录入“40 000”。

（8）按回车键复制上一行摘要，在“科目名称”栏录入科目名称“原材料/真丝”，或者录入科目代码“140301”，或者单击参照按钮（或按F2快捷键），选择资产类科目“140301原材料/真丝”。

（9）按回车键，在弹出的“辅助项”窗口中，输入数量“1 000”米，单价“40”，如图3-18所示，单击“确定”按钮返回。

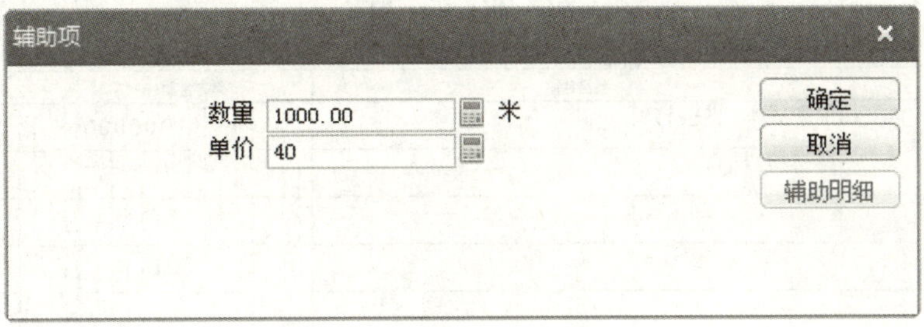

图3-18　辅助项对话框2

（10）单击“确定”按钮，借方金额显示“40 000”，使用“空格键”将金额切换到贷方，如图3-19所示。

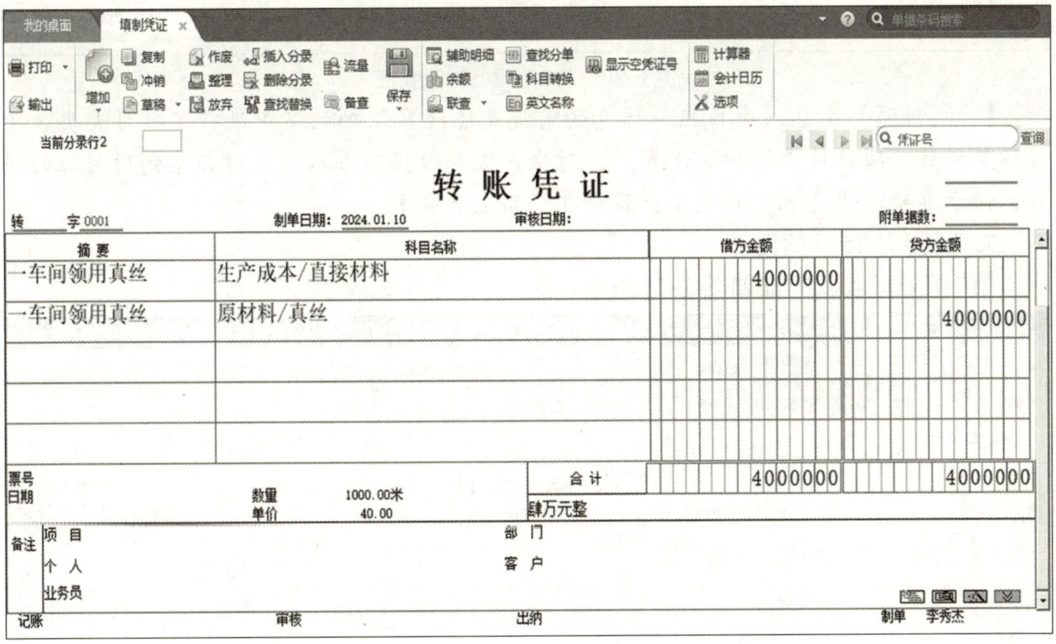

图3-19　第5笔业务转账凭证

（11）单击“保存”按钮，系统弹出“凭证已成功保存！”。

【特别说明】①只有对科目设置了数量金额核算，在填制凭证时输入该科目时，系统才弹出输入数量和单价的“辅助项”窗口。②数量、单价和金额信息三者只能输入两个，系统会自动计算第三个信息，否则可能会因为小数四舍五入原因出现总账和明细账数据不平现象。③如果未录入辅助信息，仍可继续操作并保存凭证，不显示出错信息，但有可能导致数量金额核算科目对账不平。

6. 填制1月11日的凭证

第6笔业务转账凭证如图3-20所示。

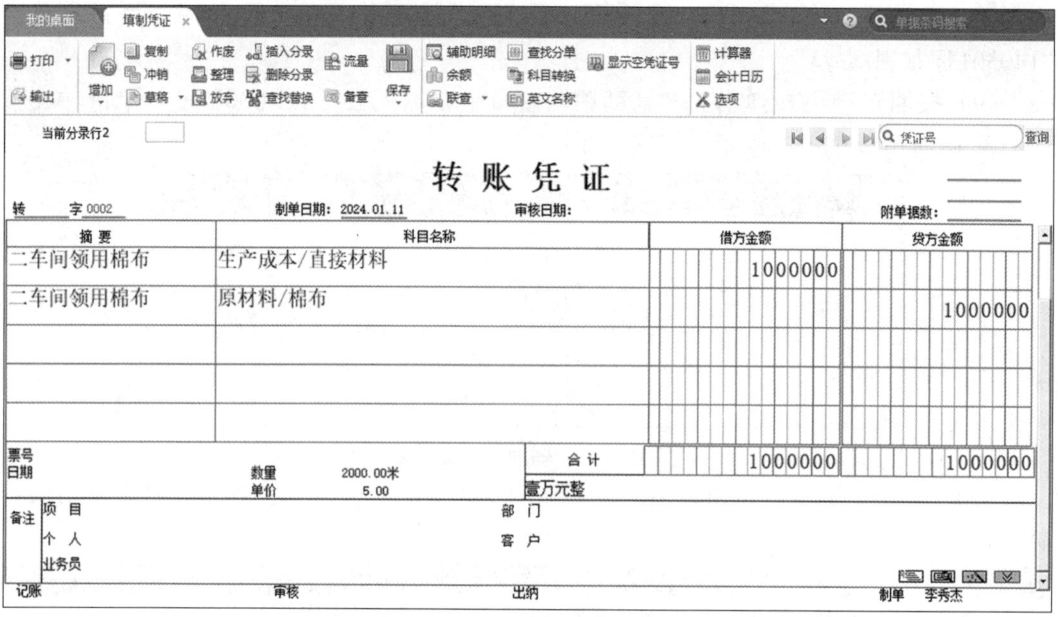

转账凭证

转 字 0002　　制单日期：2024.01.11　　审核日期：　　附单据数：

摘要	科目名称	借方金额	贷方金额
二车间领用棉布	生产成本/直接材料	1000000	
二车间领用棉布	原材料/棉布		1000000
合计 壹万元整		1000000	1000000

票号　日期　数量 2000.00米　单价 5.00

备注　项目　部门　个人　客户　业务员

记账　审核　出纳　制单 李秀杰

图3-20　第6笔业务转账凭证

【特别说明】①录入项目核算信息的前提是已经在基础档案中进行了项目大类、项目核算科目、项目目录维护等设置。②对生产成本数据在录入时及时归集到所对应的科目，便于准确、快捷地计算完工产品和在产品生产成本。

7. 填制1月15日的凭证

第7笔业务收款凭证如图3-21所示。

收款凭证

收 字 0002　　制单日期：2024.01.15　　审核日期：　　附单据数：

摘要	科目名称	借方金额	贷方金额
王琳报销差旅费	销售费用/其他	170000	
王琳报销差旅费	库存现金	10000	
王琳报销差旅费	其他应收款/应收个人款		180000
合计 壹仟捌佰元整		180000	180000

票号 JK0001　日期 2024.01.15　数量　单价

备注　项目　部门 财务部　个人 王琳　客户　业务员

记账　审核　出纳　制单 李秀杰

图3-21　第7笔业务收款凭证

8.填制1月17日的凭证

利用“常用凭证”处理1月17日的业务。

（1）在“填制凭证”窗口，找到“提取备用金”业务“付款凭证0001”界面。

（2）单击工具栏上“增加”下的“调用常用凭证”按钮，弹出“常用凭证”生成窗口，如图3-22所示。

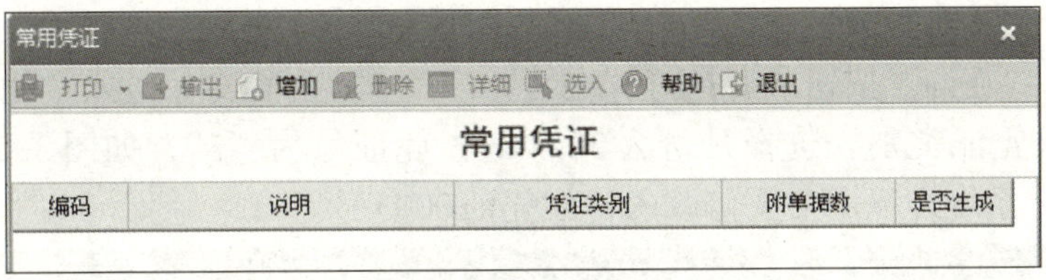

图3-22　常用凭证生成

（3）输入编码“01”，说明“提取备用金”，单击“确定”按钮退出。

（4）在“填制凭证”窗口，单击工具栏上“常用凭证”下的“调用常用凭证”按钮，弹出“调用常用凭证”窗口，如图3-23所示。

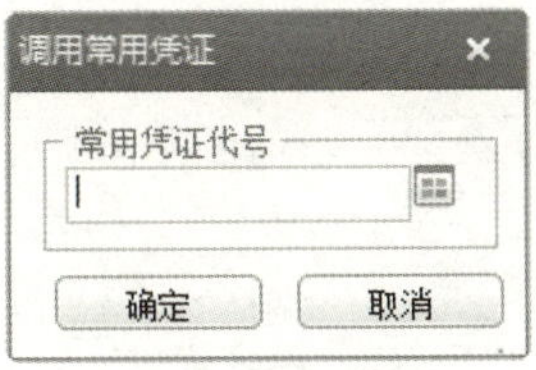

图3-23　调用常用凭证

（5）输入常用凭证编码“01”，单击“确定”按钮。

（6）当前编号为“0004”的付款凭证即为生成的常用凭证，只需将日期修改为“2024-01-17”，借贷方科目不变，金额修改为“500”，票据号修改为“XJ01035902”，发生日期修改为“2024-01-17”，如图3-24所示。

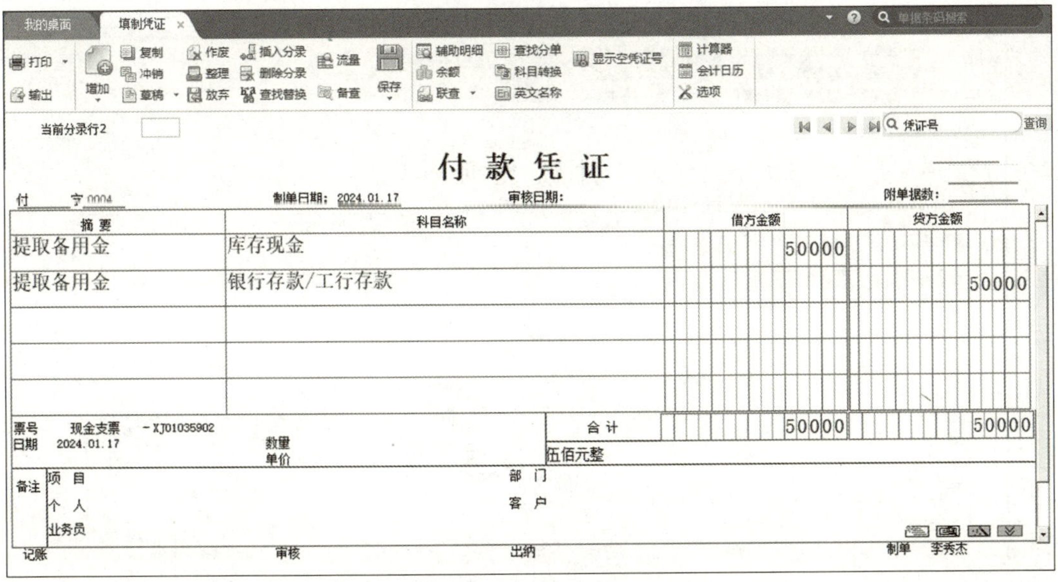

图3-24　第8笔业务付款凭证

【特别说明】对于每月重复发生的会计业务，如果其借贷方对应科目不变，只是每次业务发生日期和金额有变化，可利用常用凭证功能，一次生成，多次调用，提高凭证录入速度。

9.修改1月7日的凭证

修改1月7日0003号付款凭证。

（1）执行“总账”→“凭证”→“填制凭证”命令，进入“填制凭证”窗口。

（2）单击“查询”按钮或者执行“查看”→“查询”命令，进入“凭证查询”对话框。选择付款凭证类别，选择月份为2024.01，凭证号为“3”，如图3-25所示。单击“确定”按钮，系统即显示需要修改的付款凭证0003号。

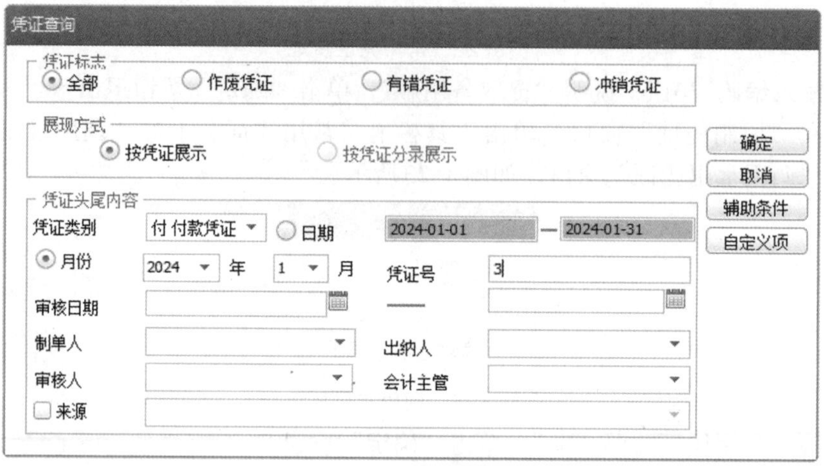

图3-25 凭证修改

（3）将光标定位在需要修改的借、贷方金额栏，将“500”改为“200”。

（4）单击“保存”按钮，系统弹出“凭证已成功保存!”，如图3-26所示。

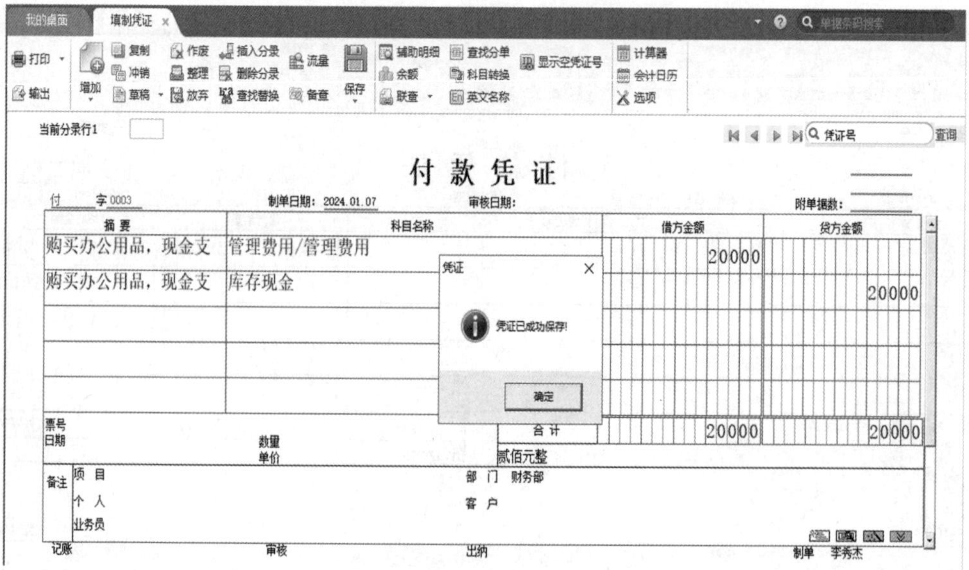

图3-26 修改后的0003号付款凭证

【特别说明】

①如果在总账系统的选项中选中“允许修改、作废他人填制的凭证”，则可由非原制单人修改或作废他人填制的凭证，被修改凭证的制单人将被修改为现在修改凭证的人。

②如果在总账系统的选项中没有选中“允许修改、作废他人填制的凭证”，则只能由原制单人修改或作废自己填制的凭证。

③对于未出纳签字或审核签字的凭证，可以在填制凭证界面直接进行光标定位修改。但是凭证类别不能被修改；凭证日期修改后，如果已采用制单序时控制，则在修改制单日期时，不能在上一张同类凭证的制单日期之前。

④如果已经由出纳或审核人签字的凭证出错需要修改，则须先取消签字后再进行修改。

⑤凭证的辅助项内容如果有错误，可以在单击含有错误辅助项的会计科目后，将鼠标移到错误的辅助项信息处，当出现“笔头状光标”时双击此处，弹出辅助项录入窗口，直接修改辅助项的内容，或者按Ctrl+S键调出辅助项录入窗口后修改。

⑥外部系统传递到总账系统的凭证，不能在总账系统中修改，只能在生成该凭证的系统中进行修改。

⑦对尚未记账的凭证进行修改，在系统中没有留下痕迹，因此又称为“无痕迹修改”。

（二）出纳签字与取消签字

微课

出纳签字

1. 出纳签字

（1）使用操作员“103张可心”的身份登录企业应用平台。

（2）选中“业务工作”选项卡，执行“总账”→“凭证”→“出纳签字”命令，进入“出纳签字”查询条件对话框，如图3–27所示。

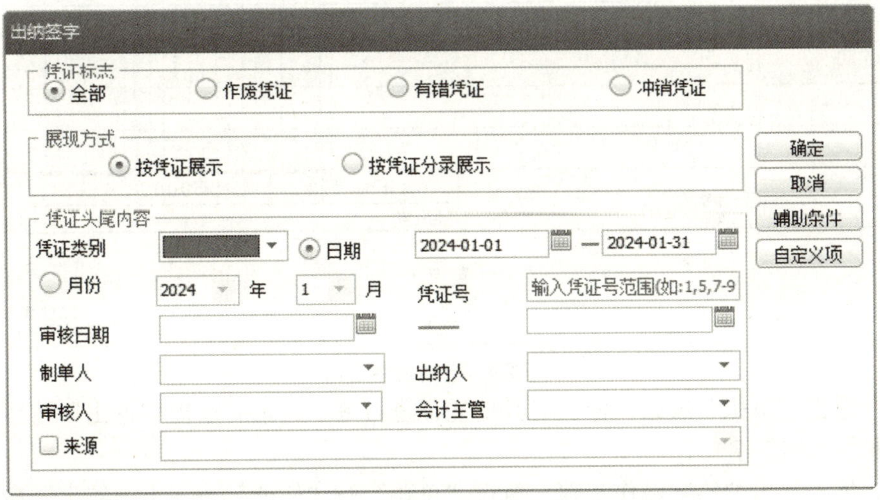

图3–27　出纳签字查询条件

（3）单击“确定”按钮，选定全部需要出纳签字的凭证，进入“出纳签字”凭证列表对话框，如图3–28所示。

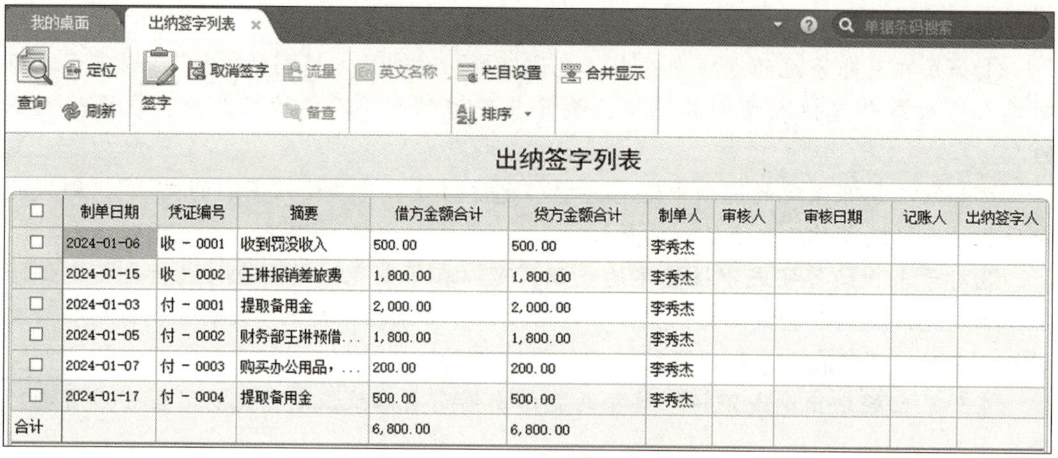

出纳签字列表

	制单日期	凭证编号	摘要	借方金额合计	贷方金额合计	制单人	审核人	审核日期	记账人	出纳签字人
☐	2024-01-06	收 - 0001	收到罚没收入	500.00	500.00	李秀杰				
☐	2024-01-15	收 - 0002	王琳报销差旅费	1,800.00	1,800.00	李秀杰				
☐	2024-01-03	付 - 0001	提取备用金	2,000.00	2,000.00	李秀杰				
☐	2024-01-05	付 - 0002	财务部王琳预借...	1,800.00	1,800.00	李秀杰				
☐	2024-01-07	付 - 0003	购买办公用品，...	200.00	200.00	李秀杰				
☐	2024-01-17	付 - 0004	提取备用金	500.00	500.00	李秀杰				
合计				6,800.00	6,800.00					

图3-28　出纳签字凭证列表

（4）双击某一张要签字的凭证或单击“确定”按钮，进入“出纳签字”的签字窗口。

（5）单击“签字”按钮或执行“出纳”→“出纳签字”命令，凭证底部的“出纳”位置被自动签上出纳人姓名，如图3-29所示。

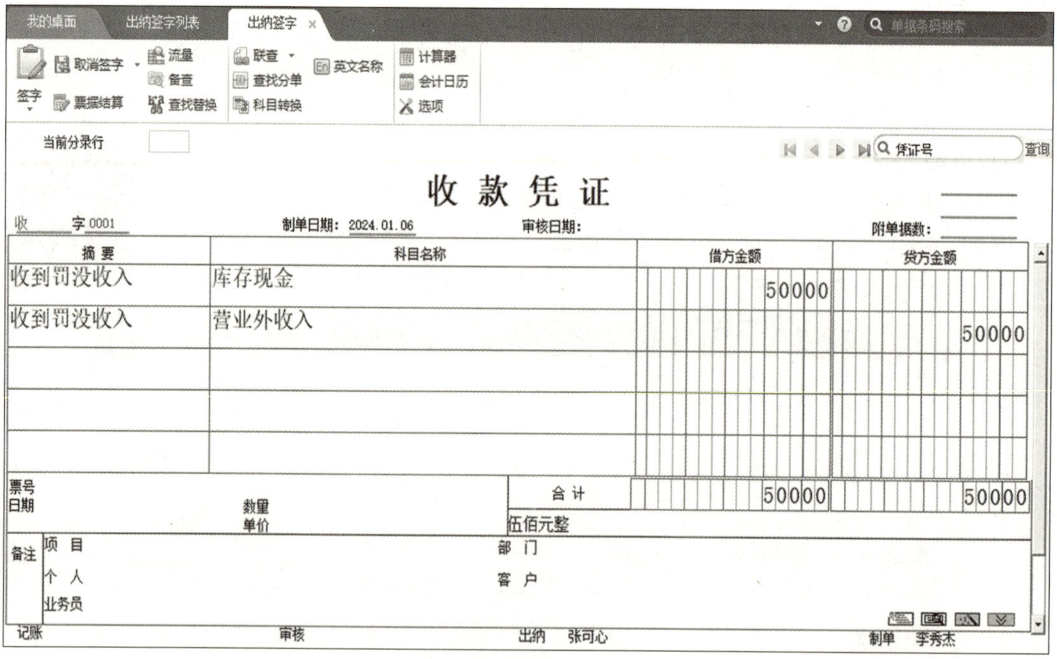

图3-29　出纳签字窗口

（6）单击“下张”按钮，依次对其他凭证进行签字，最后单击“退出”按钮。

2.取消出纳签字

（1）依上述出纳签字操作步骤，执行“总账”→“凭证”→“出纳签字”命令，进入“出纳签字”窗口。

（2）单击“取消”按钮或执行“出纳”→“取消签字”命令，凭证底部的“出纳”

位置的出纳人姓名便自动消失。

(3) 单击“下张”按钮，依次对其他凭证进行取消签字，最后单击“退出”按钮。

【特别说明】

①出纳凭证是指涉及“库存现金”和“银行存款”科目的凭证。出纳签字是指由出纳人员通过“出纳签字”功能对制单员填制的凭证进行检查核对，核对的主要内容是出纳凭证的出纳科目金额是否正确。

②进行出纳签字的操作员应是已在系统管理中被赋予了出纳签字权限的操作员。

③只有指定为现金科目和银行科目的凭证才需出纳签字。

④出纳签字并非审核凭证的必要步骤，即出纳签字的操作既可以在“凭证审核”前进行，也可以在“凭证审核”后进行。若在设置总账参数时，不选择“出纳凭证必须经由出纳签字”，则可以不执行“出纳签字”功能。

⑤为了提高效率，除单张签字或单张取消签字外，也可以执行“批处理”→“成批出纳签字”或“成批取消签字”，即一次性完成对所有收付款凭证的出纳签字或取消签字。

⑥如果在出纳签字时，发现凭证有错，而系统又“不允许修改、作废他人填制的凭证”，则应交由制单人修改后再签字。

⑦凭证一经签字，就不能被修改或删除，只有取消签字后才可以修改或删除。取消签字只能由出纳自己进行。

（三）凭证审核与取消审核

微课

凭证的审核

1.凭证审核

(1) 使用操作员“101 王琳”的身份登录企业应用平台。

(2) 选中“业务工作”选项卡，执行“总账”→“凭证”→“凭证审核”命令，进入“凭证审核”查询条件对话框，如图3-30所示。

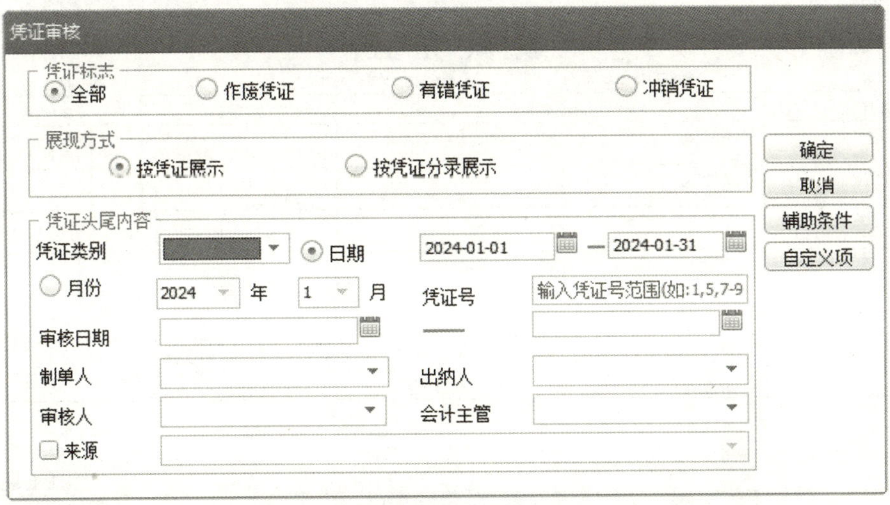

图3-30　凭证审核查询条件

(3) 单击“确定”按钮，选定全部需要审核的凭证，进入“凭证审核列表”对话框，如图3-31所示。

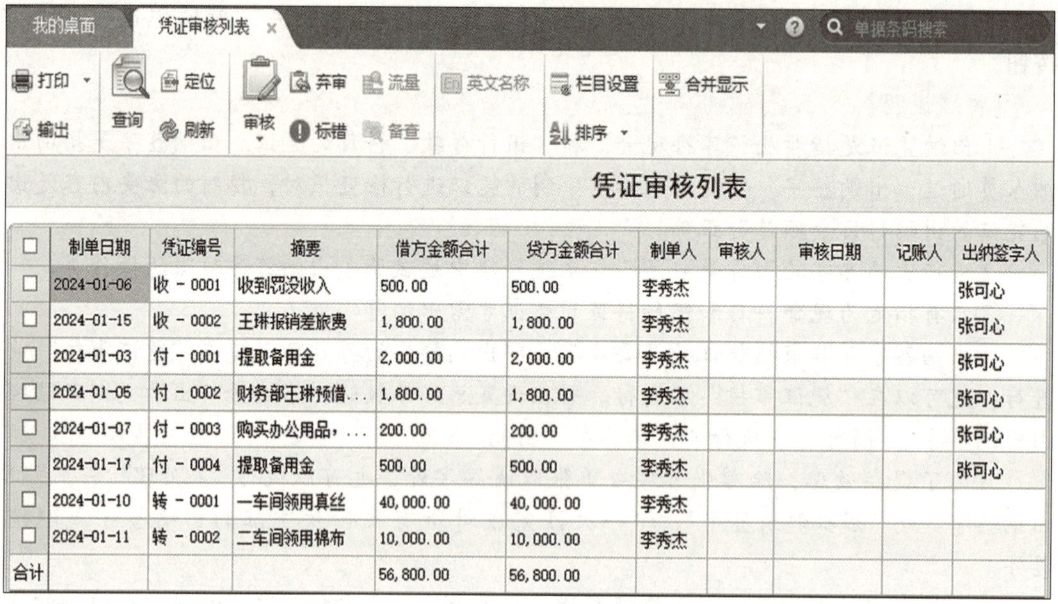

□	制单日期	凭证编号	摘要	借方金额合计	贷方金额合计	制单人	审核人	审核日期	记账人	出纳签字人
□	2024-01-06	收 - 0001	收到罚没收入	500.00	500.00	李秀杰				张可心
□	2024-01-15	收 - 0002	王琳报销差旅费	1,800.00	1,800.00	李秀杰				张可心
□	2024-01-03	付 - 0001	提取备用金	2,000.00	2,000.00	李秀杰				张可心
□	2024-01-05	付 - 0002	财务部王琳预借...	1,800.00	1,800.00	李秀杰				张可心
□	2024-01-07	付 - 0003	购买办公用品，...	200.00	200.00	李秀杰				张可心
□	2024-01-17	付 - 0004	提取备用金	500.00	500.00	李秀杰				张可心
□	2024-01-10	转 - 0001	一车间领用真丝	40,000.00	40,000.00	李秀杰				
□	2024-01-11	转 - 0002	二车间领用棉布	10,000.00	10,000.00	李秀杰				
合计				56,800.00	56,800.00					

图3-31　凭证审核列表

（4）双击某一张要审核的凭证或单击“确定”按钮，进入“审核凭证”窗口。

（5）单击“审核”按钮或执行“审核”→“审核凭证”命令，系统会在凭证底部的“审核”位置自动签上审核人姓名，并自动进入下一张需要审核的凭证，如图3-32所示。

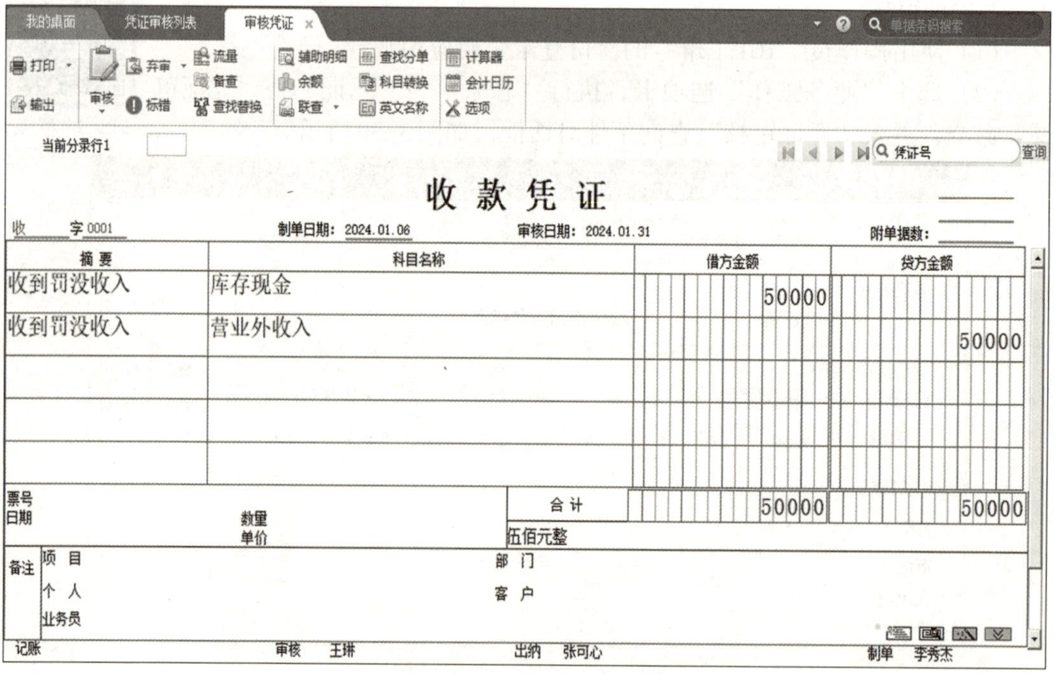

图3-32　审核凭证窗口

（6）单击“退出”按钮。

2.取消凭证审核

（1）依上述凭证审核操作步骤，执行“总账”→“凭证”→“审核凭证”命令，进入“审核凭证”窗口。

（2）单击“取消”按钮或执行“审核”→“取消审核”命令，凭证底部的“审核”位置的审核人姓名便自动消失。

（3）单击“下张”按钮，依次对其他凭证进行取消审核，最后单击“退出”按钮。

【特别说明】

①凭证审核主要审核记账凭证是否与原始凭证相符，会计分录是否正确。审核人员认为错误或有异议的凭证，应由制单人进行修改后再进行审核。

②凭证审核的操作权限应首先在“系统管理”的“权限”中进行赋权，其次还要注意在总账系统中的选项中是否选中“凭证审核控制到操作员”复选框，如果设置了该选项，则应继续设置审核的明细权限，即“数据权限”中的“用户”权限。只有在“数据权限”中设置了某一用户有权审核另外某一用户所填制的凭证的权限，该用户才真正拥有了审核凭证的权限。

③系统要求审核人与制单人不能为同一人，因此在审核前必须确保当前操作员不是制单人。

④在审核凭证的功能中，还可以对有错误的凭证进行“标错”。标错凭证不能被审核，必须取消标错后才能审核。

⑤为了提高效率，除单张审核或单张取消审核外，也可以执行“批处理”→“成批审核凭证”或“成批取消审核”，即一次性完成对所有凭证的审核或取消审核。

⑥凭证一经审核签字，就不能被修改或删除，只有取消签字后才可以修改或删除。取消签字只能由审核人自己进行。

（四）删除0001号收款凭证并整理断号

1.凭证作废

微课

凭证的作废

（1）使用操作员“101王琳”的身份取消对0001号收款凭证的审核签字。

（2）使用操作员“103张可心”的身份取消对0001号收款凭证的出纳签字。

（3）使用操作员“102李秀杰”的身份执行“凭证”→“填制凭证”命令，进入“填制凭证”窗口。

（4）单击“上张”“下张”按钮，或通过“查看”→“查询”命令，找到0001号收款凭证。

（5）执行“作废/恢复”命令，将该凭证打上“作废”标志，如图3-33所示。

2.凭证整理

（1）使用操作员“102李秀杰”的身份执行“整理凭证”命令，进入“凭证期间选

图3-33　作废凭证

择”对话框，选择凭证期间“2024.01”，如图3-34所示，单击“确定”按钮，打开“作废凭证表”对话框。

图3-34　作废凭证期间选择

（2）双击“作废凭证表”对话框中需要删除凭证所在行的“删除”栏，如图3-35所示。

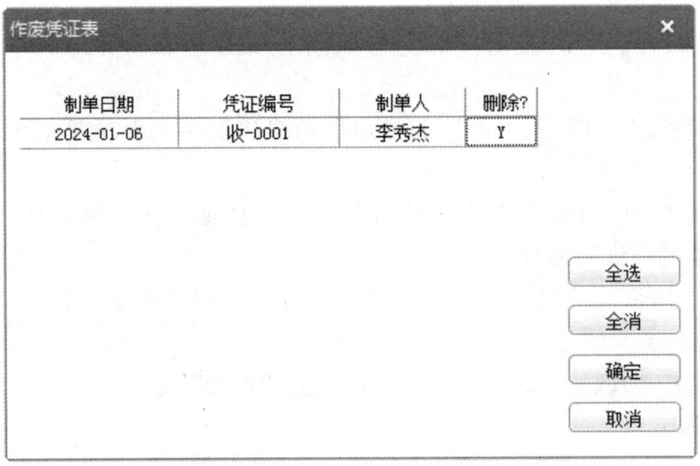

图3-35　作废凭证表

（3）单击“确定”按钮，系统弹出“是否还需整理凭证断号”信息提示框，并提供三种断号整理方式：“按凭证号重排”“按凭证日期重排”“按审核日期重排”，如图 3–36 所示。

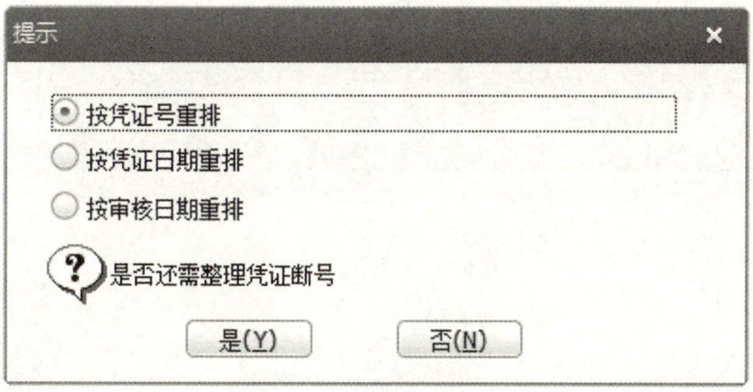

图3–36　凭证号重排选项

（4）选择“按凭证号重排”选项，单击“是”按钮，系统完成对凭证号的重新整理。

【特别说明】

①在用友 U8 系统中，若要删除凭证，必须分两步进行操作，即先进行“作废”操作，然后再进行“整理”操作才能删除凭证。

②未审核或出纳签字的凭证可以直接删除，已审核或出纳签字的凭证，必须在取消签字以后才能删除。

③只能对未记账凭证进行凭证整理。对已记账凭证进行整理，应采用冲销功能进行错账更正。

④如果在对作废凭证进行整理时，选择了不整理断号，但在总账系统的选项设置中选中了“自动填补凭证断号”及“系统编号”复选框，那么在填制凭证时可以由系统自动填补断号。否则，将会出现凭证断号。

⑤对于作废凭证，可以单击“作废/恢复”，取消“作废”标记。

⑥作废凭证不能修改、不能审核，但参与记账，而且不对作废凭证进行数据处理，相当于一张空凭证。在进行账簿查询时，查不到作废凭证的数据。

（五）凭证记账

微课　记账

1.使用操作员“101 王琳”的身份登录企业应用平台。

2.选中“业务工作”选项卡，执行“总账”→“凭证”→“记账”命令，进入“记账”窗口，选择“2024.01 月份凭证”，“记账范围”为“全选”，如图 3–37 所示。

3.单击“记账”按钮，打开“期初试算平衡表”窗口。

4.单击“确定”按钮，系统自动进行记账，记账完毕后，系统弹出“记账完毕！”信息框，如图 3–38 所示。

5.单击“确定”按钮，系统显示科目汇总表信息，可进行“预览”、“打印”或“输出”。单击“退出”按钮，记账完毕。

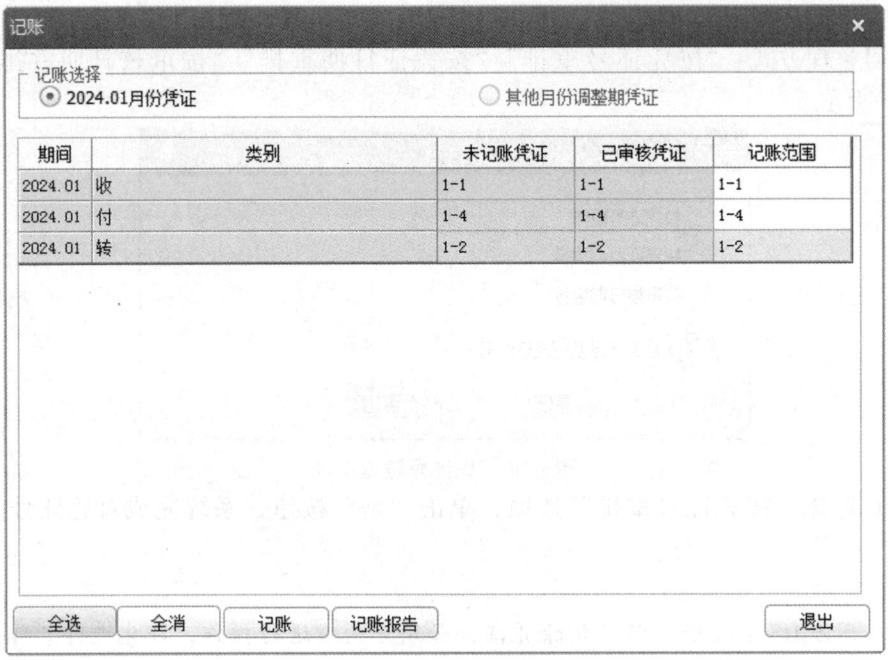

图3-37　选择记账范围

图3-38　记账完毕

【特别说明】

①凭证经过出纳签字及审核后，即可进行账簿的登记，记账通常也称登账或过账。系统提供的记账功能采用向导方式，使得记账过程更加直观、明确，便于操作。

②期初余额试算不平衡不允许记账；如果有未审核的凭证不允许记账；上月未记账或结账，本月不能记账。

③如果不输入记账范围，系统默认所有凭证。记账范围应小于等于已审核范围。

④新版会计软件提供不可逆的记账功能，一旦记账成功，便不可取消记账，确保对同类已记账凭证的连续编号，记账后若需要修改已记账的凭证，应通过冲销功能进行错账更正。

（六）查询已记账的0001号转账凭证

1.选中“业务工作”选项卡，执行“总账”→“凭证”→“查询凭证”命令，进入“凭证查询”对话框。

2.在“记账范围”栏选择“已记账凭证”，在“凭证标志”栏选择“全部”，在“凭证类别”栏选择“转 转账凭证”，在“月份”栏选择“2024.01”，在“凭证号”栏选择“1”，其余默认，如图3-39所示。

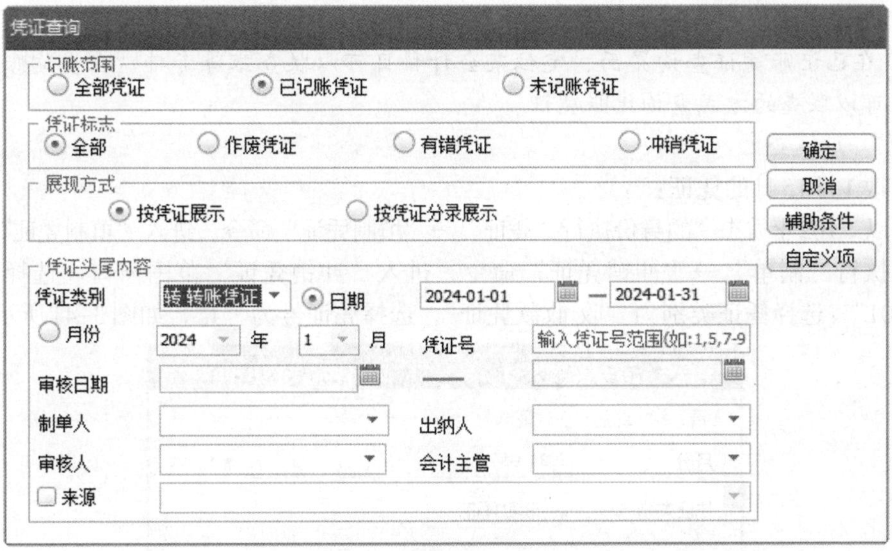

图3-39　凭证查询范围

3.单击“确定”按钮，进入“查询凭证”对话框，定位所要查询的凭证行，双击该凭证，系统会显示所要查询的记账凭证信息，如图3-40所示。

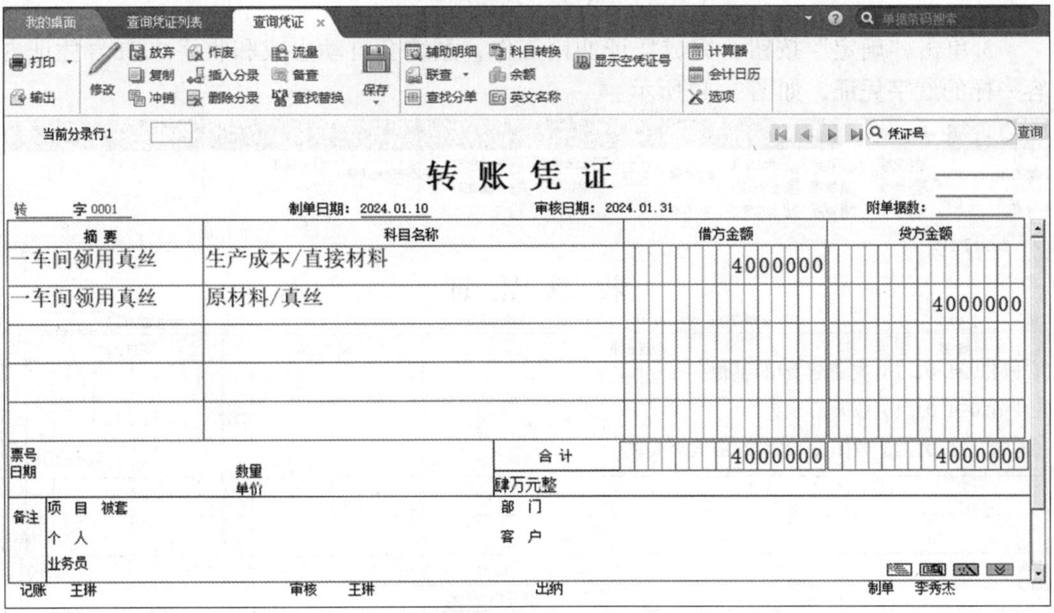

图3-40　查询凭证

4.查询完毕后，单击“退出”按钮。

【特别说明】

① 在“查询凭证”功能中既可以查询已记账凭证，也可以查询未记账凭证。而在“填制凭证”窗口只能查询未记账凭证。

② 通过设置查询条件可以查询作废凭证、有错凭证、某制单人填制的凭证、其他子系统传递过来的凭证以及一定日期区间、一定凭证号区间的记账凭证。

③ 如果不输入具体查询范围，系统默认所有凭证。

④ 在已记账凭证查询界面，定位某会计科目可以联查账簿资料。在查询账簿资料时，也可以联查的方式查询记账凭证。

（七）冲销凭证

修改1月15日的凭证：

1. 以“102李秀杰“的身份执行“凭证”→“填制凭证”命令，进入“填制凭证”窗口。

2. 执行“制单”→“冲销凭证”命令，进入“冲销凭证”范围窗口。选择月份为“2024.01”，选择凭证类别为“收 收款凭证”，选择凭证号为“1”，如图3-41所示。

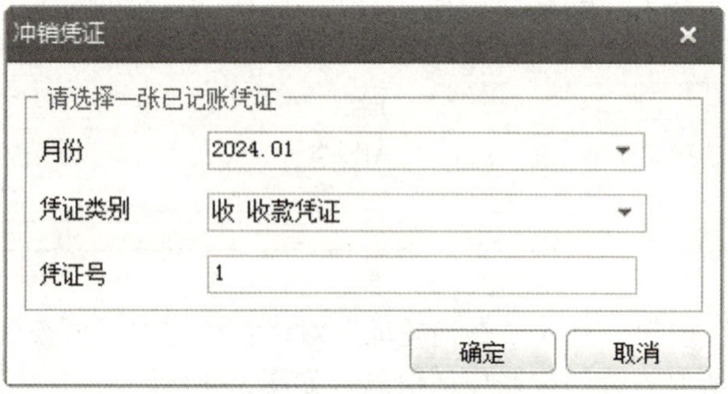

图3-41　冲销凭证

3. 单击“确定”按钮，完成凭证冲销工作，系统会自动生成和收字0001号凭证内容一样的红字凭证，如图3-42所示。

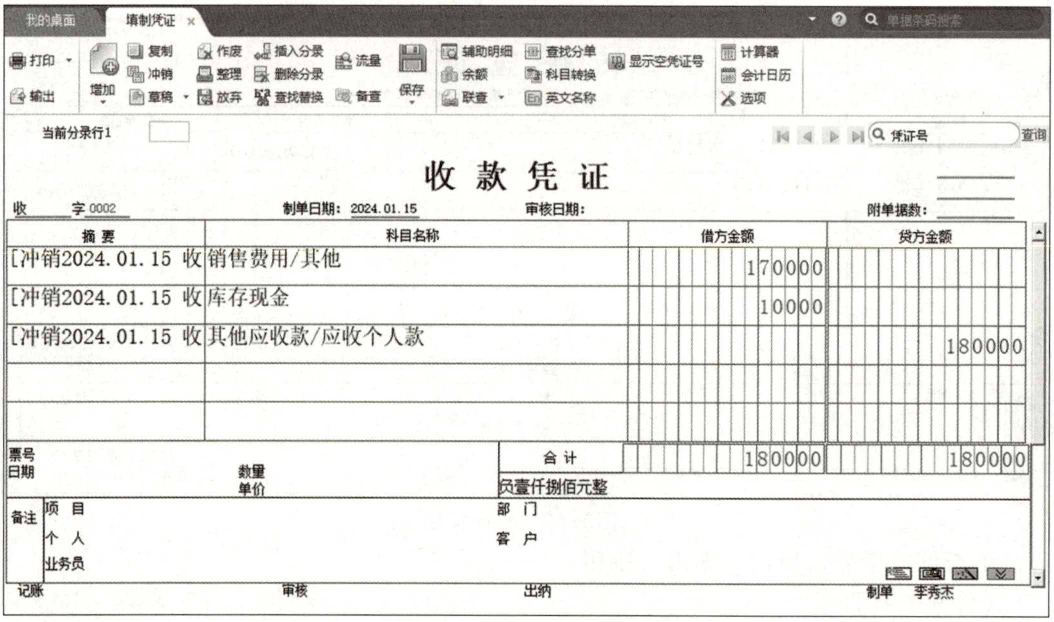

图3-42　红字凭证

4. 单击“保存”按钮。

5. 单击“增加”按钮，按前面所讲方法，填制一张正确的收款凭证并保存后退出该窗口，如图3-43所示。

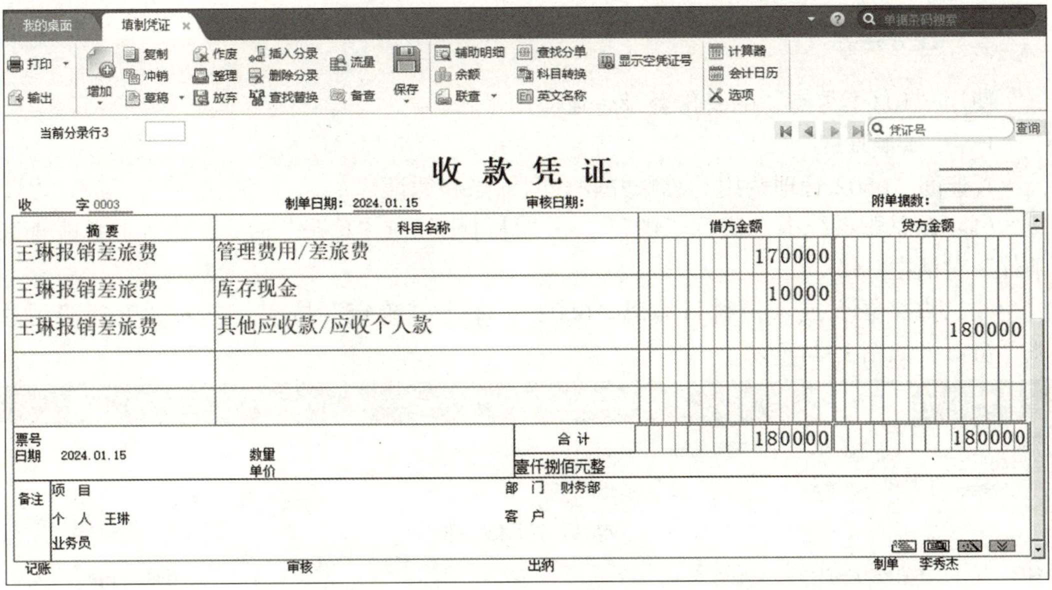

图3-43　修改后的凭证

6. 使用操作员“103张可心”的身份“重注册”，执行“凭证”→“出纳签字”命令，对冲销凭证和新填制凭证进行出纳签字处理。

7. 使用操作员“101王琳”的身份“重注册”，执行“凭证”→“审核凭证”命令，对冲销凭证和新填制凭证进行审核。

8. 使用操作员“101王琳”的身份，执行“凭证”→“记账”命令，进行未记账凭证的记账工作。

【特别说明】

①冲销凭证是针对已记账凭证由系统自动生成与被冲销凭证内容一样的一张红字凭证。

②制作红字冲销凭证将错误凭证冲销后，需要再做一张正确的凭证进行补充。

③冲销凭证和新填制的正确凭证仍需审核、出纳签字和记账。

任务四　账簿管理

一、任务资料

由李秀杰查询以下账簿：

1. 查询“6602管理费用”总账并联查明细账；

2. 查询“1403原材料”数量金额式明细账并联查总账和凭证；

3. 查询科目余额表；

4. 定义并查询“1403原材料”多栏账；

5. 查询“1122应收账款”客户往来明细账等；

6. 查询“01财务部”部门账等。

二、任务指导

使用“102李秀杰”的身份登录企业应用平台。

（一）账簿查询

1. 查询“6602管理费用”总账并联查明细账和凭证

（1）在总账系统中，执行“账表”→“科目账”→“总账”命令，进入“总账查询条件”对话框。

（2）直接录入或选择科目编码“6602”，单击“确定”按钮，进入“管理费用总账”窗口，如图3-44所示。

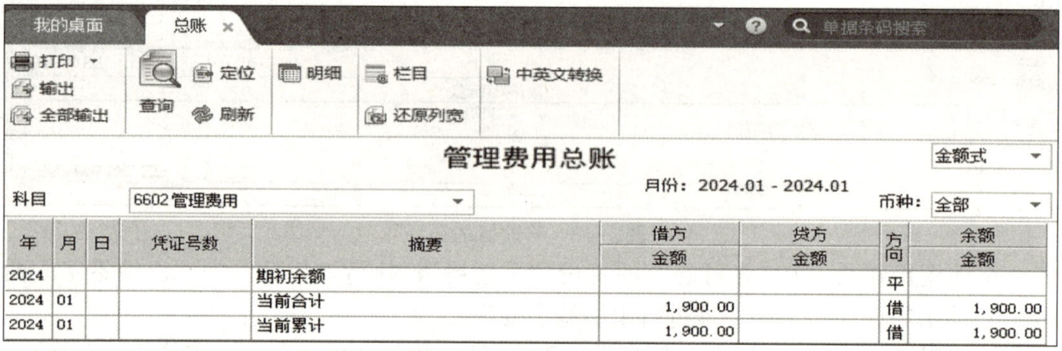

图3-44 管理费用总账

（3）将光标定位在“当前合计”栏，单击工具栏中的“明细”按钮，进入“管理费用明细账”窗口。

（4）在“管理费用明细账”窗口，定位某业务行，单击工具栏的“凭证”按钮，进入“联查凭证”窗口，系统显示该笔业务的记账凭证，如图3-45所示。

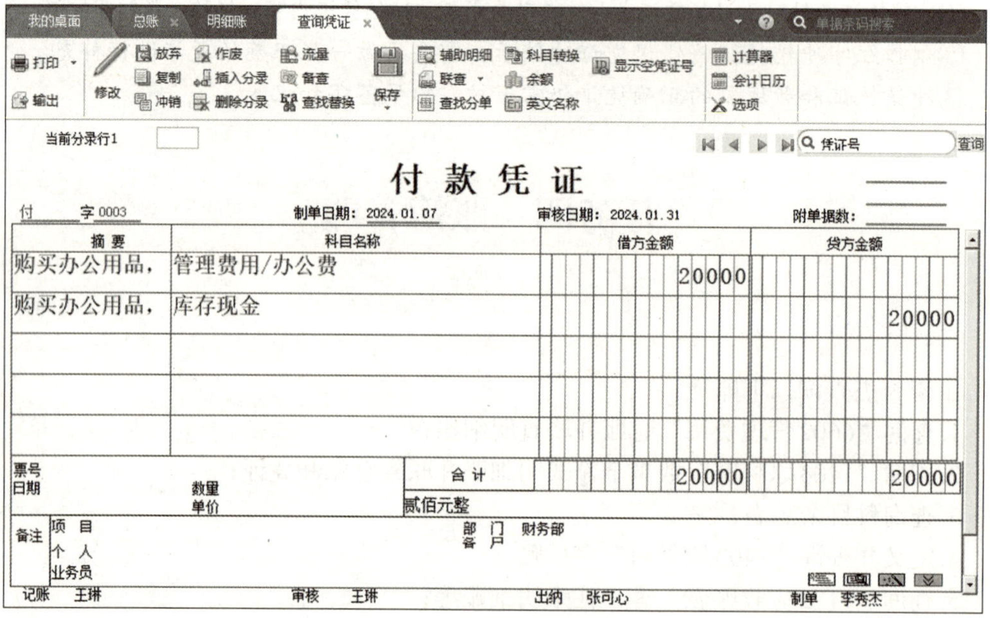

图3-45 明细账联查记账凭证

【特别说明】

①在“总账查询条件”窗口，若直接单击“确定”按钮，则系统进入第一个会计科目总账窗口，在此窗口“科目”下拉框中，可选择其他的一级科目进行总账查询。

②在“总账查询条件”窗口，若选择“包含未记账凭证”复选框，则查询结果包含未记账的会计数据，此项功能提高了会计信息的时效性。

2.查询“1403 原材料”数量金额式明细账并联查总账和凭证

（1）在总账系统中，执行“账表”→“科目账”→“明细账”命令，进入“明细账查询条件”对话框。

（2）直接录入或选择科目代码“1403”，单击“确定”按钮，进入金额式“原材料明细账”窗口。

（3）在右上角下拉框中选择“数量金额式”，进入数量金额式“原材料明细账”窗口，系统除了列示该账户借方、贷方、余额等金额信息外，还显示数量、单价等信息，如图3-46所示。

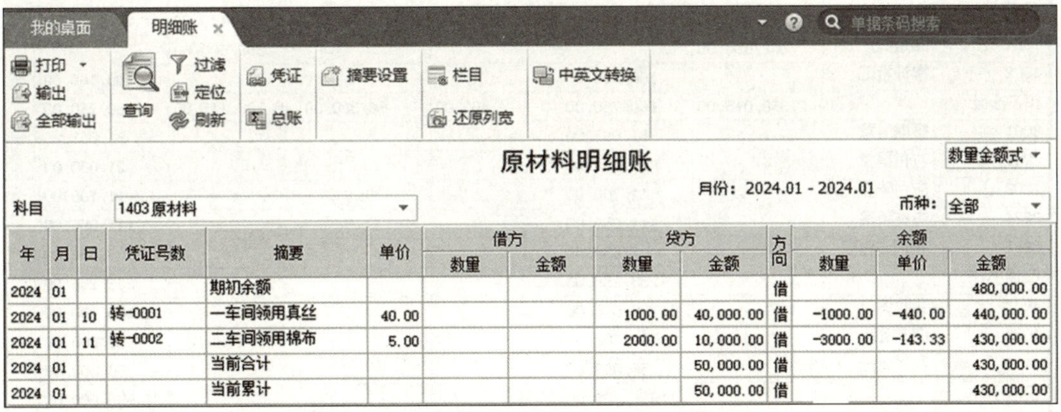

年	月	日	凭证号数	摘要	单价	借方 数量	借方 金额	贷方 数量	贷方 金额	方向	余额 数量	余额 单价	余额 金额
2024	01			期初余额						借			480,000.00
2024	01	10	转-0001	一车间领用真丝	40.00			1000.00	40,000.00	借	-1000.00	-440.00	440,000.00
2024	01	11	转-0002	二车间领用棉布	5.00			2000.00	10,000.00	借	-3000.00	-143.33	430,000.00
2024	01			当前合计					50,000.00	借			430,000.00
2024	01			当前累计					50,000.00	借			430,000.00

图3-46　数量金额式明细账

（4）在“原材料明细账”窗口，定位某业务行，单击工具栏的“凭证”按钮，进入“联查凭证”窗口，系统显示该笔业务的记账凭证。

（5）单击工具栏中的“总账”按钮，进入“原材料总账”窗口。

（二）查询科目余额表

1.在总账系统中，执行“账表”→“科目账”→“余额表”命令，打廾“发生额及余额查询条件”对话框。

2.单击“确定”按钮，进入“发生额及余额表”窗口，如图3-47所示。

3.执行“账表”→”个人往来辅助账”→“个人科目余额表”命令，打开“个人科目余额表”对话框，如图3-48所示。

4.单击“退出”按钮。

【特别说明】

①在余额表查询功能中，可以查询各级科目的本月期初余额、本期发生额及期末余额。

②在发生额及余额表中，单击“专项”按钮，可以查询到带有辅助核算内容的辅助资料。

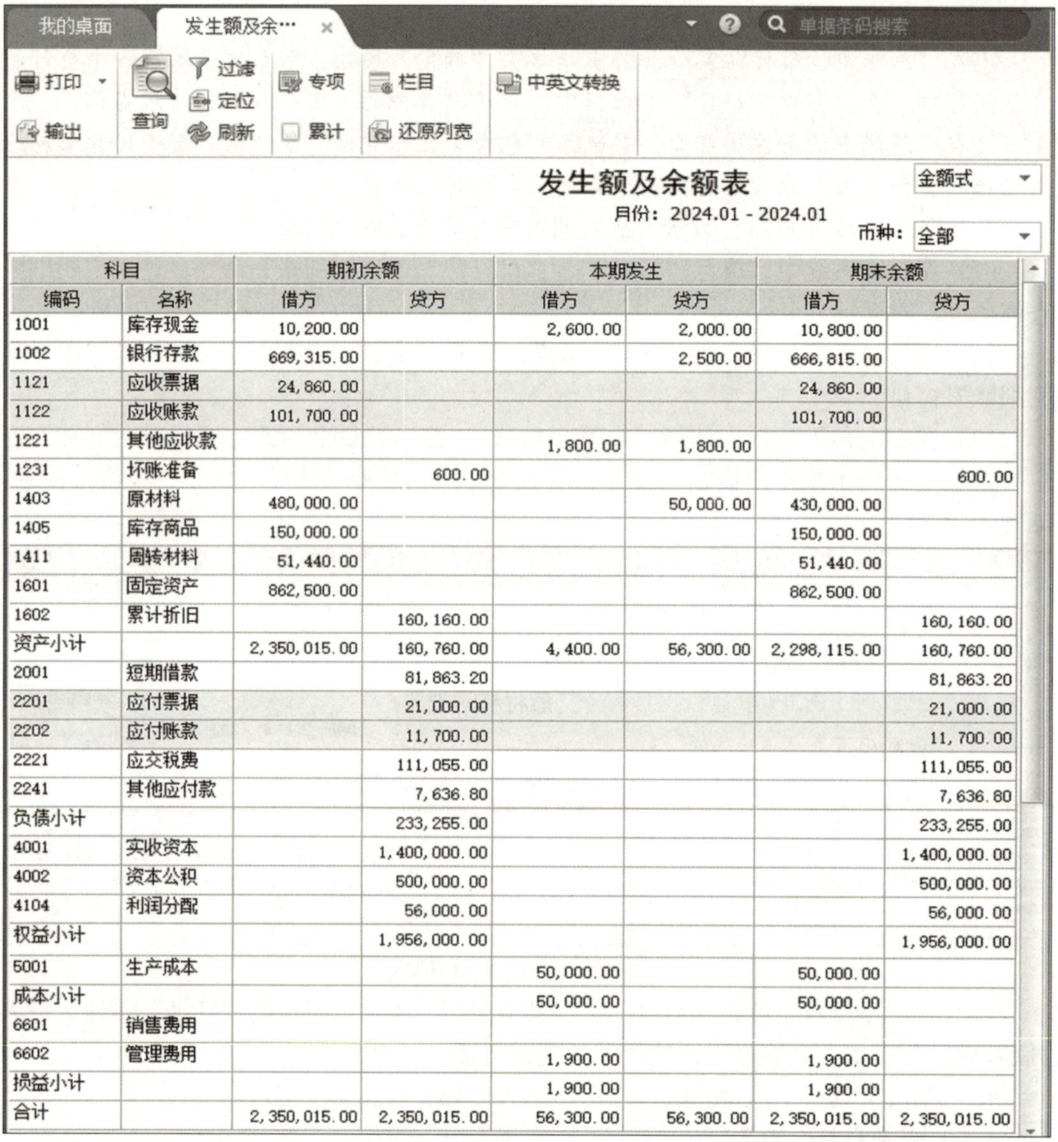

发生额及余额表

月份：2024.01 - 2024.01　　币种：全部

科目		期初余额		本期发生		期末余额	
编码	名称	借方	贷方	借方	贷方	借方	贷方
1001	库存现金	10,200.00		2,600.00	2,000.00	10,800.00	
1002	银行存款	669,315.00			2,500.00	666,815.00	
1121	应收票据	24,860.00				24,860.00	
1122	应收账款	101,700.00				101,700.00	
1221	其他应收款			1,800.00	1,800.00		
1231	坏账准备		600.00				600.00
1403	原材料	480,000.00			50,000.00	430,000.00	
1405	库存商品	150,000.00				150,000.00	
1411	周转材料	51,440.00				51,440.00	
1601	固定资产	862,500.00				862,500.00	
1602	累计折旧		160,160.00				160,160.00
资产小计		2,350,015.00	160,760.00	4,400.00	56,300.00	2,298,115.00	160,760.00
2001	短期借款		81,863.20				81,863.20
2201	应付票据		21,000.00				21,000.00
2202	应付账款		11,700.00				11,700.00
2221	应交税费		111,055.00				111,055.00
2241	其他应付款		7,636.80				7,636.80
负债小计			233,255.00				233,255.00
4001	实收资本		1,400,000.00				1,400,000.00
4002	资本公积		500,000.00				500,000.00
4104	利润分配		56,000.00				56,000.00
权益小计			1,956,000.00				1,956,000.00
5001	生产成本			50,000.00		50,000.00	
成本小计				50,000.00		50,000.00	
6601	销售费用						
6602	管理费用			1,900.00		1,900.00	
损益小计				1,900.00		1,900.00	
合计		2,350,015.00	2,350,015.00	56,300.00	56,300.00	2,350,015.00	2,350,015.00

图3-47　发生额及余额表

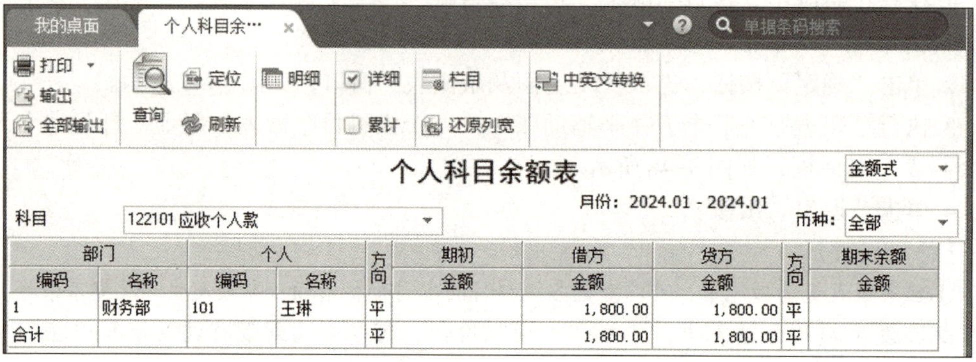

个人科目余额表

科目：122101 应收个人款　　月份：2024.01 - 2024.01　　币种：全部

部门		个人		方向	期初	借方	贷方	方向	期末余额
编码	名称	编码	名称		金额	金额	金额		金额
1	财务部	101	王琳	平		1,800.00	1,800.00	平	
合计				平		1,800.00	1,800.00	平	

图3-48　个人科目余额表

（三）定义并查询“1403 原材料”多栏账

1. 在总账系统中，执行“账表”→“科目账”→“多栏账”命令，进入“多栏账”窗口。

2. 单击“增加”按钮，打开“多栏账定义”对话框。

3. 单击“核算科目”栏的下三角按钮，选择“1403 原材料”，单击“自动编制”按钮，出现多栏账定义的内容，如图 3-49 所示。

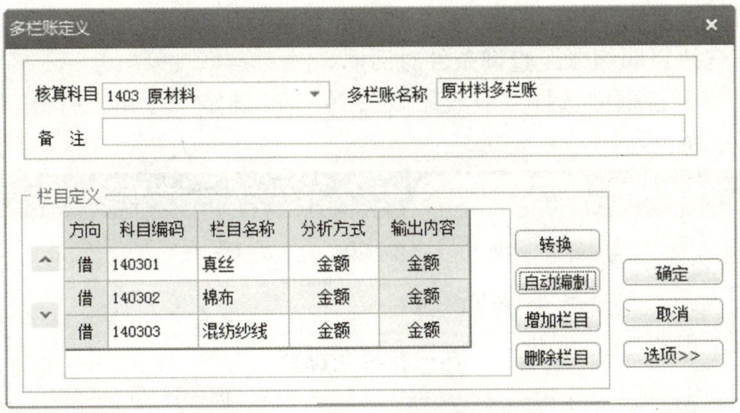

图3-49　多栏账定义

4. 单击“确定”按钮，完成“1403 原材料”多栏账的设置，如图 3-50 所示。

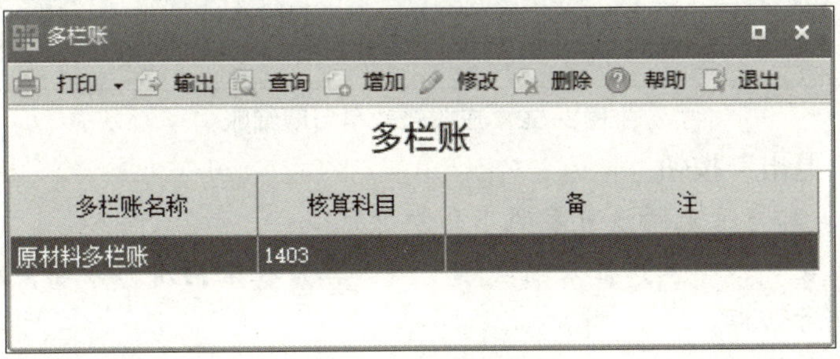

图3-50　多栏账

5. 单击“查询”按钮，打开“多栏账查询”对话框。单击“确定”按钮，显示“1403 原材料”多栏账，如图 3-51 所示。

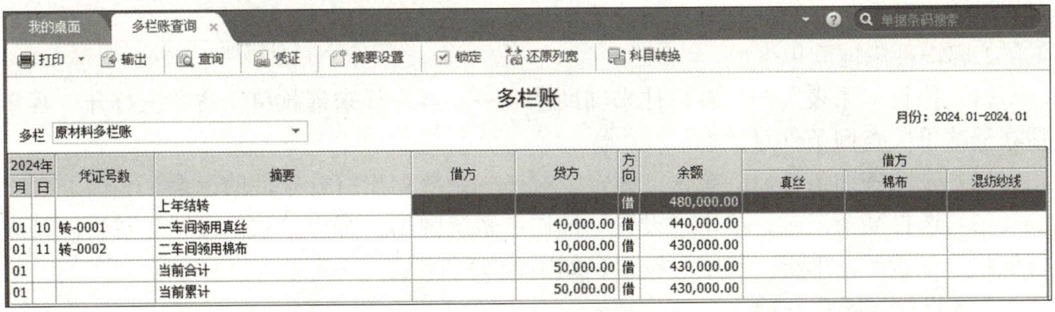

图3-51　原材料多栏账

【特别说明】

①在总账系统中，普通多栏账由系统将要分析的科目的下级科目自动生成“多栏账”。

②多栏账的栏目可以自定义，可以对栏目的分析方向、分析内容、输出内容进行定义，同时可以定义多栏账格式。

（四）查询“1122 应收账款”客户往来明细账、客户往来催款单生成、客户往来账龄分析操作

1.查询“1122 应收账款”客户往来明细账

（1）在总账系统中，执行“账表”→“客户往来辅助账”→“客户科目明细账”命令，打开“客户科目明细账”查询条件对话框。

（2）在科目下拉框中选择“应收账款”，单击“确定”按钮，打开“科目明细账”窗口，如图3-52所示。

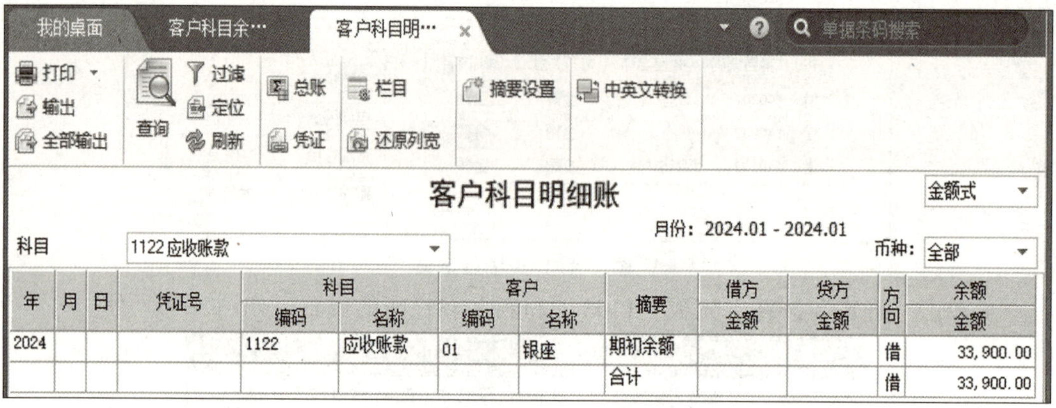

年	月	日	凭证号	科目 编码	科目 名称	客户 编码	客户 名称	摘要	借方 金额	贷方 金额	方向	余额 金额
2024				1122	应收账款	01	银座	期初余额			借	33,900.00
								合计			借	33,900.00

图3-52 应收账款科目明细账

（3）单击“退出”按钮。

【特别说明】客户往来两清可参照下列步骤完成：

①执行“账表”→“客户往来辅助账”→“客户往来两清”命令，打开“客户往来两清”查询条件对话框。

②录入查询条件后，单击“确定”按钮，系统列出查询结果。

③单击工具栏的“自动”按钮，则系统可进行勾对，在相应记录的“两清”栏上打上两清标志。如果发现应该勾对而没有勾对的记录，可双击“两清”栏，进行手工勾对；单击“平衡”按钮，可进行两清平衡检查。

2.客户往来催款单生成

（1）执行“账表”→“客户往来辅助账”→“客户往来催款单”命令，打开“客户往来催款单”查询条件对话框。

（2）录入查询条件后，单击“确定”按钮，系统列出符合条件的记录。

（3）选择某个记录，单击“设置”按钮，系统弹出“客户催款单设置”对话框，进行催款单设置后，单击“确定”按钮，如图3-53所示。

3.客户往来账龄分析

（1）执行“账表”→“客户往来辅助账”→“客户往来账龄分析”命令，打开“客户往来账龄”查询条件对话框。

（2）录入查询条件后，单击“确定”按钮，系统列出符合条件的账龄记录。

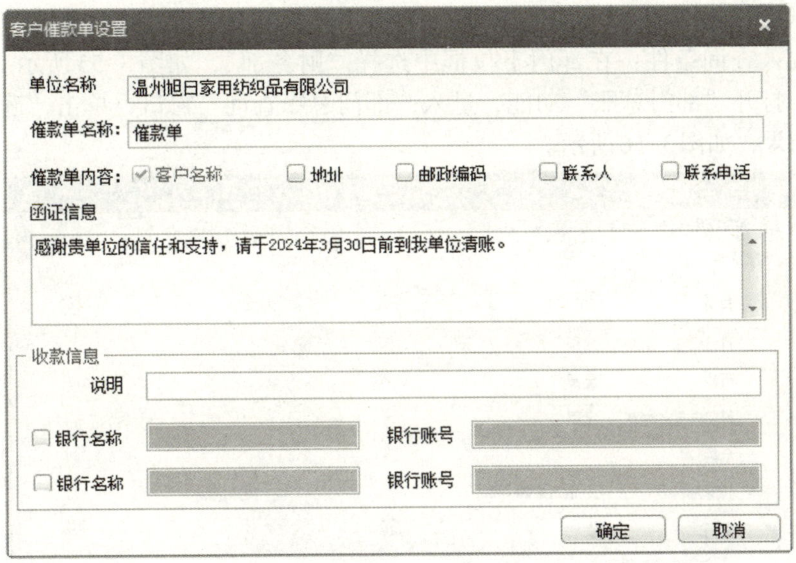

图3-53　客户往来催款单

(3) 单击工具栏“详细”按钮，系统列出所有客户账龄分析结果；单击工具栏的“比率”按钮，系统除列示每一账龄区间的金额外，还列示其所占百分比，如图3-54所示。

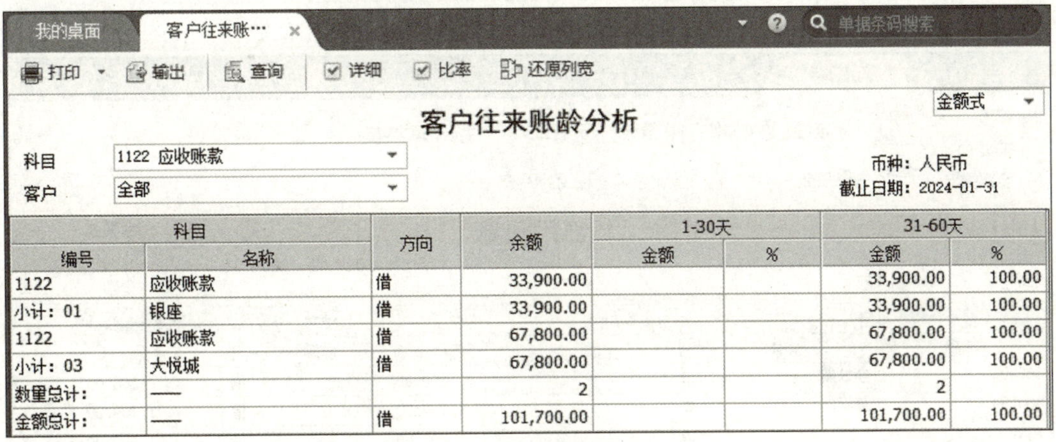

科目		方向	余额	1-30天		31-60天	
编号	名称			金额	%	金额	%
1122	应收账款	借	33,900.00			33,900.00	100.00
小计: 01	银座	借	33,900.00			33,900.00	100.00
1122	应收账款	借	67,800.00			67,800.00	100.00
小计: 03	大悦城	借	67,800.00			67,800.00	100.00
数量总计:	——		2			2	
金额总计:	——	借	101,700.00			101,700.00	100.00

图3-54　客户往来账龄分析

【特别说明】

①在“客户科目明细账”功能中，可以查询所有辅助核算内容为“客户往来”的科目明细账。

②在“客户科目明细账”功能中，可以查询多个客户、各个月份的客户科目明细账，也可以查询包含未记账凭证的客户科目明细账。

(五) 查询“01 财务部”部门总账、部门多栏式明细账，并进行所有部门的收支分析

1.查询“01财务部”部门总账

(1) 在总账系统中，执行“账表”→“部门辅助账”→“部门总账”命令，打开

“部门总账条件”窗口。

（2）输入查询条件：在部门下拉框中选择“财务部”，如图3-55所示。单击“确定”按钮，打开“部门总账”功能，进入“部门总账查询”窗口，单击“确定”按钮，显示查询结果，如图3-56所示。

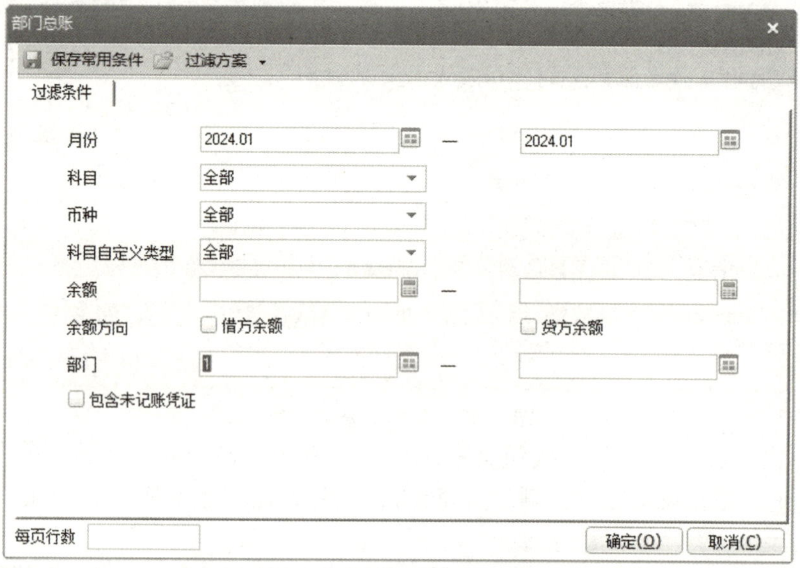

图3-55　部门总账查询条件

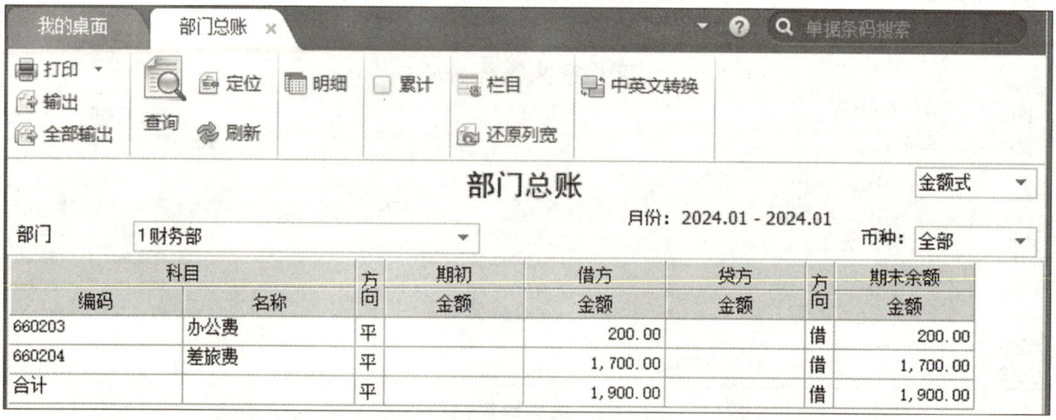

科目		方向	期初	借方	贷方	方向	期末余额
编码	名称		金额	金额	金额		金额
660203	办公费	平		200.00		借	200.00
660204	差旅费	平		1,700.00		借	1,700.00
合计		平		1,900.00		借	1,900.00

图3-56　部门总账

（3）将光标置于总账的某笔业务上，单击工具栏“明细”按钮，可以联查明细账。

2.查询部门多栏式明细账

（1）在总账系统中，执行“账表”→“部门辅助账”→“部门明细账”→“部门多栏式明细账”命令，进入“部门多栏明细账条件”窗口。

（2）选择科目“6602”，部门“财务部”，如图3-57所示。分析方式选择“余额分析”，单击“确认”按钮，显示查询结果，如图3-58所示。

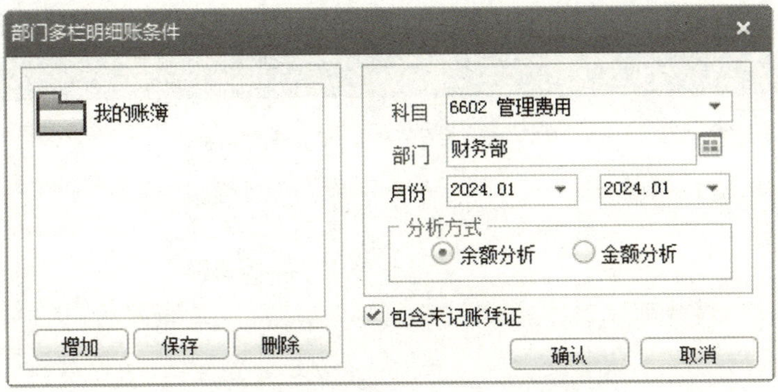

图3-57　部门多栏明细账查询条件

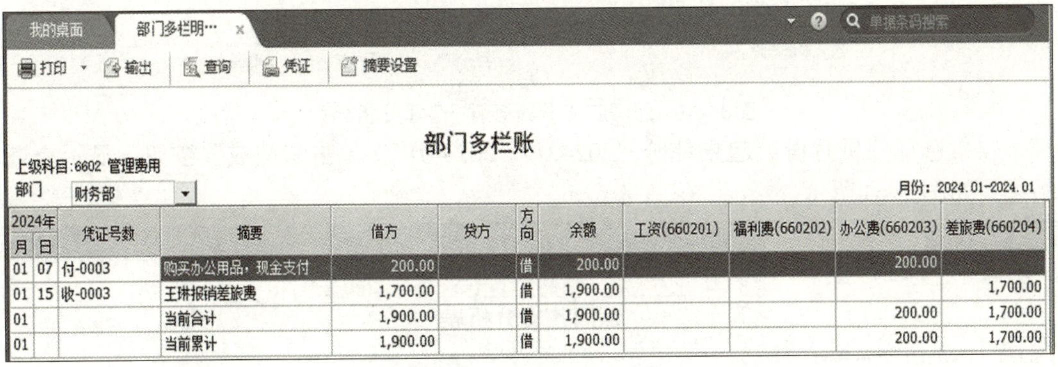

图3-58　部门多栏账余额分析窗口

（3）将光标置于多栏账的某笔业务上，单击工具栏“凭证”按钮，可以联查该笔业务的凭证。

3.所有部门收支分析

（1）在总账系统中，执行“账表”→“部门辅助账”→“部门收支分析”命令，进入“部门收支分析条件”窗口。

（2）选择分析科目。选择所有的部门核算科目，如图3-59所示，单击“下一步”按钮。

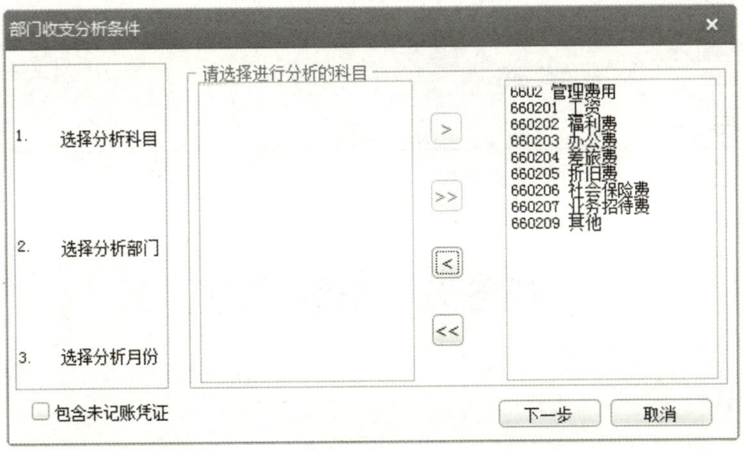

图3-59　部门收支分析条件–选择分析科目

（3）选择分析部门。选择所有的部门，如图3-60所示，单击“下一步”按钮。

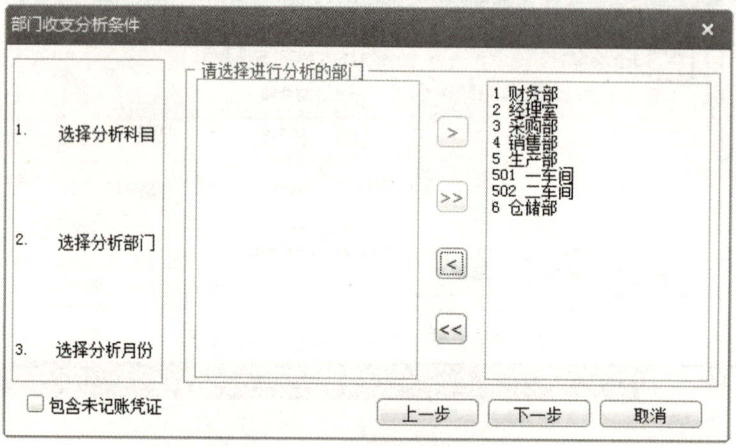

图3-60 部门收支分析条件-选择分析部门

（4）选择分析月份。起止月份“2024.01—2024.01”，单击“完成”按钮，显示查询结果，如图3-61所示。

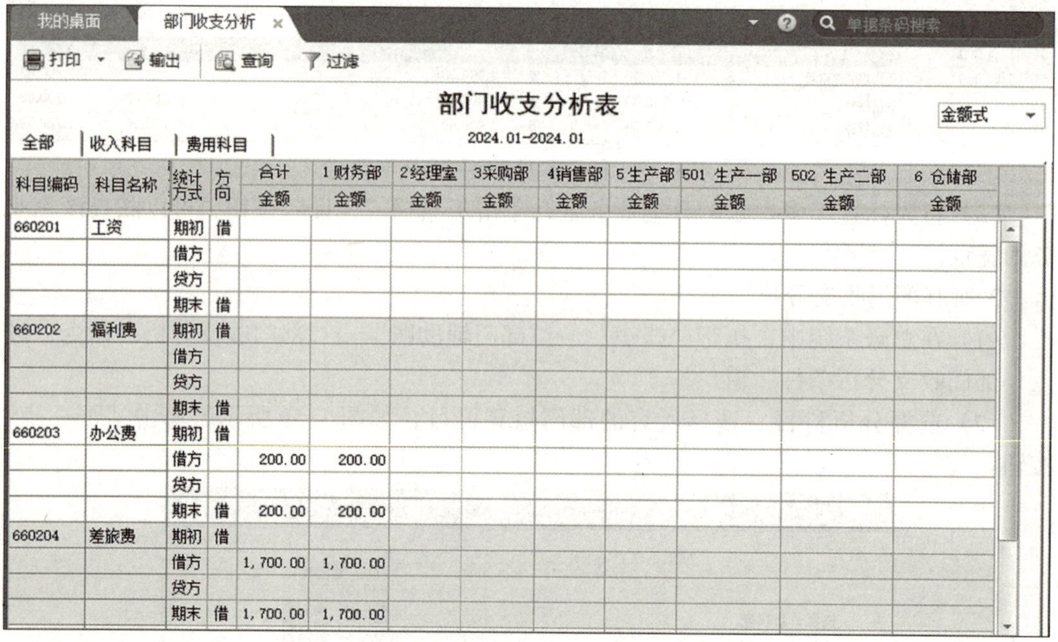

部门收支分析表

2024.01-2024.01

科目编码	科目名称	统计方式	方向	合计 金额	1财务部 金额	2经理室 金额	3采购部 金额	4销售部 金额	5生产部 金额	501 生产一部 金额	502 生产二部 金额	6 仓储部 金额
660201	工资	期初	借									
		借方										
		贷方										
		期末	借									
660202	福利费	期初	借									
		借方										
		贷方										
		期末	借									
660203	办公费	期初	借									
		借方		200.00	200.00							
		贷方										
		期末	借	200.00	200.00							
660204	差旅费	期初	借									
		借方		1,700.00	1,700.00							
		贷方										
		期末	借	1,700.00	1,700.00							

图3-61 部门收支分析表

任务五 出纳处理

一、任务资料

1.查询2024年1月的现金日记账、银行日记账。

2. 查询1月15日的资金日报表。

3. 录入1月3日财务部领用的支票，票号“XJ01035901”，金额“2 000”，用途“提取备用金”。

4. 银行对账。

（1）期初银行对账信息如下：单位日记账期初金额“669 315”，银行对账单期初金额“667 315”，2023年12月20日开出转账支票2 000元，银行已付企业未付。

（2）2024年1月银行对账单信息见表3-7。

表3-7 2024年1月银行对账单

日期	结算方式	票号	借方金额	贷方金额
2024.01.03	201	XJ01035901		2 000
2024.01.17	201	XJ01035902		500

（3）进行银行对账。

（4）查看余额调节表。

二、任务指导

使用“103张可心”的身份登录企业应用平台。

（一）查询日记账

1. 执行“出纳”→“现金日记账”命令，打开“现金日记账查询条件”对话框，如图3-62所示。

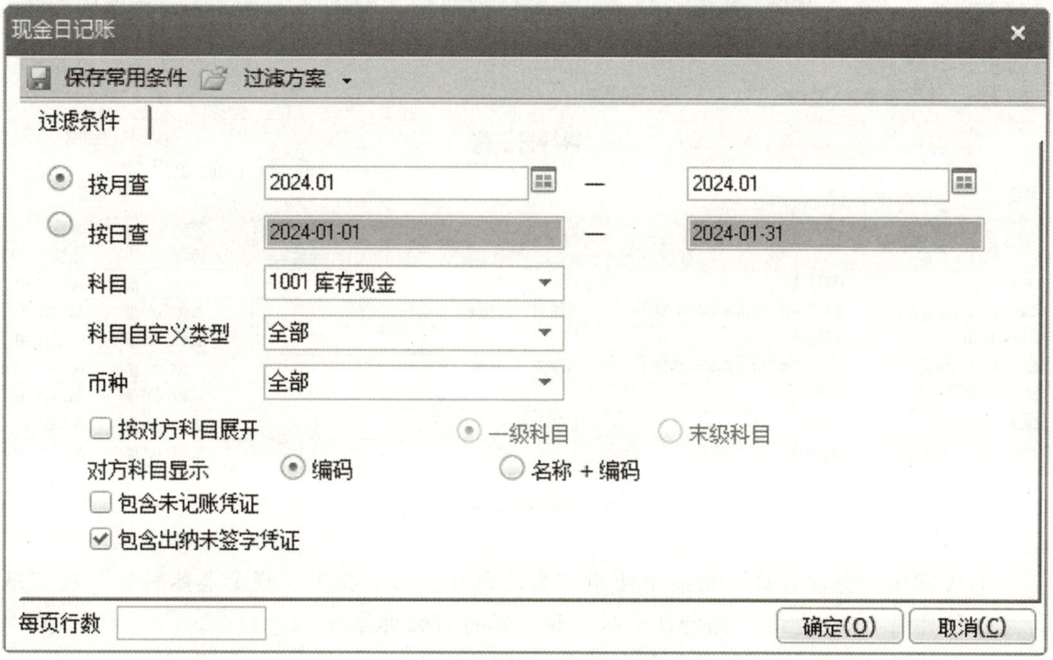

图3-62 现金日记账查询条件

2. 单击“确定”按钮，打开“现金日记账”窗口，如图3-63所示。

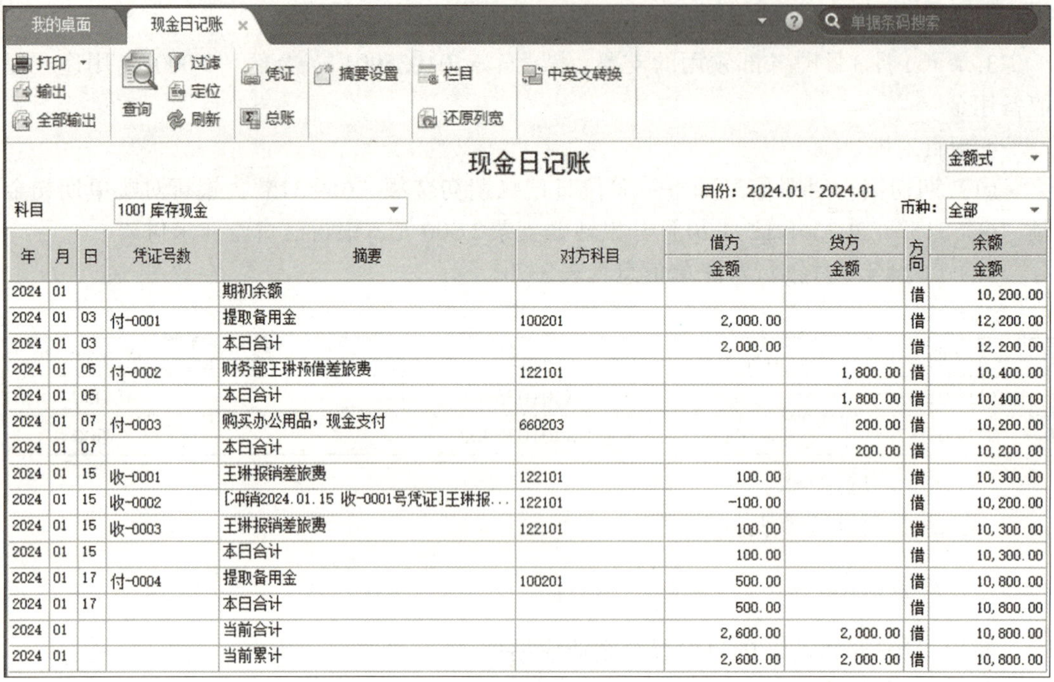

现金日记账

月份：2024.01 - 2024.01

科目　1001 库存现金

年	月	日	凭证号数	摘要	对方科目	借方金额	贷方金额	方向	余额金额
2024	01			期初余额				借	10,200.00
2024	01	03	付-0001	提取备用金	100201	2,000.00		借	12,200.00
2024	01	03		本日合计		2,000.00		借	12,200.00
2024	01	05	付-0002	财务部王琳预借差旅费	122101		1,800.00	借	10,400.00
2024	01	05		本日合计			1,800.00	借	10,400.00
2024	01	07	付-0003	购买办公用品，现金支付	660203		200.00	借	10,200.00
2024	01	07		本日合计			200.00	借	10,200.00
2024	01	15	收-0001	王琳报销差旅费	122101	100.00		借	10,300.00
2024	01	15	收-0002	[冲销2024.01.15 收-0001号凭证]王琳报...	122101	-100.00		借	10,200.00
2024	01	15	收-0003	王琳报销差旅费	122101	100.00		借	10,300.00
2024	01	15		本日合计		100.00		借	10,300.00
2024	01	17	付-0004	提取备用金	100201	500.00		借	10,800.00
2024	01	17		本日合计		500.00		借	10,800.00
2024	01			当前合计		2,600.00	2,000.00	借	10,800.00
2024	01			当前累计		2,600.00	2,000.00	借	10,800.00

图3-63　现金日记账窗口

3.银行日记账查询步骤同现金日记账，如图3-64所示。

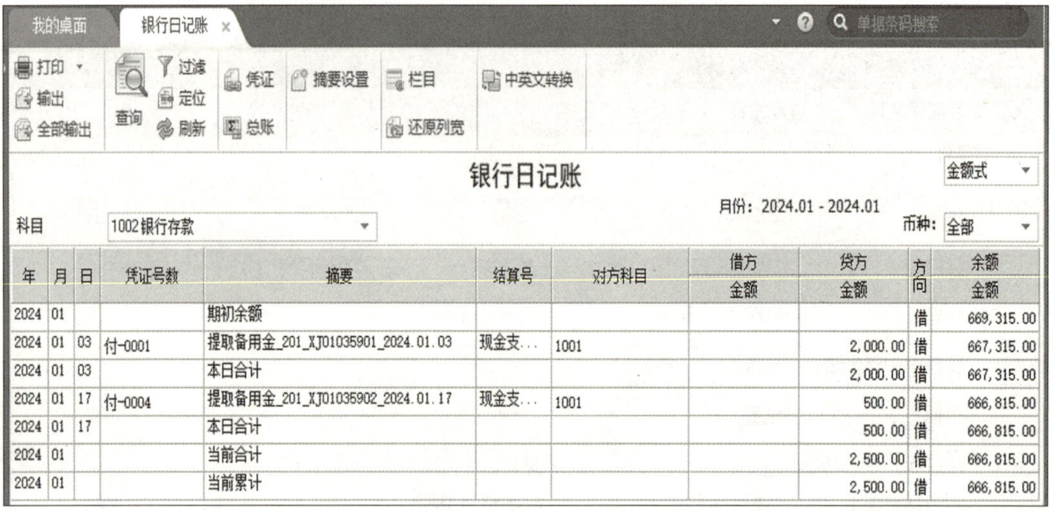

银行日记账

月份：2024.01 - 2024.01

科目　1002 银行存款

年	月	日	凭证号数	摘要	结算号	对方科目	借方金额	贷方金额	方向	余额金额
2024	01			期初余额					借	669,315.00
2024	01	03	付-0001	提取备用金_201_XJ01035901_2024.01.03	现金支...	1001		2,000.00	借	667,315.00
2024	01	03		本日合计				2,000.00	借	667,315.00
2024	01	17	付-0004	提取备用金_201_XJ01035902_2024.01.17	现金支...	1001		500.00	借	666,815.00
2024	01	17		本日合计				500.00	借	666,815.00
2024	01			当前合计				2,500.00	借	666,815.00
2024	01			当前累计				2,500.00	借	666,815.00

图3-64　银行日记账

【特别说明】

①只有在“会计科目”功能中使用“指定科目”功能指定“现金总账科目”及“银行总账科目”，才能查询“现金日记账”和“银行日记账”。

②查询日记账时可以查询包含未记账凭证的日记账。

（二）查询1月15日的资金日报表

1.在总账系统中，执行“出纳”→“资金日报”命令，打开“资金日报表查询条件”对话框。

2.选择日期“2024.01.15”，单击“确定”按钮，进入“资金日报表”窗口，如图3-65所示。

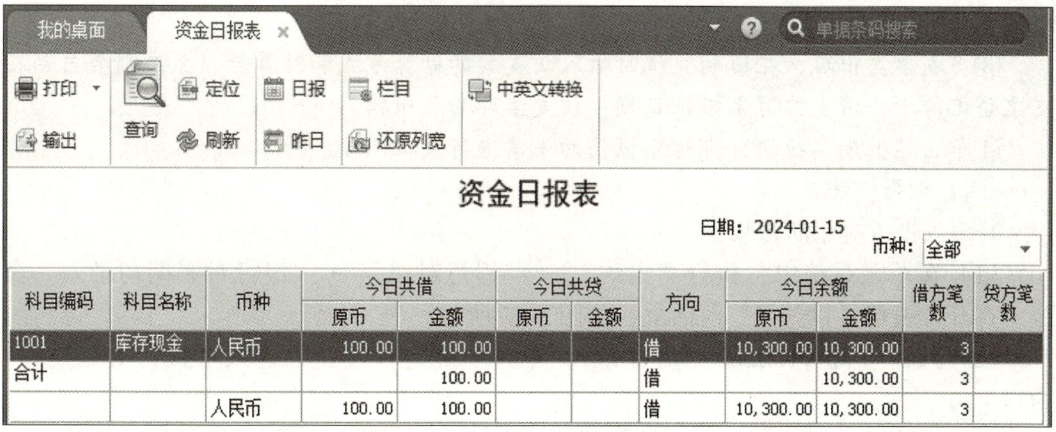

科目编码	科目名称	币种	今日共借		今日共贷		方向	今日余额		借方笔数	贷方笔数
			原币	金额	原币	金额		原币	金额		
1001	库存现金	人民币	100.00	100.00			借	10,300.00	10,300.00	3	
合计				100.00			借		10,300.00	3	
		人民币	100.00	100.00			借	10,300.00	10,300.00	3	

图3-65　资金日报表

3.单击“退出”按钮。

【特别说明】

①“资金日报”功能可以查询现金、银行科目某日的发生额及余额情况。

②如果在“资金日报表查询条件”窗口中选中“有余额无发生额也显示”，则即使现金或银行科目在查询日没有业务发生，只有余额，也显示。

（三）登记支票登记簿

1.在总账系统中，执行“出纳”→“支票登记簿”命令，打开“银行科目选择”对话框。

2.选择科目“1002银行存款”，单击“确定”按钮，进入“支票登记簿”窗口。

3.单击工具栏上的“增行”按钮。

4.录入或选择领用日期“2024.01.03”，领用部门“财务部”，支票号“XJ01035901”，预计金额“2 000”，用途“提取备用金”，如图3-66所示。

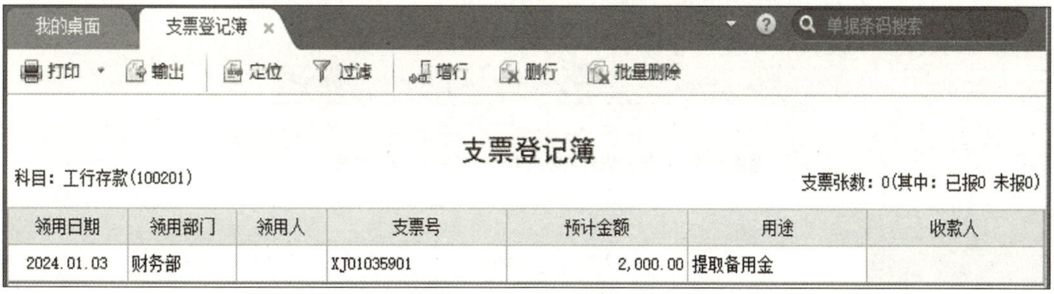

领用日期	领用部门	领用人	支票号	预计金额	用途	收款人
2024.01.03	财务部		XJ01035901	2,000.00	提取备用金	

图3-66　支票登记簿

5.“退出”即可。

【特别说明】

①只有在总账系统的初始设置选项中已选择“支票控制”，并在“结算方式”设置

中已设置“票据结算”标志，在“会计科目”中已指定银行账的科目，才能使用支票登记簿。

②支票登记簿中报销日期为空时，表示该支票未报销，否则系统认为该支票已报销。

③当支票支出后，在填制凭证时输入该支票的结算方式和结算号，系统则会自动在支票登记簿中将该支票写上报销日期，该支票即为已报销。

④单击“批删”按钮，可对已报销的支票进行成批删除。

（四）银行对账

1.输入银行对账期初数据

（1）在总账系统中，执行“出纳”→“银行对账”→“银行对账期初录入”命令，打开“银行科目选择”对话框，如图3-67所示。

（2）选择科目“100201工行存款”，单击“确定”按钮，进入“银行对账期初”窗口。

（3）单击“方向”按钮，调整银行对账单的余额方向为“贷方”，如图3-68所示。

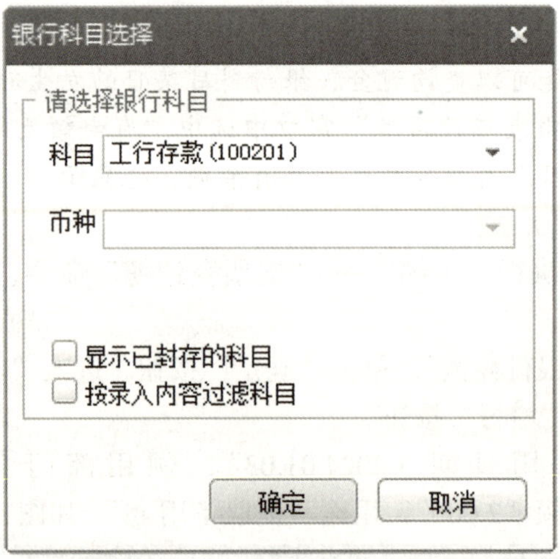

图3-67 银行科目选择

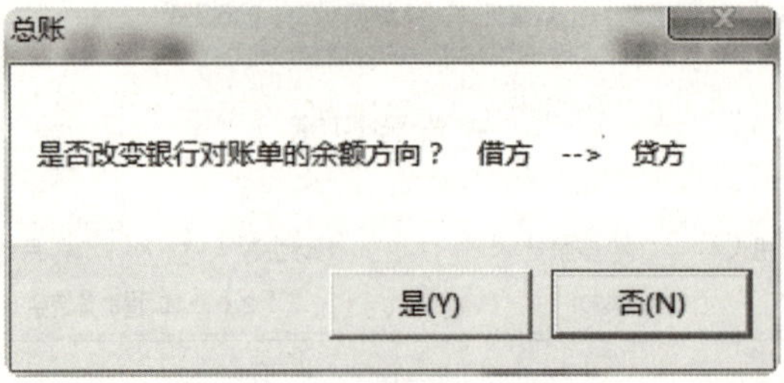

图3-68 银行对账单余额方向调整

（4）输入单位日记账的调整前余额“669 315.00”；输入银行对账单的调整前余额“667 315”，如图3-69所示。

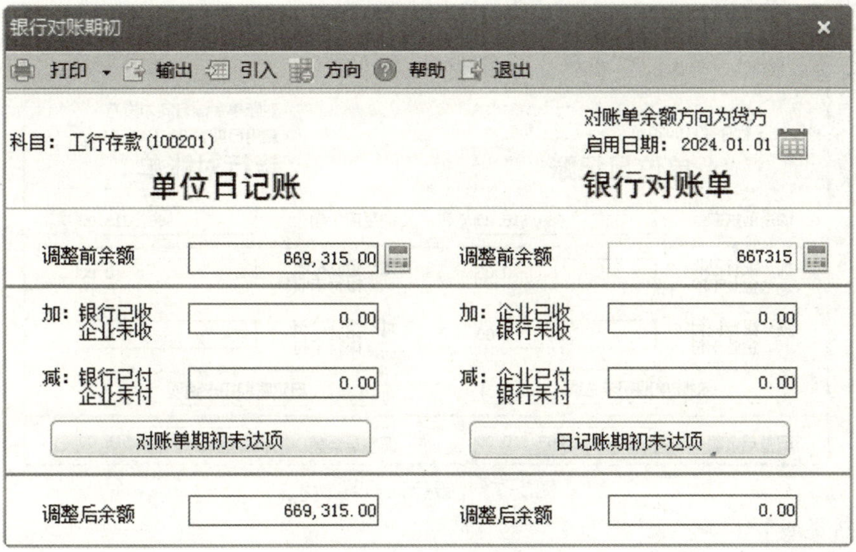

图3-69　银行对账期初1

（5）单击“退出”按钮。

如果单位日记账的调整前余额和银行对账单的调整前余额不相等，则意味着存在期初未达账项，此时，应进行如下操作：

（1）需要分析期初未达账项的性质，单击“对账单期初未达项”或“日记账期初未达项”，进入“银行方期初”或“企业方期初”窗口。

（2）单击“单位日记账—对账单期初未达项”，单击“增行”按钮，录入相应未达账信息，如图3-70所示。

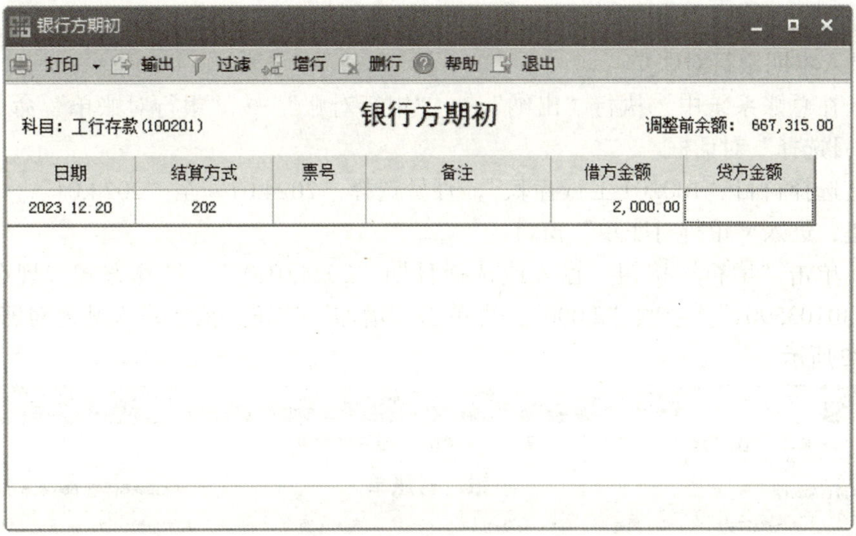

图3-70　期初未达账项

（3）单击“保存”按钮后，单击“退出”按钮，返回“银行对账期初”窗口，如图3-71所示。

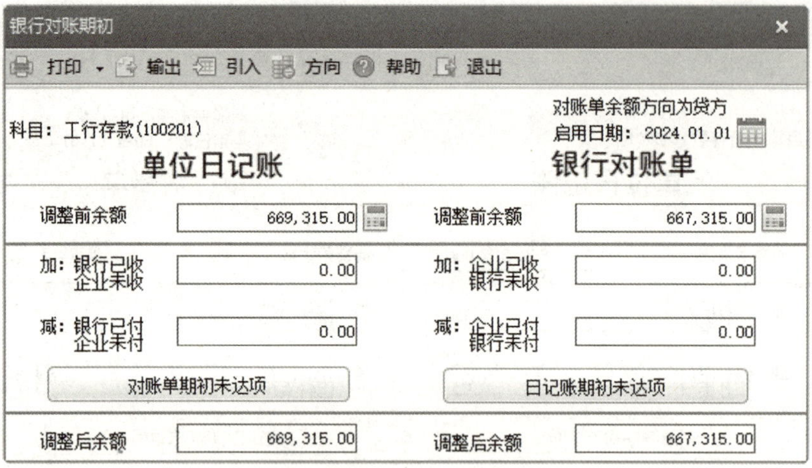

图3-71 银行对账期初2

【特别说明】

①在第一次使用银行对账功能时，应录入单位日记账及银行对账单的期初数据，包括期初余额及期初未达账项。

②银行对账启用日期可以是总账系统启用当日，也可以在此日期之后。但录入完期初对账数据之后，请不要随意调整启用日期，尤其是向前调，否则会造成启用日期后的期初数不能参与对账。

③系统默认银行对账单余额方向为借方，即银行对账单借方发生额为银行存款增加，贷方发生额为银行存款减少。按“方向”按钮可以调整银行对账单余额方向。

④系统会根据调整前余额及期初未达账项自动计算出银行对账单与单位日记账的调整后余额，二者应该一致。

2. 录入本期银行对账单

（1）在总账系统中，执行“出纳”→“银行对账”→“银行对账单”命令，打开“银行科目选择”对话框。

（2）选择科目“100201 工行存款”，月份选择“2024.01”至“2024.01”，单击“确定”按钮，进入“银行对账单”窗口。

（3）单击“增行”按钮，输入或选择日期“2024.01.03”，结算方式“现金支票”，票号“XJ01035901”，金额“2 000”，再单击“增加”按钮，依次录入其他对账单信息，如图3-72所示。

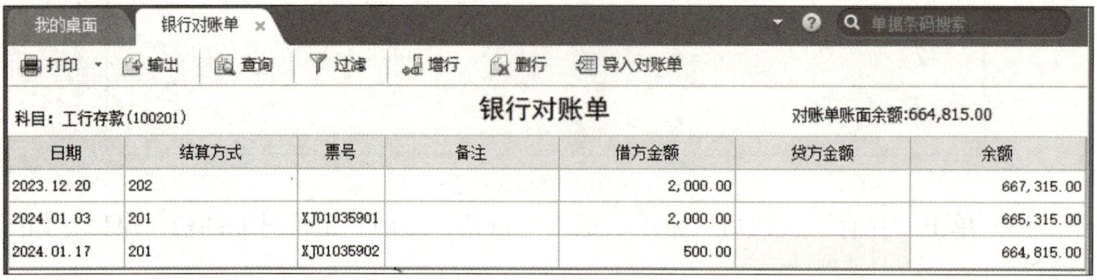

日期	结算方式	票号	备注	借方金额	贷方金额	余额
2023.12.20	202			2,000.00		667,315.00
2024.01.03	201	XJ01035901		2,000.00		665,315.00
2024.01.17	201	XJ01035902		500.00		664,815.00

图3-72 银行对账单

（4）“退出”即可。

【特别说明】

①如果企业在多家银行开户，对账单应与其账号所对应的银行存款下的末级科目一致。

②录入银行对账单时，其余额由系统根据银行对账期初数自动计算生成。

3. 银行对账

（1）在总账系统中，执行“出纳”→“银行对账”→“银行对账”命令，打开“银行科目选择”对话框。

（2）选择科目“100201工行存款”，月份选择“2024.01”至“2024.01”，单击“确定”按钮，进入“银行对账”窗口。

（3）单击工具栏上的“对账”按钮，出现“自动对账”对话框。选择截止日期“2024.01.31”，默认其他对账条件，如图3-73所示。

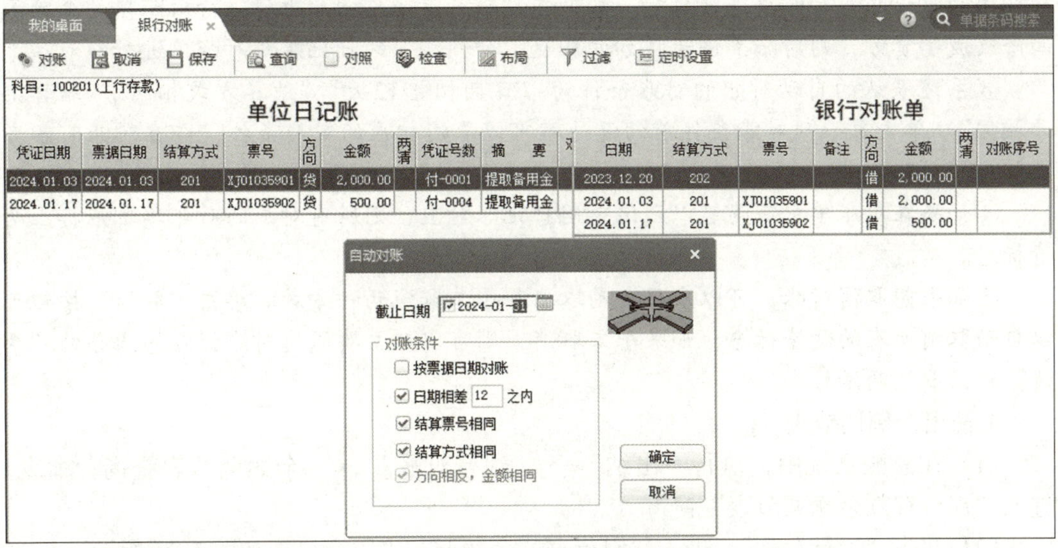

图3-73　自动对账条件

（4）再单击“确定”按钮，系统自动在符合对账条件的记录行打上“两清”标志“O”，如图3-74所示。

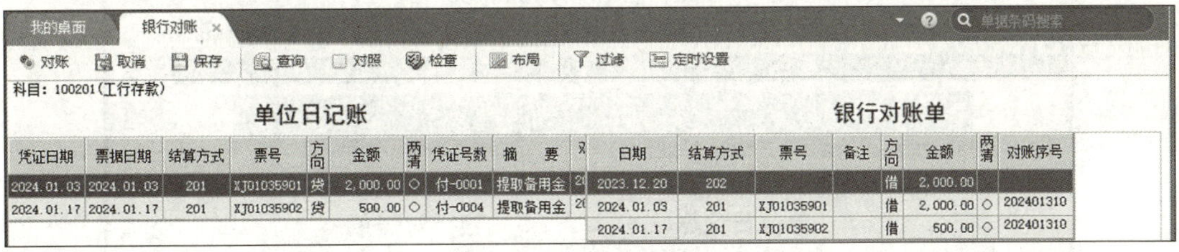

图3-74　银行对账勾对

（5）如果对账单中有与日记账相对应却未选中的已达账记录，则可以进行手工对账，即分别双击银行对账单和单位日记账的“两清”栏，标上两清标志“Y”。

（6）对账完毕，单击“检查”按钮，检查平衡结果，如图3-75所示。单击“确定”按钮返回。

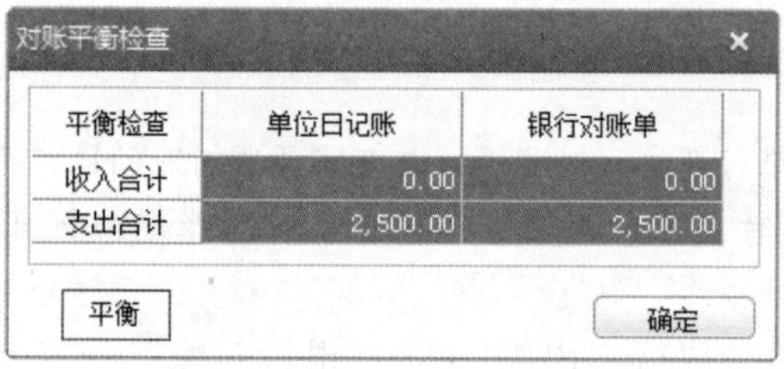

图3-75　对账平衡检查

【特别说明】

①银行对账包括自动对账和手工对账两种形式。自动对账是系统根据对账依据自动进行核对、勾销；手工对账是对自动对账的一种补充。

②如果在“银行对账期初”中默认对账方向为借方，则对账条件为将方向相同、金额相同的日记账与对账单进行勾对。如果在“银行对账期初”中将银行对账单的余额方向修改成了贷方，则对账条件为将方向相反、金额相同的日记账与对账单进行勾对。

③系统默认的自动对账的对账条件为“日期相差12天”“结算方式相同”“结算票号相同”。单击每一项对账条件前的复选框可以取消相应的对账条件，即在对账时不考虑相应的对账条件。

④如果在对账单中有两笔以上记录同日记账对应，则所有对应的对账单都应标上两清标志。

⑤如果想取消对账，可以采用自动取消和手工取消两种方式。单击“取消”按钮可以自动取消所有的两清标志，如果手工取消，则可以双击要取消对账标志的业务的“两清”栏，取消两清标志。

4.输出余额调节表

（1）在总账系统中，执行“出纳”→“银行对账”→“余额调节表查询”命令，进入“银行存款余额调节表”窗口。

（2）双击“工行存款”，进入“银行存款余额调节表”窗口，如图3-76所示。

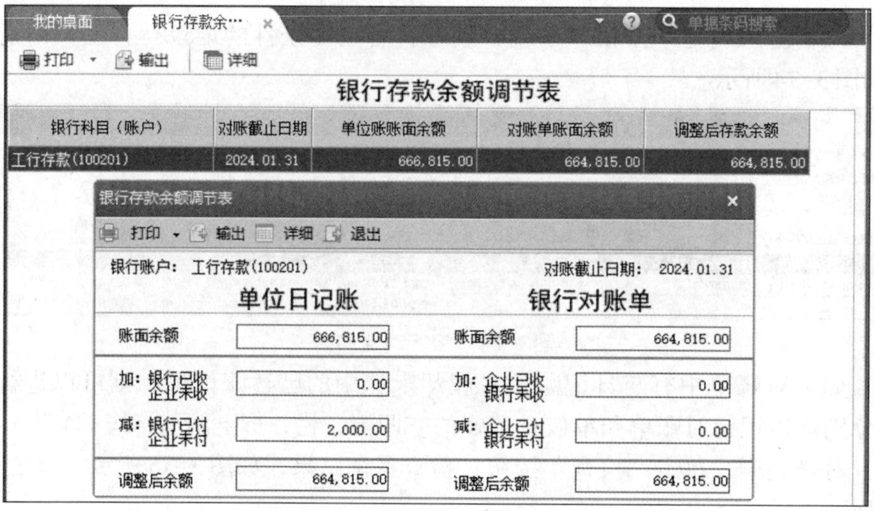

图3-76　银行存款余额调节表

（3）单击工具栏上的“退出”按钮退出。

【特别说明】

①银行存款余额调节表应显示账面余额平衡，如果不平衡，应分别查看银行对账期初、银行对账单及银行对账是否正确。

②在银行对账之后，可以查询对账勾对情况，如果确认银行对账结果是正确的，可以使用“核销银行账”功能核销已达账。但如果对账结果不平衡，不要使用该功能，以免造成以后对账错误。

深学践悟

“不做假账”在紧要关头救了企业一命

在20世纪80年代的中国，很多乡镇企业的带头大哥是厂长。书上说，会计是厂长的参谋和助手，要做到“比有对象，学有榜样，赶有目标，帮有措施……”，这些话在今天听来，仍然有很强的现实意义，简直是回味无穷。

在中国企业家当中，福耀玻璃的曹德旺先生，是少有的对会计情有独钟之人。年轻的曹先生花了近两年的时间，学会了会计学的所有相关知识。比如什么是原始凭证，原始凭证的重要性，如何归类；比如会计的产成品是财务报告，怎么来分析财务报告，进而如何透过各种数字，分析企业的实际盈亏状况，进而洞察市场动态和未来方向。

中国加入世贸组织之后，很多公司尝试走向世界，在此过程中，因为中国的低成本优势，导致很多公司在海外被诉，其中福耀玻璃就被美国以反倾销为名提起了诉讼。对手认为，民营企业会“做假账”，但没有想到，因为曹先生对会计工作的重视，福耀玻璃成为不做假账的一股清流，公司早在1999年就上了专业的软件系统，全部的账都是计算机做的，而且不能篡改，你要查，我打开电脑，全给你看。于是福耀玻璃积极应诉，甚至把美国商务部反诉到了美国国际贸易法院。通过这件事情曹先生总结了一条经验，做企业首先要忠于现实、事实，不能弄虚作假，在会计上要建立他人的信任。

党的二十大报告提出，要构建高水平社会主义市场经济体制。优化民营企业发展环境，依法保护民营企业产权和企业家权益，促进民营经济发展壮大。完善中国特色现代企业制度，弘扬企业家精神，加快建设世界一流企业。近年来，国家大力支持中小微企业发展，深化简政放权、放管结合、优化服务改革，为企业带来了前所未有的发展机遇，但无论政策多好、项目多优，企业还“打铁还需自身硬”，只有依法办企、依规办企，才能充分运用好、利用好国家的政策，在深化全面改革中获得最大红利。“不做假账”看似简单，然而仔细体味，却寓意深刻。一方面反映了会计造假成为一种社会现象，并已引起国家的高度重视；另一方面表达了全社会要求会计人员不做假账的强烈愿望。会计工作是反映社会经济活动的晴雨表，是把守“钱袋子”的重要一环，其最要紧之处就是如实反映企业的真实情况。“不做假账”“如实记账”是我国会计人员必须遵守的职业道德。

资料来源：佚名．“不做假账”在紧要关头救了企业一命［EB/OL］．［2022-09-28］.https：//m.thepaper.cn/baijiahao_20100422.

项目四

固定资产系统业务处理

学习目标

掌握固定资产系统初始化；

掌握固定资产日常业务处理；

掌握固定资产折旧计提；

遵循诚信、公正、合法的原则，确保固定资产的处理符合法律法规和会计准则的要求。

任务一　固定资产系统初始化

一、任务资料

（一）根据下列内容设置账套参数

启用日期：2024-01

计提折旧的主要方法：平均年限法（一）

汇总分配期间：1个月，当（月初已计提月份 = 可使用月份 - 1）时，将剩余折旧全部提足

类别编码：2-1-1-2，自动编码

序号长度：5位

与账务系统对账，固定资产对账科目："1601 固定资产"；累计折旧对账科目："1602 累计折旧"

（二）基础设置

1. 账套选项

固定资产缺省入账科目：1601

累计折旧缺省入账科目：1602

减值准备缺省入账科目：1603

增值税进项税额缺省入账科目：22210101

固定资产清理缺省入账科目：1606

选择业务发生后立即制单，在对账不平的情况下允许固定资产月末结账。

2. 部门对应折旧科目

部门对应折旧科目见表4-1。

3. 固定资产类别

固定资产类别见表4-2。

4. 增减方式

固定资产增减方式见表4-3。

表4-1 部门对应折旧科目

编号	名称	折旧科目
1	财务部	660205管理费用/折旧费
2	经理室	660205管理费用/折旧费
3	采购部	660205管理费用/折旧费
4	销售部	660103销售费用/折旧费
5	生产部	
501	一车间	510102制造费用/折旧费
502	二车间	510102制造费用/折旧费
6	仓储部	660205管理费用/折旧费

表4-2 固定资产类别

类别编码	类别名称	折旧年限（总工作量）	净残值率	计提属性	折旧方法
01	房屋及建筑物	16年	4%	正常计提	平均年限法（一）
02	生产设备	8年	4%	正常计提	平均年限法（一）
03	办公设备	8年	4%	正常计提	平均年限法（一）
04	交通运输设备	8年	4%	正常计提	工作量法

表4-3 固定资产增减方式

增加方式			减少方式		
编码	方式	对应科目	编码	方式	对应科目
101	直接购入	100201	201	出售	1606
105	在建工程转入	1604	202	盘亏	190102
			205	报废	1606

5.原始卡片

原始卡片见表4-4。

表4-4 原始卡片

名称（所属类别）	原值	增加方式	部门	累计折旧	年限（工作总量）	开始日期
办公楼（01）	400 000.00	在建工程转入	经理室	151 200.00	16	2017.01.20
织布机（02）	23 000.00	直接购入	一车间	1 380.00	8	2022.12.18
轿车（04）	200 000.00	直接购入	销售部	0	8（100 000千米）	2023.12.20
针织机（02）	200 000.00	直接购入	二车间	6 000.00	8	2023.09.25
计算机（03）	39 500.00	直接购入	财务部	1 580.00	8	2023.08.26

系统默认固定资产卡片项目、卡片样式，根据上述资料设置固定资产类别，并完成

固定资产原始卡片的录入工作。

二、任务指导

使用“102李秀杰”的身份登录企业应用平台。

（一）系统启用及相关参数

1.登录固定资产系统

（1）执行“开始”→“程序”→“用友U8V15.1”→“企业应用平台”命令，打开“登录”对话框。

（2）执行“财务会计”→“固定资产”命令，系统弹出“这是第一次打开此账套，还未进行过初始化，是否进行初始化？”信息提示对话框，单击“是”按钮，打开“固定资产初始化向导”对话框，如图4-1所示。

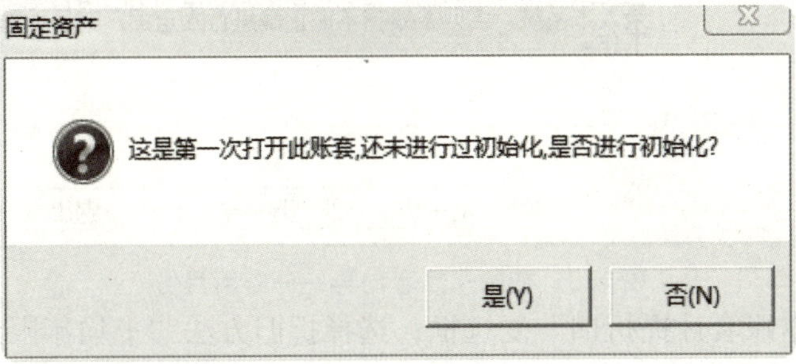

图4-1　固定资产系统初始化

2.固定资产初始化账套向导操作

（1）打开“初始化账套向导——约定及说明”对话框，如图4-2所示。

微课

固定资产系统初始化

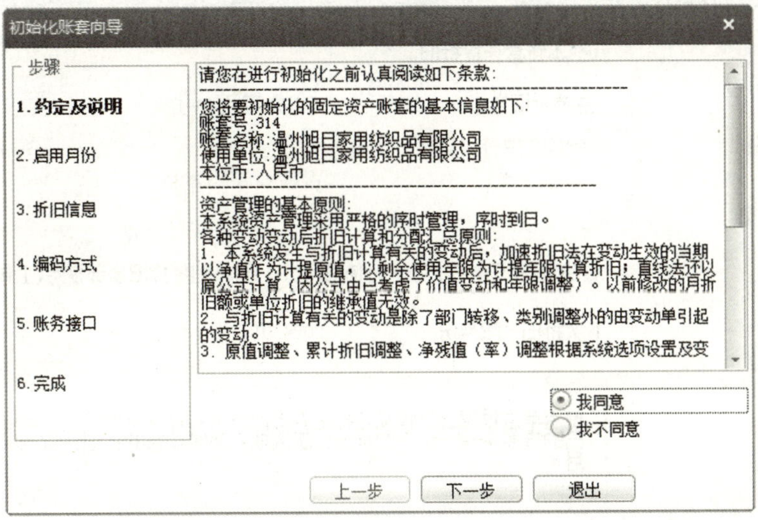

图4-2　初始化账套向导——约定及说明

（2）单击“下一步”按钮，打开“初始化账套向导——启用月份”对话框。

（3）选择启用月份“2024.01”，如图4-3所示。

（4）单击“下一步”按钮，打开“初始化账套向导——折旧信息”对话框。

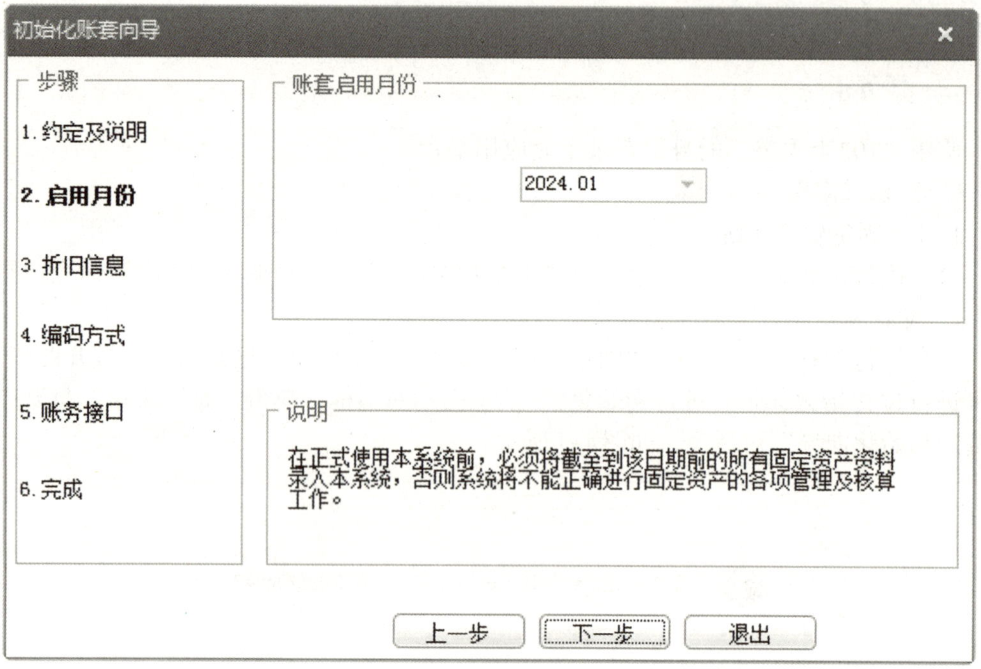

图4-3　初始化账套向导——启用月份

（5）选中“本账套计提折旧”复选框；选择折旧方法“平均年限法（一）”，折旧汇总分配周期“1个月”；选中“当（月初已计提月份 = 可使用月份 - 1）时将剩余折旧全部提足（工作量法除外）”复选框，如图4-4所示。

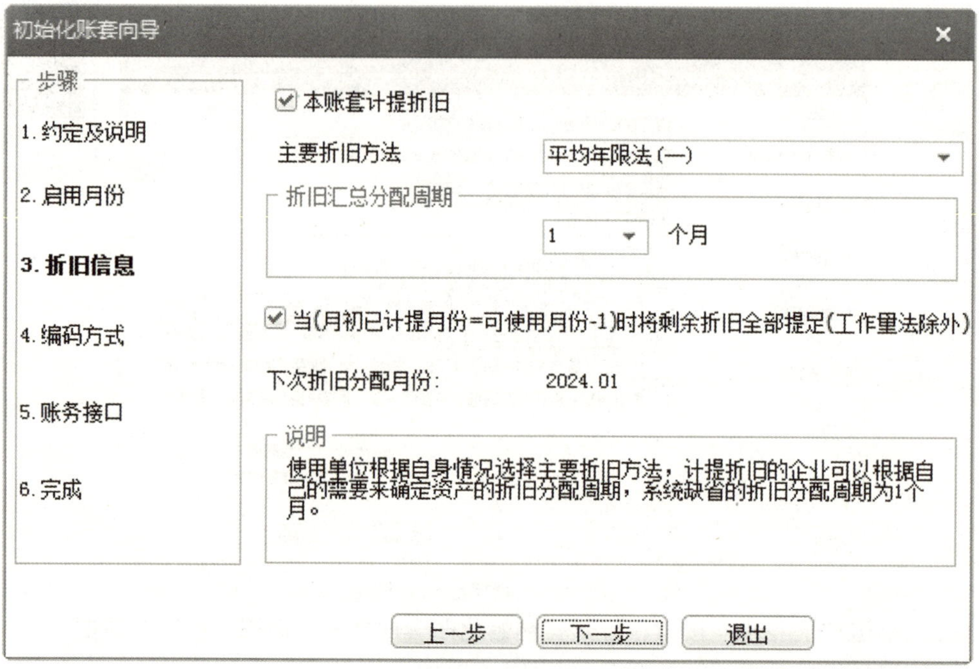

图4-4　初始化账套向导——折旧信息

（6）单击“下一步”按钮，打开“初始化账套向导——编码方式”对话框。

（7）确定资产类别编码长度“2112”；选择“自动编码”单选按钮，选择序号长度5，如图4-5所示。

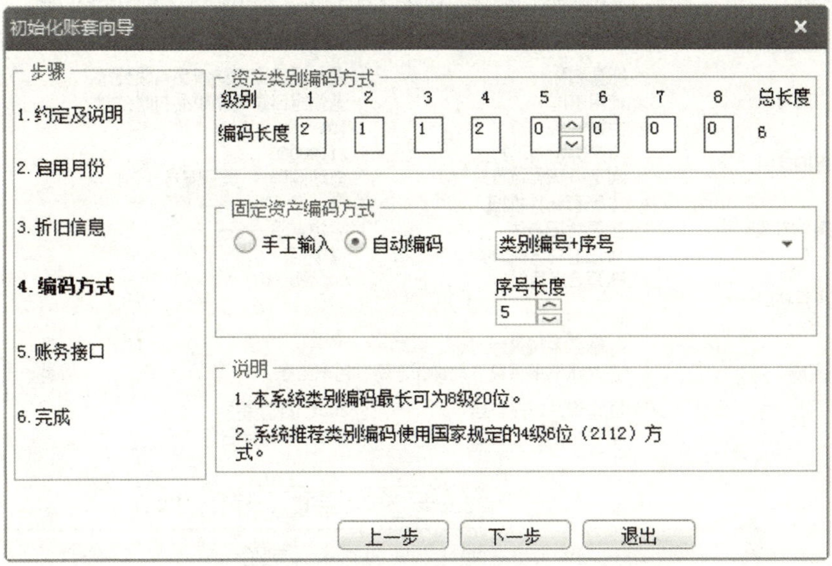

图4-5　初始化账套向导——编码方式

（8）单击“下一步”按钮，打开“初始化账套向导——账务接口”对话框。

（9）选中“与账务系统进行对账”复选框；选择固定资产对账科目“固定资产（1601）”，累计折旧对账科目“累计折旧（1602）”。选择“在对账不平情况下允许固定资产月末结账”选择框，如图4-6所示。

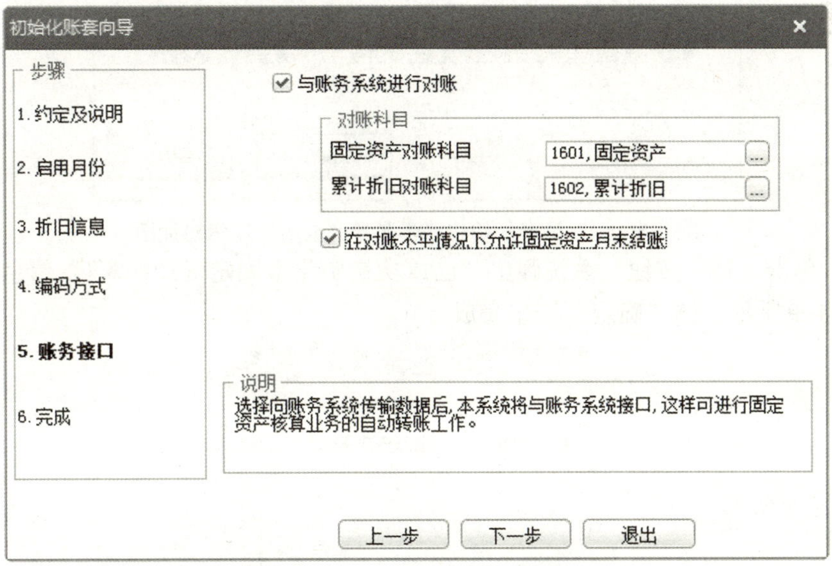

图4-6　初始化账套向导——账务接口

（10）单击“下一步”按钮，打开“初始化账套向导——完成”对话框，如图4-7所示。

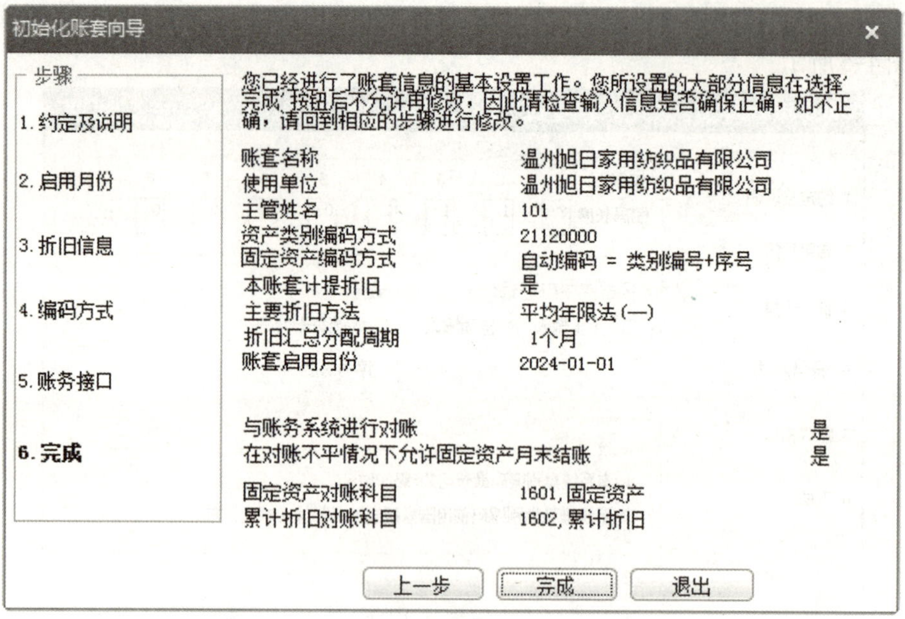

图4-7 初始化账套向导——完成

（11）单击“完成”按钮，完成本账套的初始化，系统弹出“已经完成了新账套的所有设置工作，是否确定所设置的信息完全正确并保存对新账套的所有设置?”信息提示对话框，如图4-8所示。

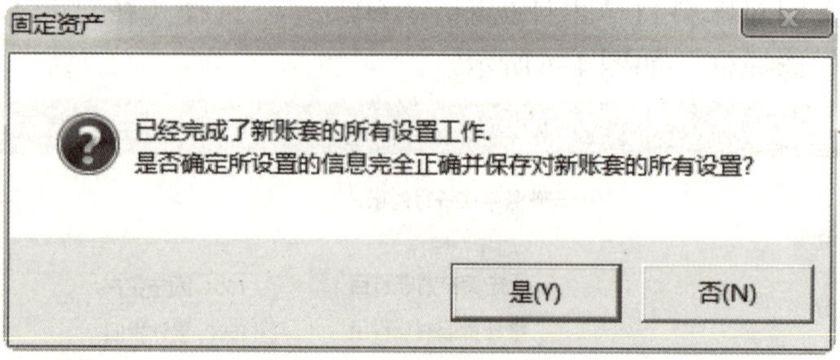

图4-8 固定资产初始化账套向导完成信息提示对话框

（12）单击“是”按钮，系统弹出“已成功初始化本固定资产账套!”信息提示对话框，如图4-9所示，按“确定”按钮完成。

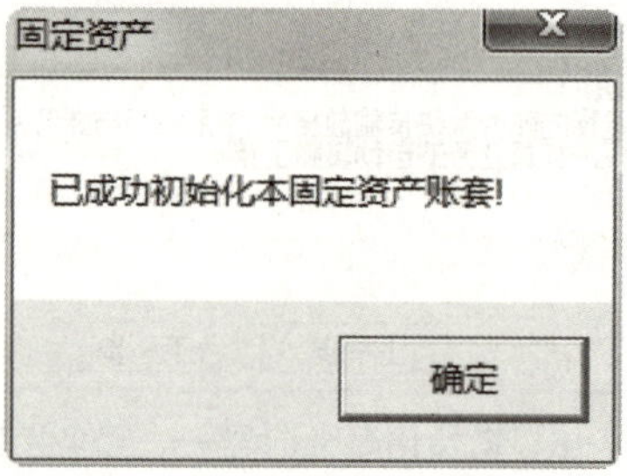

图4-9 固定资产初始化账套完成

【特别说明】初始化设置完成后，有些参数就不能修改了，所以要慎重。如果发现参数有错，必须改正，只能通过固定资产系统中的“工具”→“重新初始化账套功能”

命令实现，该操作将清空对该子账套所做的一切工作。

（二）固定资产系统的相关设置

1.选项卡设置

（1）执行“设置”→“选项”命令，进入“选项”窗口。

（2）单击“编辑”按钮，打开“与账务系统接口”选项卡。

（3）选中“业务发生后立即制单”“本期发生额对账不平允许结账”“期末余额对账不平允许结账”复选框；选择“固定资产”缺省入账科目为“固定资产（1601）”，“累计折旧”缺省入账科目为“累计折旧（1602）”，“减值准备”缺省入账科目为“固定资产减值准备（1603）”，“增值税进项税额”缺省入账科目为“进项税额（22210101）”，“固定资产清理”缺省入账科目为“固定资产清理（1606）”，单击“确定”按钮，如图4-10所示。

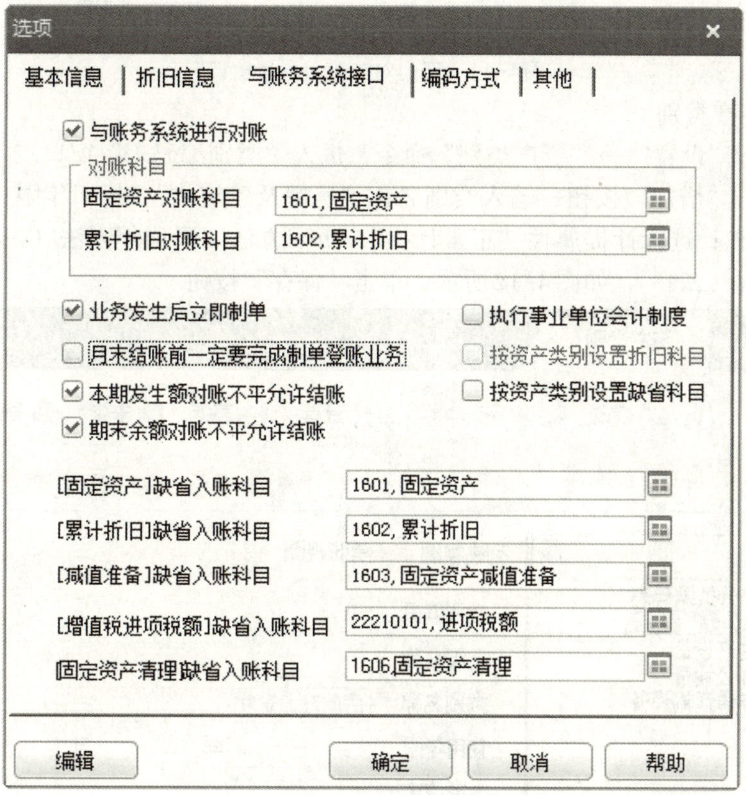

图4-10　选项卡（与账务系统接口）窗口

2.设置部门对应折旧科目

（1）执行“设置”→“部门对应折旧科目设置”命令，进入“部门编码表”窗口。

（2）选择部门“财务部”，单击“修改”按钮。

（3）选择折旧科目“管理费用/折旧费（660205）”，单击“保存”按钮。

（4）同理，完成其他部门折旧科目的设置，结果如图4-11所示。

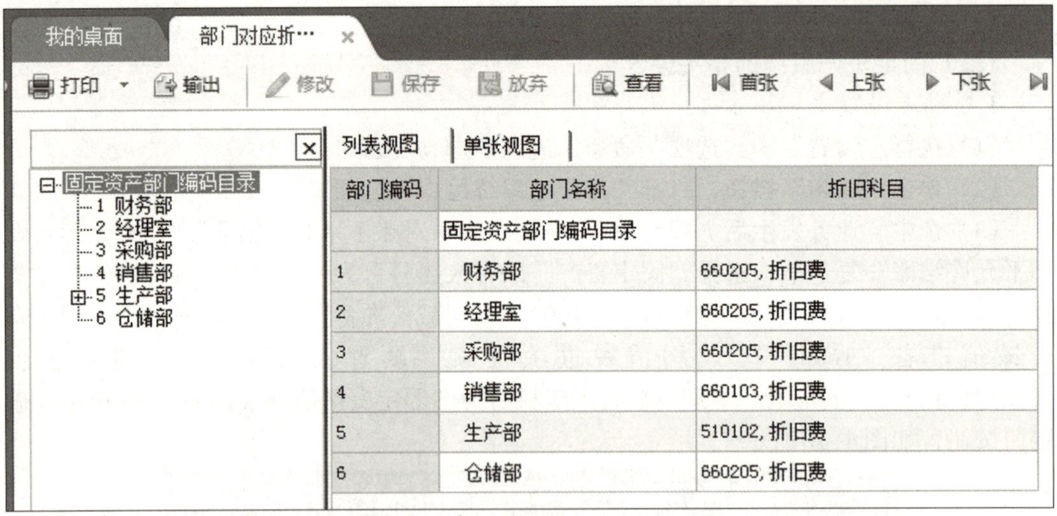

图4-11　部门对应折旧科目窗口

3. 设置资产类别

（1）执行"设置"→"资产类别"命令，进入"类别编码表"窗口。

（2）单击"增加"按钮，输入类别名称"房屋及建筑物"，折旧年限"16"年，净残值率"4"%；选择计提属性"正常计提"，折旧方法"平均年限法（一）"，卡片样式"通用样式（二）"，如图4-12所示，单击"保存"按钮。

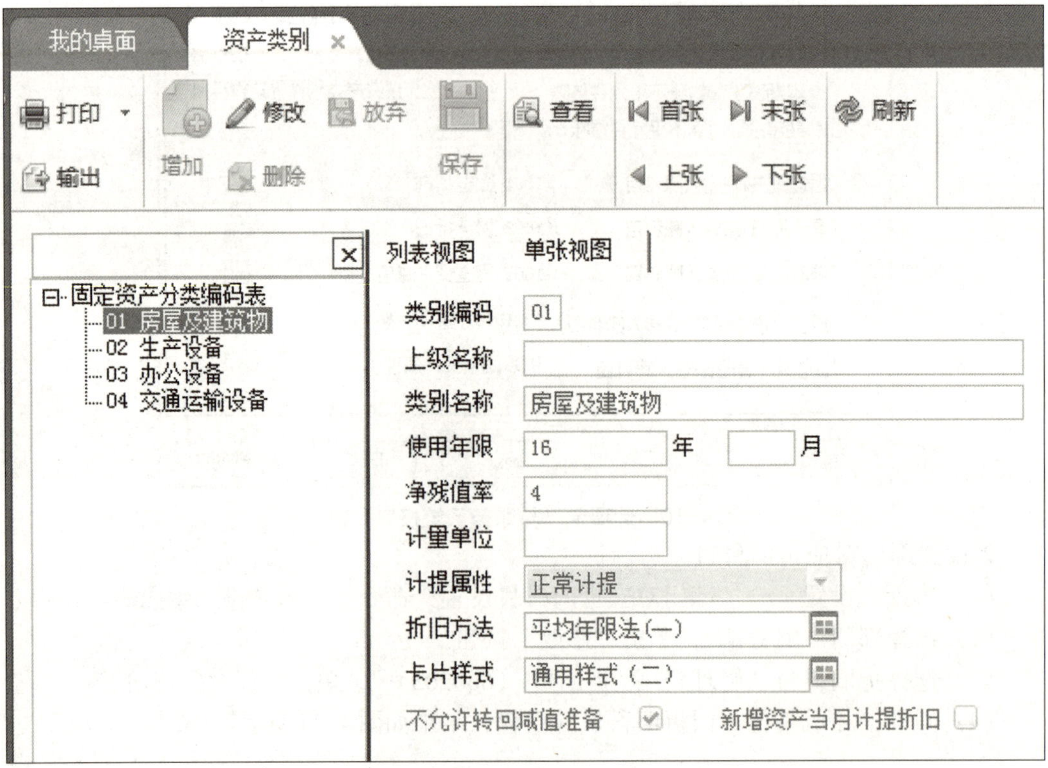

图4-12　设置资产类别窗口

（3）同理，完成其他资产类别的设置。

【特别说明】资产类别编码不能重复，同一级的类别名称不能相同。类别编码、类别名称、计提属性、卡片样式不能为空。已使用过的类别不能设置新下级。

4. 设置增减方式

微课

增减方式的设置

（1）增加方式

①执行“设置”→“增减方式”命令，进入“增减方式”窗口。

②在左侧列表框中，单击“直接购入”增加方式，单击“修改”按钮。

③输入对应入账科目“工行存款（100201）”，如图4-13所示，单击“保存”按钮。

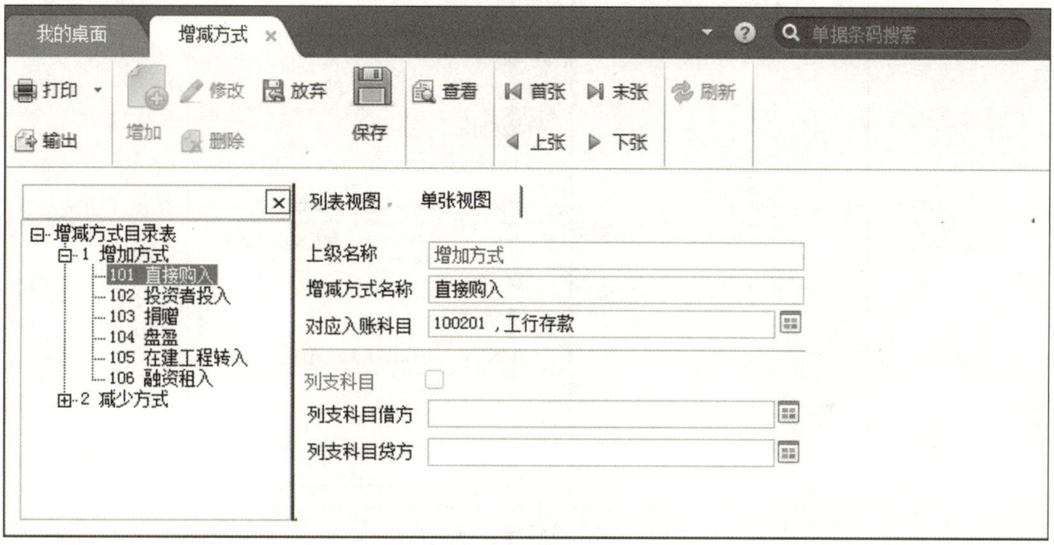

图4-13　设置增加方式窗口

④同理，依据资料设置其他增加方式对应入账科目。

（2）减少方式

①执行“设置”→“增减方式”命令，进入“增减方式”窗口。

②在左侧列表框中，单击“出售”减少方式，单击“修改”按钮。

③输入对应入账科目“固定资产清理（1606）”，如图4-14所示，单击“保存”按钮。

④同理，根据资料设置其他减少方式对应入账科目。

5. 其他设置

对于“使用状况”“折旧方法”“卡片项目”“卡片样式”不再另行设置。

6. 录入原始卡片

微课

原始卡片录入

（1）执行“卡片”→“录入原始卡片”命令，进入“资产类别参照”窗口。

（2）选择固定资产类别“房屋及建筑物”，如图4-15所示。单击“确认”按钮，进入“固定资产卡片录入”窗口。

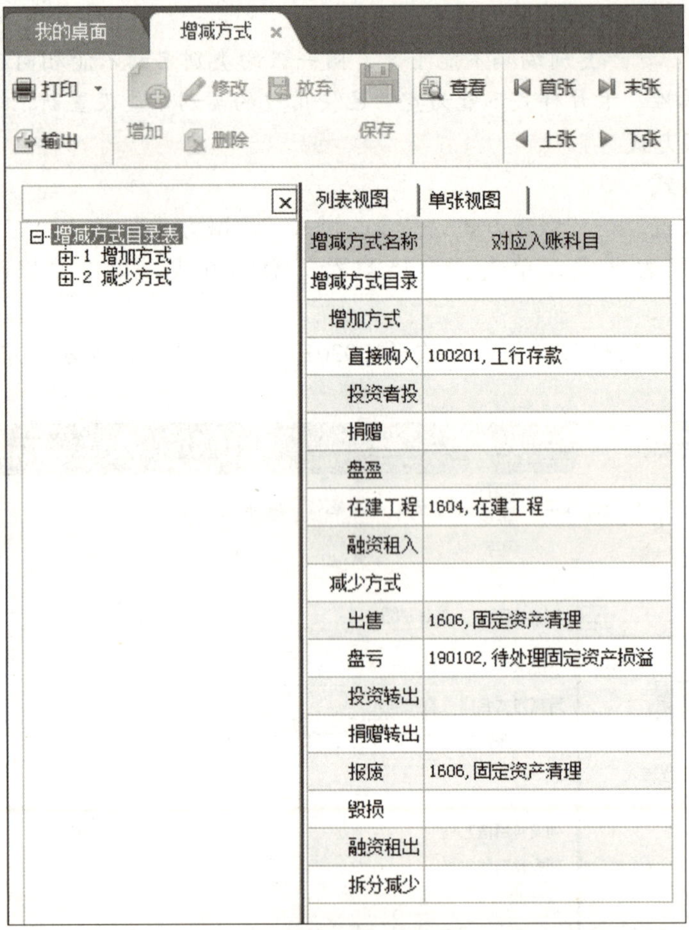

图4-14 设置减少方式窗口

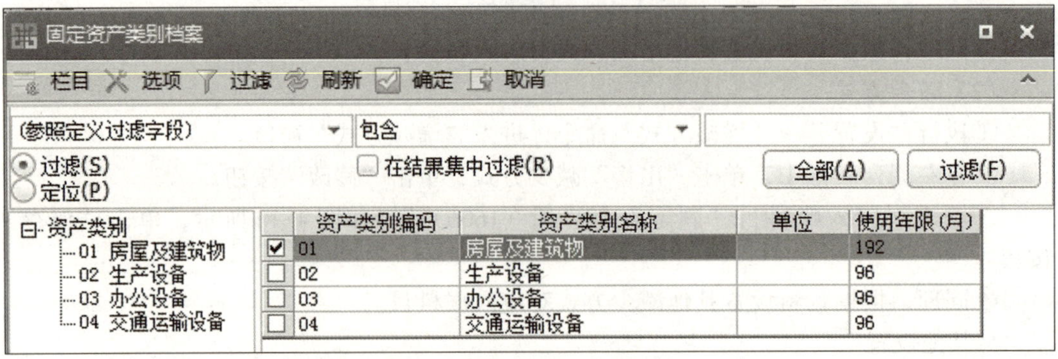

图4-15 资产类别参照窗口

（3）“固定资产编号”自动产生，在“固定资产名称”处输入“办公楼”，在“开始使用日期”处输入“2017-01-20”，在“原值”处输入“400 000.00”，双击“增加方式”选择“在建工程转入”，双击“使用部门”选择“经理室”，双击“使用状况”选择“在用”；累计折旧输入“151 200.00”；输入“使用年限（月）”“192”个月；其他信息自动计算带出，如图4-16所示。

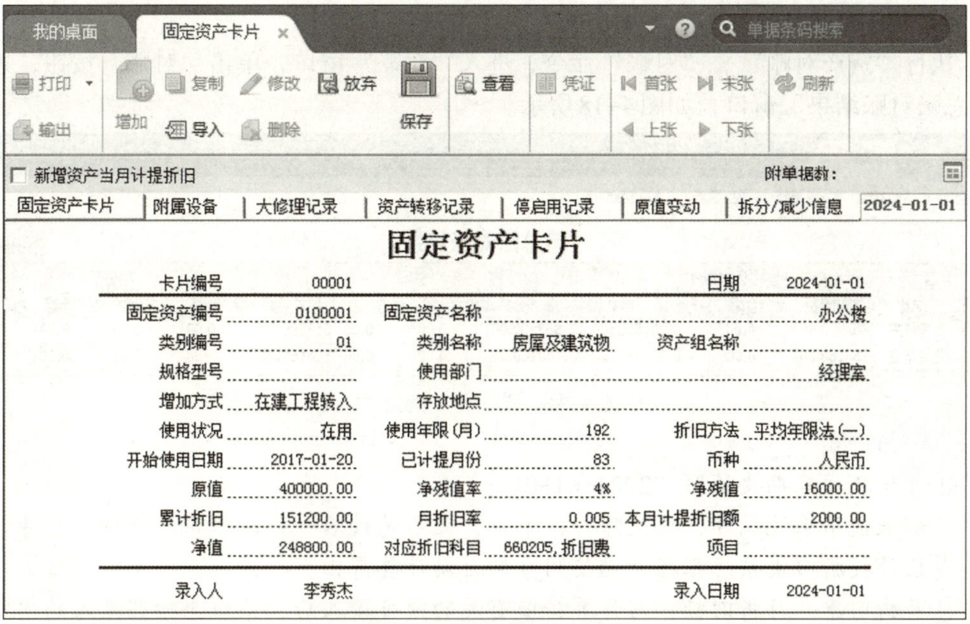

图4-16　固定资产卡片窗口

（4）单击“保存”按钮，系统弹出“数据成功保存！”信息提示对话框，单击“确定”按钮。

（5）同理，完成其他固定资产卡片的输入。

7.卡片查询

执行“卡片”→“卡片管理”命令，进入“卡片管理”窗口。查询全部已经录入的卡片，如图4-17所示。

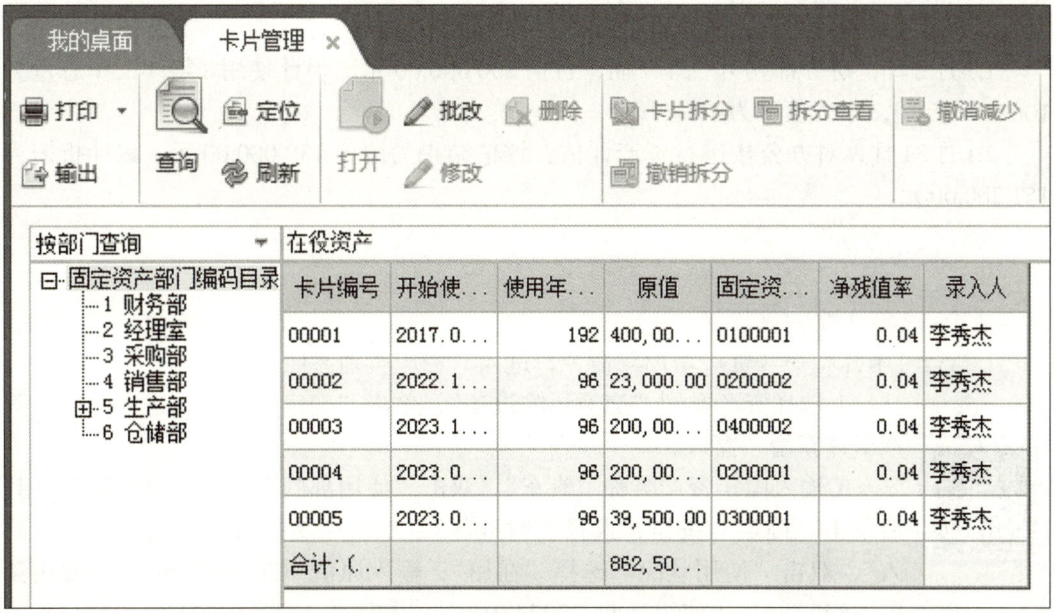

图4-17　全部固定资产卡片窗口

8. 对账

执行“资产对账”→“对账”命令，进入“对账”窗口，单击“对账”按钮，进入“与总账对账结果”窗口，如图4-18所示。

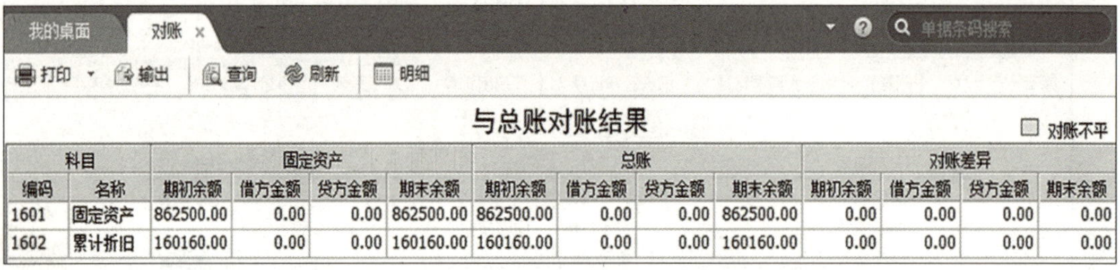

科目		固定资产				总账				对账差异			
编码	名称	期初余额	借方金额	贷方金额	期末余额	期初余额	借方金额	贷方金额	期末余额	期初余额	借方金额	贷方金额	期末余额
1601	固定资产	862500.00	0.00	0.00	862500.00	862500.00	0.00	0.00	862500.00	0.00	0.00	0.00	0.00
1602	累计折旧	160160.00	0.00	0.00	160160.00	160160.00	0.00	0.00	160160.00	0.00	0.00	0.00	0.00

图4-18 与总账对账结果

【特别说明】

①开始使用日期要填写“2024-01-01”。

②如果使用系统编号，要删除一张卡片，又不是最后一张时，系统将保留空号。

③已计提折旧由系统根据开始使用日期自动计算得出。

④月折旧率、月折旧额：与计算折旧有关的项目输入后，系统会按照输入的内容自动计算并显示在相应项目内，可与手工计算的值比较，核对是否有错误。

任务二 日常业务处理

一、任务资料

2024年1月份发生固定资产业务如下：

1. 1月2日，财务部购入汽车1辆，价值200 000.00元，预计使用8年（工作总量为100 000千米），净残值率为4%。

2. 1月31日，对办公楼进行资产评估，评估结果为原值430 000.00元，累计折旧为151 200.00元。

二、任务指导

（一）资产增加

1. 执行“卡片”→“资产增加”命令，进入“资产类别参照”窗口。

微课

资产增加和资产评估

2. 选择资产类别“交通运输设备”，单击“确定”按钮，进入“固定资产卡片新增“窗口。

3. 输入固定资产名称“汽车”，双击“使用部门”，选择“单部门使用”后单击“确定”按钮，选择“财务部”，双击“增加方式”选择“直接购入”，双击“使用状况”选择“在用”；输入原值“200 000.00”，可使用年限“8年”，开始使用日期“2024.01.02”，如图4-19所示。

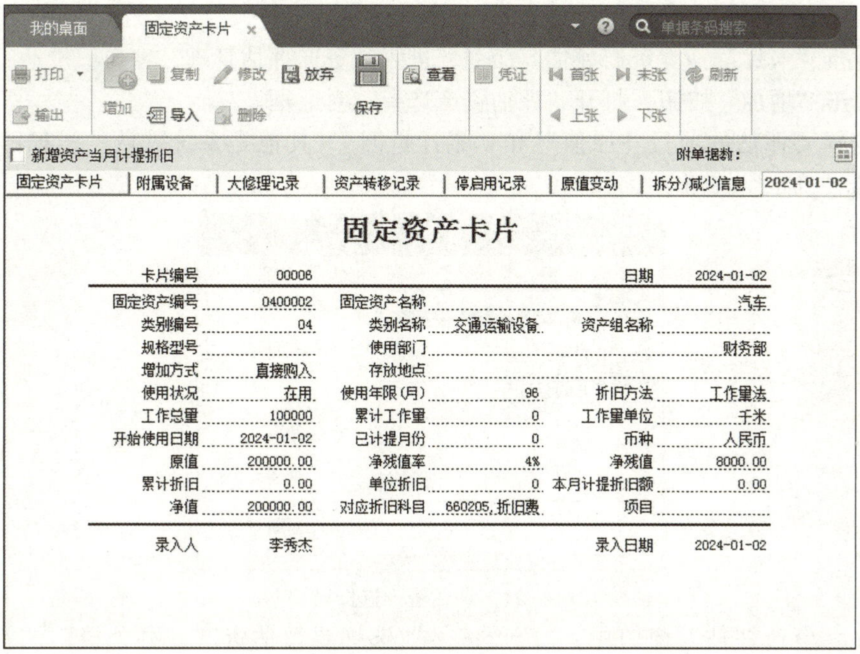

图4-19　固定资产卡片窗口

4.单击“保存”按钮，进入“填制凭证”窗口。

5.选择凭证类型为“付款凭证”，修改制单日期，如图4-20所示。单击“保存”按钮。

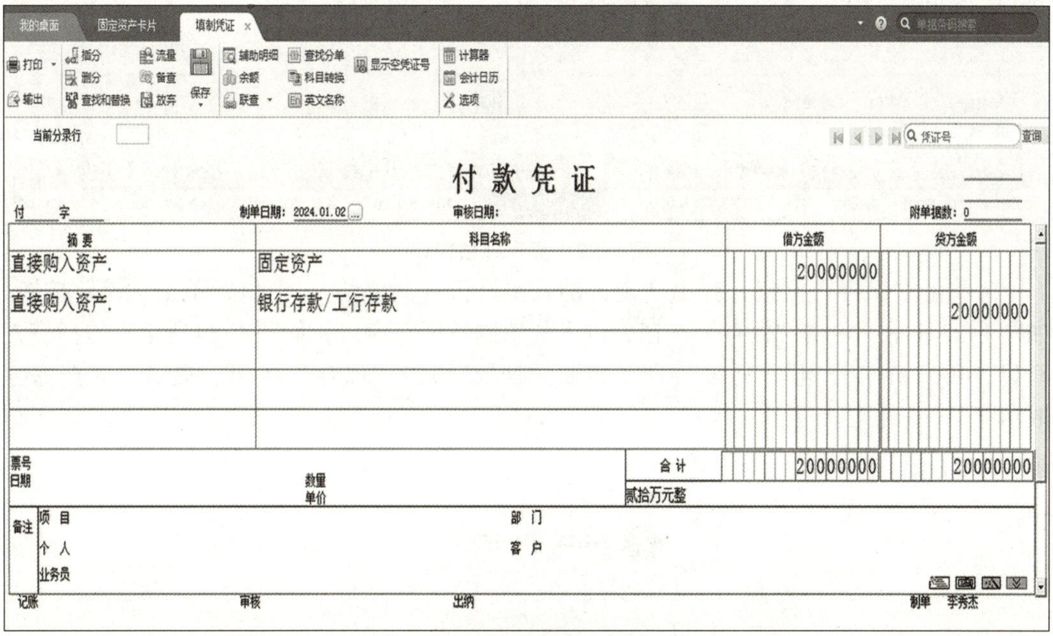

图4-20　增加固定资产凭证窗口

【特别说明】新卡片第一个月不计提折旧，累计折旧为空或0。卡片输入完之后，也可以不立即制单，月末可以批量制单。

（二）资产评估

1.执行“卡片”→“资产评估”命令，进入“资产评估管理”窗口。

2.单击“增加”按钮，打开“评估资产选择”对话框。

3.选择要评估的项目“原值”和“累计折旧”，其他是系统默认的，如图4-21所示。单击“确定”按钮。

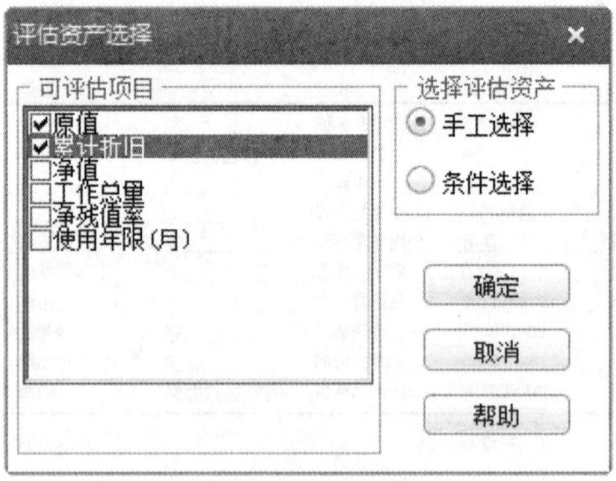

图4-21　评估资产选择窗口

4.在“资产评估”窗口中，“资产编号”选择要评估资产“办公楼”的资产编号0100001，输入评估后数据。在“评估后原值”处输入“430 000.00”，在“评估后累计折旧”处输入“151 200.00”，如图4-22所示。

图4-22　资产评估窗口

5.单击“保存”按钮，弹出“是否确认要进行资产评估?”窗口，单击“是”按钮，如图4-23所示。单击“保存”按钮，进入“填制凭证”窗口，如图4-24所示。选择贷方科目“4002资本公积”，凭证类别“转账凭证”，单击“保存”按钮。提示“数据保存成功”。

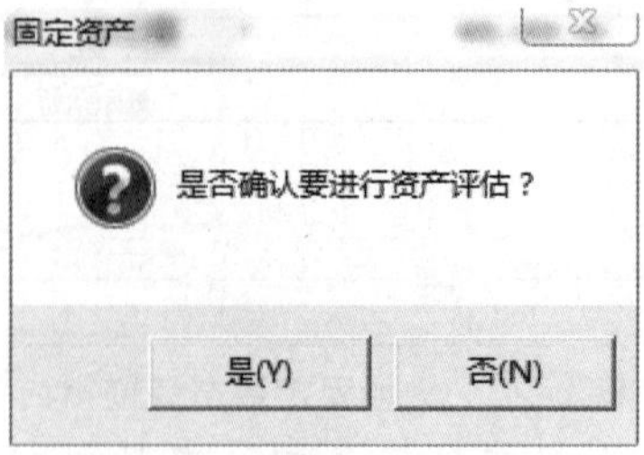

图4-23　资产评估确认

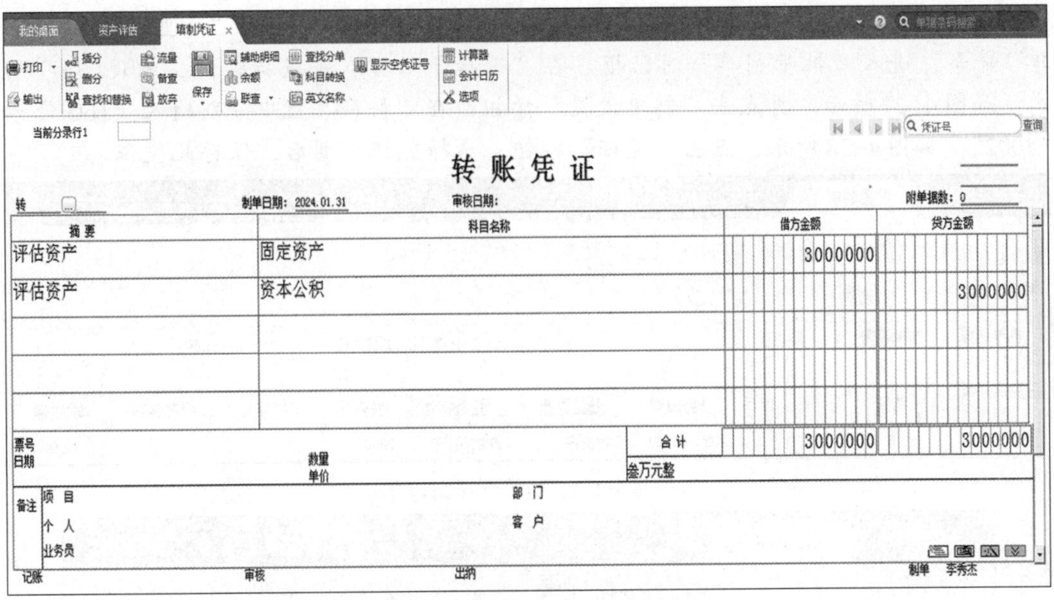

图4-24　资产评估生成凭证窗口

【特别说明】

①如果想删除已经处理完的评估记录，就要首先删除已经生成的凭证，删除生成的凭证不能在总账中进行，要在“固定资产系统”中执行“凭证处理”→“查询凭证”命令，进入“查询凭证”窗口，如图4-25所示。然后，点击要删除的记录“转--3”，再点击“删除”按钮，显示“确定要删除吗？删除后不可恢复！”提示框，如图4-26所示。点击“是”按钮，完成删除凭证的工作。生成的凭证删除后，就可以删除资产评估的记录了。

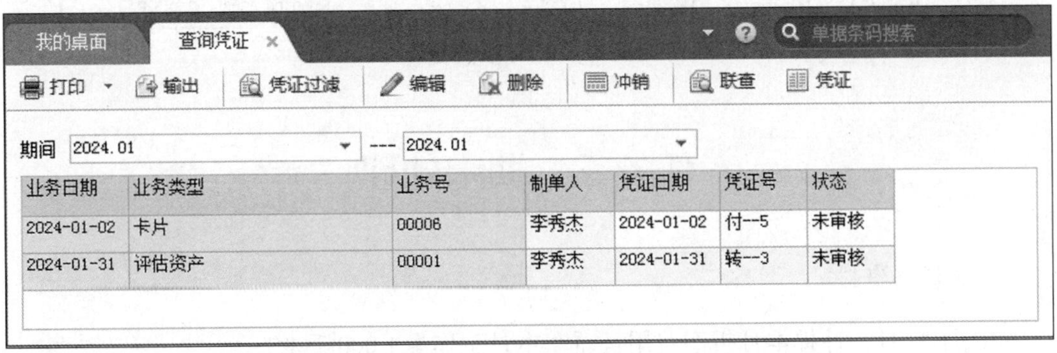

图4-25　凭证查询窗口

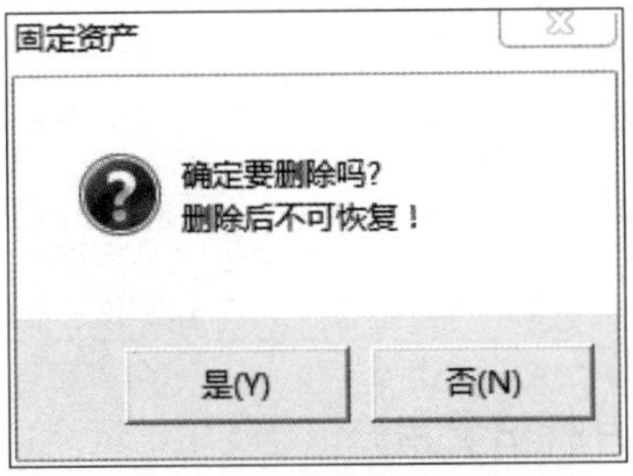

图4-26　删除提示窗口

②如果在删除凭证后，又要重新编制凭证，按如下步骤操作：执行“处理”→“批量制单”命令，进入“批量制单”对话框，在“选择”位置双击鼠标左键，出现“Y”标志，如图4-27所示。再点击“制单设置”按钮，在“科目”栏中分别输入“1601”和“4002”，如图4-28所示，点击“凭证”按钮，选择凭证类别后，保存此凭证。

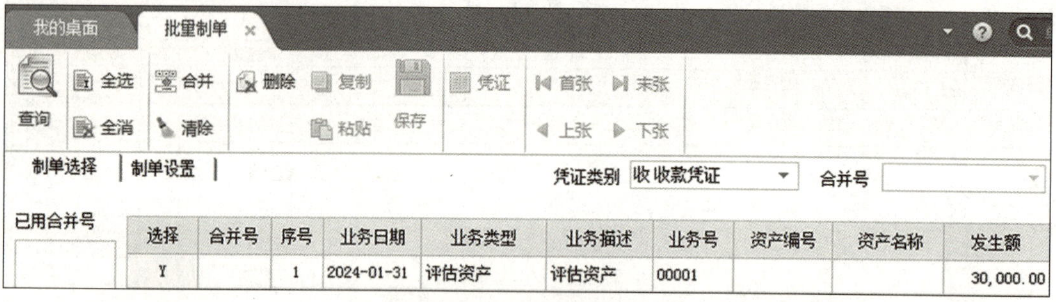

图4-27 制单选择窗口

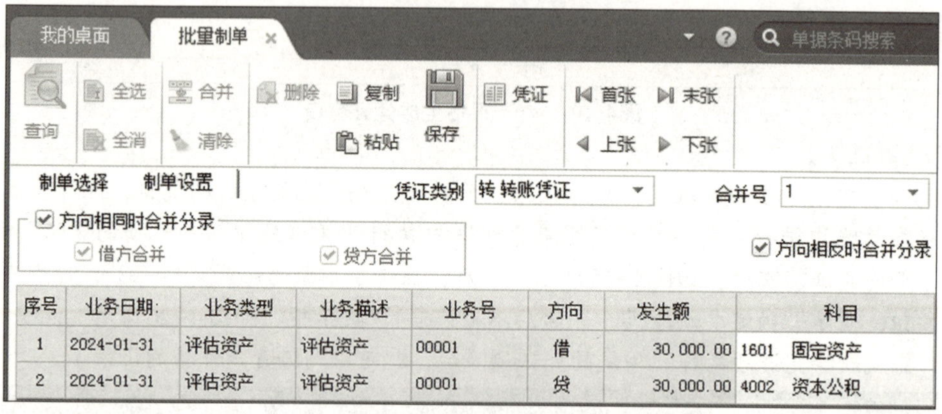

图4-28 制单设置窗口

任务三 期末处理

一、任务资料

1.1月31日，计提本月折旧费用（轿车本月工作量1 000千米）；
2.1月31日，财务部计算机报废；
3.部门折旧计提汇总表查询；
4.对账；
5.月末结账。

二、任务指导

（一）折旧处理（计提本月折旧费用）

1.执行“折旧计提”→“工作量输入”命令，输入轿车本月工作量“1 000千米”，如图4-29所示。

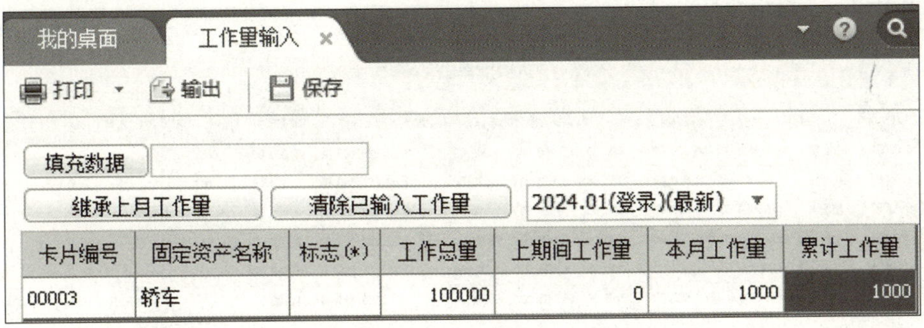

图4-29　工作量输入

2.执行“折旧计提”→“计提本月折旧”命令，系统弹出“是否已正确输入了工作量!”提示框，如图4-30所示。

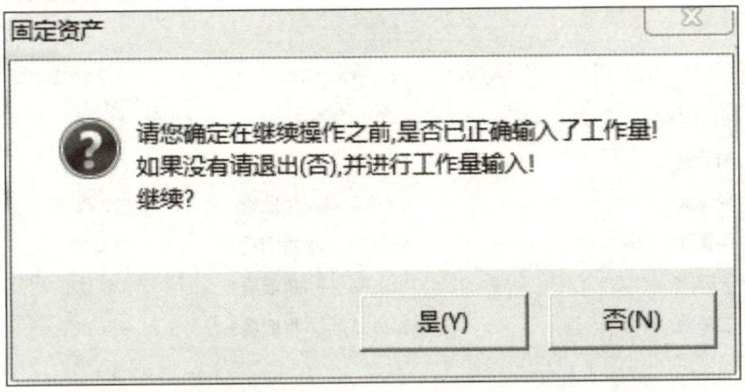

图4-30　信息提示窗口1

3.单击“是”按钮，系统弹出“是否要查看折旧清单?”信息提示对话框，如图4-31所示。单击“是”按钮。

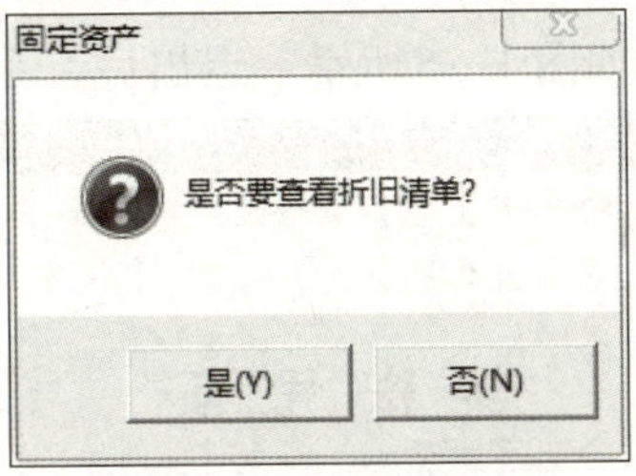

图4-31　信息提示窗口2

4.系统继续弹出“本操作将计提本月折旧，并花费一定时间，是否要继续?”信息提示对话框，如图4-32所示。单击“是”按钮。

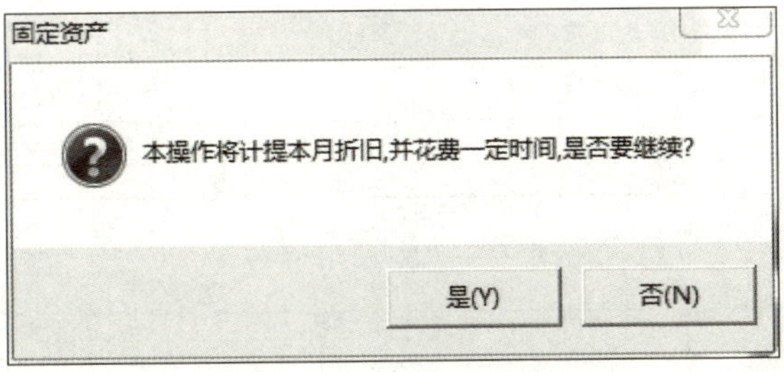

图4-32　信息提示窗口3

5. 系统计提折旧完成后，进入“折旧清单”窗口，如图4-33所示。

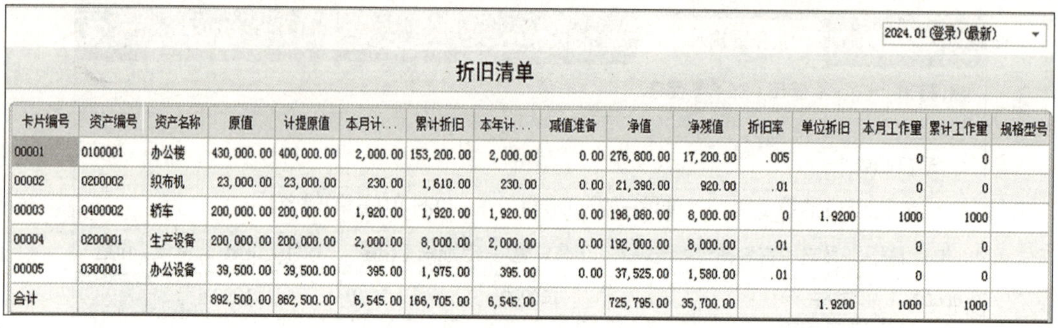
2024.01（登录）（最新）

折旧清单

卡片编号	资产编号	资产名称	原值	计提原值	本月计…	累计折旧	本年计…	减值准备	净值	净残值	折旧率	单位折旧	本月工作量	累计工作量	规格型号
00001	0100001	办公楼	430,000.00	400,000.00	2,000.00	153,200.00	2,000.00	0.00	276,800.00	17,200.00	.005		0	0	
00002	0200002	织布机	23,000.00	23,000.00	230.00	1,610.00	230.00	0.00	21,390.00	920.00	.01		0	0	
00003	0400002	轿车	200,000.00	200,000.00	1,920.00	1,920.00	1,920.00	0.00	198,080.00	8,000.00	0	1.9200	1000	1000	
00004	0200001	生产设备	200,000.00	200,000.00	2,000.00	8,000.00	2,000.00	0.00	192,000.00	8,000.00	.01		0	0	
00005	0300001	办公设备	39,500.00	39,500.00	395.00	1,975.00	395.00	0.00	37,525.00	1,580.00	.01		0	0	
合计			892,500.00	862,500.00	6,545.00	166,705.00	6,545.00		725,795.00	35,700.00		1.9200	1000	1000	

图4-33　折旧清单

6. 单击“退出”按钮，进入“折旧分配表”窗口，如图4-34所示。

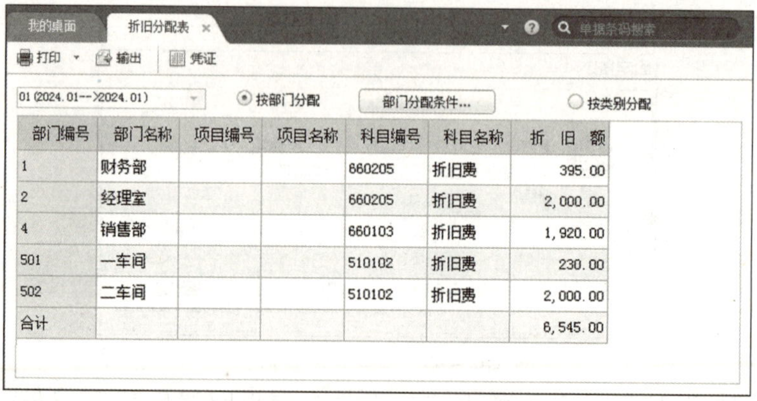

部门编号	部门名称	项目编号	项目名称	科目编号	科目名称	折旧额
1	财务部			660205	折旧费	395.00
2	经理室			660205	折旧费	2,000.00
4	销售部			660103	折旧费	1,920.00
501	一车间			510102	折旧费	230.00
502	二车间			510102	折旧费	2,000.00
合计						6,545.00

图4-34　折旧分配表窗口

7. 单击“凭证”按钮，进入“填制凭证”窗口，选择凭证类别，按实训内容修改其他项目，单击“保存”按钮，如图4-35所示。退出后，系统提示“折旧计提完成”。

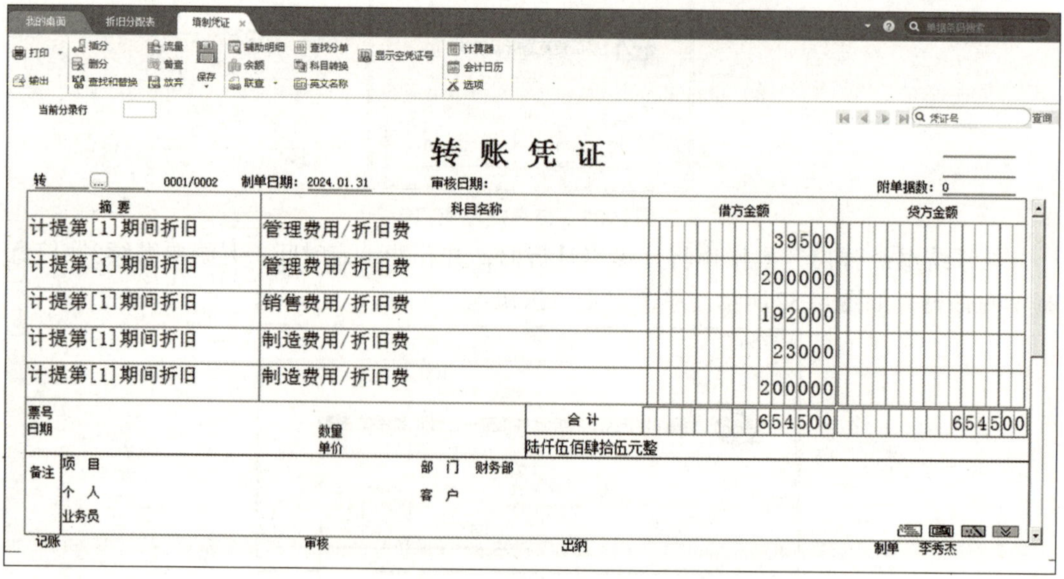

摘要	科目名称	借方金额	贷方金额
计提第[1]期间折旧	管理费用/折旧费	39500	
计提第[1]期间折旧	管理费用/折旧费	200000	
计提第[1]期间折旧	销售费用/折旧费	192000	
计提第[1]期间折旧	制造费用/折旧费	23000	
计提第[1]期间折旧	制造费用/折旧费	200000	
票号 日期	数量 单价	合计 654500	654500
		陆仟伍佰肆拾伍元整	

图4-35　折旧记账凭证窗口

【特别说明】如果上次计提折旧已通过记账凭证把数据传递到账务系统，则必须删除该凭证才能重新计提折旧。计提折旧后，又对账套进行了影响折旧计算或分配的操作，必须重新计提折旧，否则系统不允许结账。

（二）资产减少

会计制度规定本月减少的固定资产本月照提折旧，因此，本账套需要进行计提折旧后，才能减少资产。

1. 执行“资产处置”→“资产减少”命令，进入“资产减少”窗口。

2. 选择卡片编号“00005”，单击“增加”按钮，如图4-36所示。

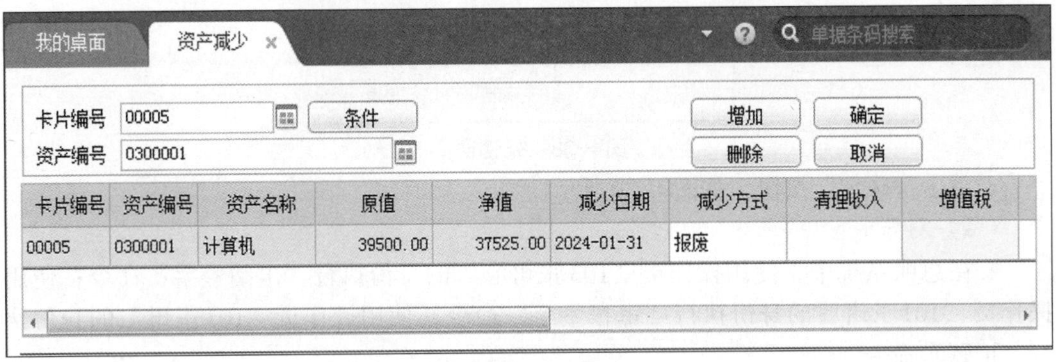

图4-36　资产减少

3. 选择减少方式为“报废”，单击“确定”按钮，系统提示“所选卡片已经减少成功”，进入“填制凭证”窗口。

4. 选择凭证类别，单击“保存”按钮，如图4-37所示。

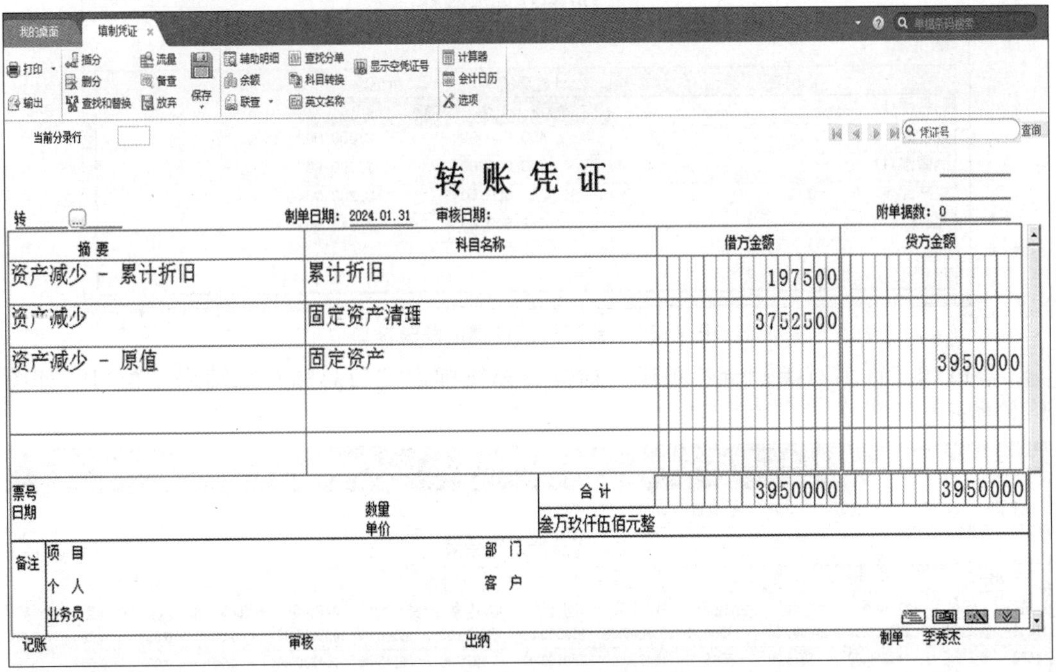

图4-37　资产减少记账凭证窗口

（三）部门折旧计提汇总表查询

1. 执行“账表”→“我的账表”命令，进入“固定资产报表”窗口。

2. 单击“折旧表”按钮，选择“部门折旧计提汇总表”。双击“部门折旧计提汇总表”按钮，打开“条件”对话框。

3. 选择期间为“2024.01–2024.01”，汇总级次为“1–1”，如图4–38所示。

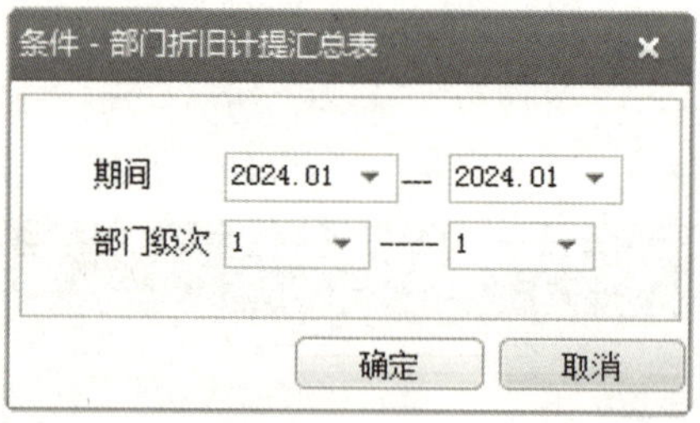

图4–38　条件窗口

4. 单击“确定”按钮，如图4–39所示。

（四）对账

1. 在总账系统中，使用操作员“103 张可心”的身份执行“出纳签字”命令；使用操作员“101 王琳”的身份执行“审核签字”命令；使用操作员“101 王琳”的身份执行“记账”命令。

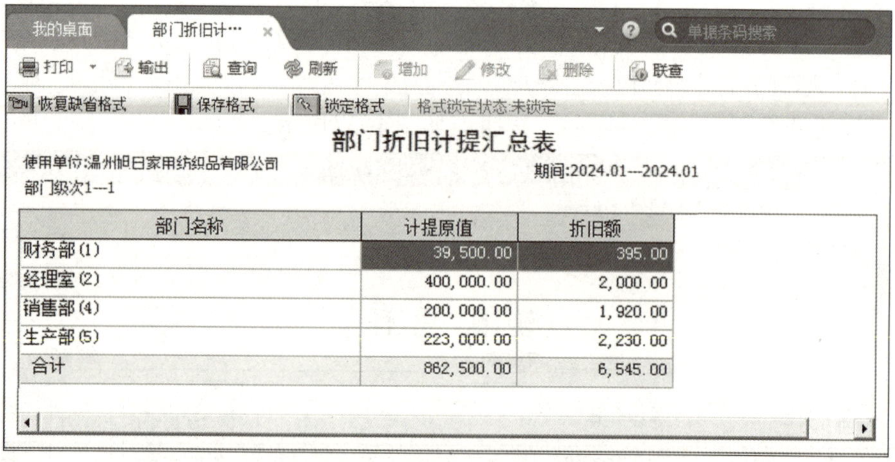

部门折旧计提汇总表

使用单位:温州旭日家用纺织品有限公司　　期间:2024.01---2024.01

部门级次1---1

部门名称	计提原值	折旧额
财务部(1)	39,500.00	395.00
经理室(2)	400,000.00	2,000.00
销售部(4)	200,000.00	1,920.00
生产部(5)	223,000.00	2,230.00
合计	862,500.00	6,545.00

图4–39　部门折旧计提汇总表窗口

2. 执行“资产对账”→“对账”命令，系统弹出“与总账对账结果”窗口，如图4–40所示。

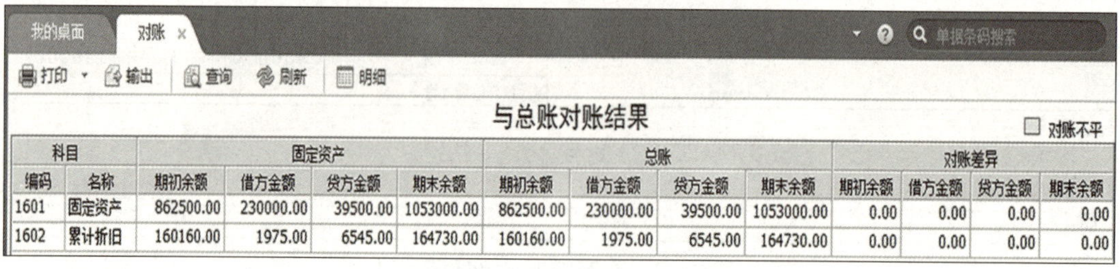

与总账对账结果

科目		固定资产				总账				对账差异			
编码	名称	期初余额	借方金额	贷方金额	期末余额	期初余额	借方金额	贷方金额	期末余额	期初余额	借方金额	贷方金额	期末余额
1601	固定资产	862500.00	230000.00	39500.00	1053000.00	862500.00	230000.00	39500.00	1053000.00	0.00	0.00	0.00	0.00
1602	累计折旧	160160.00	1975.00	6545.00	164730.00	160160.00	1975.00	6545.00	164730.00	0.00	0.00	0.00	0.00

图4–40　对账结果窗口

3.单击“确定”按钮，对账结束。

【特别说明】

①当总账记账完毕，固定资产系统才可以进行对账。对账平衡，才可以开始月末结账。如果在初始设置时，选择了“与账务系统对账”功能，那么对账的操作不限制执行时间，任何时候都可以进行对账。

②若在账务接口中选中“在对账不平情况下允许固定资产月末结账”复选框，则可以直接进行月末结账。

（五）月末结账

1.执行“处理”→“月末结账”命令，打开“月末结账”对话框，如图4-41所示。

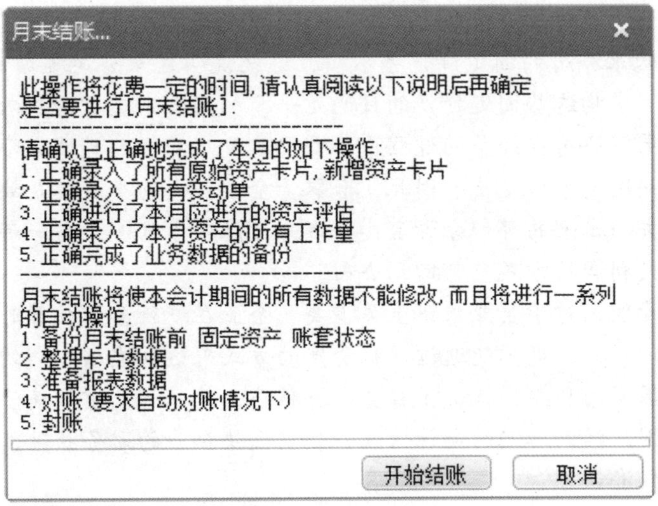

图4-41　月末结账

2.单击“开始结账”按钮，系统弹出“月末结账成功完成!”信息提示对话框。

3.单击“确定”按钮。

【特别说明】

①本会计期间做完月末结账工作后，所有数据资料将不能再进行修改。

②本会计期间不做完月末结账工作，系统将不允许处理下一个会计期间的数据。月末结账前一定要进行数据备份，否则数据一旦丢失，将造成无法挽回的后果。

③如果在结账后发现结账前的操作有误，必须修改结账前的数据，则可以使用“恢复结账前状态”功能，又称“反结账”，即将数据恢复到月末结账前状态，结账时所做的所有工作都会被无痕迹删除。

④在总账系统未进行月末结账时，才可以使用“恢复结账前状态”功能。一旦成本系统提取了某期的数据，该期不能反结账。如果当前的账套已经做了年末处理，那么就不允许再执行“恢复月初状态”功能。

深学践悟

财务造假最好用的科目——在建工程、固定资产

尔康制药2013年的净利润只有1.92亿元，2016年就变成了7.5亿元。3年翻了近两番，同时，固定资产周转天数每年都在上升，而且远比同行其他的医药公司高。另外，它的固定资产居然和恒瑞医药很接近，而恒瑞医药的营业收入是该公司营收的6—8倍。2017年5月，该公司被爆出财务造假。

如果一家上市公司净利润翻倍往上涨，这时候，如果它的固定资产周转天数每年也在持续上升，而且比同行业公司高得多，如果还能发现同一行业内一家公司的营业收入是它的几倍，而两家公司的固定资产差不多，这就说明这家公司虚增的“净利润”，都化作固定资产了。虚构这些固定资产的目的是平衡利润表中虚增的收入、利润。

另外，很多上市公司在经营的过程中都需要建设厂房、购买固定资产，这些东西的价格往往很高，关键是难以定价。因此，套取资金最安全的手法就是故意抬高它们的价格，然后转移出去高出来的那部分资金，一部分可能用于贪污，另一部分可能通过购买自身产品，以做大利润的方式重新回到公司。

固定资产的管理，对于企业来讲至关重要。企业在进行会计核算时，应当遵循谨慎性原则，不得多计资产，更不能通过虚构资产的方式来达到虚增利润的目的。会计数据造假直接侵犯了国家的利益，扰乱了社会经济秩序，是一种严重的违法、违纪行为。企业应坚持诚信原则，提供真实的会计信息，如实反映企业的财务状况、经营成果，共同维护良好的市场经济秩序。

资料来源：马靖昊说会计．固定资产造假和识假［EB/OL］．［2022-07-28］.https：//zhuanlan.zhihu.com/p/465598234.

项目五

薪资管理系统业务处理

学习目标

掌握工资项目的编辑和公式的定义；
掌握工资变动处理；
掌握工资分摊处理；
深入学习个人所得税制度，增强自我税收意识和责任感。

任务一 初始设置

一、任务资料

（一）基础设置

工资类别：正式职工和临时职工。
核算币别：人民币；从工资中代扣个人所得税；不扣零。
人员编码：与公共平台保持一致。

（二）部门设置

正式职工部门设置：财务部、经理室、采购部、销售部、生产部、仓储部。
临时职工部门设置：生产部。

（三）附加信息

附加信息：年龄、性别。

（四）工资项目

工资项目仅适用于正式职工，见表5-1。

表5-1 工资项目

项目名称	类型	长度	小数位数	增减项
基本工资	数值型	10	2	增项
岗位工资	数值型	10	2	增项
奖金	数值型	10	2	增项
副食补助	数值型	10	2	增项
交补	数值型	10	2	增项
应发合计	数值型	10	2	增项
事假天数	数值型	10	0	其他
事假扣款	数值型	10	2	减项
生计费	数值型	10	2	减项
上年度月平均工资	数值型	10	2	其他

续表

项目名称	类型	长度	小数位数	增减项
医疗保险	数值型	10	2	减项
失业保险	数值型	10	2	减项
养老保险	数值型	10	2	减项
住房公积金	数值型	10	2	减项
专项扣除	数值型	10	2	其他
专项附加扣除	数值型	10	2	其他
扣税基数	数值型	10	2	其他
应纳税所得额	数值型	10	2	其他
代扣税	数值型	10	2	减项
扣款合计	数值型	10	2	减项
实发合计	数值型	10	2	增项

（五）人员档案

1. 正式职工档案（见表5-2）。

表5-2　正式职工档案

人员编码	人员名称	性别	年龄	行政部门	雇佣状态	人员类别	是否业务员	业务或费用部门	银行账号（中国工商银行）
101	王琳	女	22	财务部	在职	企业管理人员	是	财务部	100001
102	李秀杰	女	23	财务部	在职	企业管理人员	是	财务部	100002
103	张可心	女	21	财务部	在职	企业管理人员	是	财务部	100003
201	苏晓晨	女	21	经理室	在职	企业管理人员	是	经理室	100004
301	安琪	女	21	采购部	在职	采购人员	是	采购部	100005
302	郑丽佳	女	21	采购部	在职	采购人员	是	采购部	100006
401	宋燃	女	23	销售部	在职	销售人员	是	销售部	100007
402	李译	女	21	销售部	在职	销售人员	是	销售部	100008
501	刘云萱	男	23	一车间	在职	车间管理人员	是	一车间	100009
504	马向东	男	22	二车间	在职	车间管理人员	是	二车间	100010
601	高明远	男	21	仓储部	在职	企业管理人员	是	仓储部	100011

2.临时职工档案（见表5-3）。

表5-3 临时职工档案

人员编码	人员名称	性别	年龄	行政部门	雇佣状态	人员类别	是否业务员	业务或费用部门	银行账号
502	刘向禹	男	42	一车间	在职	生产工人	是	一车间	100012
503	杨帆	男	44	一车间	在职	生产工人	是	一车间	100013
505	李响	女	43	二车间	在职	生产工人	是	二车间	100014
506	刘宪华	男	46	二车间	在职	生产工人	是	二车间	100015

（六）工资项目计算公式

工资项目计算公式见表5-4。

表5-4 工资项目计算公式

工资项目	计算公式
事假扣款	事假天数*30
交补	iff（部门=“一车间” or 部门=“二车间”，800，2000）
扣税基数	基本工资+岗位工资+奖金+副食补助+交补-事假扣款-专项扣除-专项附加扣除
应发合计	基本工资+岗位工资+奖金+副食补助+交补
养老保险（个人）	上年度月平均工资*0.08
医疗保险（个人）	上年度月平均工资*0.02
失业保险（个人）	上年度月平均工资*0.01
住房公积金	上年度月平均工资*0.12
专项扣除	养老保险+医疗保险+失业保险+住房公积金
应纳税所得额	基本工资+岗位工资+奖金+副食补助+交补-事假扣款-专项扣除 - 专项附加扣除

（七）扣税设置

1.扣税依据

将个人所得税的扣税依据修改为“扣税基数”。

2.税率设置

将个人所得税按照2019年最新个人所得税税率表进行计算（不考虑专项附加扣除），起征点为5 000元，个人所得税税率见表5-5。

表5-5 个人所得税税率表

（居民个人工资、薪金预扣预缴适用）

级数	预扣预缴应纳税所得额	预扣率	速算扣除数（元）
1	不超过36 000元的部分	3%	0
2	超过36 000元至144 000元的部分	10%	2 520
3	超过144 000元至300 000元的部分	20%	16 920
4	超过300 000元至420 000元的部分	25%	31 920
5	超过420 000元至660 000元的部分	30%	52 920
6	超过660 000元至960 000元的部分	35%	85 920
7	超过960 000元的部分	45%	181 920

二、任务指导

微课

薪资管理系统的初始化设置

使用“102李秀杰”的身份登录企业应用平台。

（一）登录企业应用平台

执行“开始”→“程序”→“用友U8V15.1”→“企业应用平台”命令，打开“登录”对话框。

（二）建立工资账套

1.在企业应用平台中，双击“财务会计”中的“薪资管理”选项，如图5-1所示。

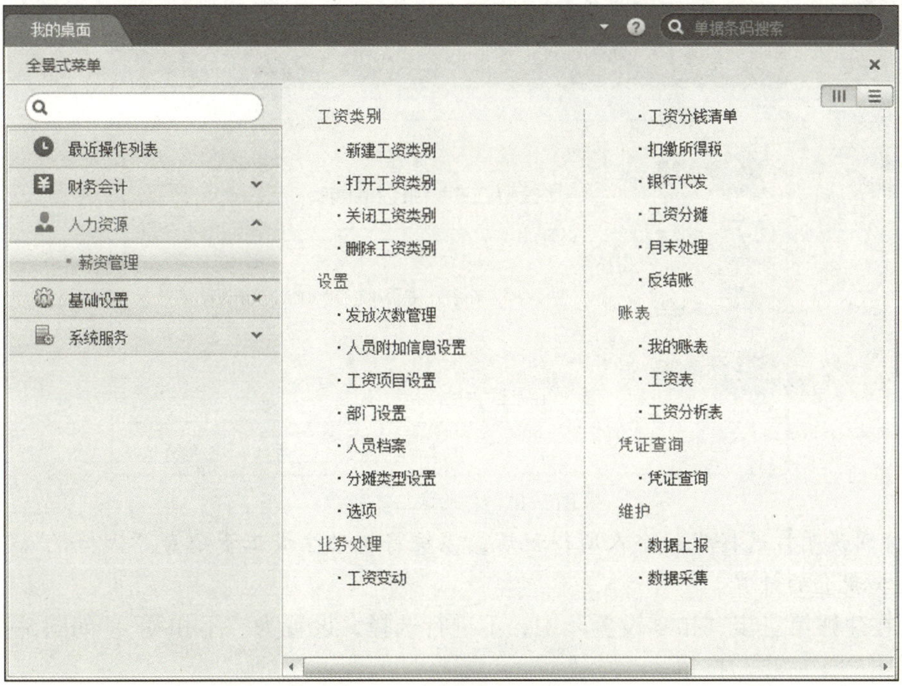

图5-1 薪资管理窗口

2.系统提示“请先设置工资类别”，单击“确定”按钮，选择本账套所需处理的工资类别个数“多个”，默认货币名称“人民币”，如图5-2所示。单击“下一步”按钮。

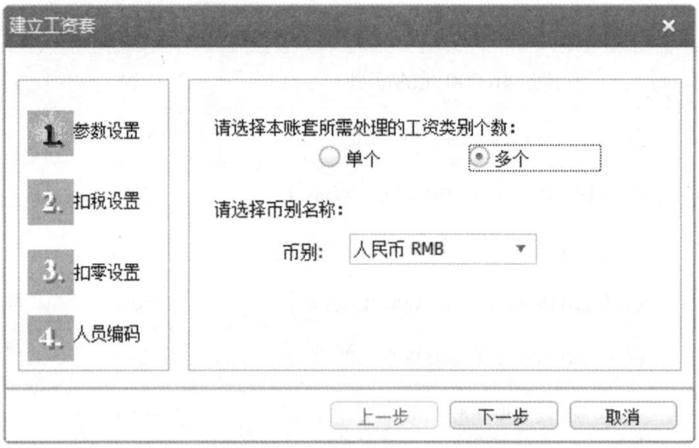

图5-2 建账第一步窗口

【特别说明】本例中对正式职工和临时职工分别进行核算，所以工资类别应选择“多个”。计件工资是按计件单价支付劳动报酬的一种形式。由于计时工资和计件工资的核算方法不同，因此，在薪资管理系统中对于企业是否存在计件工资特别设置了确认选项。选中该项，系统自动在工资项目设置中显示“计件工资”项目；在人员档案中“核算计件工资”项目可选；在“设置”菜单中显示“计件工资标准设置”和“计件工资方案设置”；在“业务处理”菜单中显示“计件工资统计”。

3.在建账第二步“扣税设置”中，选中“是否从工资中代扣个人所得税”复选框，如图5-3所示。单击“下一步”按钮。

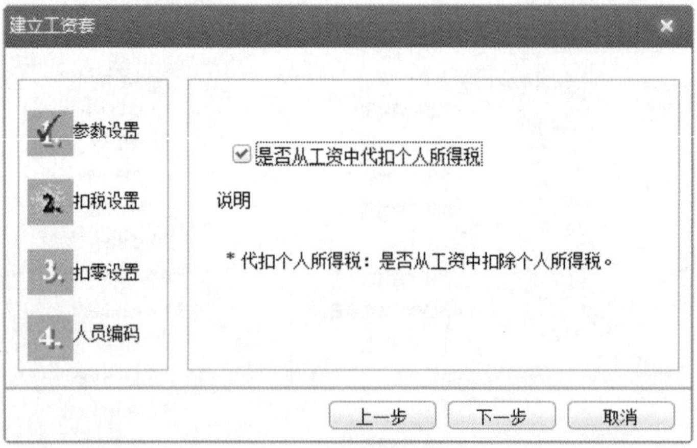

图5-3 建账第二步窗口

【特别说明】选择代扣个人所得税后，系统将自动生成工资项目“代扣税”，并自动进行代扣税金的计算。

4.在建账第三步“扣零设置”中，不进行选择，设置为“不扣零”，如图5-4所示，直接单击“下一步”按钮。

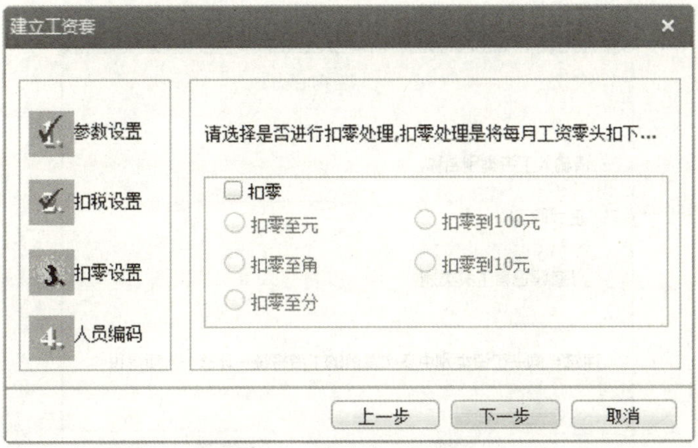

图5-4　建账第三步窗口

【特别说明】扣零处理是指每次发放工资时零头扣下，积累取整，于下次工资发放时补上，系统在计算工资时将依据扣零类型（扣零至元、扣零至角、扣零至分等）进行扣零计算。用户一旦选择了“扣零”处理，系统自动在固定工资项目中增加“本月扣零”和“上月扣零”两个项目，扣零的计算公式将由系统自动定义，无须设置。

5.在建账第四步“人员编码”中，系统提示“本系统要求您对员工进行统一编号，人员编码同公共平台的人员编码保持一致。”如图5-5所示。单击“完成”按钮，完成工资套建立。

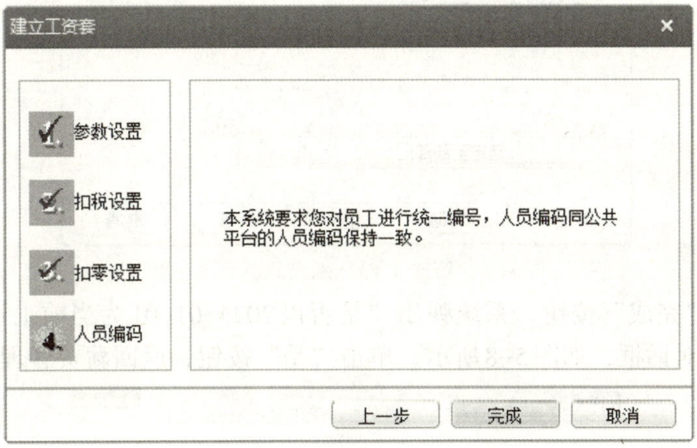

图5-5　建账第四步窗口

【特别说明】建账完毕后，部分建账参数可以在“设置”→“选项”中进行修改。

（三）建立工资类别

微课

工资类别的设置

1.建立正式职工工资类别

（1）执行“工资类别”→“新建工资类别”命令，打开“新建工资类别”对话框。

（2）在文本框中输入第一个工资类别“正式职工”，单击“下一步”按钮，如图5-6所示。

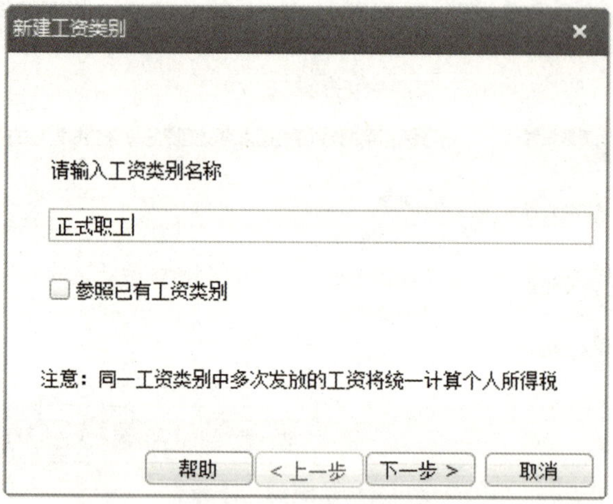

图5-6 新建工资类别（正式职工）1

（3）选择财务部、经理室、采购部、销售部、生产部、仓储部，如图5-7所示。

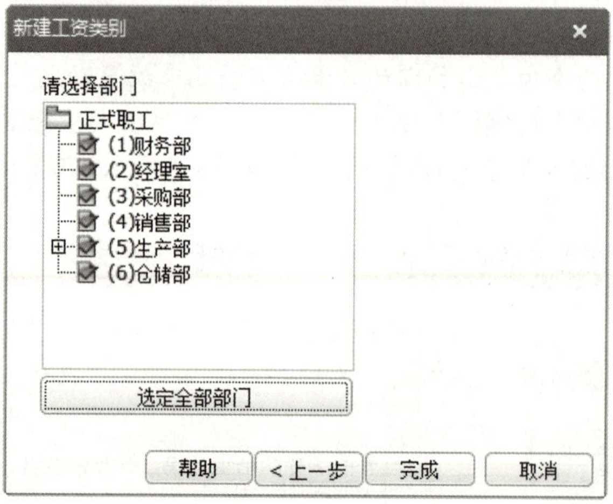

图5-7 新建工资类别（正式职工）2

（4）单击“完成”按钮，系统弹出“是否以2024-01-01为当前工资类别的启用日期?”信息提示对话框，如图5-8所示，单击“是”按钮，返回薪资管理系统。

图5-8 薪资管理信息提示对话框

2. 建立临时职工工资类别

（1）执行“工资类别”→“新建工资类别”命令，打开“新建工资类别”对话框。

（2）在文本框中输入第二个工资类别“临时职工”，单击“下一步”按钮，如图

5-9 所示。

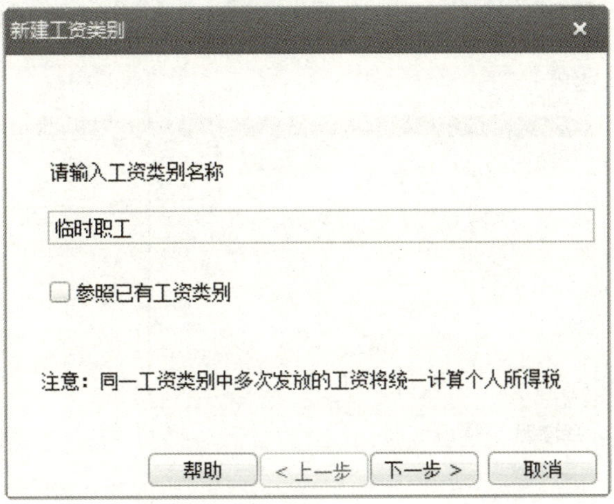

图5-9　新建工资类别（临时职工）1

（3）单击鼠标，选取生产部及其下级部门，如图 5-10 所示。

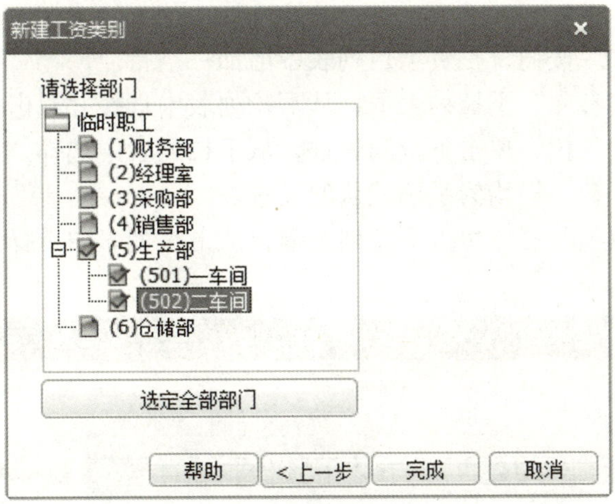

图5-10　新建工资类别（临时职工）2

（4）单击“完成”按钮，系统弹出“是否以 2024-01-01 为当前工资类别的启用日期?”信息提示对话框，单击“是”按钮，返回薪资管理系统。

（5）执行“工资类别”→“关闭工资类别”命令，关闭“临时职工”工资类别。

（四）设置

1. 人员附加信息设置

（1）执行“设置”→“人员附加信息设置”命令，打开“人员附加信息设置”对话框。

（2）在“信息名称”文本框中选中“性别”，单击“增加”按钮。

（3）再在“信息名称”文本框中选中“年龄”，单击“增加”按钮。

这样就完成了在人员信息中增加性别和年龄的工作，如图 5-11 所示。

2. 工资项目设置（不针对具体工资类别）

（1）执行“设置”→“工资项目设置”命令，打开“工资项目设置”对话框。

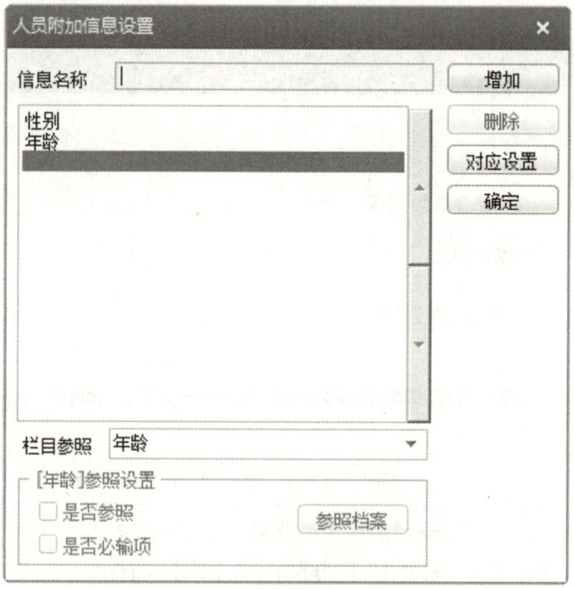

图5-11　人员附加信息设置窗口

（2）单击“增加”按钮，工资项目列表中增加一空行。

（3）单击“名称参照”下拉列表框，从下拉列表中选择并双击“基本工资”选项。

（4）双击“类型”栏，单击下拉列表框，从下拉列表中选择“数字”选项。

（5）“长度”“小数”栏均为系统默认的设置。

（6）双击“增减项”栏，单击下拉列表框，从下拉列表中选择“增项”选项，如图5-12所示。

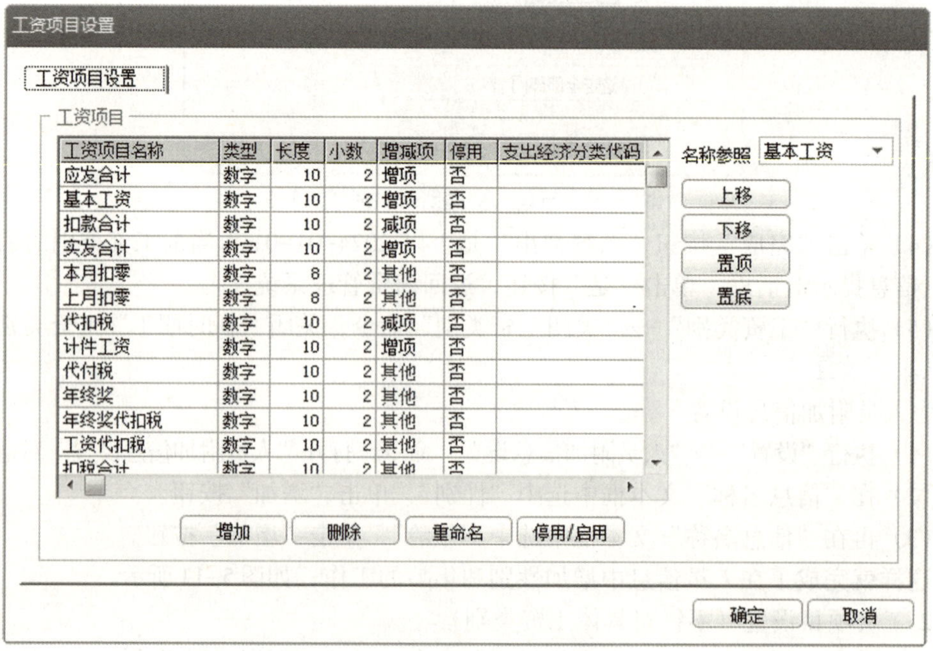

图5-12　工资项目设置窗口

（7）同理，单击“增加”按钮，增加“岗位工资”“奖金”“副食补助”等项目，并且选择其“增减项”，设置结果如图5-13所示。

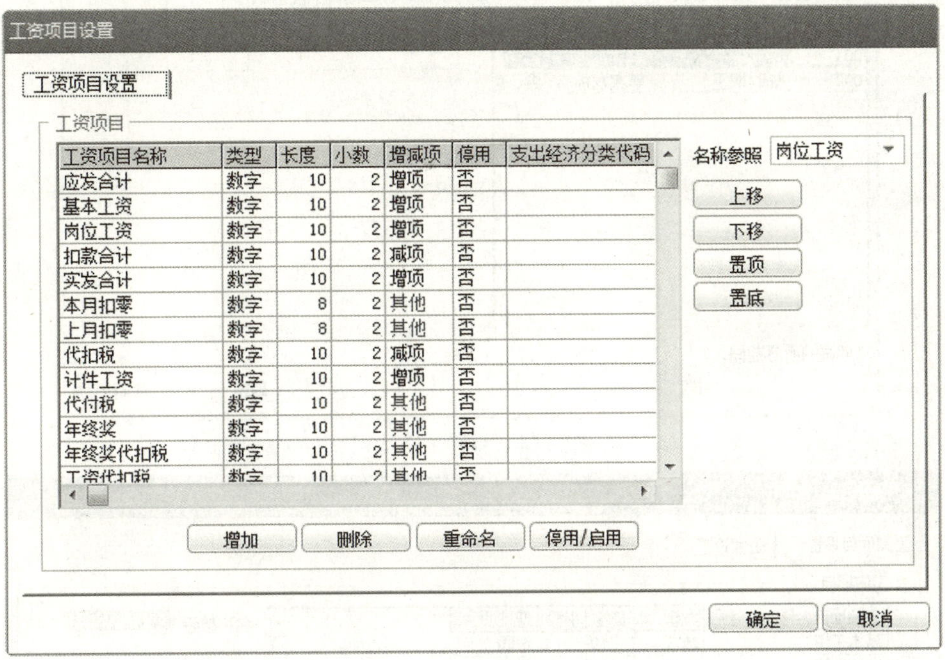

图5-13　工资项目设置结果窗口

（8）单击“确定”按钮，系统弹出“工资项目已经改变，请确认各工资类别的公式是否正确?”信息提示对话框，单击“确定”按钮。

【特别说明】系统提供若干常用工资项目供参考，可选择输入。对于参照中未提供的工资项目，可以双击“工资项目名称”栏直接输入，或先从“名称参照”中选择一个项目，然后单击“重命名”按钮修改为需要的项目。

（五）正式职工初始设置

1.打开工资类别

（1）执行“工资类别”→“打开工资类别”命令，打开“打开工资类别”对话框。

（2）选择“001正式职工”工资类别，单击“确定”按钮，如图5-14所示。

2.选择工资项目

（1）执行“设置”→“工资项目设置”命令，打开“工资项目设置”对话框。

（2）打开“工资项目设置”选项卡，单击“增加”按钮，工资项目列表中增加一空行。

（3）单击“名称参照”下拉列表框，从下拉列表中选择“基本工资”选项，工资项目名称、类型、长度、小数、增减项都自动带出，不能修改。

（4）单击“增加”按钮，增加其他工资项目。

（5）所有项目增加完成后，单击“工资项目设置”窗口上的“上移”和“下移”按钮，按照资料所给顺序调整工资项目的排列位置，单击“确定”按钮，如图5-15所示。

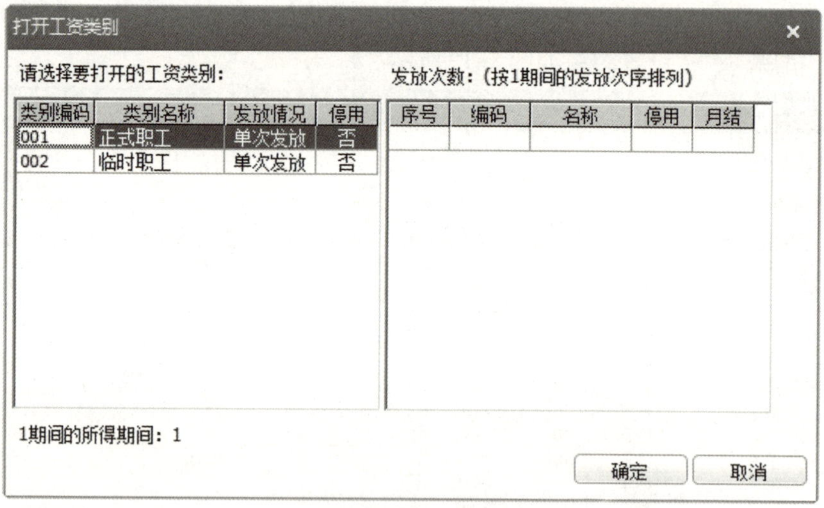

图5-14　打开工资类别

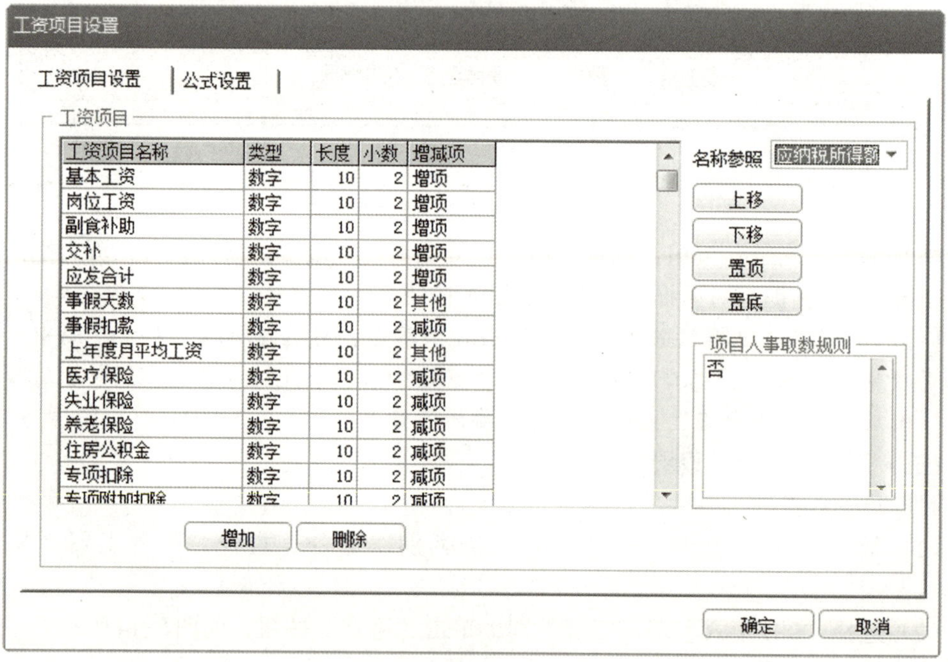

图5-15　工资项目设置

【特别说明】

① 工资项目不能重复选择。

② 没有选择的工资项目不允许在计算公式中出现。

③ 不能删除已输入数据的工资项目和已设置计算公式的工资项目。

④ 工资项目的类型（增减项）如需修改，需关闭工资类别后操作。

3. 设置人员档案

（1）执行“设置”→“人员档案”命令，进入“人员档案”窗口。

（2）单击工具栏上的“增加”按钮，打开“人员档案”对话框。

（3）在“基本信息”选项卡中，单击“人员姓名”参照按钮，从“人员参照”列表中选择“王琳”，人员编号自动带出“101”；部门名称 “财务部” 自动带出；人员类别“企业管理人员” 自动带出。

（4）单击“银行名称”下拉列表框，从下拉列表中选择“中国工商银行”，输入银行账号“100001”，如图5-16所示。

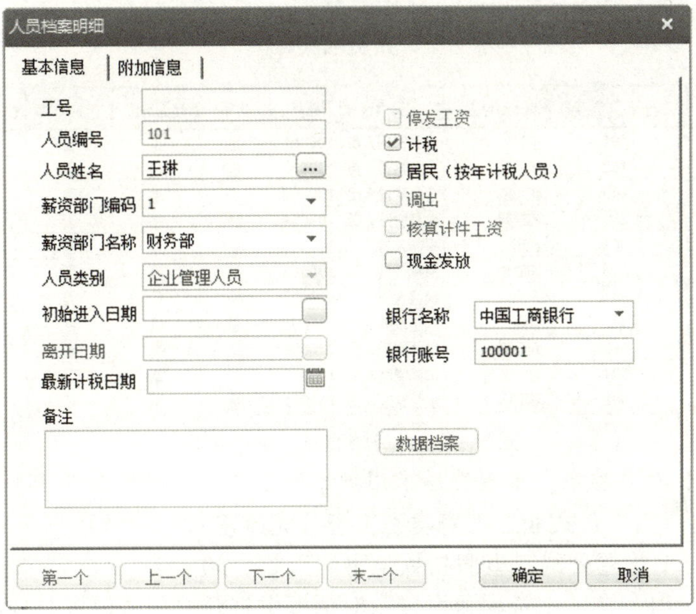

图5-16　人员档案基本信息窗口

（5）单击“附加信息”选项卡，输入性别“女”，输入年龄“22”，如图5-17所示。单击“确定”按钮。

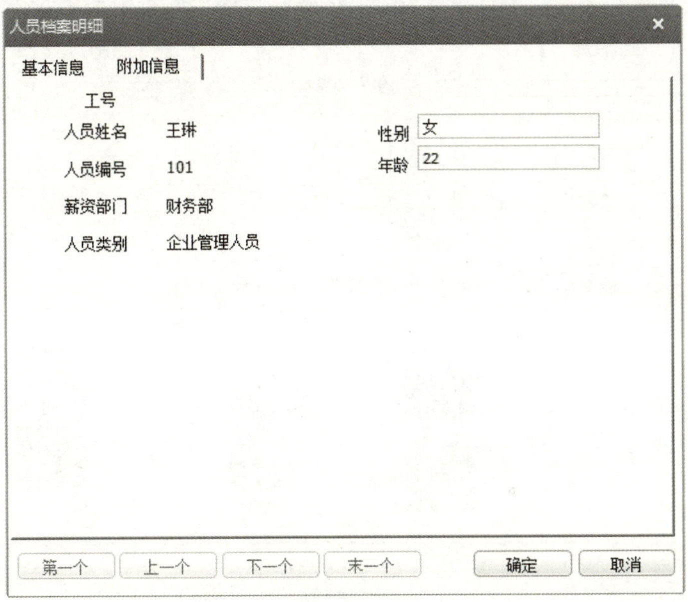

图5-17　人员档案附加信息窗口

（6）依上述顺序输入所有人员档案，输入结果如图5-18所示。最后单击工具栏上的“退出”按钮。

选择	薪资部门名称	工号	人员编号	人员姓名	人员类别	账号	居民	是否计税	工资停发	核算计件工资	现金发放
	财务部		101	王琳	企业管理人员	100001	是	是	否	否	否
	财务部		102	李秀杰	企业管理人员	100002	是	是	否	否	否
	财务部		103	张可心	企业管理人员	100003	是	是	否	否	否
	经理室		201	苏晓晨	企业管理人员	100004	是	是	否	否	否
	采购部		301	安琪	采购人员	100005	是	是	否	否	否
	采购部		302	郑丽佳	采购人员	100006	是	是	否	否	否
	销售部		401	宋燃	销售人员	100007	是	是	否	否	否
	销售部		402	李译	销售人员	100008	是	是	否	否	否
	一车间		501	刘云萱	车间管理人员	100009	是	是	否	否	否
	二车间		504	马向东	车间管理人员	100010	是	是	否	否	否
	仓储部		601	高明远	企业管理人员	100011	是	是	否	否	否

图5-18　人员档案输入结果窗口

【特别说明】人员档案也可以选择采用批增的方式，一次性全部增加。

微课

公式设置

（六）正式职工工资类别工资公式设置

1.设置公式：事假扣款 = 事假天数 × 30

（1）在“工资项目设置”对话框中打开“公式设置”选项卡。

（2）单击“增加”按钮，在工资项目列表中增加一空行，单击该行，在下拉列表中选择“事假扣款”选项，如图5-19所示。

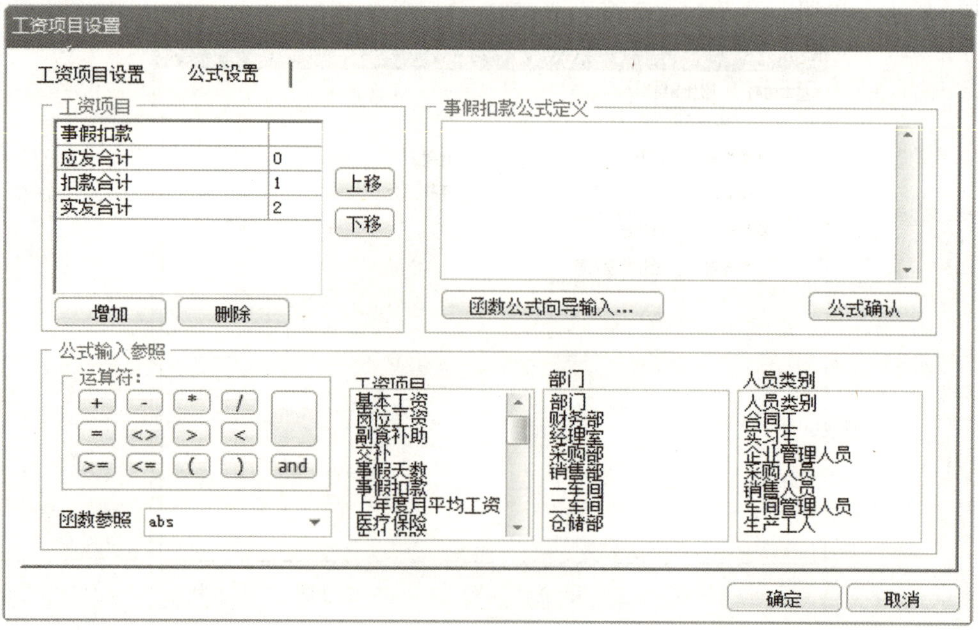

图5-19　公式设置

(3) 单击“事假扣款公式定义”文本框，单击工资项目列表中的“事假天数”。

(4) 单击运算符“*”，在“*”后输入数字“30”，单击“公式确认”按钮，单击“确定”按钮退出。结果如图5-20所示。

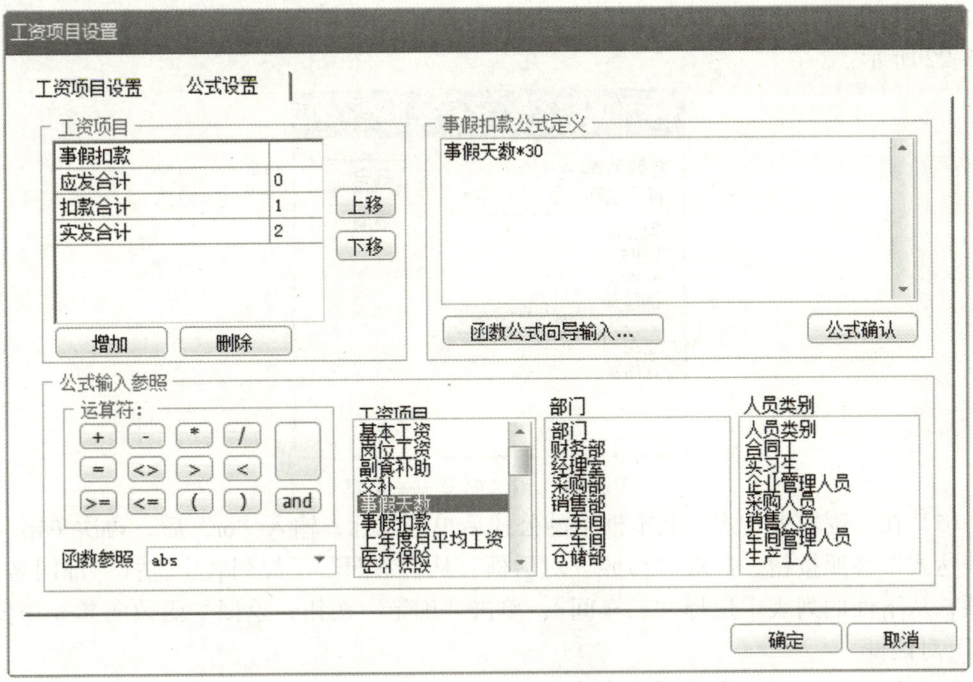

图5-20　事假扣款公式设置结果窗口

2. 设置公式：交补=iff（部门 = “一车间” or 部门 = “二车间”，800，2 000）

(1) 单击“增加”按钮，在工资项目列表中增加一空行，单击该行，在下拉列表框中选择“交补”选项。

(2) 单击“交补公式定义”文本框，再单击“函数公式向导输入”按钮，打开“函数向导——步骤之1”对话框，如图5-21所示。

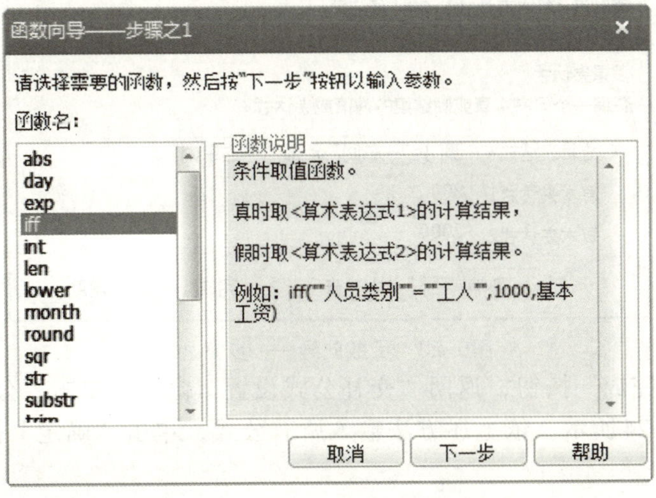

图5-21　函数向导——步骤之1

（3）从“函数名”列表中选择“iff”，单击“下一步”按钮，打开“函数向导——步骤之2”对话框。

（4）单击“逻辑表达式”参照按钮，打开“参照”对话框，从“参照”下拉列表中选择“部门名称”选项，从下面的列表中选择“一车间”，单击“确定”按钮，如图5-22所示。

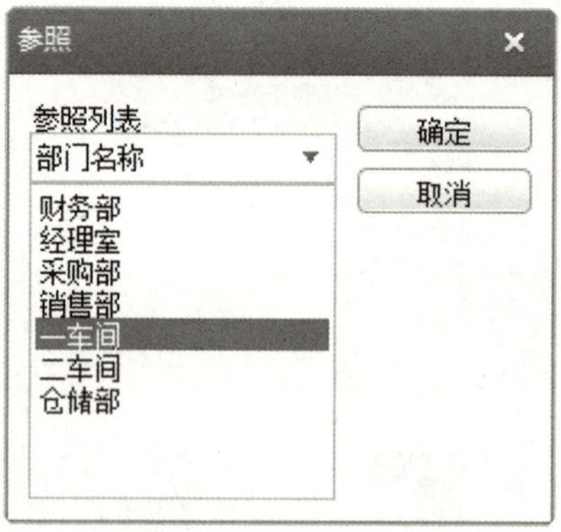

图5-22 函数向导——参照

（5）在“逻辑表达式”文本框中的公式后单击鼠标，输入“or”后，再次单击“逻辑表达式”参照按钮，出现“参照”对话框，从“参照”下拉列表中选择“部门名称”选项，从下面的列表中选择“二车间”，单击“确定”按钮，返回“函数向导——步骤之2”对话框。

【特别说明】在“or”前后应有空格。

（6）在“算术表达式1”后的文本框中输入“800”，在“算术表达式2”后的文本框中输入“2000”，如图5-23所示。

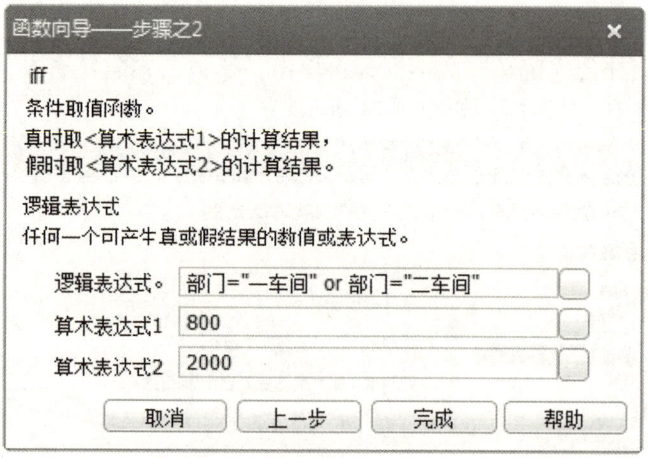

图5-23 函数向导——步骤之2

（7）单击“完成”按钮，返回“交补公式设置”窗口，单击“公式确认”按钮。公式结果如图5-24所示。依上述方法输入所有公式，单击“确定”按钮，退出公式设置。

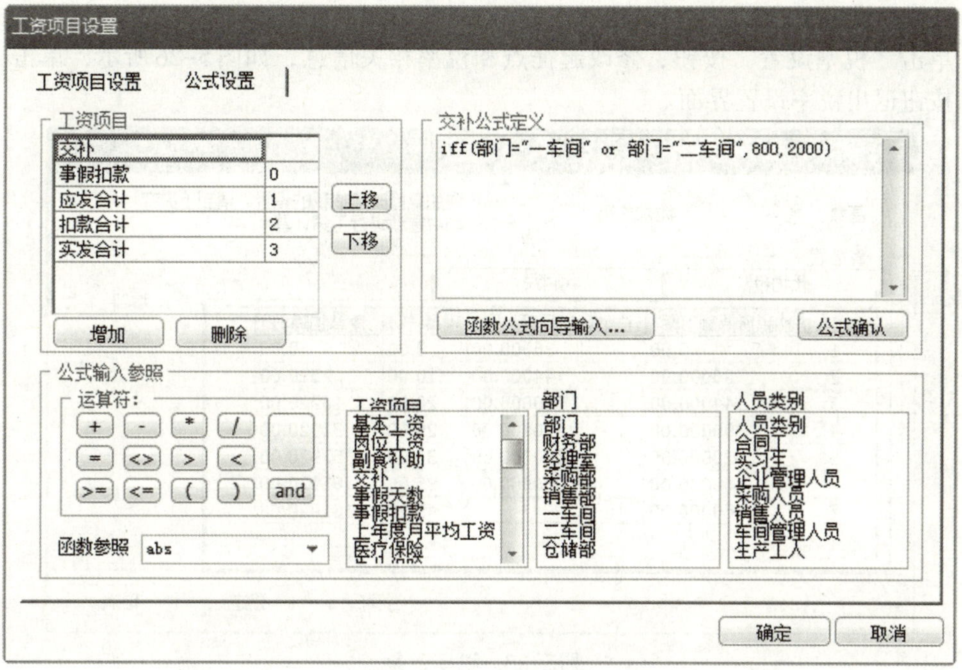

图5-24　交补公式设置结果窗口

（七）扣税设置

1.扣税依据设置

（1）单击“设置”→“选项”，选择“选项”中的“扣税设置”选项卡。

（2）单击“编辑”按钮，将个人所得税申报表中“收入额合计”项所对应的工资项目（默认是“实发工资”），修改为“扣税基数”，如图5-25所示。

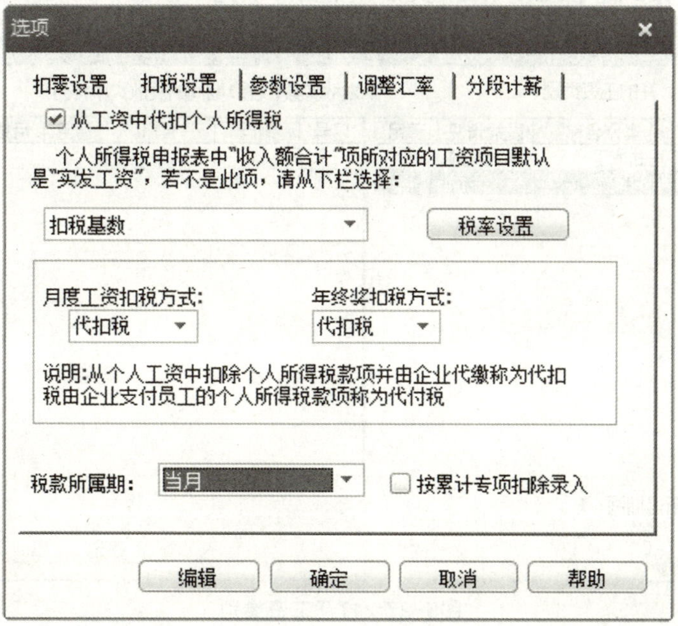

图5-25　扣税设置

2.税率设置

单击“税率设置”按钮，修改起征点和税率相关信息，如图5-26所示，单击“确定”按钮退出税率设置界面。

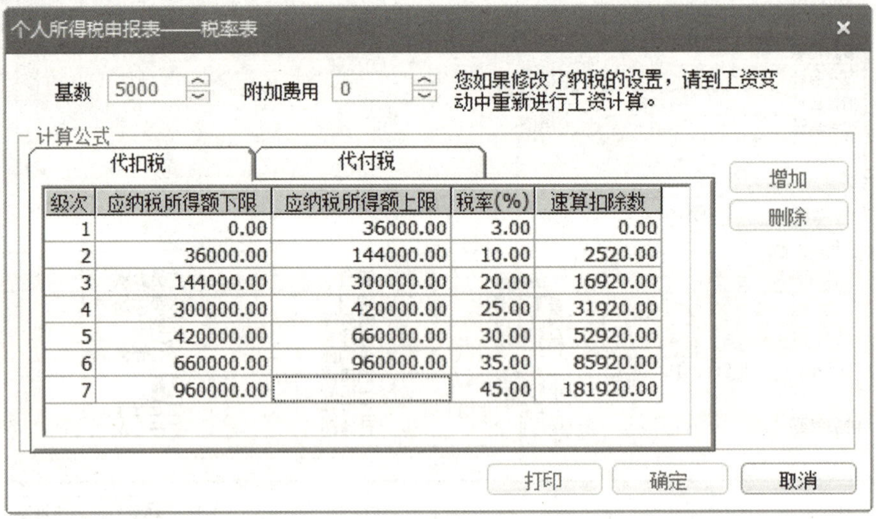

级次	应纳税所得额下限	应纳税所得额上限	税率(%)	速算扣除数
1	0.00	36000.00	3.00	0.00
2	36000.00	144000.00	10.00	2520.00
3	144000.00	300000.00	20.00	16920.00
4	300000.00	420000.00	25.00	31920.00
5	420000.00	660000.00	30.00	52920.00
6	660000.00	960000.00	35.00	85920.00
7	960000.00		45.00	181920.00

图5-26　税率设置

3.单击“确定”按钮，退出“选项”设置。

（八）临时职工工资设置

1.打开工资类别

（1）执行“工资类别”→“打开工资类别”命令，打开“打开工资类别”对话框。

（2）选择“002临时职工”工资类别，单击“确定”按钮，如图5-27所示。

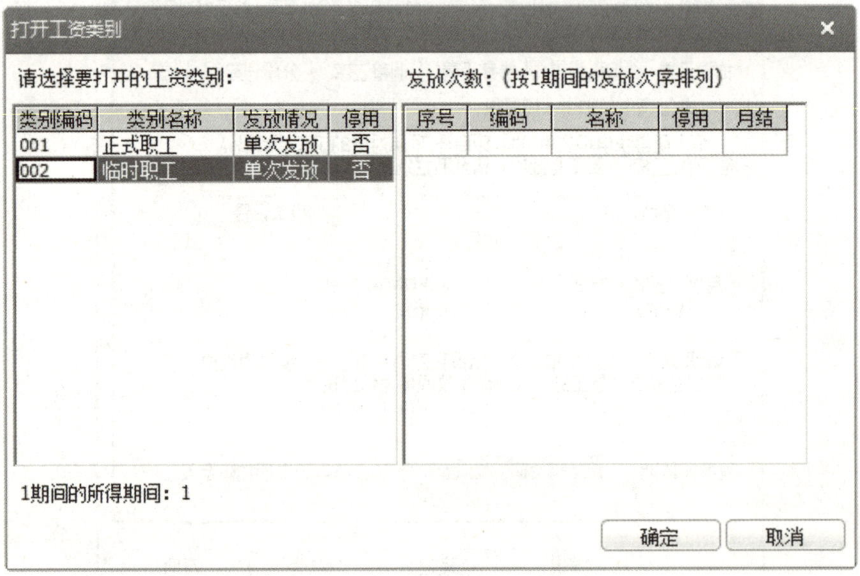

图5-27　打开工资类别

2. 人员档案设置

增加临时职工人员档案与正式职工档案相同，过程不再赘述，结果如图5-28所示。

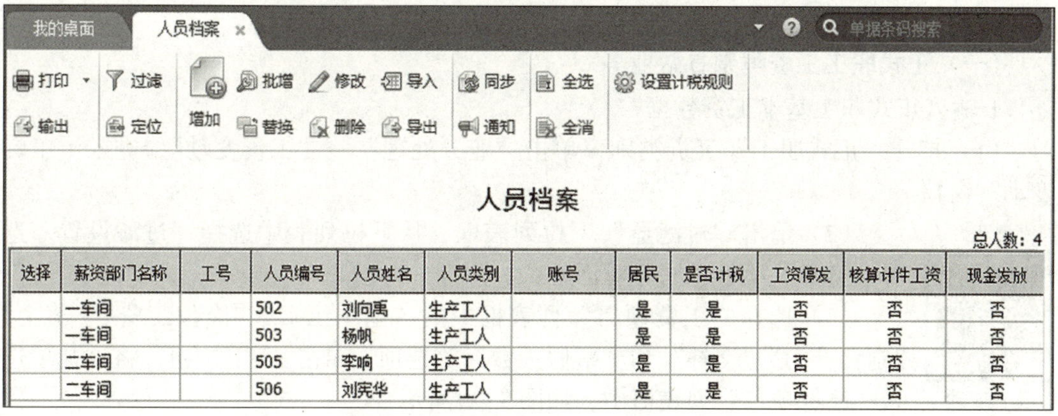

人员档案

总人数：4

选择	薪资部门名称	工号	人员编号	人员姓名	人员类别	账号	居民	是否计税	工资停发	核算计件工资	现金发放
	一车间		502	刘向禹	生产工人		是	是	否	否	否
	一车间		503	杨帆	生产工人		是	是	否	否	否
	二车间		505	李响	生产工人		是	是	否	否	否
	二车间		506	刘宪华	生产工人		是	是	否	否	否

图5-28　临时职工人员档案窗口

任务二　日常业务处理

一、任务资料

本月正式职工工资（见表5-6），生产部人员岗位工资在现有基础上增加500.00元。

表5-6　本月正式职工工资　单位：元

姓名	基本工资	岗位工资	奖金	副食补助	交补	事假天数	上年度月平均工资	专项附加扣除
王琳	3 000.00	400.00	800.00	500.00	2 000.00		6 500.00	1 000.00
李秀杰	2 200.00	200.00	800.00	500.00	2 000.00		5 200.00	400.00
张可心	1 800.00	400.00	800.00	500.00	2 000.00		5 000.00	
苏晓晨	4 200.00	500.00	300.00	500.00	2 000.00		7 500.00	
安琪	2 000.00	300.00	800.00	500.00	2 000.00		5 500.00	
郑丽佳	1 600.00	400.00	700.00	500.00	2 000.00		4 800.00	
宋燃	3 200.00	500.00	600.00	500.00	2 000.00	3	6 200.00	2 000.00
李译	3 000.00	400.00	700.00	500.00	2 000.00		6 500.00	
刘云萱	2 800.00	400.00	700.00	500.00	800.00		5 100.00	
马向东	3 000.00	500.00	700.00	500.00	800.00		4 800.00	
高明远	2 200.00	400.00	700.00	500.00	2 000.00	2	5 800.00	

二、任务指导

使用“102李秀杰”的身份登录企业应用平台。

（一）正式职工工资类别日常业务

1.输入正式职工基本工资数据

（1）打开“正式职工”工资类别，单击“业务处理”→“工资变动”，进入“工资变动”窗口。

微课

工资变动

（2）单击“过滤器”下拉列表框，从下拉列表中选择“过滤设置”选项，打开“项目过滤”对话框。

（3）选择“工资项目”列表框中的“基本工资”“岗位工资”“奖金”“副食补助”“交补”和“事假天数”等选项，单击“>”按钮，将这几项选入“已选项目”列表框中，如图5-29所示。

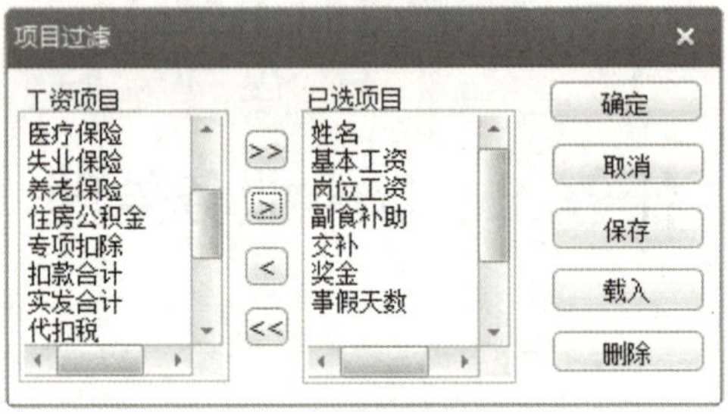

图5-29　工资项目过滤

（4）单击“确定”按钮，返回“工资变动”窗口，此时每个人的工资项目只显示六项。

（5）按资料输入“正式职工”工资类别的工资数据。

【特别说明】这里只需输入没有进行公式设定的项目，如基本工资、岗位工资、奖金、事假天数等表格中给出的项目，其余各项由系统根据计算公式自动计算生成。

（6）单击“过滤器”下拉列表框，从下拉列表中选择“所有项目”选项，屏幕上显示所有工资项目，结果如图5-30所示。

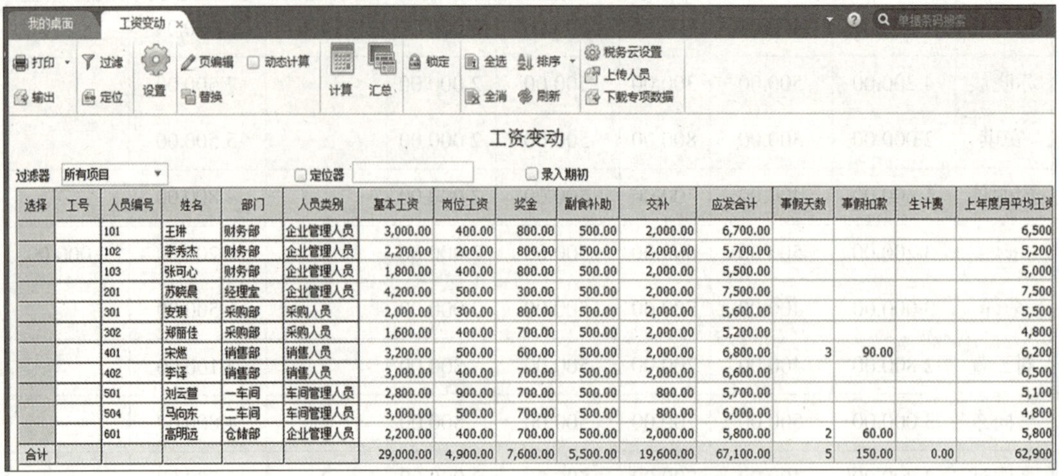

选择	工号	人员编号	姓名	部门	人员类别	基本工资	岗位工资	奖金	副食补助	交补	应发合计	事假天数	事假扣款	生计费	上年度月平均工资
		101	王琳	财务部	企业管理人员	3,000.00	400.00	800.00	500.00	2,000.00	6,700.00				6,500
		102	李秀杰	财务部	企业管理人员	2,200.00	200.00	800.00	500.00	2,000.00	5,700.00				5,200
		103	张可心	财务部	企业管理人员	1,800.00	400.00	800.00	500.00	2,000.00	5,500.00				5,000
		201	苏晓晨	经理室	企业管理人员	4,200.00	500.00	300.00	500.00	2,000.00	7,500.00				7,500
		301	安琪	采购部	采购人员	2,000.00	300.00	800.00	500.00	2,000.00	5,600.00				5,500
		302	郑丽佳	采购部	采购人员	1,600.00	400.00	700.00	500.00	2,000.00	5,200.00				4,800
		401	宋燃	销售部	销售人员	3,200.00	500.00	600.00	500.00	2,000.00	6,800.00	3	90.00		6,200
		402	李译	销售部	销售人员	3,000.00	400.00	700.00	500.00	2,000.00	6,600.00				6,500
		501	刘云萱	一车间	车间管理人员	2,800.00	900.00	700.00	500.00	800.00	5,700.00				5,100
		504	马向东	二车间	车间管理人员	3,000.00	500.00	700.00	500.00	800.00	6,000.00				4,800
		601	高明远	仓储部	企业管理人员	2,200.00	400.00	700.00	500.00	2,000.00	5,800.00	2	60.00		5,800
合计						29,000.00	4,900.00	7,600.00	5,500.00	19,600.00	67,100.00	5	150.00	0.00	62,900

图5-30　正式职工工资输入结果窗口

2.输入正式职工工资变动数据

（1）单击“选择”按钮，选择“一车间”和“二车间”的人员，单击工具栏上的“替换”按钮，单击“工资项目”下拉列表框，从下拉列表中选择“岗位工资”选项，在“替换成”文本框中，输入“岗位工资+500”。

（2）在“替换条件”文本框中分别选择“人员类别”“=”“车间管理人员”，单击“确定”按钮，如图5-31所示。

图5-31　工资项数据替换

（3）系统弹出“数据替换后将不可恢复。是否继续？”信息提示对话框，单击“是”按钮，系统弹出“2条记录被替换，是否重新计算？”信息提示对话框，单击“是”按钮，系统自动完成工资计算，如图5-32所示。

选择	工号	人员编号	姓名	部门	人员类别	基本工资	岗位工资	奖金	副食补助	交补	应发合计	事假天数	事假扣款	生计费	上年度月平均工资
		101	王琳	财务部	企业管理人员	3,000.00	400.00	800.00	500.00	2,000.00	6,700.00				6,500
		102	李秀杰	财务部	企业管理人员	2,200.00	200.00	800.00	500.00	2,000.00	5,700.00				5,200
		103	张可心	财务部	企业管理人员	1,800.00	400.00	800.00	500.00	2,000.00	5,500.00				5,000
		201	苏晓晨	经理室	企业管理人员	4,200.00	500.00	300.00	500.00	2,000.00	7,500.00				7,500
		301	安琪	采购部	采购人员	2,000.00	300.00	800.00	500.00	2,000.00	5,600.00				5,500
		302	郑丽佳	采购部	采购人员	1,600.00	400.00	700.00	500.00	2,000.00	5,200.00				4,800
		401	宋燃	销售部	销售人员	3,200.00	500.00	600.00	500.00	2,000.00	6,800.00	3	90.00		6,200
		402	李译	销售部	销售人员	3,000.00	400.00	700.00	500.00	2,000.00	6,600.00				6,500
		501	刘云萱	一车间	车间管理人员	2,800.00	900.00	700.00	500.00	800.00	5,700.00				5,100
		504	马向东	二车间	车间管理人员	3,000.00	1,000.00	700.00	500.00	800.00	6,000.00				4,800
		601	高明远	仓储部	企业管理人员	2,200.00	400.00	700.00	500.00	2,000.00	5,800.00	2	60.00		5,800
合计						29,000.00	5,400.00	7,600.00	5,500.00	19,600.00	67,100.00	5	150.00	0.00	62,900

图5-32　正式职工工资变动后结果窗口

3.数据计算与汇总

（1）在“工资变动”窗口中，单击工具栏上的“计算”按钮，计算工资数据。

（2）单击工具栏上的“汇总”按钮，汇总工资数据。

（3）单击右上角的“关闭”按钮，退出“工资变动”窗口。

4.工资分钱清单

（1）在业务处理中，双击“工资分钱清单”，弹出“票面额设置”窗口，如图5-33所示，单击“确定”按钮。

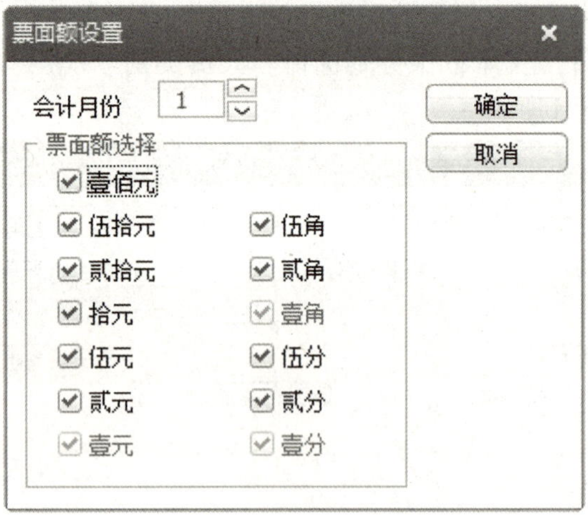

图5-33 票面额设置

（2）在“部门分钱清单”中，查看各个部门需要不同面额钱币的数量，如图5-34所示，还可以查看“人员分钱清单”和“工资发放取款单”。

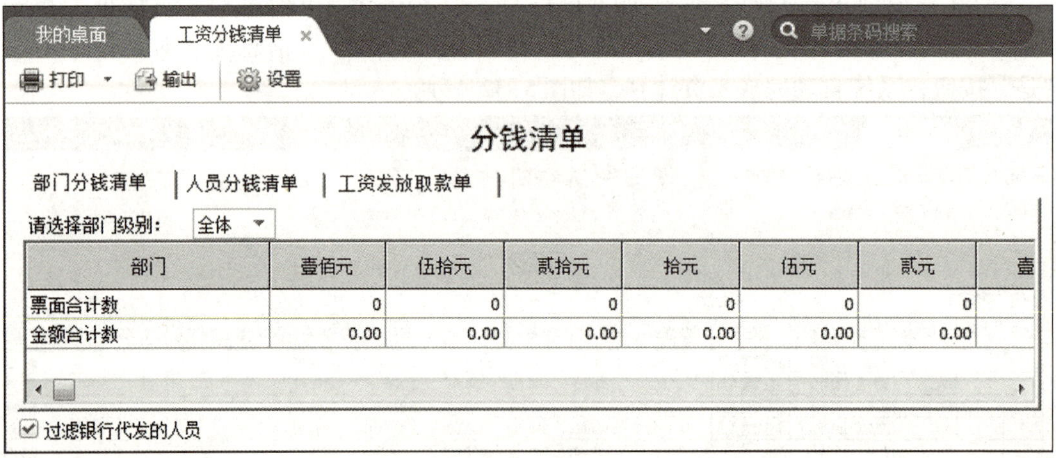

图5-34 分钱清单

5.查看个人所得税

（1）执行“业务处理”→“扣缴所得税”命令，系统弹出“个人所得税申报模板”窗口，如图5-35所示，单击“打开”按钮。

（2）进入“所得税申报”窗口，默认各项设置，如图5-36所示，单击“确定”按钮。

（3）系统自动计算个人所得税金额，如图5-37所示。如果不需要修改税率和扣除额，单击“退出”按钮。

图5-35　个人所得税申报模板

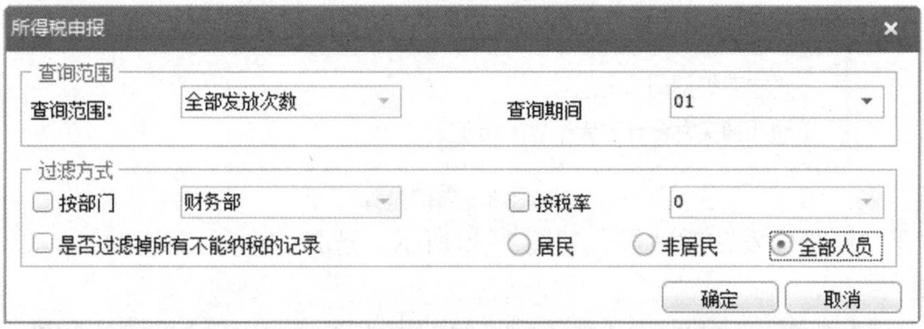

图5-36　所得税申报1

系统个人所得税扣缴申报表(2019版)

2024年1月　　总人数：11

序号	姓名	身份证件类型	是否为非居...	身份证件号码	所得期间	本月收入	本月减除费用	累计收入额	累计减除费用	累计
1	王琳	身份证	否		1	6700.00	5000.00	6700.00	5000.00	
2	李秀杰	身份证	否		1	5700.00	5000.00	5700.00	5000.00	
3	张可心	身份证	否		1	5500.00	5000.00	5500.00	5000.00	
4	苏晓晨	身份证	否		1	7500.00	5000.00	7500.00	5000.00	
5	安琪	身份证	否		1	5600.00	5000.00	5600.00	5000.00	
6	郑丽佳	身份证	否		1	5200.00	5000.00	5200.00	5000.00	
7	宋燃	身份证	否		1	6800.00	5000.00	6800.00	5000.00	
8	李译	身份证	否		1	6600.00	5000.00	6600.00	5000.00	
9	刘云豐	身份证	否		1	5700.00	5000.00	5700.00	5000.00	
10	马向东	身份证	否		1	6000.00	5000.00	6000.00	5000.00	
11	高明远	身份证	否		1	5800.00	5000.00	5800.00	5000.00	
合计						67100.00	55000.00	67100.00	55000.00	

图5-37　所得税申报2

（二）银行代发

1. 执行“业务处理”→“银行代发”命令，首先选择部门，如图5-38所示，单击“确定”按钮。

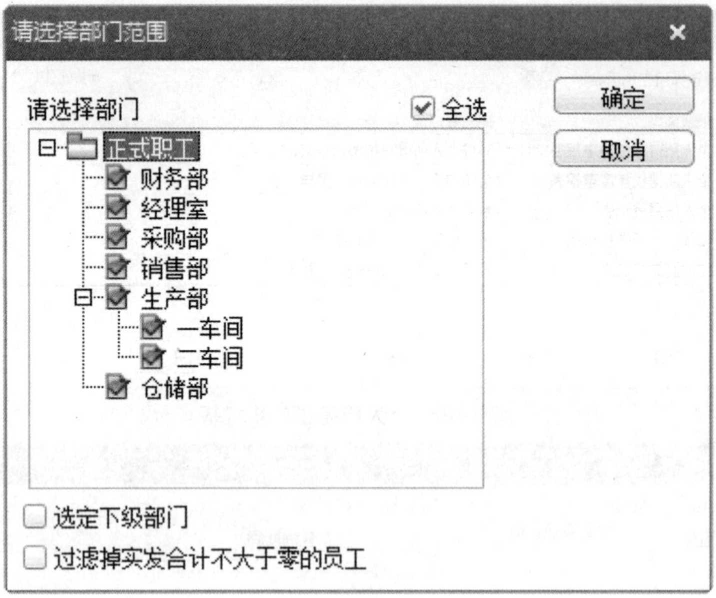

图5-38 部门选择

2. 打开“银行代发”对话框，如图5-39所示。选择“中国工商银行”，单击“插入行”按钮。

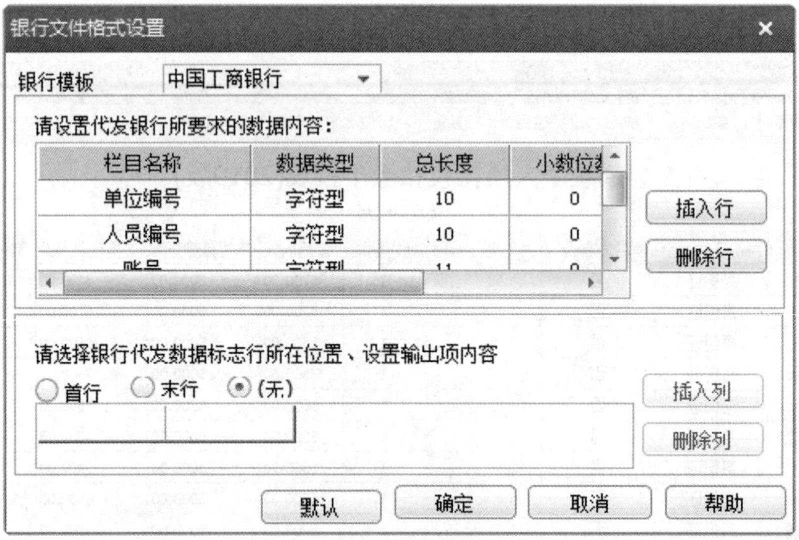

图5-39 银行文件格式设置

3. 在栏目名称下方输入“人员姓名”，数据类型选择“字符型”，总长度输入“16”，单击“确定”按钮，如图5-40所示。

4. 系统提示“确认设置的银行文件格式”信息，单击“是”按钮，如图5-41所示。

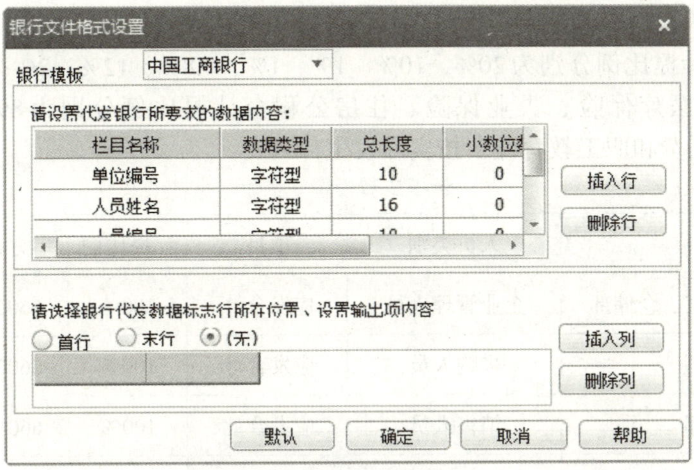

图5-40　银行文件格式设置

银行代发一览表

名称：中国工商银行

单位编号	姓名	人员编号	账号	金额	录入日期
1234934325	王琳	101	100001	5205.00	20240131
1234934325	李秀杰	102	100002	4504.00	20240131
1234934325	张可心	103	100003	4350.00	20240131
1234934325	苏晓晨	201	100004	5751.75	20240131
1234934325	安琪	301	100005	4335.00	20240131
1234934325	郑丽佳	302	100006	4096.00	20240131
1234934325	宋燃	401	100007	5374.00	20240131
1234934325	李译	402	100008	5101.85	20240131
1234934325	刘云萱	501	100009	4527.00	20240131
1234934325	马向东	504	100010	4896.00	20240131
1234934325	高明远	601	100011	4466.00	20240131
合计				52,606.60	

图5-41　银行代发

任务三　工资分摊及月末处理

一、任务资料

（一）工资分摊资料

表5-7至表5-16为工资分摊明细表。本公司的五险一金、工会经费都按照计提基

数计提，公司承担的养老保险、医疗保险、失业保险、工伤保险、生育保险、住房公积金、工会经费计提比例分别为20%、10%、1%、1%、0.8%、12%、2%；职工个人承担的养老保险、医疗保险、失业保险、住房公积金计提比例分别为8%、2%、0.2%、12%；职工福利费和职工教育经费按实际发生额列支。

表5-7 计提工资设置一览表

部门名称	人员类别	项目	计提比例	借方科目	贷方科目
财务部、经理室、仓储部	企业管理人员	应发合计	100%	660201	221101
采购部	采购人员	应发合计	100%	660201	221101
销售部	销售人员	应发合计	100%	660101	221101
一车间、二车间	车间管理人员	应发合计	100%	510101	221101

表5-8 计提工会经费设置一览表

部门名称	人员类别	项目	计提比例	借方科目	贷方科目
财务部、经理室、仓储部	企业管理人员	应发合计	2%	660201	221103
采购部	采购人员	应发合计	2%	660201	221103
销售部	销售人员	应发合计	2%	660101	221103
一车间、二车间	车间管理人员	应发合计	2%	510101	221103

表5-9 计提养老保险（企业）设置一览表

部门名称	人员类别	项目	计提比例	借方科目	贷方科目
财务部、经理室、仓储部	企业管理人员	上年度月平均工资	20%	660201	221106
采购部	采购人员	上年度月平均工资	20%	660201	221106
销售部	销售人员	上年度月平均工资	20%	660101	221106
一车间、二车间	车间管理人员	上年度月平均工资	20%	510101	221106

表5-10 计提医疗保险（企业）设置一览表

部门名称	人员类别	项目	计提比例	借方科目	贷方科目
财务部、经理室、仓储部	企业管理人员	上年度月平均工资	10%	660201	221105
采购部	采购人员	上年度月平均工资	10%	660201	221105
销售部	销售人员	上年度月平均工资	10%	660101	221105
一车间、二车间	车间管理人员	上年度月平均工资	10%	510101	221105

表5-11　计提失业保险（企业）设置一览表

部门名称	人员类别	项目	计提比例	借方科目	贷方科目
财务部、经理室、仓储部	企业管理人员	上年度月平均工资	1%	660201	221106
采购部	采购人员	上年度月平均工资	1%	660201	221106
销售部	销售人员	上年度月平均工资	1%	660101	221106
一车间、二车间	车间管理人员	上年度月平均工资	1%	510101	221106

表5-12　计提工伤保险（企业）设置一览表

部门名称	人员类别	项目	计提比例	借方科目	贷方科目
财务部、经理室、仓储部	企业管理人员	上年度月平均工资	1%	660201	221105
采购部	采购人员	上年度月平均工资	1%	660201	221105
销售部	销售人员	上年度月平均工资	1%	660101	221105
一车间、二车间	车间管理人员	上年度月平均工资	1%	510101	221105

表5-13　计提住房公积金（企业）设置一览表

部门名称	人员类别	项目	计提比例	借方科目	贷方科目
财务部、经理室、仓储部	企业管理人员	上年度月平均工资	12%	660201	221107
采购部	采购人员	上年度月平均工资	12%	660201	221107
销售部	销售人员	上年度月平均工资	12%	660101	221107
一车间、二车间	车间管理人员	上年度月平均工资	12%	510101	221107

表5-14　计提代扣所得税设置一览表

部门名称	人员类别	项目	计提比例	借方科目	贷方科目
财务部、经理室、仓储部	企业管理人员	扣税合计	100%	221101	222106
采购部	采购人员	扣税合计	100%	221101	222106
销售部	销售人员	扣税合计	100%	221101	222106
一车间、二车间	车间管理人员	扣税合计	100%	221101	222106

表5-16　计提工资发放设置一览表

部门名称	人员类别	项目	计提比例	借方科目	贷方科目
财务部、经理室、仓储部	企业管理人员	实发合计	100%	221101	100201
采购部	采购人员	实发合计	100%	221101	100201
销售部	销售人员	实发合计	100%	221101	100201
一车间、二车间	车间管理人员	实发合计	100%	221101	100201

（二）社会保险、住房公积金资料

通过转账支票方式缴纳本月企业和个人负担的社会保险和住房公积金。社会保险、住房公积金缴纳情况一览表见表5-17。

表5-17 社会保险、住房公积金缴纳情况一览表 单位：元

项目	起止年月	终止年月	单位缴纳额	个人缴纳额	合计金额
养老保险	2024.01.01	2024.01.31	12 580	5 032	17 612
医疗保险	2024.01.01	2024.01.31	6 290	1 258	7 548
失业保险	2024.01.01	2024.01.31	629	629	1 258
工伤保险	2024.01.01	2024.01.31	629		629
住房公积金	2024.01.01	2024.01.31	7 548	7 548	15 096
合计					42 143

二、任务指导

以“102李秀杰”的身份登录企业应用平台。

（一）正式职工工资分摊

1.工资分摊类型设置

（1）执行“设置”→“分摊类型设置”命令，打开“分摊类型设置”对话框，如图5-42所示。

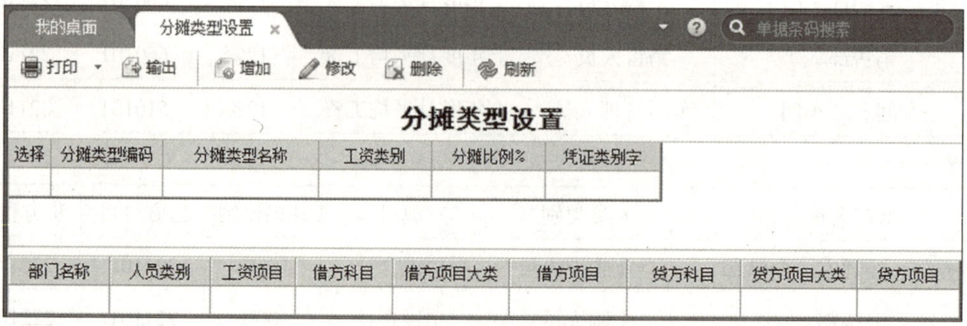

图5-42 工资分摊类型设置

（2）单击“增加”按钮，打开“分摊计提比例设置”对话框，如图5-43所示。

微课

工资分摊

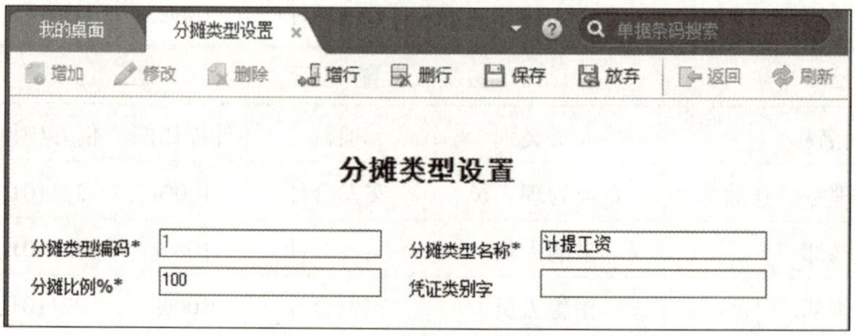

图5-43 分摊计提比例设置

（3）输入计提类型名称“计提工资”，单击“增行”按钮，录入工资分摊数据，结果如图5-44所示。

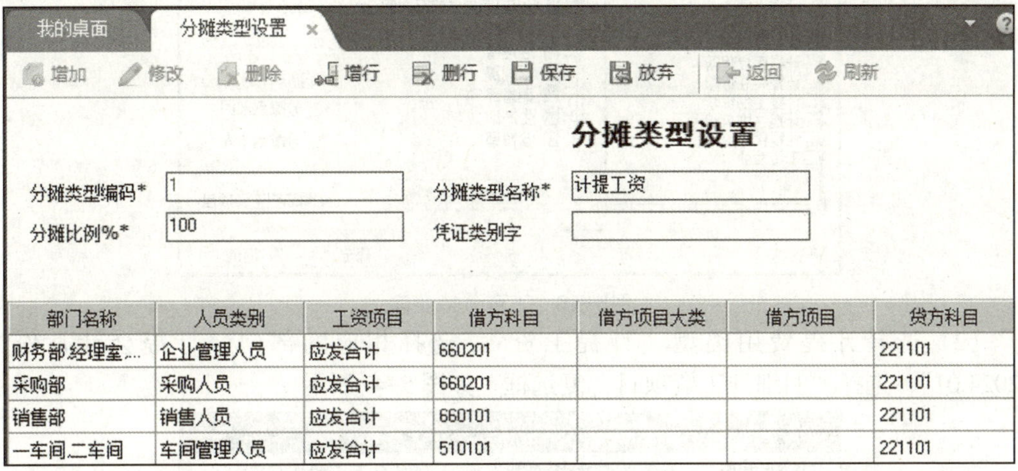

部门名称	人员类别	工资项目	借方科目	借方项目大类	借方项目	贷方科目
财务部,经理室,...	企业管理人员	应发合计	660201			221101
采购部	采购人员	应发合计	660201			221101
销售部	销售人员	应发合计	660101			221101
一车间,二车间	车间管理人员	应发合计	510101			221101

图5-44 计提工资分摊比例设置结果窗口

（4）按资料内容进行设置后，单击“完成”按钮返回“分摊类型设置”对话框。

（5）继续设置计提工会经费，计提企业承担的养老保险、医疗保险、失业保险、工伤保险、住房公积金，代扣所得税和工资发放的分摊设置，结果如图5-45所示。

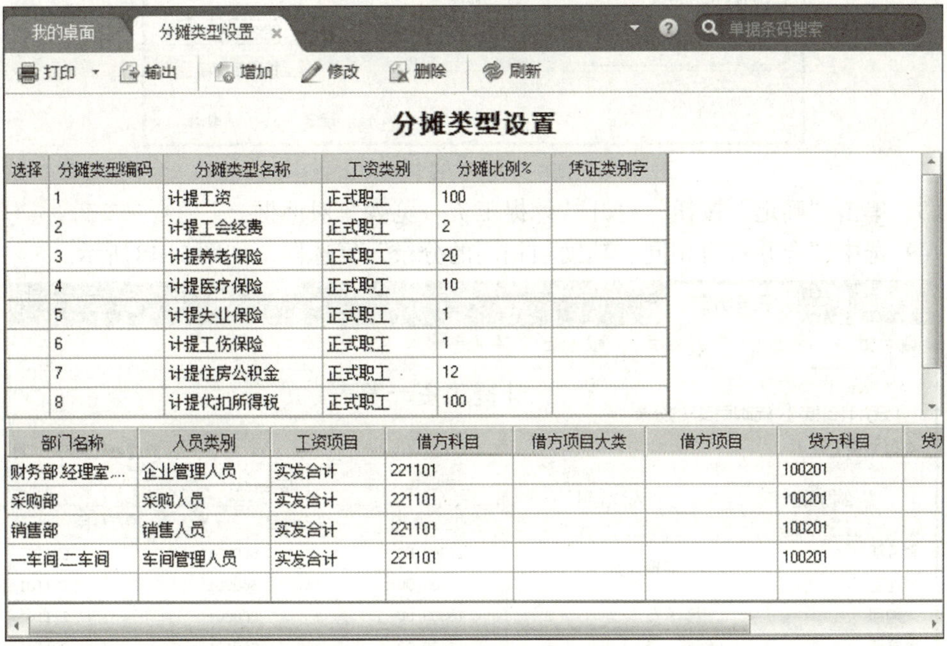

选择	分摊类型编码	分摊类型名称	工资类别	分摊比例%	凭证类别字
	1	计提工资	正式职工	100	
	2	计提工会经费	正式职工	2	
	3	计提养老保险	正式职工	20	
	4	计提医疗保险	正式职工	10	
	5	计提失业保险	正式职工	1	
	6	计提工伤保险	正式职工	1	
	7	计提住房公积金	正式职工	12	
	8	计提代扣所得税	正式职工	100	

部门名称	人员类别	工资项目	借方科目	借方项目大类	借方项目	贷方科目	贷
财务部,经理室,...	企业管理人员	实发合计	221101			100201	
采购部	采购人员	实发合计	221101			100201	
销售部	销售人员	实发合计	221101			100201	
一车间,二车间	车间管理人员	实发合计	221101			100201	

图5-45 分摊类型设置结果

（6）单击“退出”按钮，返回“工资分摊”窗口查看，如图5-46所示。

（7）单击“取消”按钮，退出“工资分摊”窗口。

2.分摊工资凭证生成

（1）执行“业务处理”→“工资分摊”命令，打开“工资分摊”对话框。

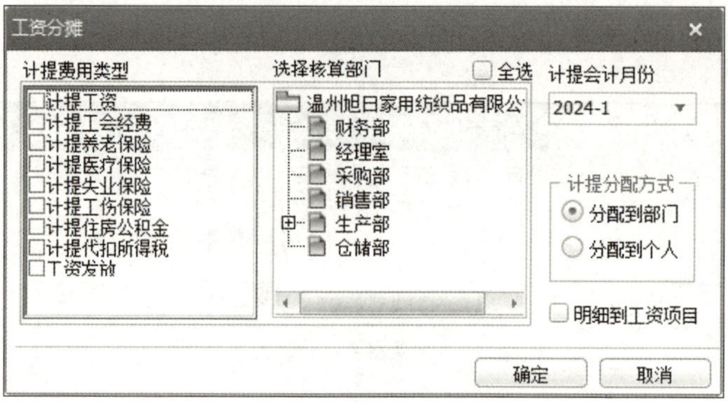

图5-46　工资分摊窗口

（2）选择计提费用类型“计提工资”，选择相应的部门，计提会计月份为“2024.01”，选择“明细到工资项目”复选框，如图5-47所示。

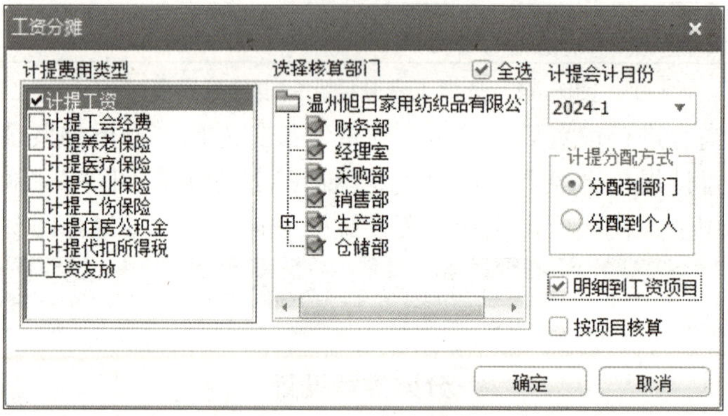

图5-47　工资分摊

（3）单击“确定”按钮，打开“计提工资一览表”对话框。

（4）选中“合并科目相同、辅助项相同的分录”复选框，如图5-48所示。

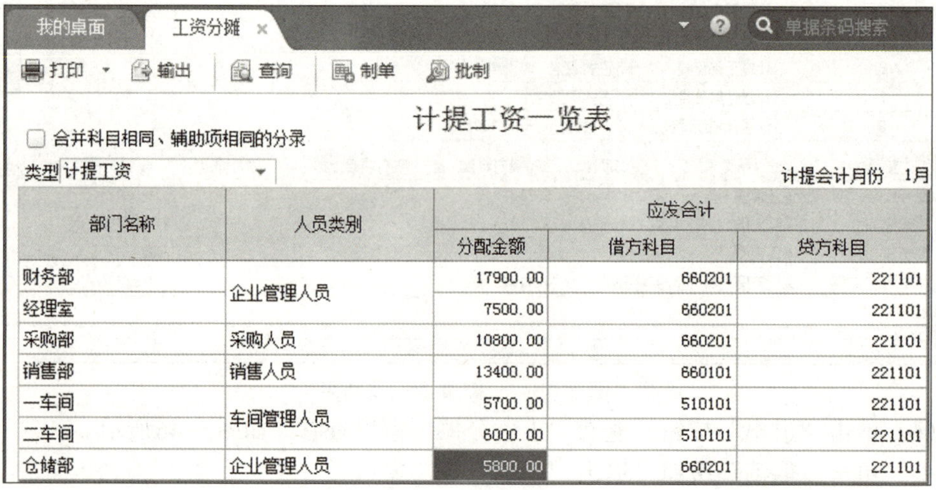

计提工资一览表

部门名称	人员类别	应发合计		
		分配金额	借方科目	贷方科目
财务部	企业管理人员	17900.00	660201	221101
经理室		7500.00	660201	221101
采购部	采购人员	10800.00	660201	221101
销售部	销售人员	13400.00	660101	221101
一车间	车间管理人员	5700.00	510101	221101
二车间		6000.00	510101	221101
仓储部	企业管理人员	5800.00	660201	221101

图5-48　计提工资一览表

（5）单击工具栏上的“制单”按钮，即可生成记账凭证。

（6）单击凭证左上角的“字”位置，选择“转账凭证”，单击“保存”按钮，凭证左上角出现“已生成”标志，如图5-49所示。

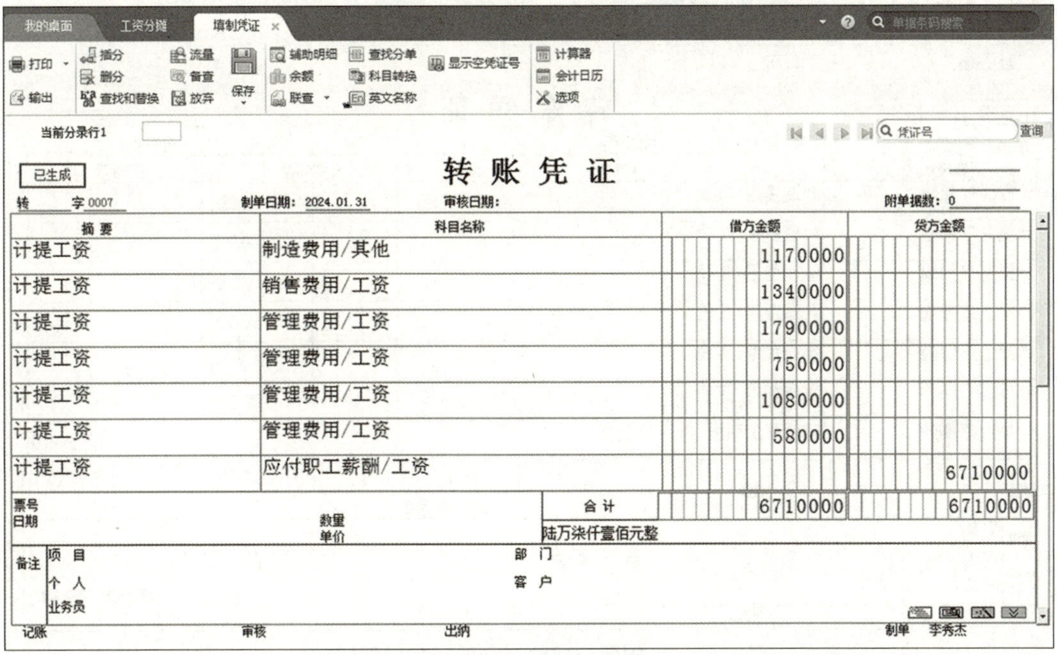

图5-49　计提工资生成凭证窗口

（7）单击工具栏上的“退出”按钮，返回。

（8）同理生成计提养老保险（企业）、计提医疗保险（企业）、计提失业保险（企业）、计提工伤保险（企业）、计提住房公积金（企业）、计提工会经费、代扣所得税和工资发放的凭证，如图5-50至图5-57所示。

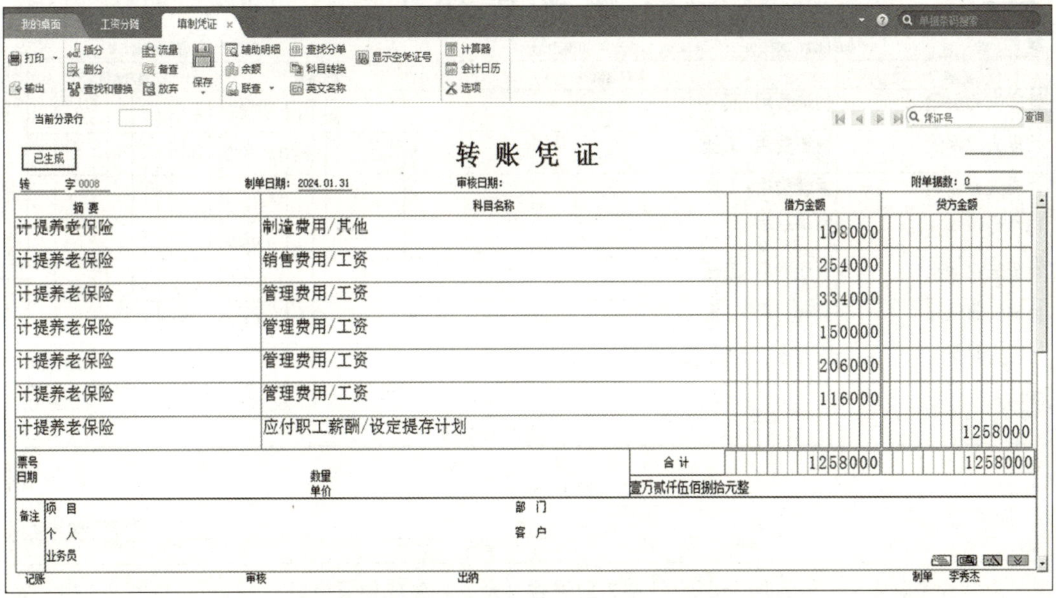

图5-50　计提养老保险（企业）生成凭证窗口

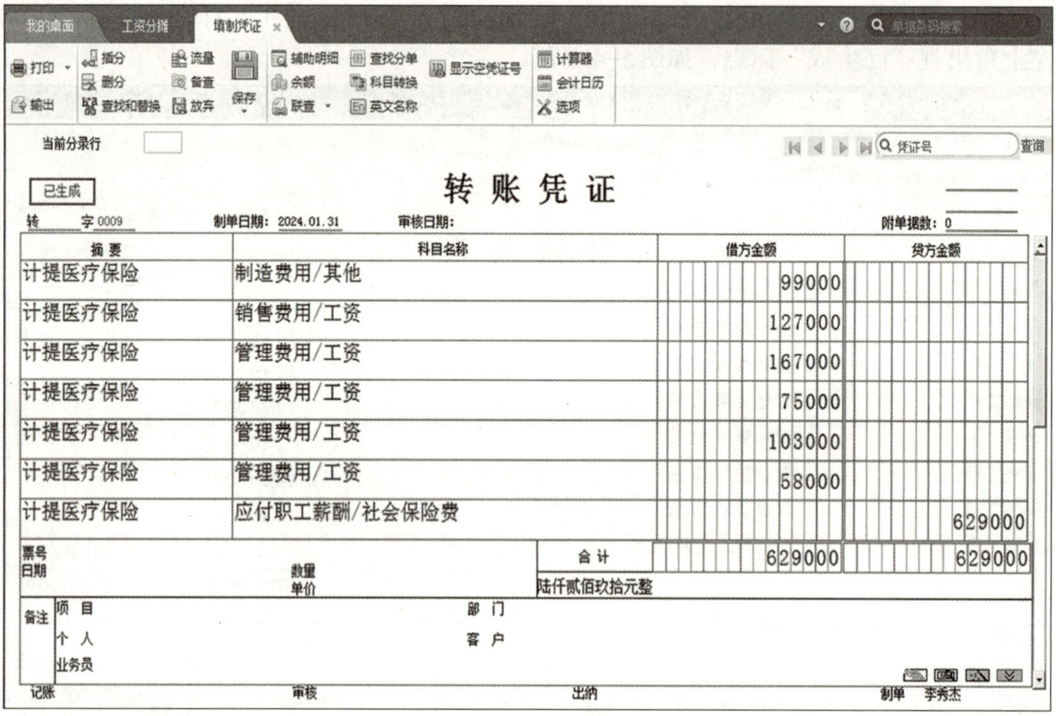

图5-51　计提医疗保险（企业）生成凭证窗口

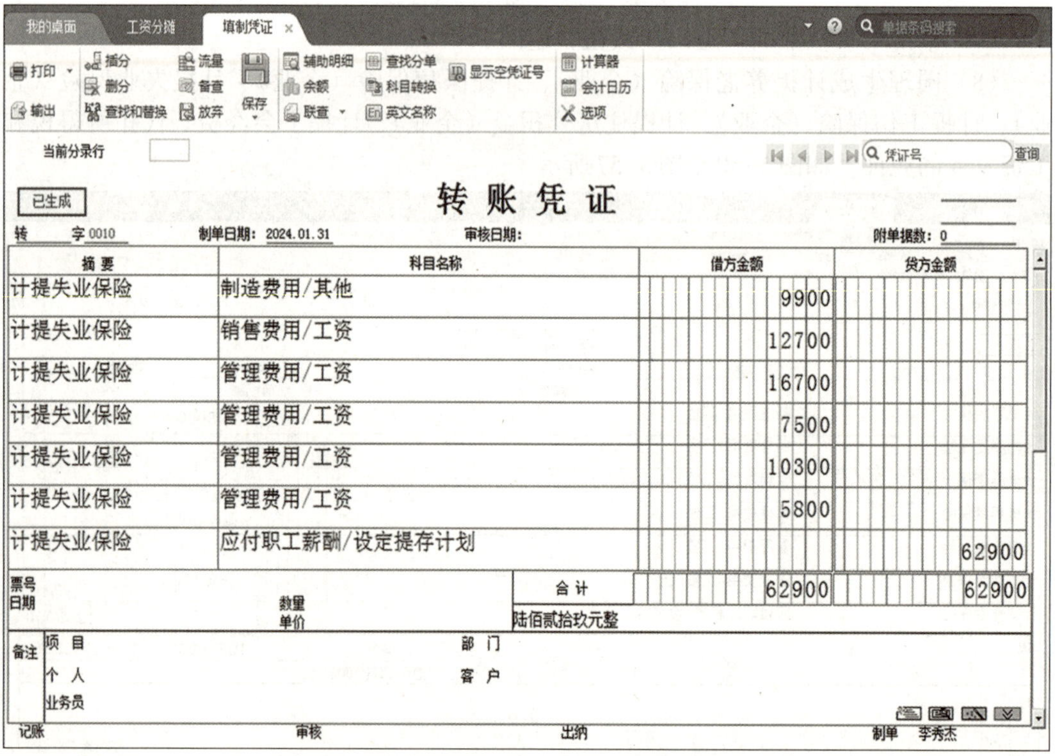

图5-52　计提失业保险（企业）生成凭证窗口

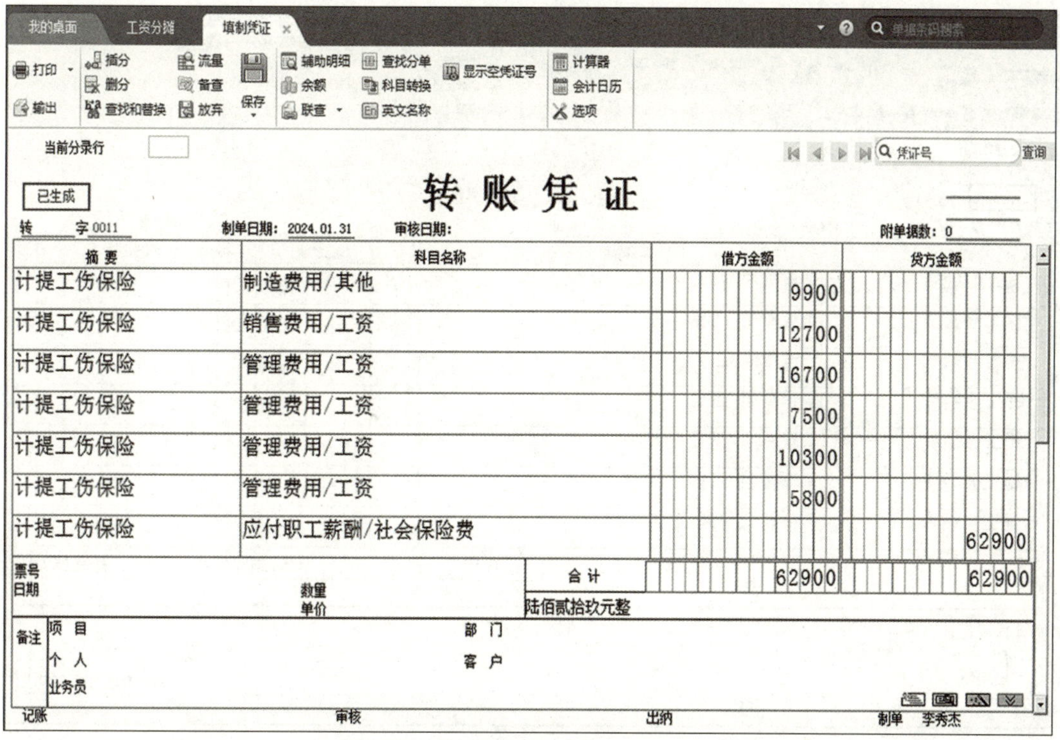

转账凭证

转　字 0011　制单日期：2024.01.31　审核日期：　附单据数：0

摘要	科目名称	借方金额	贷方金额
计提工伤保险	制造费用/其他	9900	
计提工伤保险	销售费用/工资	12700	
计提工伤保险	管理费用/工资	16700	
计提工伤保险	管理费用/工资	7500	
计提工伤保险	管理费用/工资	10300	
计提工伤保险	管理费用/工资	5800	
计提工伤保险	应付职工薪酬/社会保险费		62900
票号　日期　数量　单价	合计　陆佰贰拾玖元整	62900	62900

备注　项目　部门　个人　客户　业务员

记账　审核　出纳　制单　李秀杰

图5-53　计提工伤保险（企业）生成凭证窗口

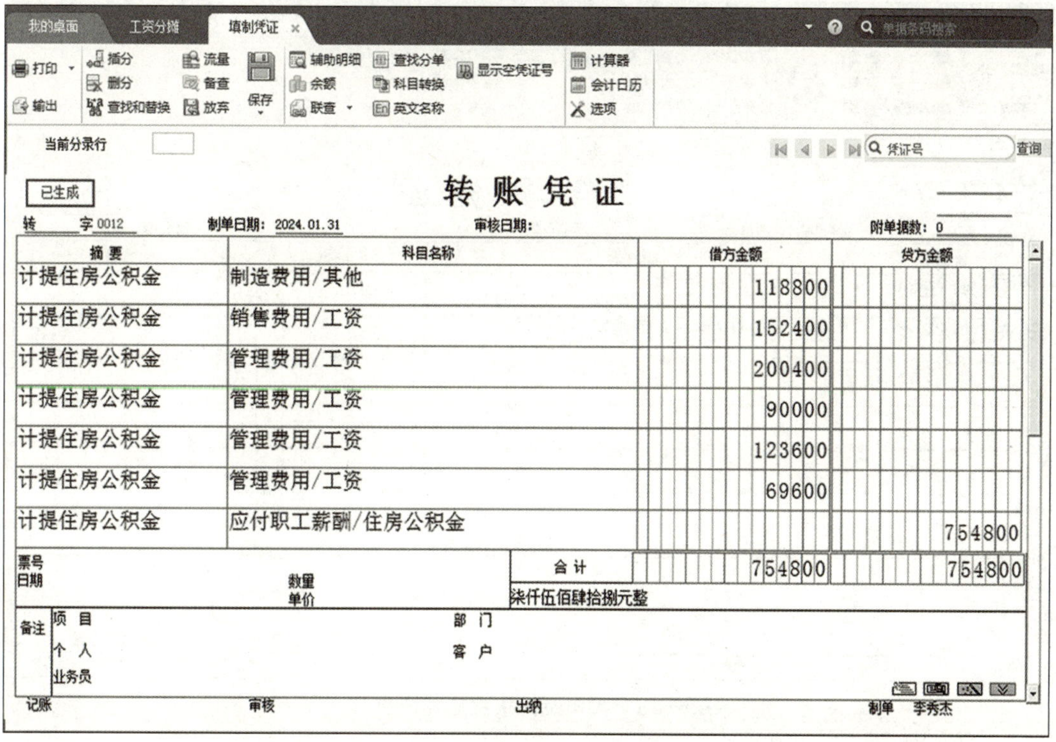

转账凭证

转　字 0012　制单日期：2024.01.31　审核日期：　附单据数：0

摘要	科目名称	借方金额	贷方金额
计提住房公积金	制造费用/其他	118800	
计提住房公积金	销售费用/工资	152400	
计提住房公积金	管理费用/工资	200400	
计提住房公积金	管理费用/工资	90000	
计提住房公积金	管理费用/工资	123600	
计提住房公积金	管理费用/工资	69600	
计提住房公积金	应付职工薪酬/住房公积金		754800
票号　日期　数量　单价	合计　柒仟伍佰肆拾捌元整	754800	754800

备注　项目　部门　个人　客户　业务员

记账　审核　出纳　制单　李秀杰

图5-54　计提住房公积金（企业）生成凭证窗口

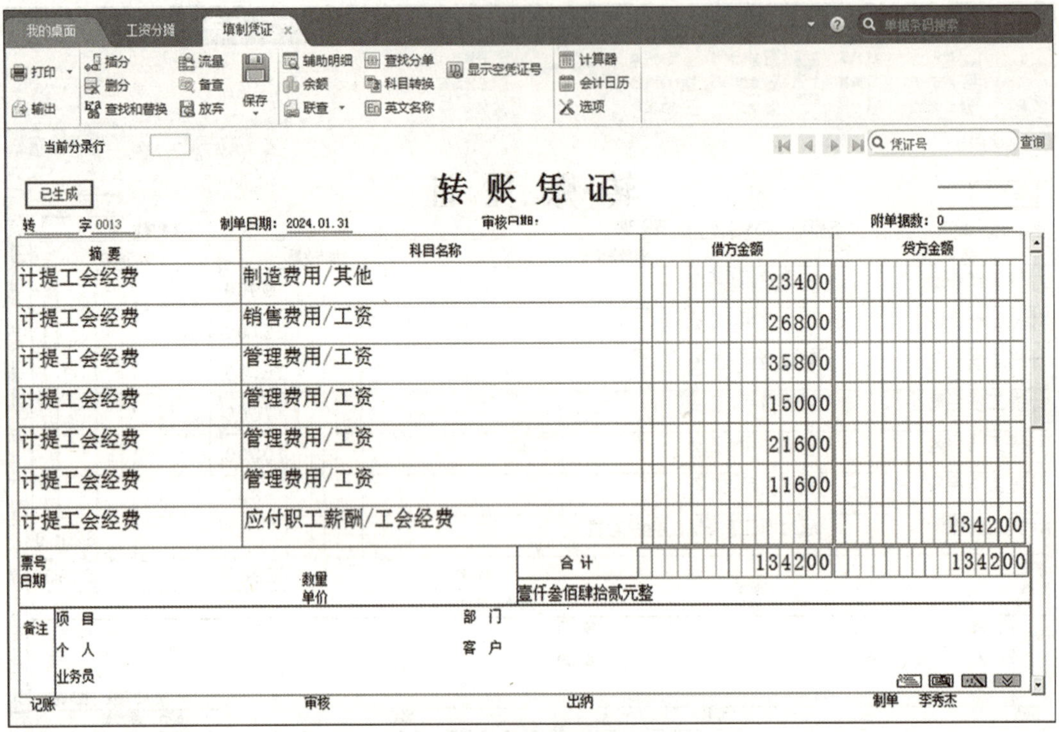

图5-55　计提工会经费生成凭证窗口

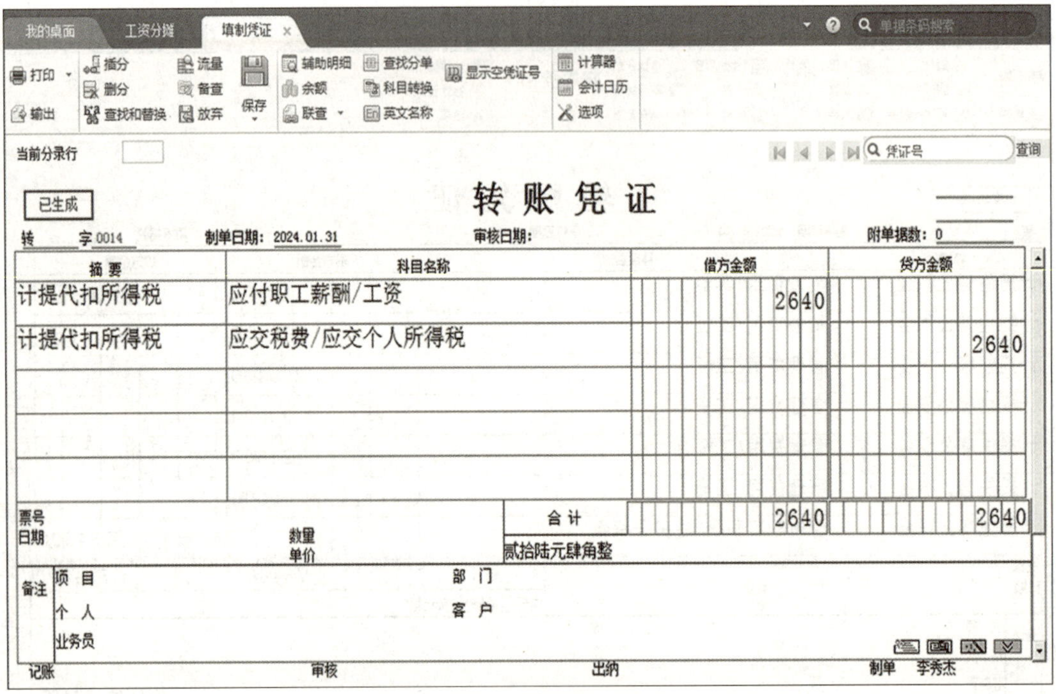

图5-56　代扣所得税生成凭证窗口

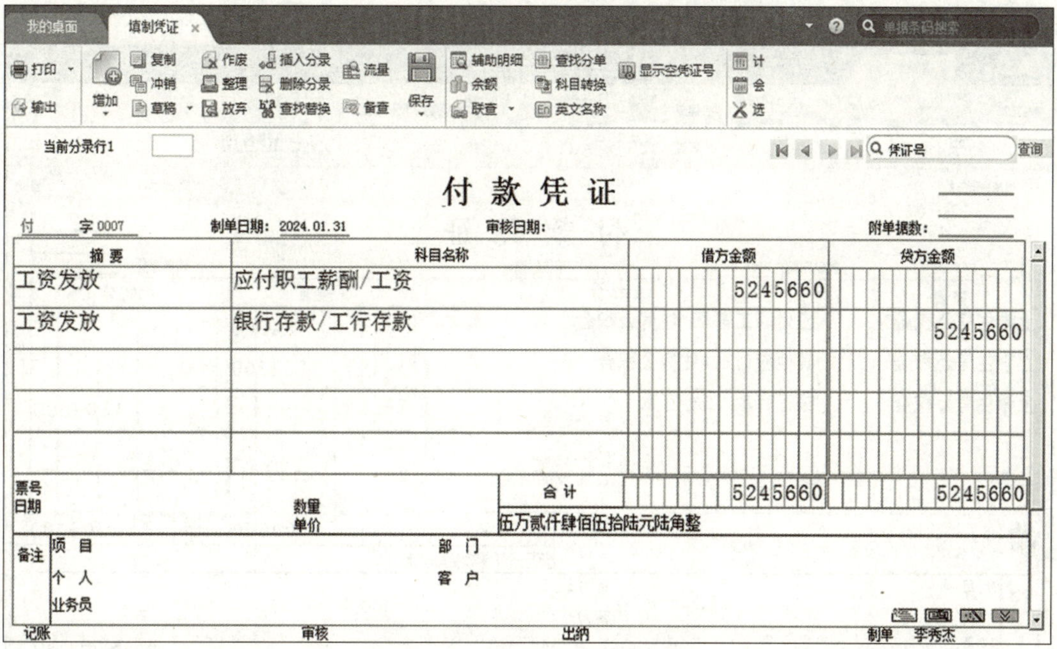

图5-57　工资发放生成凭证窗口

（二）填制会计凭证

在总账中填制缴纳社会保险和住房公积金的会计凭证。

1. 执行“总账”系统中的“填制凭证”功能，打开凭证对话框。

2. 单击“增加”按钮，选择凭证类别“付款凭证”，录入上缴社会保险的会计凭证。

3. 单击“保存”按钮，凭证被成功保存，如图5-58所示。

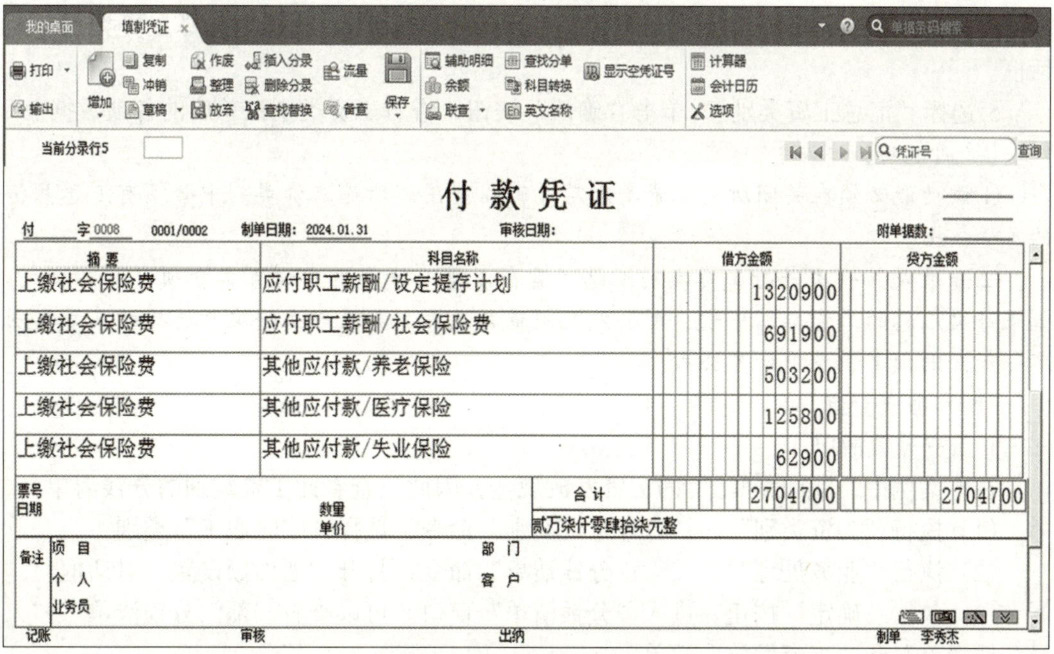

图5-58　上缴社会保险费凭证窗口

4.同理，录入上缴住房公积金的会计凭证，如图5-59所示。

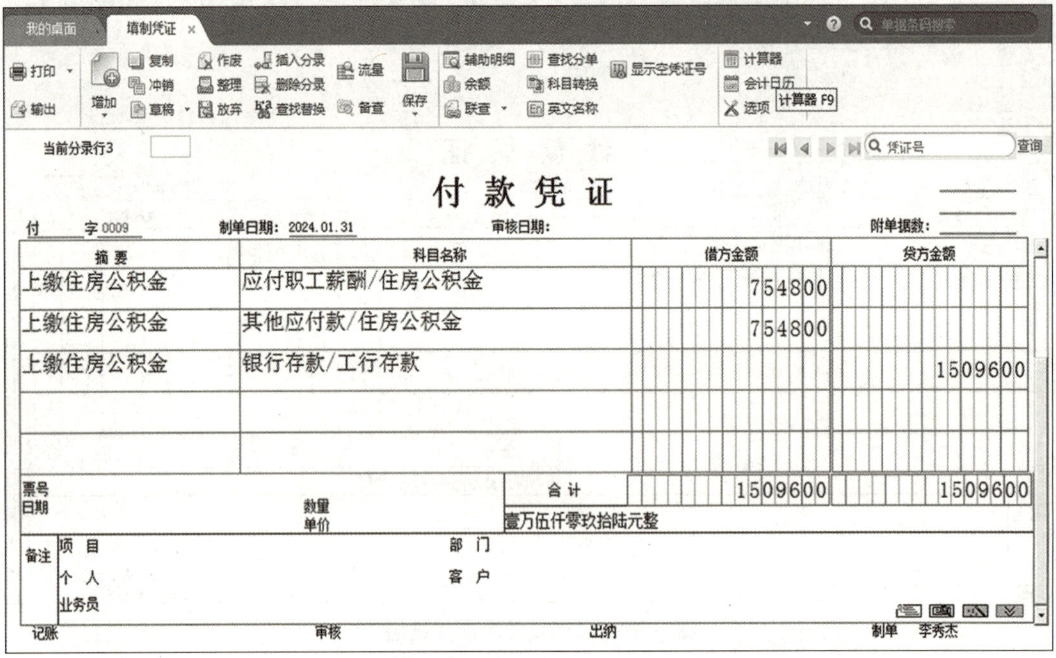

图5-59　上缴住房公积金凭证窗口

（三）工资类别的汇总

1.执行“工资类别”→“关闭工资类别”命令。

2.执行“维护”→“工资类别汇总”命令，打开“选择工资类别”对话框。

3.选择要汇总的工资类别，单击“确认”按钮，完成工资类别汇总。

4.执行“工资类别”菜单中的“打开工资类别”命令，打开“选择工资类别”对话框。

5.选择“汇总工资类别”，单击“确认”按钮，查看工资类别汇总后的各项数据。

【特别说明】

①该功能必须在关闭所有工资类别后才可以使用。所选工资类别中必须有汇总月份的工资数据。

②如果是第一次进行工资类别汇总，需在汇总工资类别中设置工资项目计算公式。如果每次汇总的工资类别一致，则公式无须重新设置。如果与上一次所选择的工资类别不一致，则须重新设置计算公式。

（四）账表查询

1.工资分钱清单

在本案例中，“临时职工”的工资发放现金，因此只查看此工资类别的分钱清单。

（1）执行“工资类别”→“打开工资类别”命令，选择“临时职工”类别。

（2）执行“业务处理”→“工资分钱清单”命令，打开“票面额设置”对话框。

（3）单击“确定”按钮，进入“分钱清单”窗口。可以查看“部门分钱清单”、“人员分钱清单”和“工资发放取款单”。

2.个人所得税扣缴申报表

（1）执行“工资类别”→“打开工资类别”命令，选择“正式职工”类别。

（2）执行“业务处理”→“扣缴所得税”命令，打开“个人所得税申报表”窗口。

（3）同理，可以查看“临时职工”的“个人所得税申报表”。

3.各种工资表查询

（1）执行“工资类别”→“打开工资类别”命令，选择“正式职工”类别。

（2）执行“统计分析”→“账表”→“工资表”命令，打开“工资表”查看选择窗口。选择“人员类别汇总表”，如图5-60所示。

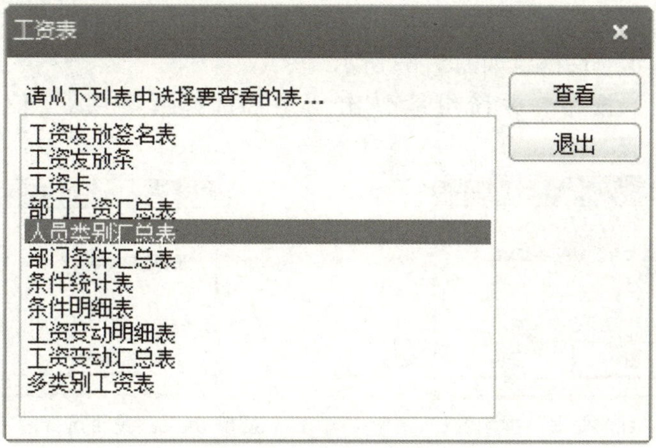

图5-60　工资表查看选择窗口

（3）点击“查看”按钮，结果如图5-61所示。

人员类别汇总表

2024年 1月

会计月份　一月

类别	人数	基本工资	岗位工资	奖金	副食补助	交补	应发合计	事假天数	事假扣款	生计费	上年度月平均工资	医疗保险	失业保险	养老保险	住房公积金	专项扣除
合同工	0															
实习生	0															
企业管理人员	5	13,400.00	1,900.00	3,400.00	2,500.00	10,000.00	31,200.00	2	60.00		30,000.00	600.00	300.00	2,400.00	3,600.00	6,900.0
采购人员	2	3,600.00	700.00	1,500.00	1,000.00	4,000.00	10,800.00				10,300.00	206.00	103.00	824.00	1,236.00	2,369.0
销售人员	2	6,200.00	900.00	1,300.00	1,000.00	4,000.00	13,400.00	3	90.00		12,700.00	254.00	127.00	1,016.00	1,524.00	2,921.0
车间管理人员	2	5,800.00	1,900.00	1,400.00	1,000.00	1,600.00	11,700.00				9,900.00	198.00	99.00	792.00	1,188.00	2,277.0
生产工人	0															
合计	11	29,000.00	5,400.00	7,600.00	5,500.00	19,600.00	67,100.00	5	150.00		62,900.00	1,258.00	629.00	5,032.00	7,548.00	14,467.0

图5-61　人员类别汇总表窗口

（4）在系统提示下可分别查看各种工资表。

（五）月末处理

正式职工工资类别月末处理如下：

1.执行“工资类别”→“打开工资类别”命令，选择“正式职工”类别。

2.执行“业务处理”→“月末处理”命令，打开“月末处理”对话框，如图5-62所示。

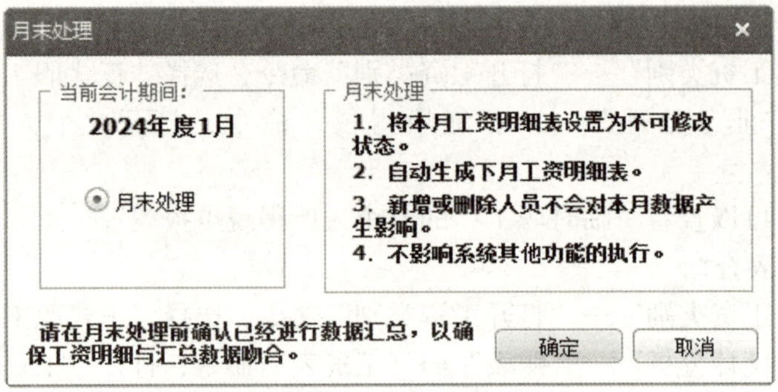

图5-62　月末处理窗口

3.单击“确定”按钮，系统弹出“月末处理之后，本月工资将不许变动！继续月末处理吗?”信息提示对话框，如图5-63所示。

4.单击“是”按钮，系统继续弹出“是否选择清零项?”信息提示对话框，如图5-64所示。

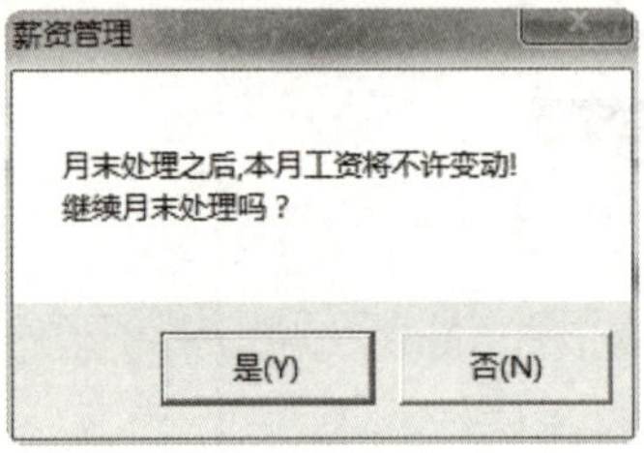

图5-63　“月末处理”提示窗口

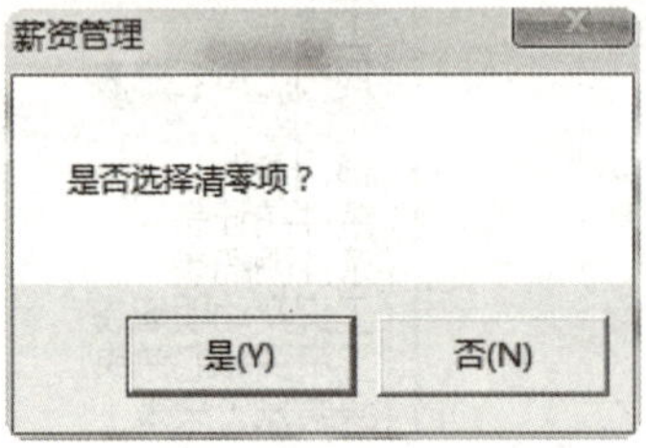

图5-64　“是否选择清零项”提示窗口

5.单击“否”按钮，系统弹出“月末处理完毕!”信息提示对话框，单击“确定”按钮返回，如图5-65所示。

图5-65　“月末处理完毕”提示窗口

【特别说明】进行期末处理后，当月数据将不再允许变动。月末处理功能只有主管人员才能执行。

深学践悟

个税享红利还要守“红线”

新一轮个税改革产生红利的同时，有少数个人或者社会机构打起歪主意，寻求红利之外的不当利益。纳税人应增强依法纳税意识，提高税法遵从度，只有不触碰“红线”，才能更好享受到“红利”。

未在法定期限内办理个税汇算清缴补税或虚假填报综合所得收入、专项附加扣除项目少缴税款、网络主播连续三年未依法办理纳税申报少缴税款……近日，多地税务部门曝光个税典型案件查处情况，当事人均受到行政处罚，按规定缴清税款、滞纳金和罚款，再次显示出税收法律“红线”触碰不得。

6月底刚刚结束2022年度个税汇算，很多人再次享受到个税改革的红利。在享受提高起征点、增加6项专项附加扣除等原有优惠政策的基础上，不少人还新申请享受了2022年新出台的3岁以下婴幼儿照护专项附加扣除。无论是退税还是补税，或者是不退也不补的人群，大都或多或少享受到了税收优惠。这一点上，统计数据很能说明问题：今年前5个月全国个人所得税收入下降1.5%，其中，随着专项附加扣除政策效应持续释放，个税综合所得汇算清缴退税同比多退199亿元。可以看出，新一轮个税改革的减负效果越来越明显。

2019年新个人所得税法施行，标志着我国建立了综合与分类相结合的个人所得税制。新税法要求年度终了后，纳税人需将工资薪金、劳务报酬等四项综合所得合并计税，向税务机关办理汇算并结清应退或应补税款。迄今为止，个税年度汇算已进行了四次。年度汇算必须由个人填报或确认各项收入、享受专项附加扣除情况等，而这些信息关系到税款缴纳的多少。能否依法、真实填报，成为摆在每个纳税人面前的重要问题。

改革产生红利，同时也有少数个人或者社会机构打起歪主意，寻求红利之外的不当利益。正如此次曝光的案例显示，一些人未在法定期限内办理或者据实办理年度个税综合所得汇算清缴，以达到少缴个人所得税的目的。其中，作假的手段主要是少申报综合所得收入、虚假填报专项附加扣除。究其原因，既有法律意识淡薄，对个税年度汇算重视不够，未能认真核实信息，也有轻信一些机构发布的所谓“退税秘籍、攻略”，心存侥幸打“擦边球”，还有故意弄虚作假以求获取非法利益。

现行个税汇算简便易行，通过手机个税APP即可完成，这给予了纳税人充分信任和最大便利，尽量避免让纳税人提供证明，但这并非可钻的“空子”。在大数据分析面前，这些弄虚作假的伎俩无处遁形。除了依法追缴税款、滞纳金外，情节严重的，还会受到行政处罚，构成犯罪的则还会被依法追究刑事责任。报送虚假专项附加扣除信息、重复享受专项附加扣除、超范围或标准享受专项附加扣除等违法行为，税务机关将采取相应惩戒措施，也会影响个人纳税信用，可谓得不偿失。

遵守税法是依法治国的必然要求，依法纳税是公民应尽的义务。我国实施综合与分类相结合的个人所得税制时间尚短，个人对年度汇算也需要一个熟悉的过程。在税务部门采取一系列便利化、精细化措施的同时，纳税人应增强依法纳税意识，提高税法遵从度，在年度汇算中认真审核收入、扣除等信息，如实进行纳税申报，特别是对全年综合所得作出全面、清楚的总结和分类，核对专项附加扣除是否符合规定等。如果发现以前年度存在应当办理汇算清缴而未办理、申报缴税不规范、取得应税收入未申报等情形要抓紧纠正，及时消除涉税风险。

个税直接连着百姓“钱袋子”，关系国家利益。我国税制改革正在持续深化，个税改革惠及千家万户，只有不触碰“红线”，才能更好享受到“红利”。

资料来源：曾金华. 个税享红利还要守“红线”[N]. 经济日报，2023-07-07.

项目六

应收款管理系统业务处理

学习目标

掌握应收款管理系统初始设置；
掌握录入应收单据、收款单据的方法；
能够进行票据业务处理和转账业务处理；
能根据原始凭证准确制单；
树立风险意识、经营意识和企业可持续发展意识，提高应收账款周转率。

任务一　应收款管理系统初始化

一、任务资料

（一）参数设置

单据审核日期为“单据日期”，坏账处理方式为“应收余额百分比法”，代垫费用类型为“其他应收单”，勾选“自动计算现金折扣”，应收账款核算模型为“详细核算”；受控科目制单方式为“明细到单据”，非控科目制单方式为“汇总方式”，销售科目依据为“按存货”；应收款核销方式为“按单据”。

（二）初始设置

1.基本科目设置

应收科目为“应收账款1122”，预收科目为“预收账款2203”，税金科目为“应交税费-应交增值税-销项税额22210102”，银行承兑科目为“应收票据1121”，商业承兑科目为“应收票据1121”，现金折扣科目为“财务费用6603”，票据利息科目为“财务费用6603”，票据费用科目为“财务费用6603”，坏账入账科目为“坏账准备1231”。

2.结算方式科目设置

现金结算方式科目为“库存现金1001”，现金支票结算方式科目为“银行存款-工行存款100201”，转账支票结算方式科目为“银行存款-工行存款100201”，银行承兑汇票结算方式科目为“银行存款-工行存款100201”，商业承兑汇票结算方式科目为“银行存款-工行存款100201”，电汇结算方式科目为“银行存款-工行存款100201”，其他结算方式科目为“银行存款-工行存款100201”。

3.控制科目设置

客户银座的应收科目为“应收账款1122”，预收科目为“预收账款2203”；客户温州商贸的应收科目为“应收账款1122”，预收科目为“预收账款2203”；客户大悦城的应收科目为“应收账款1122”，预收科目为“预收账款2203”。

4.对方科目设置

床单销售收入科目为“主营业务收入-床单600101”，应交增值税科目为“应交税费-应交增值税-销项税额22210102”，销售退回科目为“主营业务收入-床单600101”；

被套销售收入科目为“主营业务收入-被套600102”，应交增值税科目为“应交税费-应交增值税-销项税额22210102”，销售退回科目为“主营业务收入-被套600102”。

5.坏账准备设置

坏账准备提取比率为0.5%，坏账准备期初余额为贷方500元，坏账准备科目为“坏账准备1231”，坏账准备对方科目为“资产减值损失6701”。

6.账龄区间设置

账期内账龄区间设置总天数分别为10天、30天、45天、60天。

7.逾期账龄区间设置

逾期账龄区间设置总天数分别为30天、60天、90天。

8.设置报警级别（见表6-1）

表6-1 报警级别

序号	起止比率（%）	总比率（%）	级别名称
01	0~10	10	A
02	10~20	20	B
03	20~30	30	C
04	30~40	40	D
05	40~50	50	E
06	50以上		F

9.单据编号设置

将销售专用发票、其他应收单及收款单的单据编号详细信息设置为“手工改动，重号时自动重取”。

（三）期初余额

期初余额见表6-2。

表6-2 期初余额

单据名称	方向	开票日期	部门	客户名称	科目编码	货物名称	数量	含税单价	价税合计
销售专用发票	正	2023.12.16	销售部	银座	1122	床单	300	113	33 900
销售专用发票	正	2023.12.18	销售部	温州商贸	1121	被套	200	124.3	24 860
销售专用发票	正	2023.12.30	销售部	大悦城	1122	被套	400	169.5	67 800

二、任务指导

使用“102李秀英”的身份登录企业应用平台。

（一）参数设置

1.执行“财务会计”→“应收款管理”→“设置”→“选项”命令，打开“账套参数设置”对话框。

2.单击“编辑”按钮，在“常规”选项卡下，选择单据审核日期为“单据日期”，“坏账处理方式”为“应收余额百分比法”，代垫费用类型为“其他应收单”，勾选“自动计算现金折扣”，应收账款核算模型为“详细核算”，如图6-1所示。

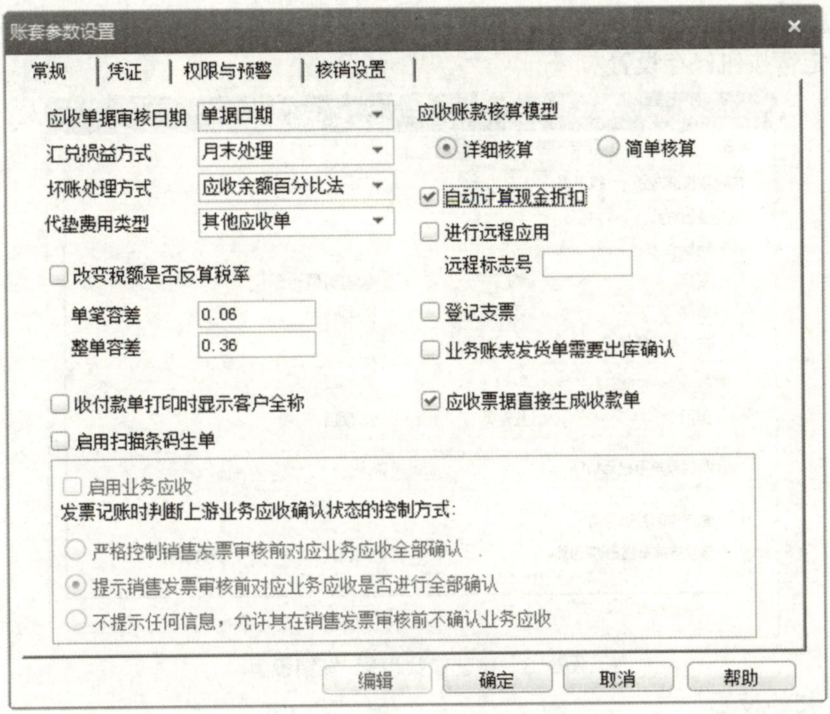

图6-1　账套参数设置-常规

3.在“凭证”选项卡下，选择受控科目制单方式为“明细到单据”，非控科目制单方式为“汇总方式”，如图6-2所示。

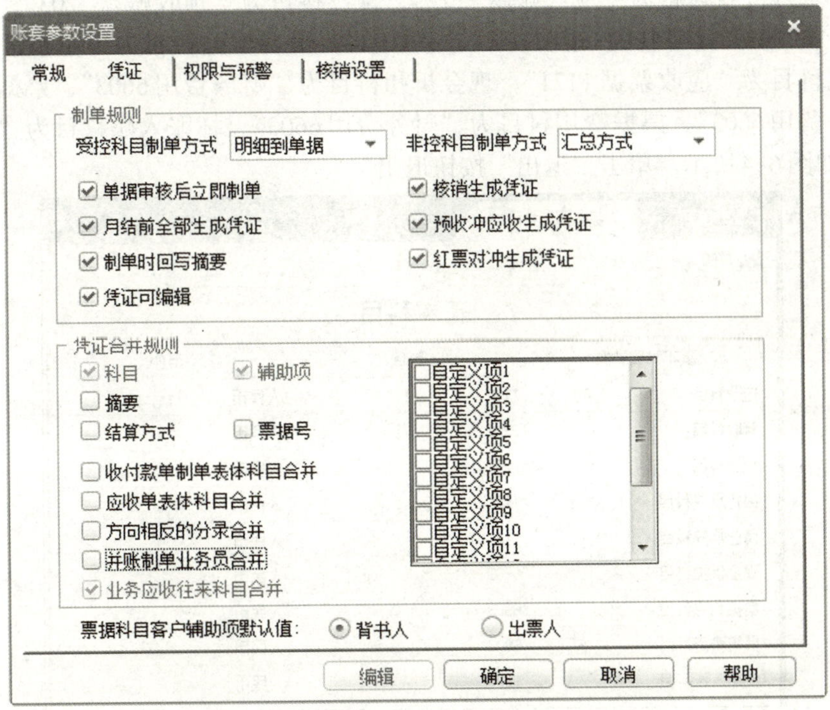

图6-2　账套参数设置-凭证

4. 在“核销设置”选项卡中，选择应收款核销方式为“按单据”，如图6-3所示。单击“确定”按钮保存设置。

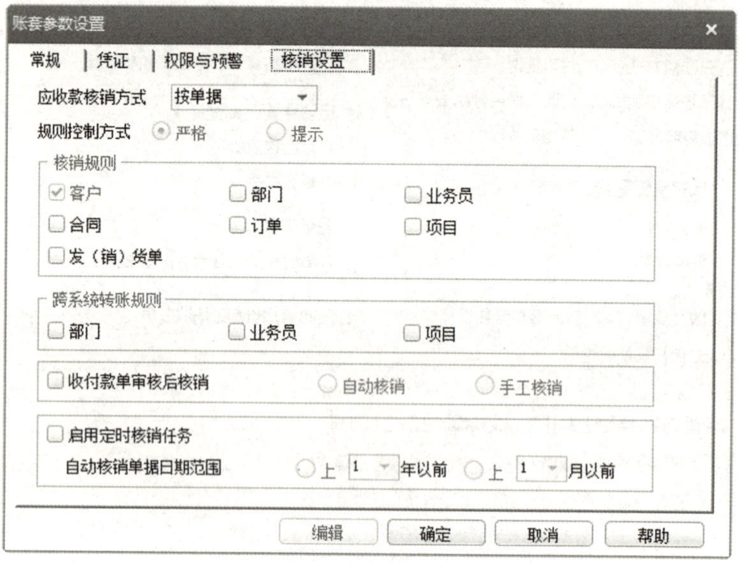

图6-3　账套参数设置-核销设置

（二）初始设置

1. 设置基本科目

（1）单击“设置”→“初始设置”，单击“科目设置”下的“基本科目设置”。

（2）录入应收科目为“应收账款1122”，预收科目为“预收账款2203”，税金科目为“应交税费-应交增值税-销项税额22210102”，银行承兑科目为“应收票据1121”，商业承兑科目为“应收票据1121”，现金折扣科目为“财务费用6603”，票据利息科目为“财务费用6603”，票据费用科目为“财务费用6603”，坏账入账科目为“坏账准备1231”，如图6-4所示。单击“退出”按钮退出。

我的桌面　应收基本科目

打印　输出　增行　删行

基本科目

基本科目种类	科目	币种
应收科目	1122	人民币
预收科目	2203	人民币
税金科目	22210102	人民币
银行承兑科目	1121	人民币
商业承兑科目	1121	人民币
现金折扣科目	6603	人民币
票据利息科目	6603	人民币
票据费用科目	6603	人民币
坏账入账科目	1231	人民币

图6-4　基本科目设置

2. 设置结算方式科目

（1）单击“设置”→“初始设置”，单击“设置科目”下的“结算方式科目设置”。

（2）录入选择现金结算方式科目为“库存现金1001”，现金支票结算方式科目为“银行存款-工行存款100201”，转账支票结算方式科目为“银行存款-工行存款100201”，银行承兑汇票结算方式科目为“银行存款-工行存款100201”，商业承兑汇票结算方式科目为“银行存款-工行存款100201”，电汇结算方式科目为“银行存款-工行存款100201”，其他结算方式科目为“银行存款-工行存款100201”，如图6-5所示。

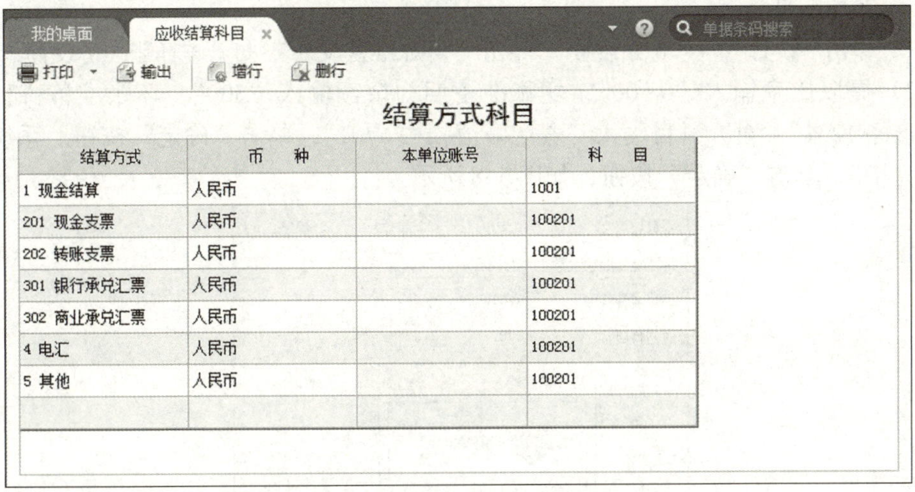

结算方式科目

结算方式	币　种	本单位账号	科　目
1 现金结算	人民币		1001
201 现金支票	人民币		100201
202 转账支票	人民币		100201
301 银行承兑汇票	人民币		100201
302 商业承兑汇票	人民币		100201
4 电汇	人民币		100201
5 其他	人民币		100201

图6-5　结算方式科目设置

【特别说明】科目所核算的币种必须与所输入的币种一致。科目必须是最明细科目。结算科目不能是已经在科目档案中指定为应收款管理系统或者应付款管理系统的受控科目。

3. 控制科目设置

（1）单击“设置”→“初始设置”，单击“设置科目”下的“控制科目设置”。

（2）录入“银泰”的应收科目为“1122”，预收科目为“2203”，以此方法继续录入其他的控制科目，如图6-6所示。

应收控制科目

客户编码	客户名称	应收科目编码	应收科目名称	预收科目编码	预收科目名称
01	温州银座百货	1122	应收账款	2203	预收账款
02	温州商贸	1122	应收账款	2203	预收账款
03	大悦城	1122	应收账款	2203	预收账款

图6-6　控制科目设置

4. 设置产品科目

（1）单击“设置”→“初始设置”，单击“设置科目”下的“对方科目设置”。

（2）录入床单销售收入科目为“主营业务收入-床单600101”，应交增值税科目为“应交税费-应交增值税-销项税额22210102”，销售退回科目为“主营业务收入-床单600101”。同理设置被套的相关信息，如图6-7所示。

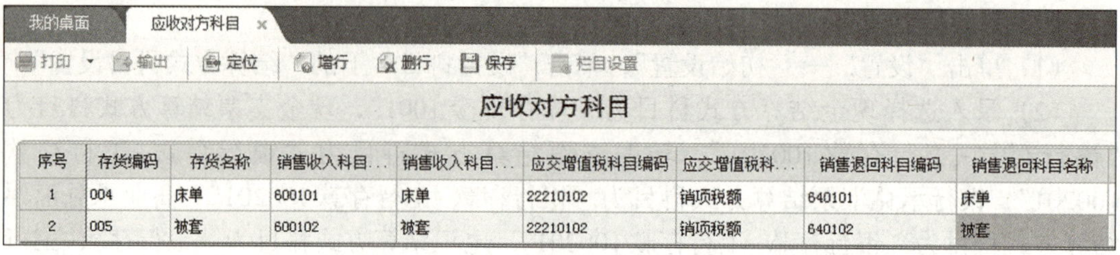

序号	存货编码	存货名称	销售收入科目...	销售收入科目...	应交增值税科目编码	应交增值税科...	销售退回科目编码	销售退回科目名称
1	004	床单	600101	床单	22210102	销项税额	640101	床单
2	005	被套	600102	被套	22210102	销项税额	640102	被套

图6-7 对方科目设置结果

5. 设置坏账准备

（1）单击“设置”→“初始设置”，单击“坏账准备设置”，打开“坏账准备设置”窗口。

（2）提取比率输入“0.500”，坏账准备期初余额输入“500”，坏账准备科目输入“坏账准备1231”，对方科目输入“资产减值损失6701”，单击“确定”按钮。系统提示“储存完毕”，单击“确定”按钮，如图6-8所示。

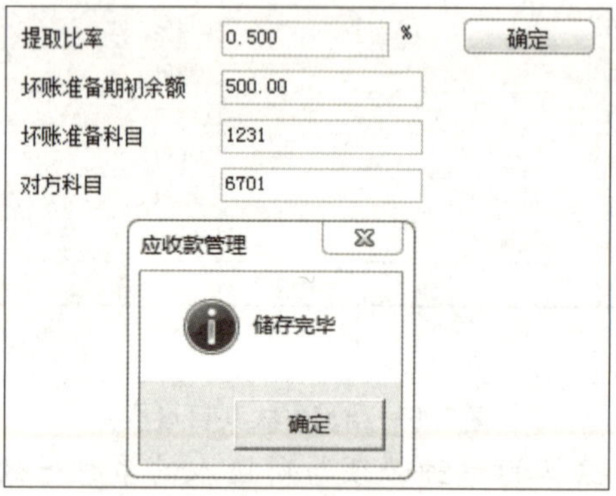

图6-8 坏账准备设置

6. 账龄区间设置

（1）单击“设置”→“初始设置”，单击“账期内账龄区间设置”，打开“账期内账龄区间设置”窗口。

（2）在“总天数”栏输入“10”，回车，接着在“总天数”栏输入“30”，按此方法输入其他内容，如图6-9所示。

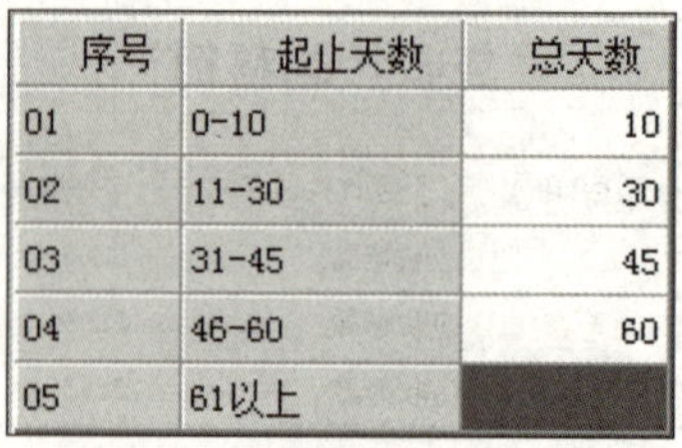

序号	起止天数	总天数
01	0-10	10
02	11-30	30
03	31-45	45
04	46-60	60
05	61以上	

图6-9 账期内账龄区间设置

7. 逾期账龄区间设置

（1）单击“设置”→“初始设置”，单击“逾期账龄区间设置”，打开“逾期账龄区间设置”窗口。

（2）在“总天数”栏输入“30”，回车，接着在“总天数”栏输入“60”，按此方法输入其他内容，如图6-10所示。

序号	起止天数	总天数
01	1-30	30
02	31-60	60
03	61-90	90
04	91以上	

图6-10　逾期账龄区间设置

8.设置预警级别

（1）单击“设置”→“初始设置”，单击“预警级别设置”，打开“预警级别设置”窗口。

（2）在“总比率”栏输入“10”，级别名称输入“A”，回车，按此方法输入其他内容，如图6-11所示。

序号	起止比率	总比率(%)	级别名称
01	0-10%	10	A
02	10%-20%	20	B
03	20%-30%	30	C
04	30%-40%	40	D
05	40%-50%	50	E
06	50%以上		F

图6-11　预警级别设置

9.单据编号设置

（1）在“企业应用平台”中，执行“基础设置”→“单据设置”→“单据编号设置”，打开“单据编号设置”窗口。

（2）单击“单据类型”→“销售管理”→“销售专用发票”，打开“单据编号设置-销售专用发票”窗口。

（3）单击“修改”按钮，选择“手工改动，重号时自动重取”，如图6-12所示。

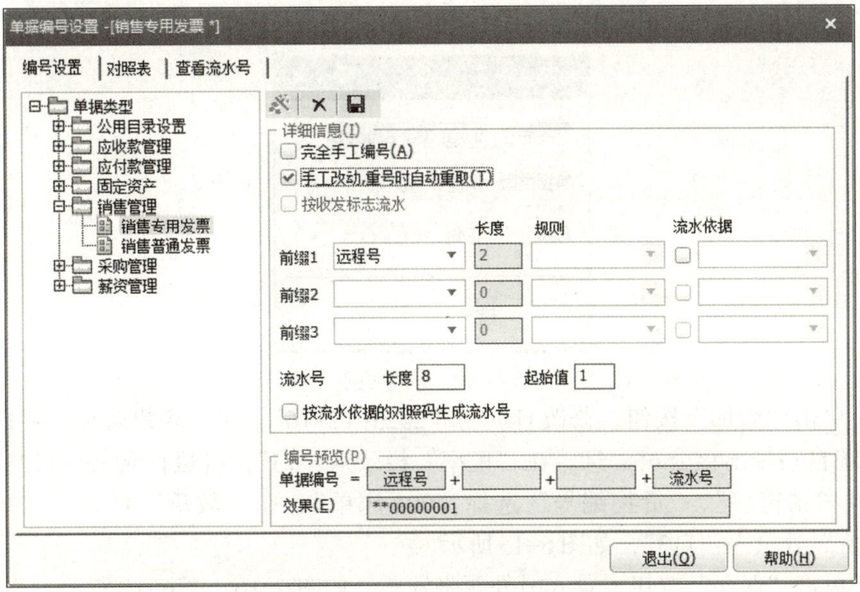

图6-12　单据编号设置

（4）单击“保存”按钮。按此方法设置应收款管理系统中的“其他应收单”“收款单”的编号方式。

（三）期初余额录入

1.录入期初销售发票

（1）在应收款管理系统中，执行“设置”→“期初余额”命令，进入“期初余额-查询”窗口，如图6-13所示，单击“确定”按钮。

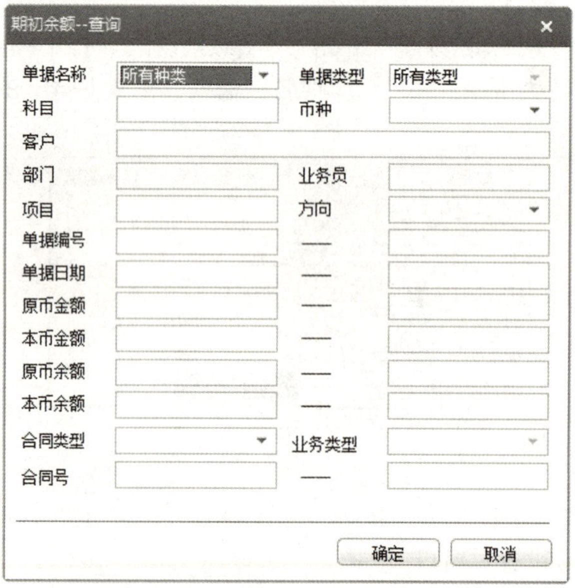

图6-13　期初余额—查询

（2）单击“增加”，按钮打开“单据类别”窗口，单据名称选择“销售发票”，单据类型选择“销售专用发票”，方向选择“正向”，如图6-14所示，单击“确定”按钮。

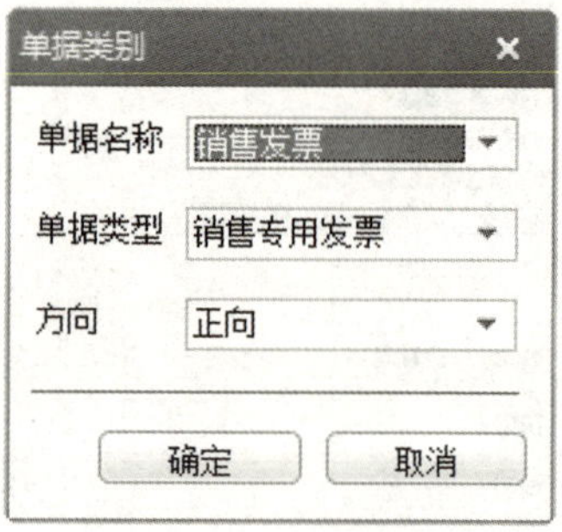

图6-14　单据类别

（3）单击“增加”按钮，修改日期为“2023-12-16”，在“客户名称”栏选择“银座”，系统自动带出该公司信息。在“税率”栏录入“13”，科目栏录入“1122”，销售部门选择“销售部”，“货物编号”选择“004 床单”，在“数量”栏录入“300”，在“含税单价”处录入“113”，如图6-15所示。

（4）单击“保存”按钮，录入另外两张发票，如图6-16、图6-17所示。

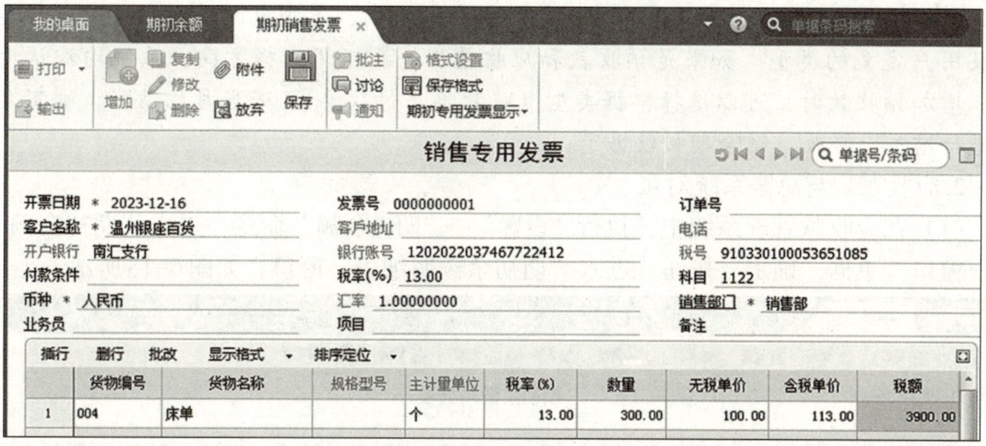

图6-15　录入销售专用发票1

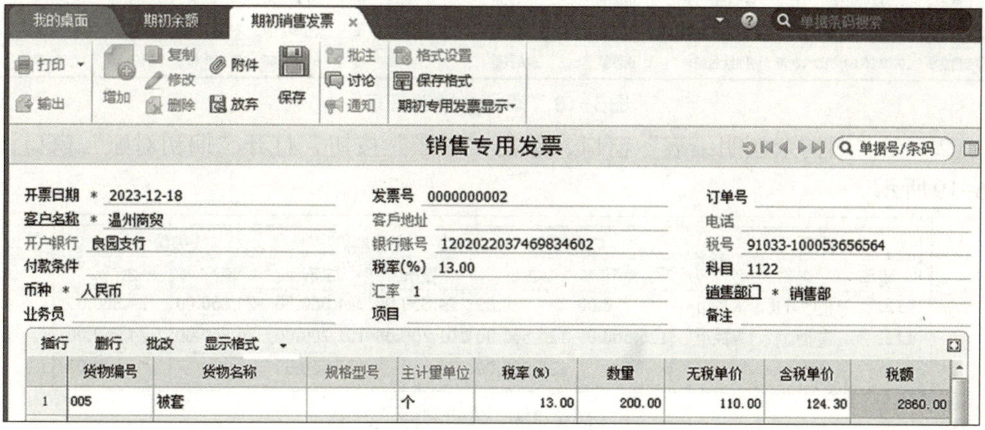

图6-16　录入销售专用发票2

【特别说明】单据日期必须小于该账套启用期间（第一年使用）或者该年度会计期初（以后年度使用）。单据中的“科目”栏目，用于输入该笔业务的入账科目，该科目可以为空。建议您在录入期初单据时，最好录入科目信息，这样可以执行“与总账对账”功能，而且可以查询正确的科目明细账。

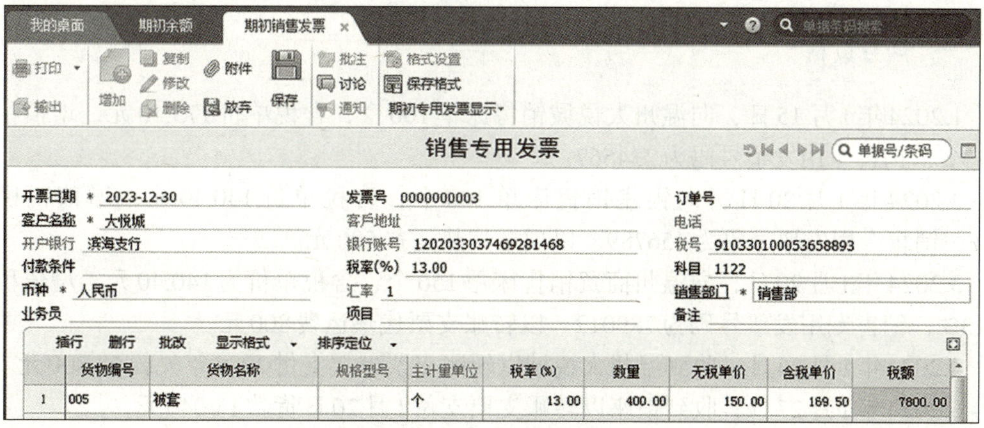

图6-17　录入销售专用发票3

【特别说明】发票和应收单的方向包括正向和负向，类型包括系统预置的各种类型以及用户定义的类型。如果是预收款和应收票据，则不用选择方向，系统均默认为正向。增加预收款时，可以选择单据类型（收款单、付款单）。若当月已结账，则不允许再进行增加、修改、删除期初数据了。

2.应收账款与总账系统对账

（1）在应收款管理系统中，执行“设置”→“期初余额”命令，进入“期初余额–查询”窗口。单据“确定”按钮，进入“期初余额明细表”窗口，如图6–18所示。

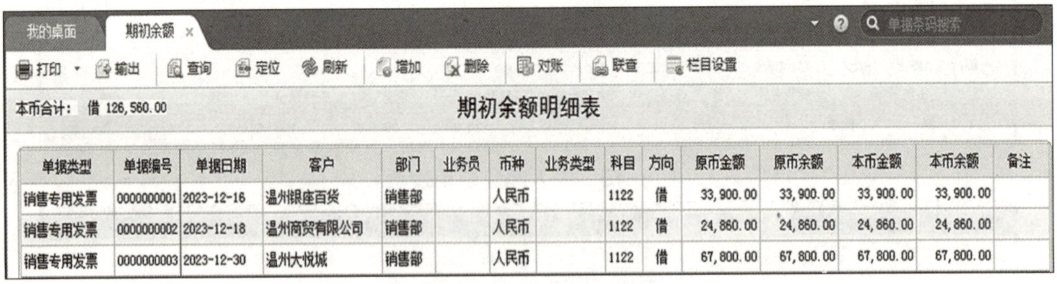

单据类型	单据编号	单据日期	客户	部门	业务员	币种	业务类型	科目	方向	原币金额	原币余额	本币金额	本币余额	备注
销售专用发票	0000000001	2023-12-16	温州银座百货	销售部		人民币		1122	借	33,900.00	33,900.00	33,900.00	33,900.00	
销售专用发票	0000000002	2023-12-18	温州商贸有限公司	销售部		人民币		1122	借	24,860.00	24,860.00	24,860.00	24,860.00	
销售专用发票	0000000003	2023-12-30	温州大悦城	销售部		人民币		1122	借	67,800.00	67,800.00	67,800.00	67,800.00	

图6–18　期初余额明细表

（2）在“期初余额明细表”窗口，单击“对账”按钮，打开“期初对账”窗口，如图6–19所示。

科目		币种	应收期初		总账期初		差额	
编号	名称		原币	本币	原币	本币	原币	本币
1121	应收票据	人民币	0.00	0.00	24,860.00	24,860.00	-24,860.00	-24,860.00
1122	应收账款	人民币	126,560.00	126,560.00	101,700.00	101,700.00	24,860.00	24,860.00
	合计			126,560.00		126,560.00		0.00

图6–19　期初对账

（3）单击“退出”按钮退出，完成期初对账。

任务二　单据处理

一、任务资料

1.2024年1月15日，向温州大悦城销售床单100个，含税单价175.50元，增值税税率13%，销售专用发票号码为234567。

2.2024年1月20日，向银座销售床单100个，含税单价140.40元，增值税税率13%，销售专用发票号码为456789。以现金代垫运费500元。

3.2024年1月20日，向温州商贸销售床单150个，含税单价为140.40元，增值税税率13%，销售专用发票号码为789012。以转账支票代垫运费800元。

4.2024年1月26日，收到温州大悦城以转账支票方式支付2023年欠款67 800元。

5.2024年1月27日，收到银座以转账支票支付1月20日货款14 040元。

二、任务指导

用“102李秀杰”进行日常业务操作。

（一）处理第一笔业务

1.录入销售发票

（1）执行“销售发票”→“销售专用发票录入”命令，打开“销售专用发票”窗口，如图6-20所示。

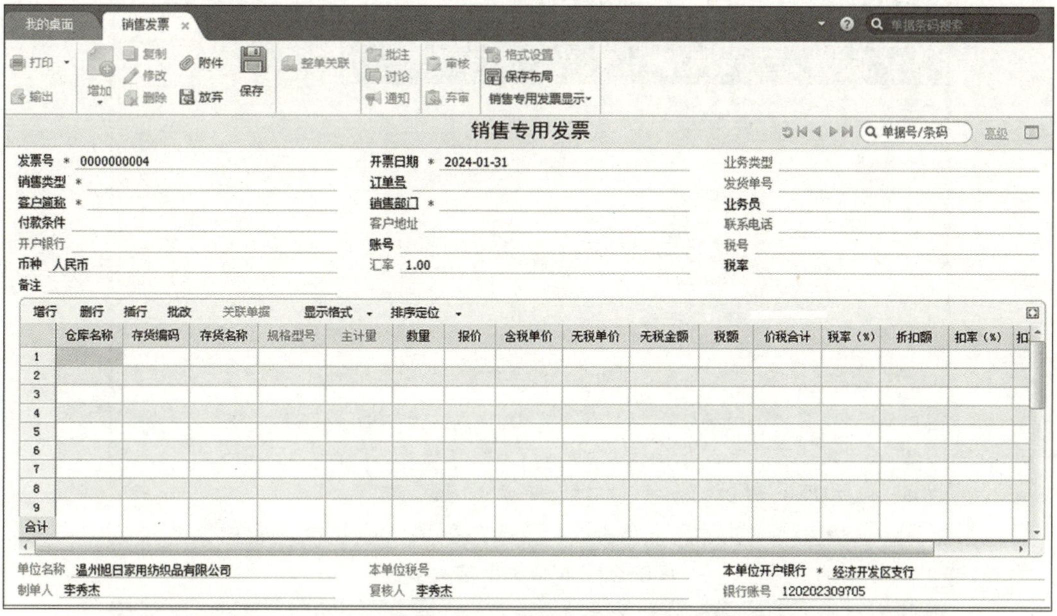

图6-20　销售发票

（2）单击“增加”按钮，修改发票日期为“2024-01-15”，录入发票号“234567”，单击“销售类型”参照按钮，进入“销售类型基本参照”窗口，单击“编辑”按钮，单击“增加”按钮，输入销售类型编码为“01”，输入销售类型名称为“批发销售”，单击“出库类别”参照按钮，单击“编辑”按钮，单击“增加”按钮，输入收发类别编码为“1”，收发类别名称为“销售出库”，继续输入其他内容，如图6-21所示。

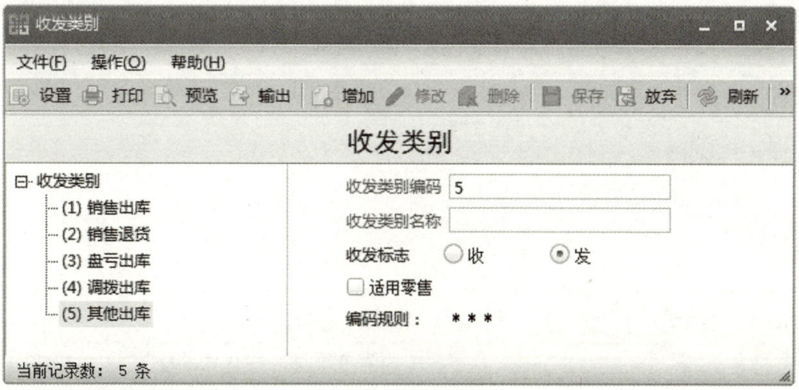

图6-21　收发类别档案基本参照

（3）单击“退出”按钮，返回“收发类别档案基本参照”窗口。选择“销售出库”，单击“确定”按钮，返回“销售类型”窗口，单击“保存”按钮。

（4）回到“销售类型基本参照”窗口，如图6-22所示，选择“批发销售”，如图6-23所示，单击“确定”按钮返回“销售发票”窗口。

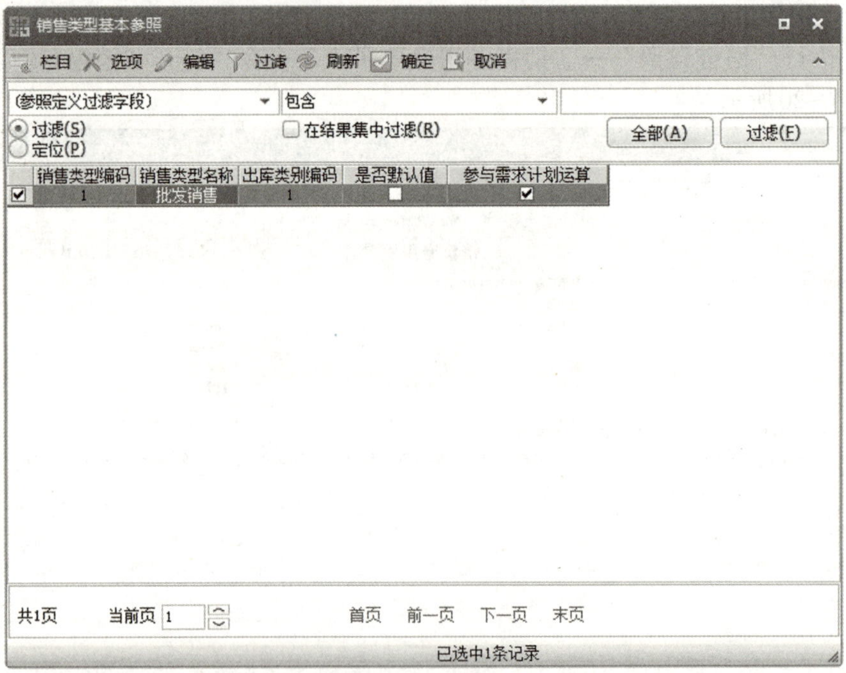

图6-22　销售类型基本参照

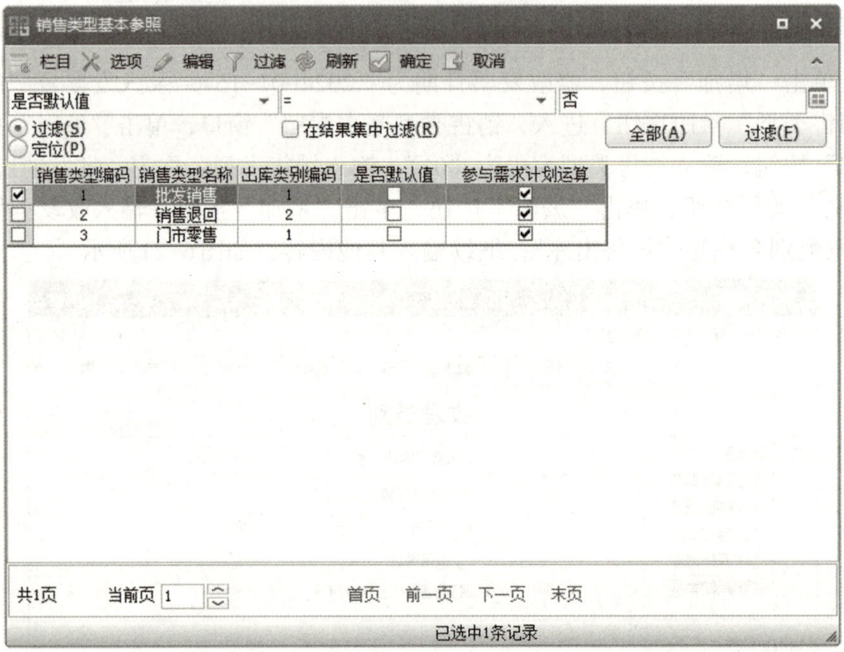

图6-23　销售类型基本参照-选定批发销售

（5）单击“客户简称”，选择“03大悦城”，选择销售部门为“销售部”。输入存货编码“004”，或选择“床单”，在“数量”栏录入“100”，在“含税单价”栏，录入“175.50”，如图6-24所示，单击“保存”按钮。

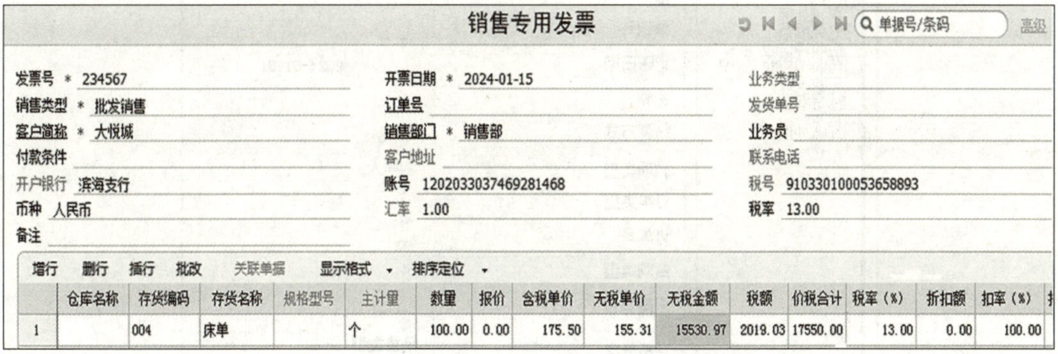

销售专用发票

发票号 * 234567　开票日期 * 2024-01-15　业务类型

销售类型 * 批发销售　订单号　发货单号

客户简称 * 大悦城　销售部门 * 销售部　业务员

付款条件　客户地址　联系电话

开户银行 滨海支行　账号 1202033037469281468　税号 910330100053658893

币种 人民币　汇率 1.00　税率 13.00

备注

增行　删行　插行　批改　关联单据　显示格式　排序定位

	仓库名称	存货编码	存货名称	规格型号	主计量	数量	报价	含税单价	无税单价	无税金额	税额	价税合计	税率（%）	折扣额	扣率（%）
1		004	床单		个	100.00	0.00	175.50	155.31	15530.97	2019.03	17550.00	13.00	0.00	100.00

图6-24　销售专用发票

2. 审核发票

（1）执行“销售发票”→“销售发票审核”命令，进入“销售发票列表”对话框。

（2）单击“查询”按钮，如图6-25所示。

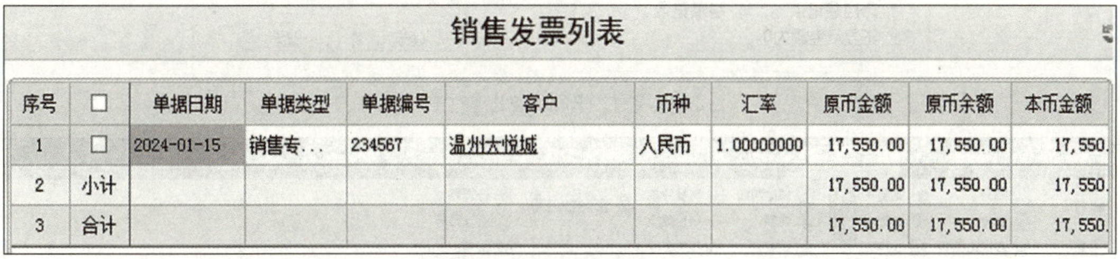

销售发票列表

序号	☐	单据日期	单据类型	单据编号	客户	币种	汇率	原币金额	原币余额	本币金额
1	☐	2024-01-15	销售专...	234567	温州大悦城	人民币	1.00000000	17,550.00	17,550.00	17,550.
2	小计							17,550.00	17,550.00	17,550.
3	合计							17,550.00	17,550.00	17,550.

图6-25　审核发票窗口

（3）单击“审核”按钮，如图6-26所示。

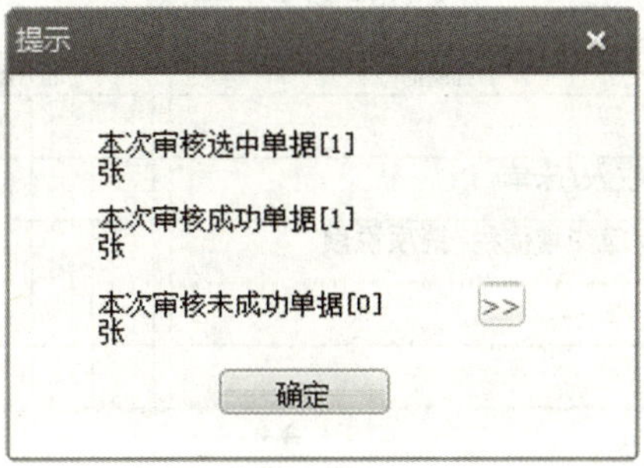

图6-26　审核发票窗口

3. 制单处理

（1）执行“凭证处理”→“生成凭证”命令，打开“制单查询”对话框，如图6-27所示。

（2）选择“发票”，单击“确定”按钮，如图6-28所示。

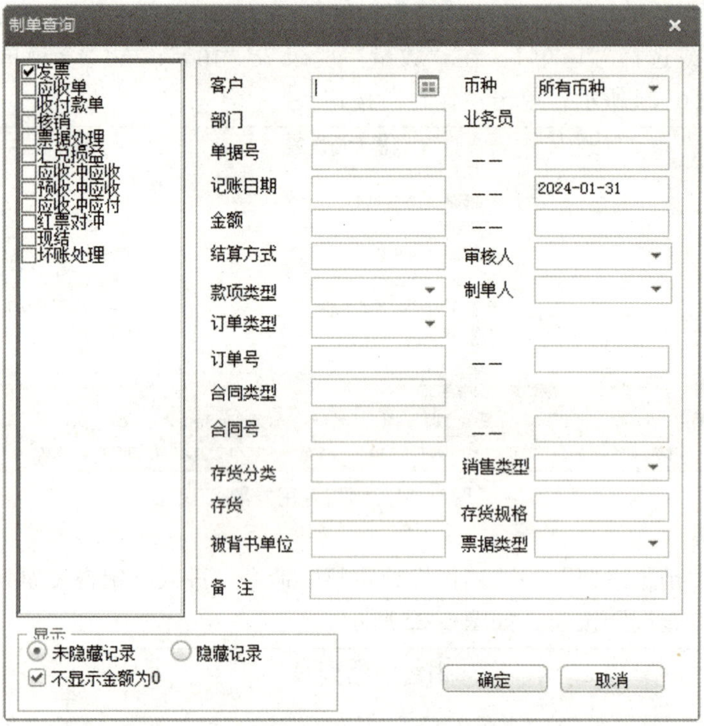

图6-27 制单查询窗口

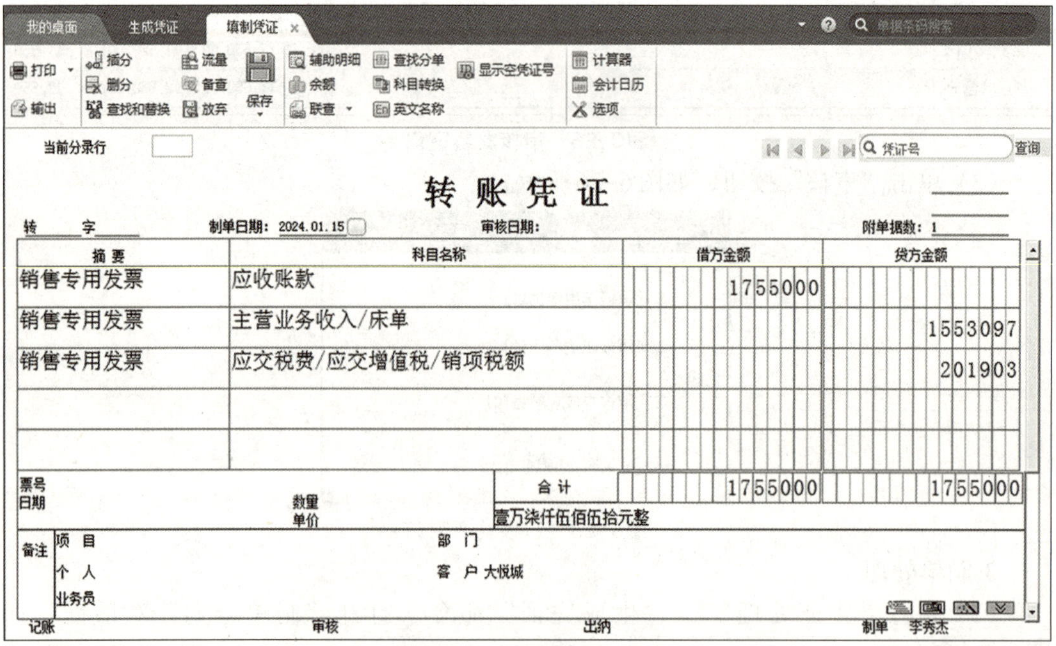

图6-28 凭证生成窗口

（二）处理第二笔业务

1.录入销售发票

增值税专用发票的增加与第一笔业务相同，如图6-29所示。

销售专用发票

发票号 * 456789　开票日期 * 2024-01-20　业务类型
销售类型 * 批发销售　订单号　发货单号
客户简称 * 温州银座百货　销售部门 * 销售部　业务员
付款条件　客户地址　联系电话
开户银行 南汇支行　账号 1202022037467722412　税号 910330100053651085
币种 人民币　汇率 1.00　税率 13.00
备注

	仓库名称	存货编码	存货名称	规格型号	主计量	数量	报价	含税单价	无税单价	无税金额	税额	价税合计	税率（%）	折扣额	扣率（%）
1		004	床单		个	100.00	0.00	140.40	124.25	12424.78	1615.22	14040.00	13.00	0.00	100.00

图6-29　销售专用发票

【特别说明】销售发票是企业给客户开具的增值税专用发票、普通发票及所附清单等原始销售票据。启用销售管理系统的，则销售发票在销售管理系统中录入，并在销售管理系统中进行复核，在应收款管理系统中进行审核记账。在销售管理系统录入的发票在应收款管理系统不能修改、删除，只能到销售管理系统中进行修改操作。若没有启用销售管理系统，则销售发票在应收款管理系统中录入，它的修改、删除与应收单同。

2. 录入其他应收单

（1）执行“应收处理”→“应收单录入”命令，打开“应收单”窗口。

（2）单击“增加”按钮，修改日期为“2024-01-20”，在客户栏选择“银座”，在“本币金额”栏输入“500”，在“摘要”栏录入“代垫运费”，在科目栏录入“1001”，如图6-30所示。单击“保存”按钮。

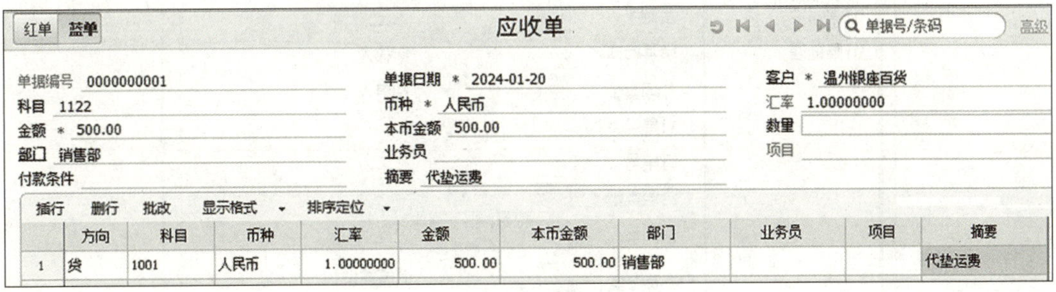

应收单

单据编号 0000000001　单据日期 * 2024-01-20　客户 * 温州银座百货
科目 1122　币种 * 人民币　汇率 1.00000000
金额 * 500.00　本币金额 500.00　数量
部门 销售部　业务员　项目
付款条件　摘要 代垫运费

	方向	科目	币种	汇率	金额	本币金额	部门	业务员	项目	摘要
1	贷	1001	人民币	1.00000000	500.00	500.00	销售部			代垫运费

图6-30　应收单

3. 审核应收单及发票

（1）执行“应收处理”→“应收单审核”命令，打开“单据过滤条件”窗口。

（2）单击“确定”按钮，打开“应收单列表”窗口。

（3）在“应收单列表”窗口中，选中要审核的单据，单击“审核”按钮，如图6-31所示。

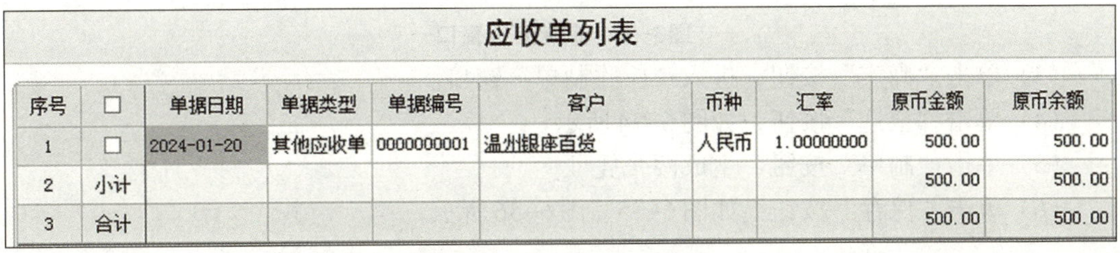

应收单列表

序号	☐	单据日期	单据类型	单据编号	客户	币种	汇率	原币金额	原币余额
1	☐	2024-01-20	其他应收单	0000000001	温州银座百货	人民币	1.00000000	500.00	500.00
2	小计							500.00	500.00
3	合计							500.00	500.00

图6-31　审核应收单窗口

（4）执行“应收处理”→“销售发票审核”命令，打开“销售发票列表”窗口，选中要审核的单据，单击“审核”按钮，如图6-32所示。

销售发票列表

序号	□	单据日期	单据类型	单据编号	客户	币种	汇率	原币金额	原币余额	本币金额
1	□	2024-01-20	销售专...	456789	温州银座百货	人民币	1.00000000	14,040.00	14,040.00	14,040.
2	小计							14,040.00	14,040.00	14,040.
3	合计							14,040.00	14,040.00	14,040.

图6-32 审核销售发票窗口

（5）单击“退出”按钮退出。

4.制单处理

（1）执行“制单处理”命令，打开“制单查询”窗口。

（2）在“制单查询”窗口中，选择“发票”和“应收单”制单复选框，如图6-33所示。

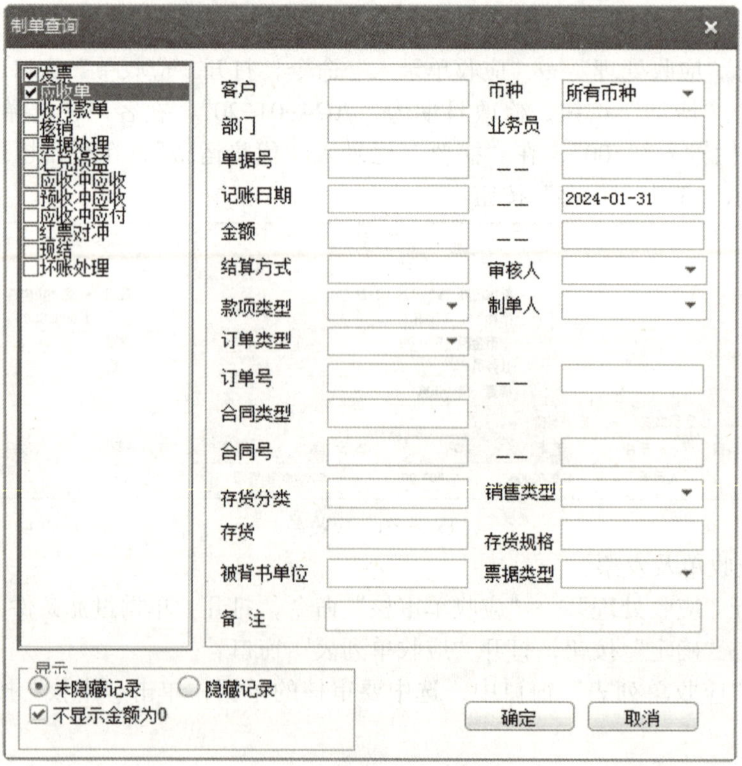

图6-33 制单查询窗口

（3）单击“确定”按钮，进入“应收制单”窗口。

（4）单击“全选”按钮，如图6-34所示。

（5）单击“制单”按钮，生成两张凭证。

（6）单击“保存”按钮，如图6-35、图6-36所示。

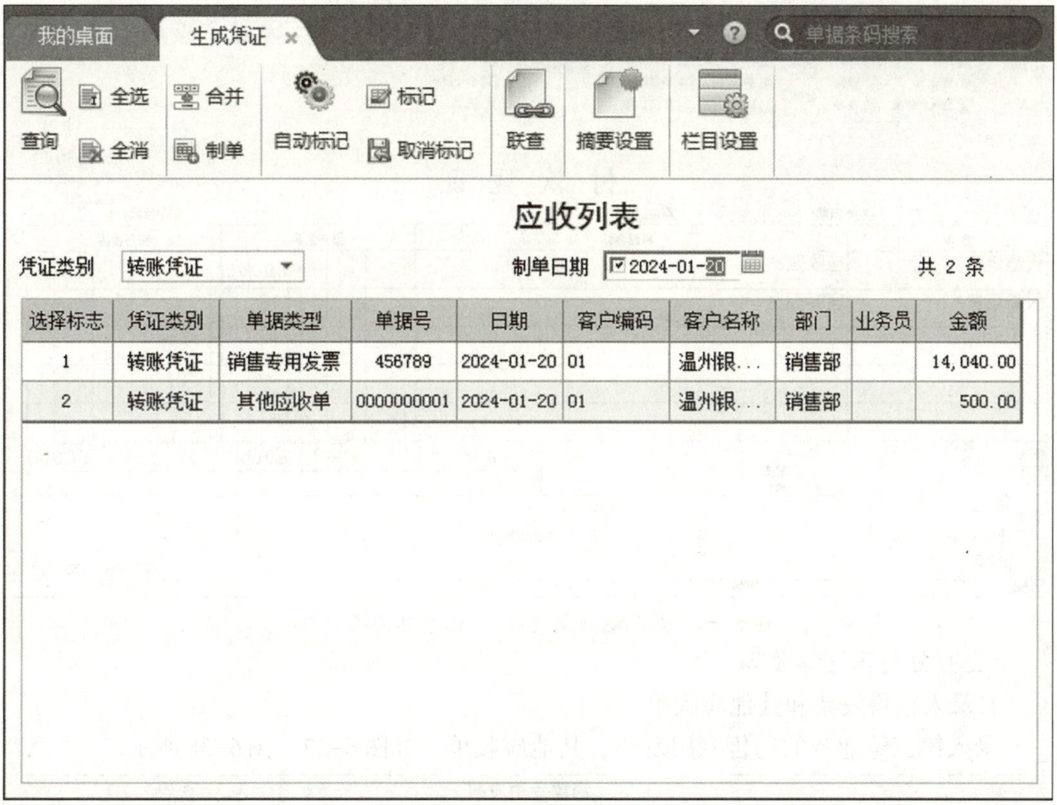

图6-34　制单窗口

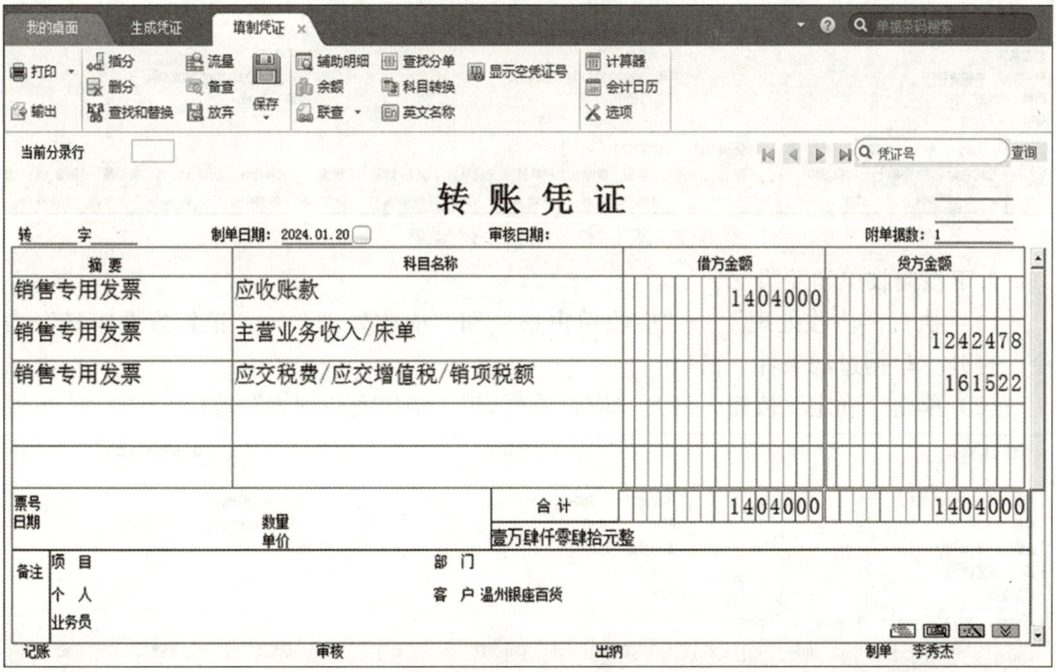

图6-35　第二笔业务凭证1（依据销售专用发票）

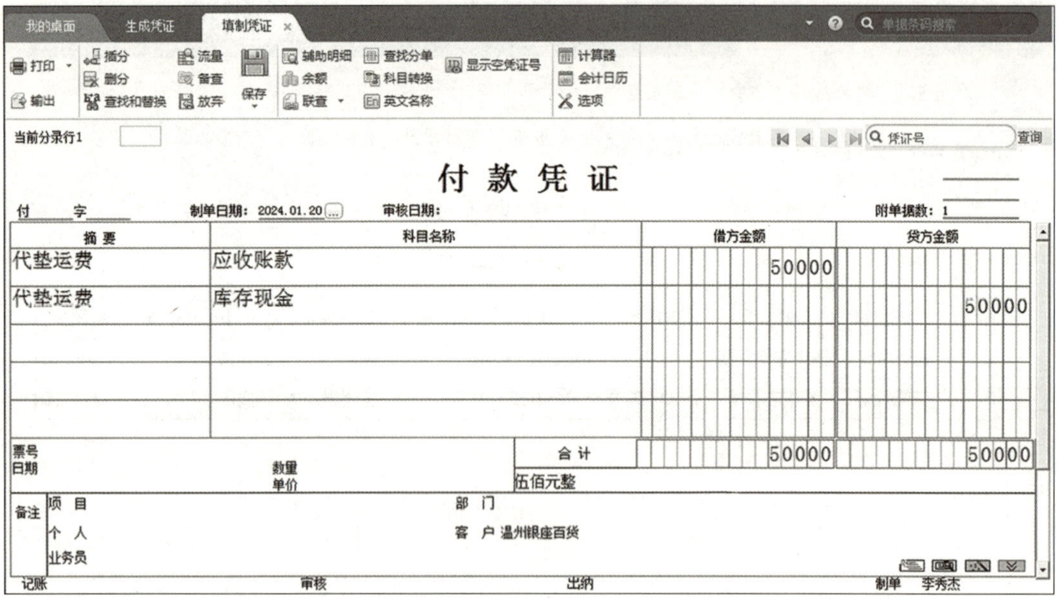

图6-36 第二笔业务凭证2（依据其他应收单）

（三）处理第三笔业务

1.录入销售发票和其他应收单

录入第三笔业务的销售专用发票、其他应收单，如图6-37、图6-38所示。

图6-37 销售专用发票

2.审核应收单和发票

（1）执行“应收处理”→“应收单审核”和“应收处理”→“销售发票审核”命令，打开“单据过滤条件”窗口。

（2）单击“确定”按钮，打开“应收单列表”“销售发票列表”窗口。

图6-38 应收单

（3）在“应收单列表”“销售发票列表”窗口中，选中要审核的单据和发票，单击“审核”按钮，如图6-39所示。

应收单列表

序号	☐	单据日期	单据类型	单据编号	客户	币种	汇率	原币金额	原币余额
1	☐	2024-01-20	其他应收单	0000000002	温州商贸有限公司	人民币	1.00000000	800.00	800.00
2	小计							800.00	800.00
3	合计							800.00	800.00

销售发票列表

序号	☐	单据日期	单据类型	单据编号	客户	币种	汇率	原币金额	原币余额	本币金额
1	☐	2024-01-20	销售专...	789012	温州商贸有限公司	人民币	1.00000000	21,060.00	21,060.00	21,060.
2	小计							21,060.00	21,060.00	21,060.
3	合计							21,060.00	21,060.00	21,060.

图6-39　审核单据列表

（4）单击“退出”按钮退出。

3. 制单处理

（1）执行“制单处理”命令，打开“制单查询”窗口。

（2）在“制单查询”窗口中，选择 “发票”和“应收单”制单。

（3）单击“确定”按钮，进入“应收制单”窗口。

（4）单击“全选”按钮。

（5）单击“制单”按钮，生成两张凭证。

（6）单击“保存”按钮，如图6-40、图6-41所示。

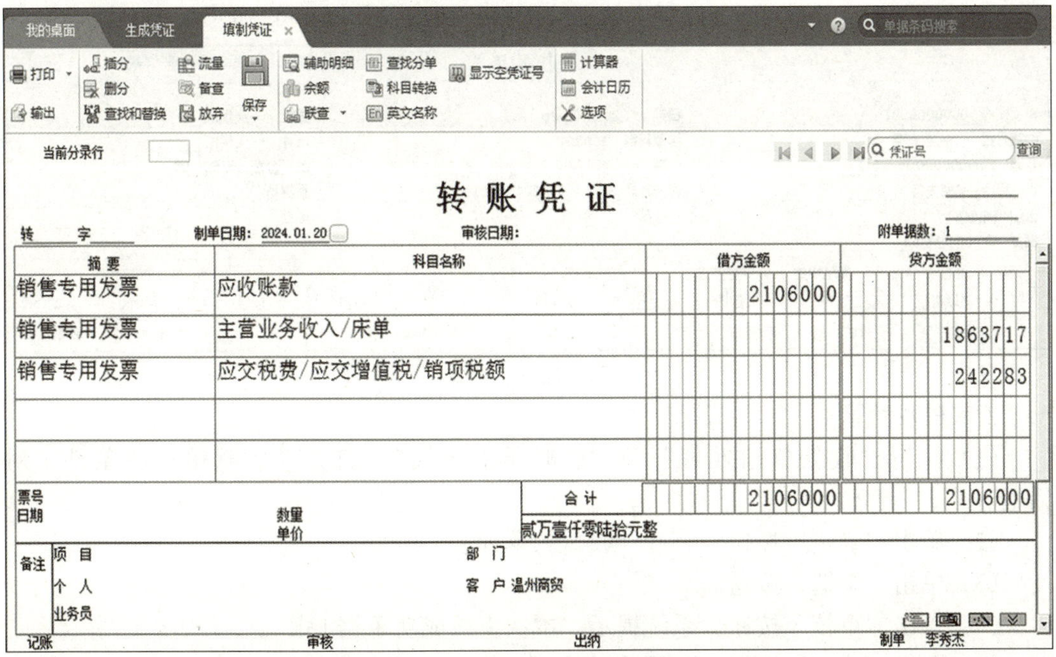

图6-40　第三笔业务凭证1（依据销售专用发票）

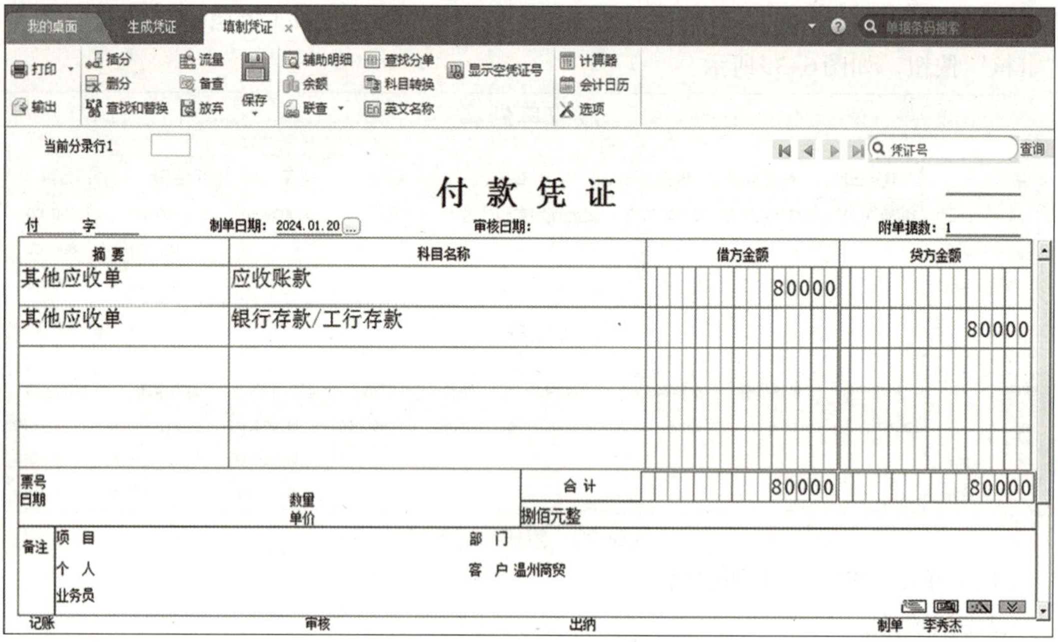

图6-41 第三笔业务凭证2（依据其他应收单）

（四）处理第四笔业务

1. 录入收款单

（1）执行“收款处理”→“收款单据录入”命令，打开“收款单”窗口。

（2）单击“增加”按钮，修改日期为“2024-01-26”，在客户中选择“大悦城”，结算方式选择“转账支票”，在金额栏输入“67 800”，在摘要处输入“收到前欠货款”，单击“科目”栏，修改为“1122”，单击“保存”按钮，如图6-42所示。

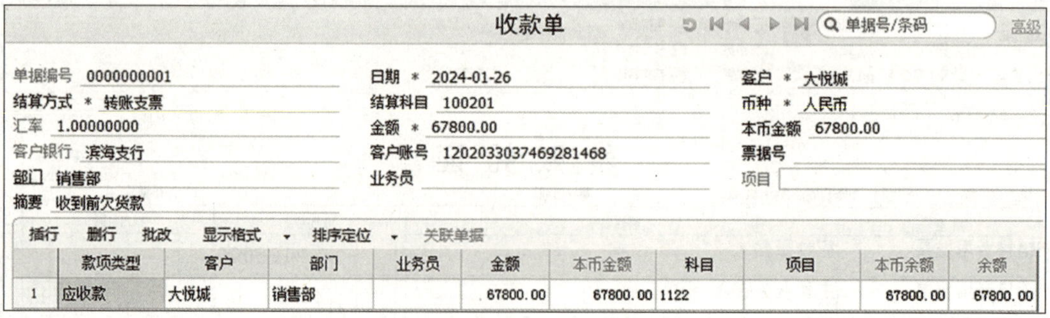

图6-42 收款单

2. 审核收款单

（1）执行“收款单据处理”→“收款单据审核”，打开“收款单过滤条件”对话框。

（2）单击“确定”按钮，打开“收付款单列表”窗口。

（3）单击“全选”按钮。

（4）单击“审核”按钮，系统提示“本次审核成功单据1张”。

（5）单击“确定”按钮，如图6-43所示，单击“退出”按钮退出。

收付款单列表

序号	☐	单据日期	单据类型	单据编号	客户	币种	汇率	原币金额	原币余额
1	☐	2024-01-26	收款单	0000000001	温州大悦城	人民币	1.00000000	67,800.00	67,800.00
2	小计							67,800.00	67,800.00
3	合计							67,800.00	67,800.00

图6-43　收付款单列表

3. 核销

（1）执行“核销处理”→“手工核销”命令，打开“核销条件”对话框。

（2）在“客户”栏中单击“客户”栏的参照按钮，选择“温州大悦城”，如图6-44所示。

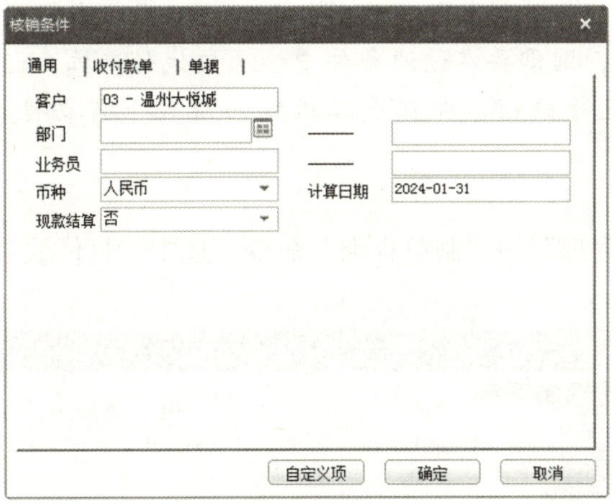

图6-44　核销条件

（3）单击“确定”按钮，进入“单据核销”窗口，如图6-45所示。

单据日期	单据类型	单据编号	客户	款项类型	结算方式	币种	汇率	原币金额	原币余额	本次结算金额	订单号
2024-01-26	收款单	0000000001	大悦城	应收款	转账支票	人民币	1.00000000	67,800.00	67,800.00	67,800.00	
合计								67,800.00	67,800.00	67,800.00	

单据日期	单据类型	单据编号	到期日	客户	币种	原币金额	原币余额	可享受折扣	本次折扣	本次结算
2023-12-30	销售专...	0000000003	2023-12-30	大悦城	人民币	67,800.00	67,800.00	0.00		
2024-01-15	销售专...	234567	2024-01-15	大悦城	人民币	17,550.00	17,550.00	0.00		
合计						85,350.00	85,350.00	0.00		

图6-45　单据核销窗口1

（4）在图6-45中找到“2023-12-30业务单据”，在本次结算金额处输入“67 800”，单击“确认”按钮，系统自动核销，已核销单据消失，如图6-46所示，再单击“退出”按钮退出。

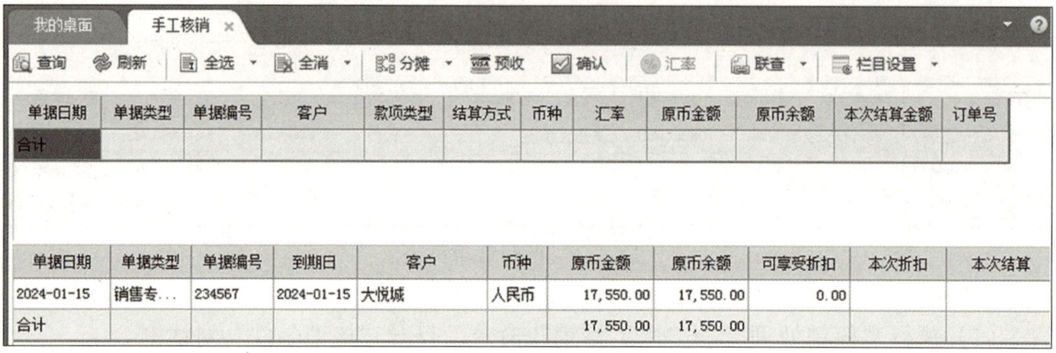

图6-46　单据核销窗口2

【特别说明】手工核销时一次只能显示一个客户的单据记录，且收付款单列表根据表体记录明细显示。当收付款单有代付处理时，只显示当前所选客户的记录。若需要对代付款进行处理，则需要在过滤条件中输入该代付单位，进行核销。一次只能对一种收付款单类型进行核销，即在手工核销的情况下需要将收款单和付款单分开核销。

4. 制单

（1）执行“制单处理”→“制单查询”命令，选中“收付款单”制单复选框，如图6-47所示。

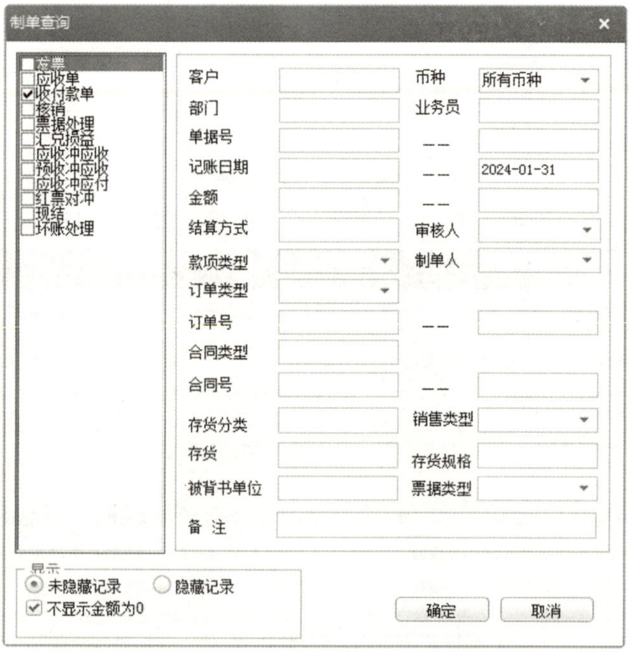

图6-47　制单查询

（2）单击“确定”按钮，进入“收付款单列表”窗口，单击“全选”按钮，如图6-48所示。

收付款单列表

凭证类别 收款凭证　　制单日期 2024-01-31　　共 1 条

选择标志	凭证类别	单据类型	单据号	日期	客户编码	客户名称	部门	业务员	金额
1	收款凭证	收款单	0000000001	2024-01-26	03	温州大悦城	销售部		67,800.00

图6-48　制单窗口

（3）单击“制单”按钮，再单击“保存”按钮，如图6-49所示。

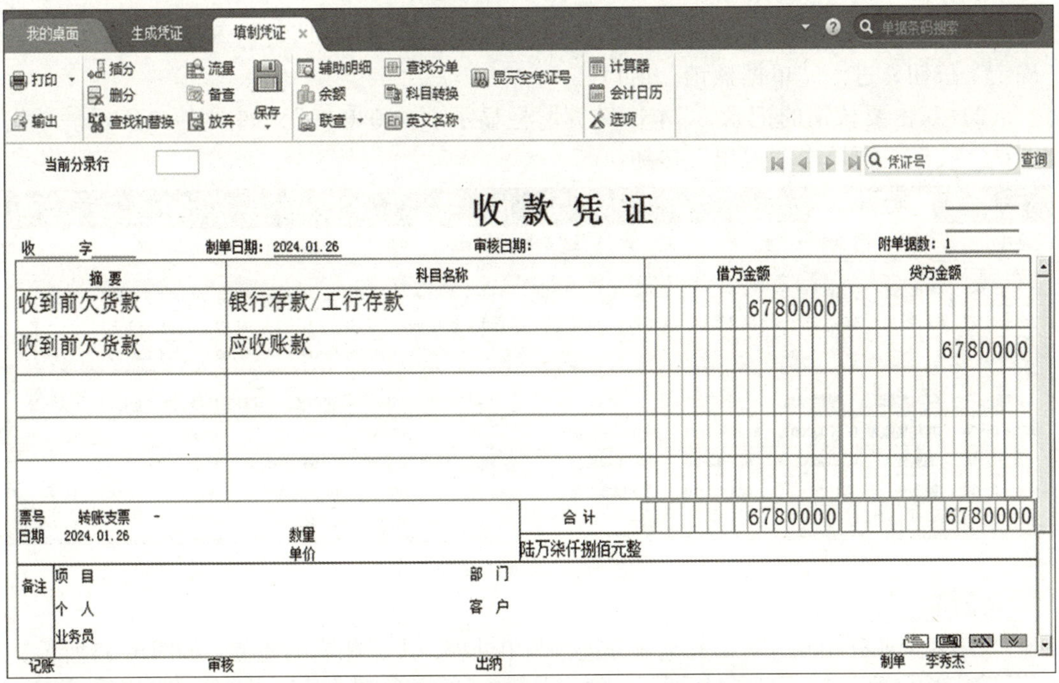

收款凭证

收　字　　制单日期：2024.01.26　　审核日期：　　附单据数：1

摘要	科目名称	借方金额	贷方金额
收到前欠货款	银行存款/工行存款	6780000	
收到前欠货款	应收账款		6780000
票号 转账支票 - 日期 2024.01.26 数量 单价	合计	6780000	6780000
	陆万柒仟捌佰元整		

备注　项目　部门　个人　客户　业务员

记账　审核　出纳　制单 李秀杰

图6-49　第四笔业务凭证（依据收款单制单）

（五）处理第五笔业务

1. 录入收款单

与第四笔业务相同，录入第五笔业务的收款单，如图6-50所示。

收款单

单据编号 0000000002　　日期 * 2024-01-27　　客户 * 温州银座百货

结算方式 * 转账支票　　结算科目 100201　　币种 * 人民币

汇率 1.00000000　　金额 * 14040.00　　本币金额 14040.00

客户银行 南汇支行　　客户账号 1202022037467722412　　票据号

部门 销售部　　业务员　　项目

摘要

插行　删行　批改　显示格式　排序定位　关联单据

	款项类型	客户	部门	业务员	金额	本币金额	科目	项目	本币余额	余额
1	应收款	温州银座百货	销售部		14040.00	14040.00	1122		14040.00	14040.00

图6-50　收款单

2. 审核收款单

与第四笔业务相同，审核第五笔业务的收款单，如图6-51所示。

收付款单列表

序号	□	单据日期	单据类型	单据编号	客户	币种	汇率	原币金额	原币余额
1	□	2024-01-27	收款单	0000000002	温州银座百货	人民币	1.00000000	14,040.00	14,040.00
2	小计							14,040.00	14,040.00
3	合计							14,040.00	14,040.00

图6-51 收付款单列表

3.核销

（1）执行“核销处理”→“手工核销”命令，在“客户”栏选择“银座”，单击“确定”按钮，进入“单据核销”窗口。

（2）双击要核销的记录，“本次结算”栏显示“14 040.00”，如图6-52所示。单击“确认”按钮，再单击“退出”按钮。

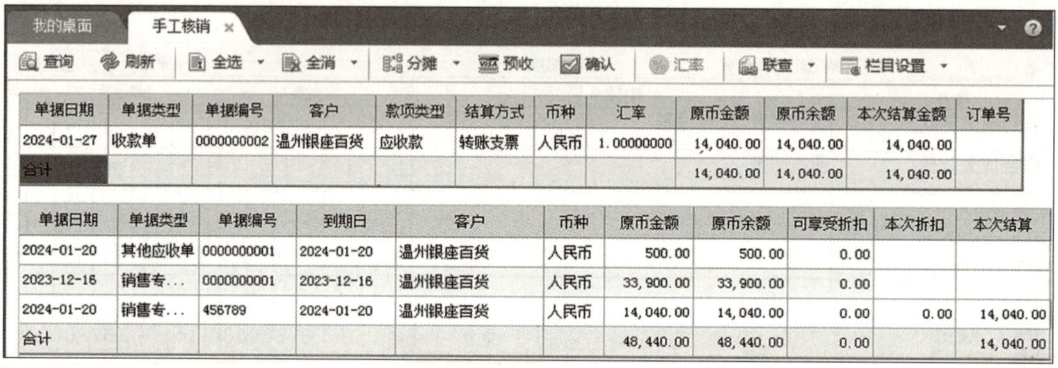

单据日期	单据类型	单据编号	客户	款项类型	结算方式	币种	汇率	原币金额	原币余额	本次结算金额	订单号
2024-01-27	收款单	0000000002	温州银座百货	应收款	转账支票	人民币	1.00000000	14,040.00	14,040.00	14,040.00	
合计								14,040.00	14,040.00	14,040.00	

单据日期	单据类型	单据编号	到期日	客户	币种	原币金额	原币余额	可享受折扣	本次折扣	本次结算
2024-01-20	其他应收单	0000000001	2024-01-20	温州银座百货	人民币	500.00	500.00	0.00		
2023-12-16	销售专...	0000000001	2023-12-16	温州银座百货	人民币	33,900.00	33,900.00	0.00		
2024-01-20	销售专...	456789	2024-01-20	温州银座百货	人民币	14,040.00	14,040.00	0.00	0.00	14,040.00
合计						48,440.00	48,440.00	0.00		14,040.00

图6-52 单据核销窗口

4.制单

与第四笔业务相同，对第五笔业务进行制单处理，生成相应的凭证，如图6-53所示。

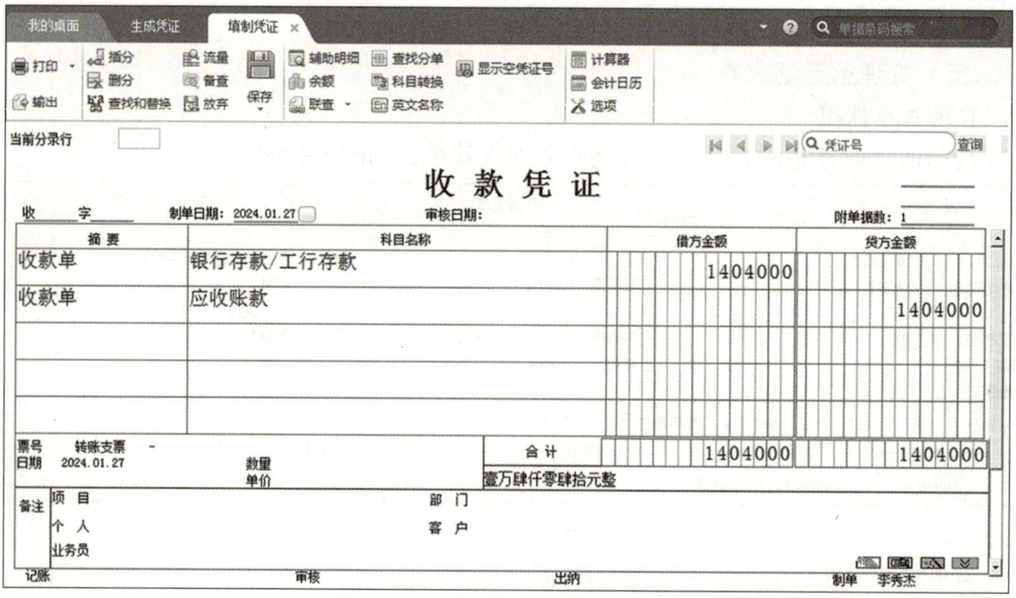

收款凭证

收 字　制单日期：2024.01.27　审核日期：　附单据数：1

摘要	科目名称	借方金额	贷方金额
收款单	银行存款/工行存款	1404000	
收款单	应收账款		1404000
票号 转账支票 - 日期 2024.01.27　数量 单价	合计	1404000	1404000
	壹万肆仟零肆拾元整		

备注　项目　部门　个人　客户　业务员

记账　审核　出纳　制单 李秀杰

图6-53 第五笔业务凭证（依据收款单制单）

任务三　票据管理

一、任务资料

1.2024年1月16日，收到大悦城于2024年1月15日签发的商业承兑汇票一张，票号98765，面值17 550元，票面利率6%，到期日2024年1月30日。

2.2024年1月25日，收到银座于2024年1月20日签发并承兑的商业承兑汇票一张，票号90068，面值14 040元，到期日2024年4月25日。

3.2024年1月25日，将收到的银座签发并承兑的商业承兑汇票（票号90068），到银行贴现，贴现率为5%。

4.2024年1月30日，将2024年1月16日收到的大悦城签发并承兑的商业承兑汇票（票号98765）进行结算。

二、任务指导

（一）处理第一笔业务

1.录入商业承兑汇票

（1）在应收款管理系统中，执行“票据管理”→“票据录入”命令，进入“商业汇票”对话框。

（2）单击“增加”按钮，新增一张商业汇票。

（3）将“票据类型”设置为“商业承兑汇票”，“收到日期”录入“2024-01-16”，单击“结算方式”，选择“商业承兑汇票”，在“票据编号”栏录入“98765”，“出票人”选择“大悦城”，在金额栏录入“17 550”，在“出票日期”栏选择“2024-01-15”，在“到期日”栏选择“2024-01-30”，在“摘要”栏录入“收到商业承兑汇票”，在“票面利率”栏录入“6”，单击“保存”按钮，如图6-54所示。

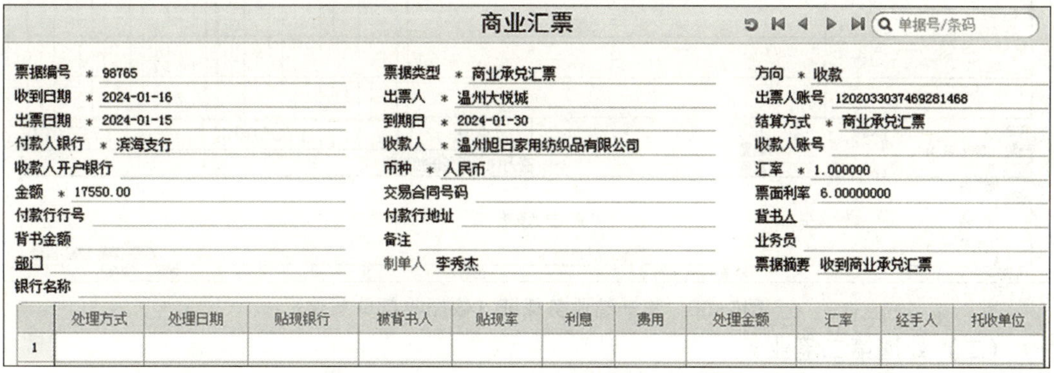

图6-54　商业汇票窗口

2.审核收款单

（1）执行“收款处理”→“收款单据审核”命令，打开“收款单过滤条件”对话框。

（2）单击“确定”按钮，打开“收付款单列表”窗口，如图6-55所示。

收付款单列表

序号	☐	单据日期	单据类型	单据编号	客户	币种	汇率	原币金额	原币余额
1	☐	2024-01-16	收款单	0000000003	温州大悦城	人民币	1.00000000	17,550.00	17,550.00
2	小计							17,550.00	17,550.00
3	合计							17,550.00	17,550.00

图6-55 收付款单列表

（3）单击“全选”按钮。

（4）单击“审核”按钮，系统提示“本次审核成功单据1张”。

（5）单击“确定”按钮，再单击“退出”按钮退出。

3.收款单制单

（1）执行“生成凭证”命令，进入“制单查询”窗口。

（2）在“制单查询”窗口中，选中“收付款单”制单选项。

（3）单击“确定”按钮，进入“制单”窗口

（4）在“制单”窗口中，单击“全选”按钮。

（5）单击“制单”按钮，生成记账凭证。

（6）单击“保存”按钮，结果如图6-56所示。

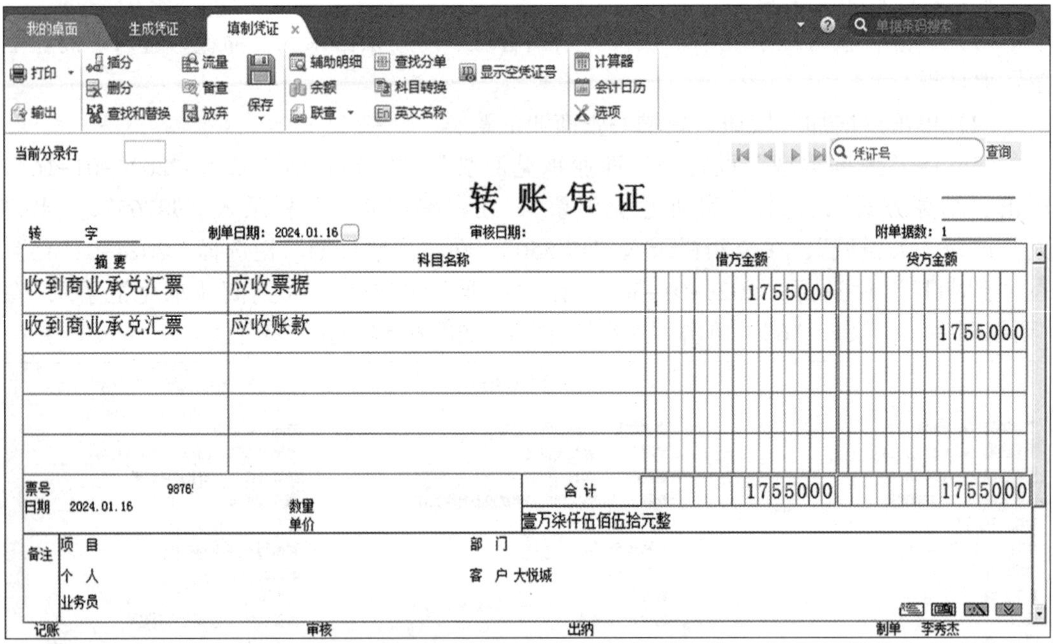

图6-56 第一笔业务凭证（依据收款单制单）

（二）处理第二笔业务

1.录入商业承兑汇票

按业务一的方法录入第二张商业承兑汇票，如图6-57所示。

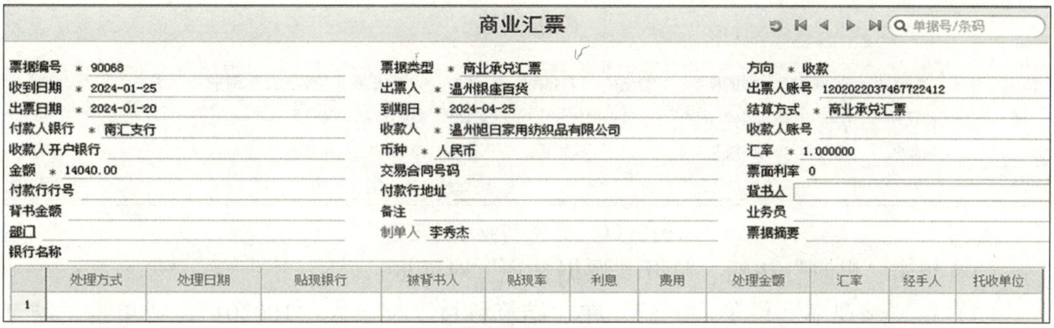

图6-57　商业汇票窗口

2. 审核收款单

按业务一的方法审核收款单，如图6-58所示。

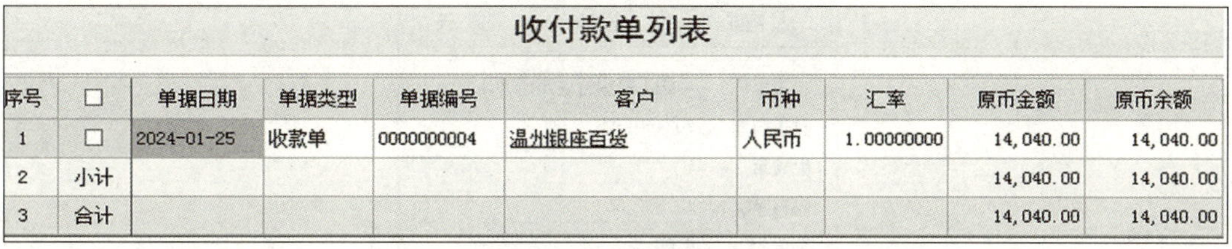
收付款单列表

序号	□	单据日期	单据类型	单据编号	客户	币种	汇率	原币金额	原币余额
1	□	2024-01-25	收款单	0000000004	温州银座百货	人民币	1.00000000	14,040.00	14,040.00
2	小计							14,040.00	14,040.00
3	合计							14,040.00	14,040.00

图6-58　收付款单列表

3. 收款单制单

按业务一的方法制单，生成相应的凭证，如图6-59所示。

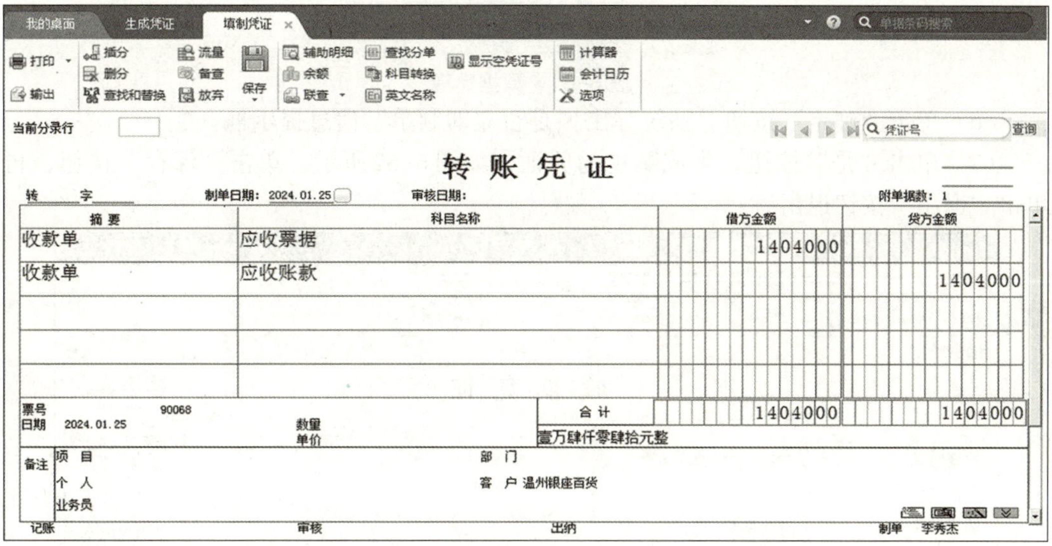

图6-59　第二笔业务凭证（依据收款单制单）

（三）处理第三笔业务（票据贴现）

（1）执行“票据管理”命令，打开“票据列表”对话框。

（2）单击“确定”按钮，进入“票据列表”窗口，如图6-60所示。

（3）在“票据管理”窗口中，双击选中2024年1月20日银泰百货开具的商业承兑汇票，票号“90068”。

票据列表

□	序号	票据类型	收到日期	票据编号	银行名称	票据摘要	币种	出票日期	结算方式	背书人	背书金额	金额
☑	1	商业承...	2024-01-25	90068			人民币	2024-01-20	商业承...			14,040.00
□	2	商业承...	2024-01-16	98765		收到商业...	人民币	2024-01-15	商业承...			17,550.00
小计												31,590.00

图6-60　选择商业承兑汇票

（4）单击“贴现”按钮，打开“票据贴现”对话框。

（5）在“贴现率”栏录入“5”，在“结算科目”栏录入“100201”，或单击“结算科目”栏的参照按钮，选择“100201”，如图6-61所示。

图6-61　票据贴现

（6）单击“确定”按钮，系统弹出“是否立即制单”信息提示框。

（7）单击“是”按钮，生成贴现的凭证，如图6-62所示，单击“保存”按钮，再单击“退出”按钮退出。

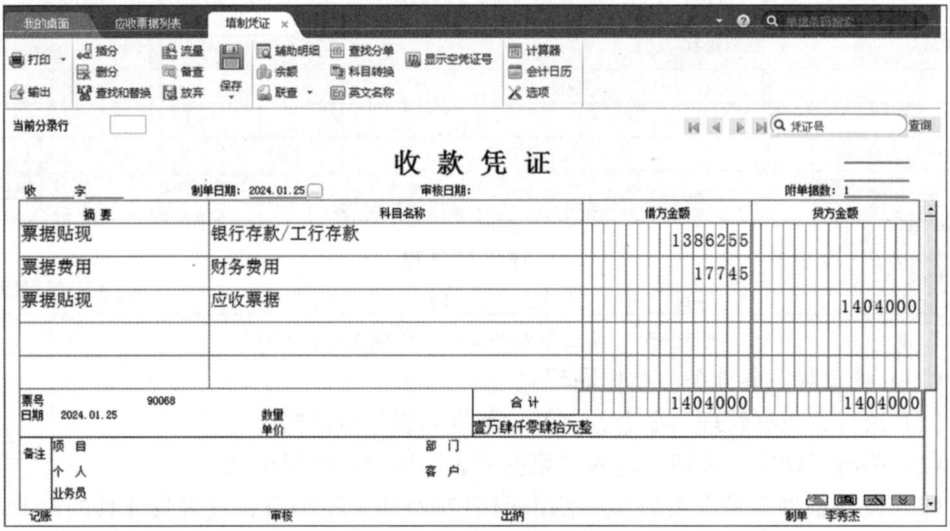

图6-62　票据贴现制单

【特别说明】

① 票据贴现后，将不能再对其进行其他处理。

② 如需取消贴现，可在“其他处理”下执行“取消”操作，选择取消“票据管理”即可。

（四）处理第四笔业务

1.票据计息

（1）执行“票据管理”命令，打开“票据列表”对话框，单击“确定”按钮，进入“票据列表”窗口。

（2）双击选中大悦城的商业承兑汇票（票号98765），如图6-63所示。

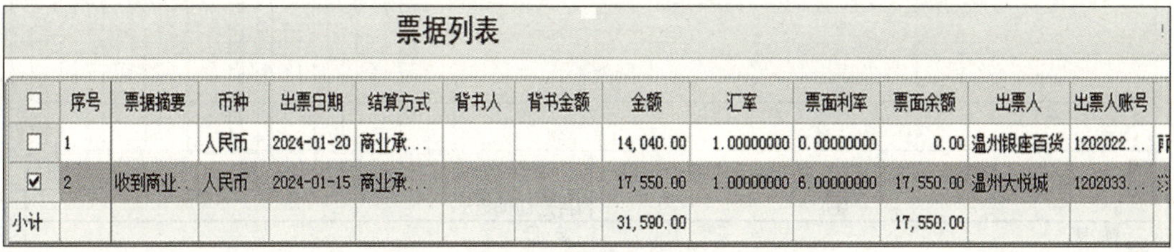

票据列表

☐	序号	票据摘要	币种	出票日期	结算方式	背书人	背书金额	金额	汇率	票面利率	票面余额	出票人	出票人账号
☐	1		人民币	2024-01-20	商业承...			14,040.00	1.00000000	0.00000000	0.00	温州银座百货	1202022...
☑	2	收到商业..	人民币	2024-01-15	商业承...			17,550.00	1.00000000	6.00000000	17,550.00	温州大悦城	1202033...
小计								31,590.00			17,550.00		

图6-63 票据管理

（3）单击“计息”按钮，打开“票据计息”对话框，如图6-64所示。

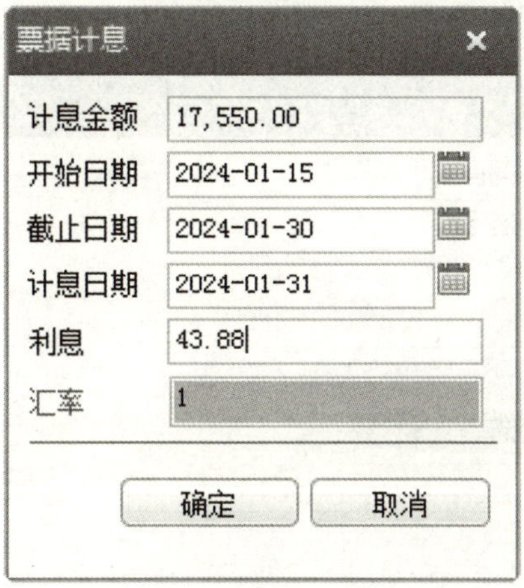

图6-64 票据计息窗口

（4）单击“确定”按钮，出现 “是否立即制单”信息提示框，单击“是”按钮，生成凭证，如图6-65所示。

2.票据结算

（1）执行“票据管理”命令，打开“票据列表”对话框，单击“确定”按钮，进入“票据列表”窗口。

（2）双击选中大悦城的商业承兑汇票（票号98765）。

（3）单击“结算”按钮，打开“票据结算”对话框。修改结算日期为“2024-01-30”，在“结算科目”栏录入“100201”，如图6-66所示。

（4）单击“确定“按钮，出现“是否立即制单”信息提示框。

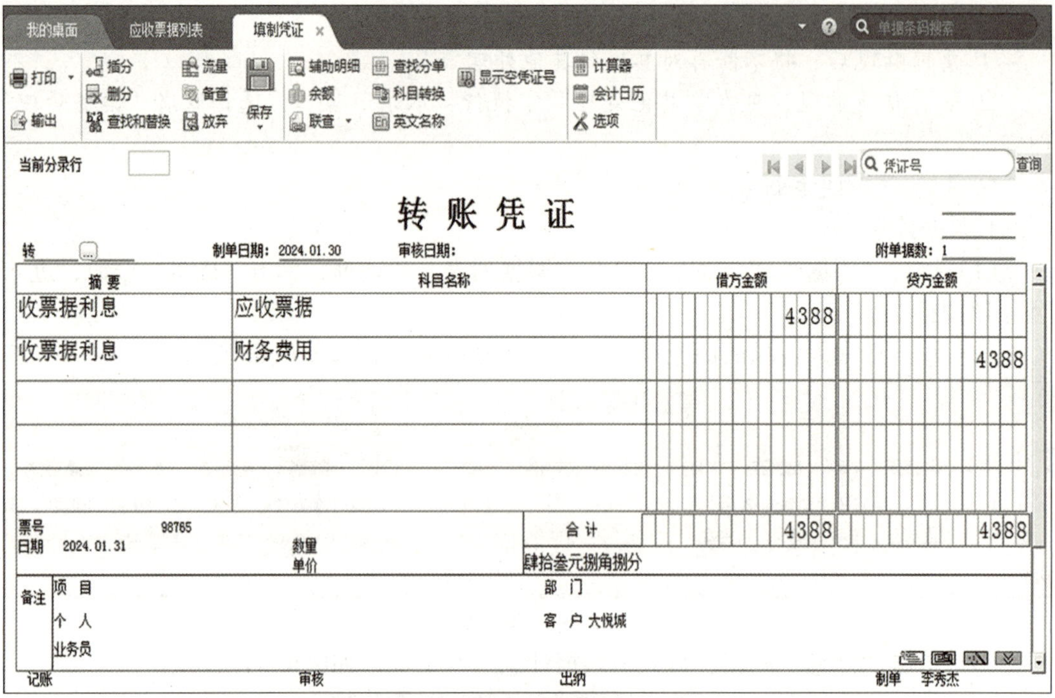

图6-65　票据计息凭证

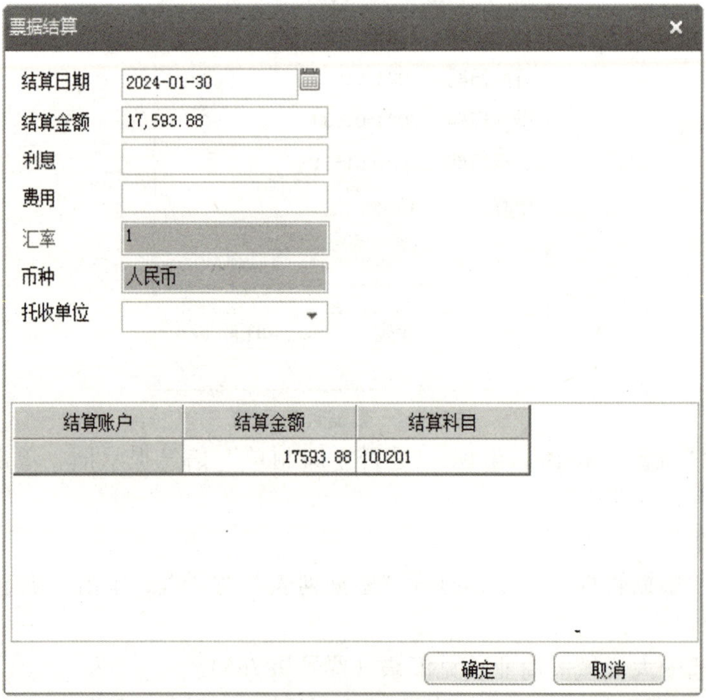

图6-66　票据结算窗口

（5）单击“是”按钮，生成结算的记账凭证，单击“保存”按钮，结果如图6-67所示。

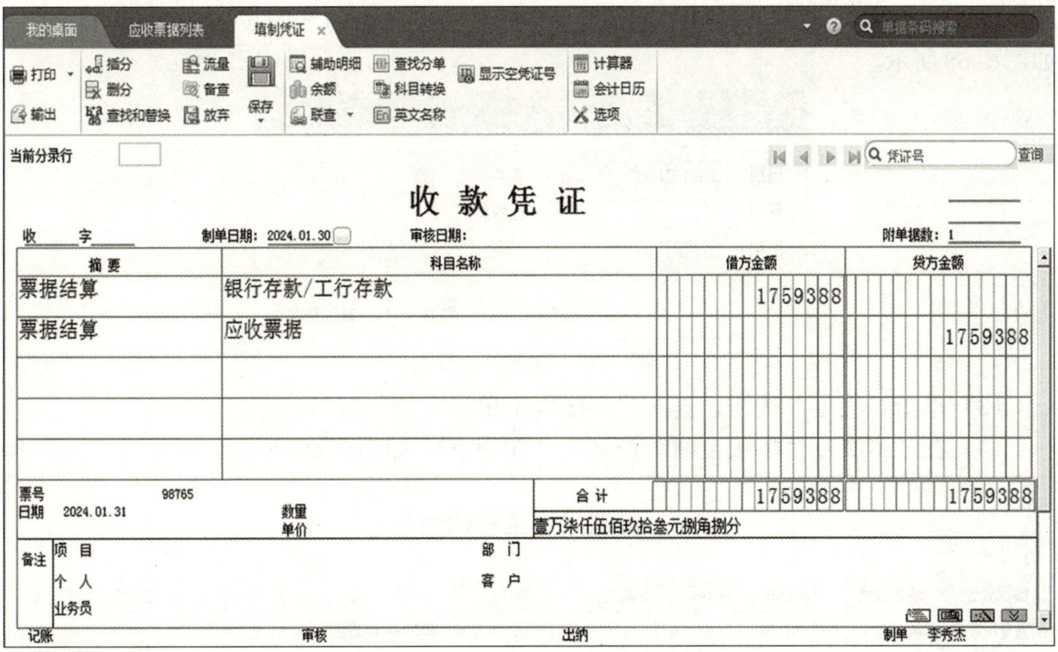

图6-67　票据结算凭证

（6）单击“退出”按钮退出。

【特别说明】

① 当票据到期持票收款时，执行“票据结算”处理。

② 当进行票据结算时，结算金额应是通过结算实际收到的金额。

③ 结算金额减去利息加上费用的金额要小于等于票据余额。

④ 票据结算后，不能再进行其他与票据相关的处理。

任务四　坏账处理

一、任务资料

1.2024年1月20日，将2023年12月16日形成的应向银座收取的应收账款33 900元中的10 000元转为坏账。

2.2024年1月31日，收到银行通知（转账支票），收回已经向银座确认的坏账10 000元。

3.对应收款管理系统进行月末结账。

二、任务指导

（一）处理第一笔业务（坏账发生）

（1）执行“坏账处理”→“坏账发生”命令，打开“坏账发生”对话框。

（2）将日期修改为“2024-01-20”，单击“客户”栏的参照按钮，选择“银座”，如图6-68所示。

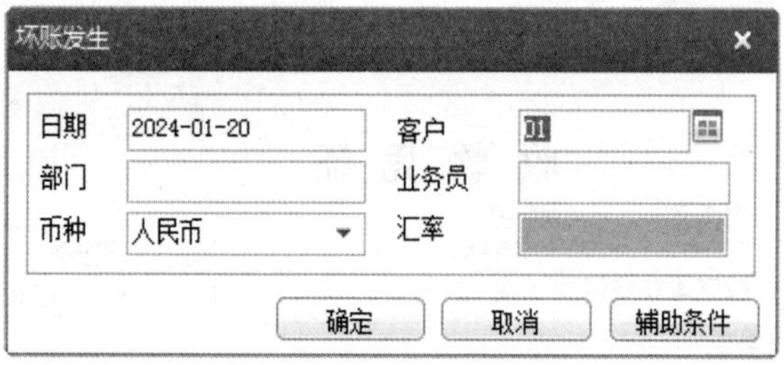

图6-68　坏账发生窗口

（3）单击“确定”按钮，进入“坏账发生单据明细”窗口。

（4）在“本次发生坏账金额”栏录入“10 000”，如图6-69所示。

坏账发生单据明细

单据类型	单据编号	单据日期	合同号	合同名称	到期日	余额	部门	业务员	本次发生坏账金额
销售专用发票	0000000001	2023-12-16			2023-12-16	33,900.00	销售部		10000
其他应收单	0000000001	2024-01-20			2024-01-20	500.00	销售部		
合　计						34,400.00			10,000.00

图6-69　坏账发生单据明细

（5）单击“确认”按钮，出现“是否立即制单”信息提示框，单击“确定”按钮，生成发生坏账的记账凭证，单击“保存”按钮，如图6-70所示。

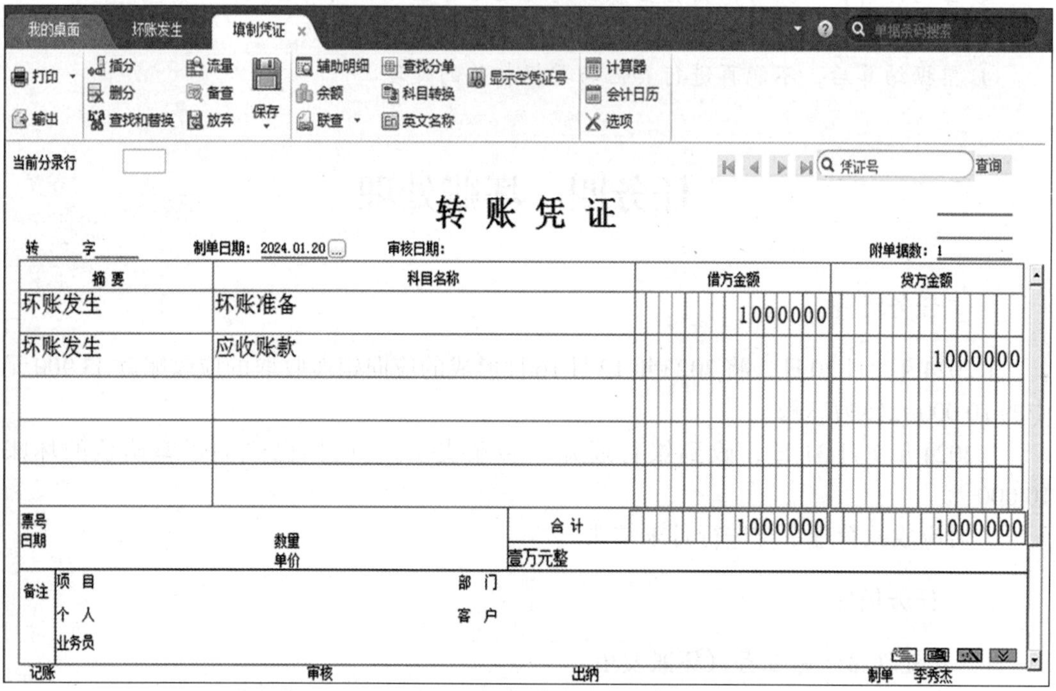

图6-70　坏账发生凭证

（二）处理第二笔业务

1. 录入收款单

（1）执行“收款处理”→“收款单据录入”命令，进入“收款单”窗口。

（2）单击“增加”按钮，再单击“客户”栏的参照按钮，选择“银座”，在“结算方式”栏选择“转账支票”，在“金额”栏录入“10 000”。

（3）单击“保存”按钮，如图6-71所示。

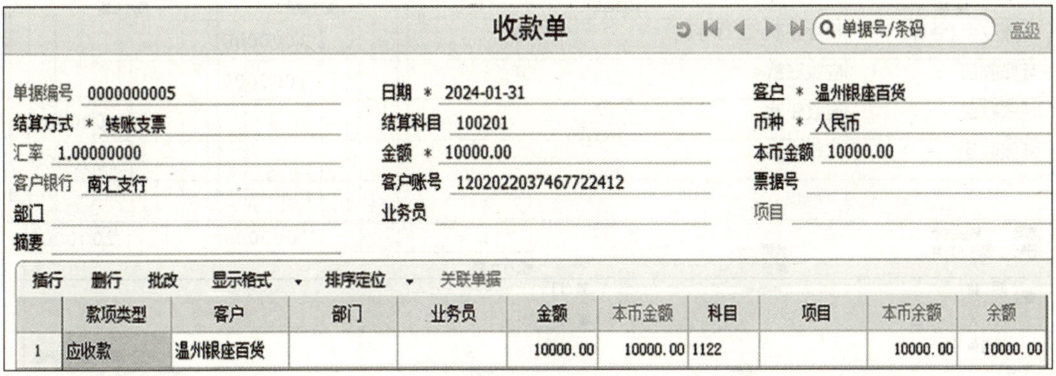

图6-71　收款单

【特别说明】处理坏账收回业务时，不需要对收款单进行审核。

2. 坏账收回

（1）执行“坏账处理”→“坏账收回”命令，打开“坏账收回”对话框，单击“客户”栏的参照按钮，选择“银座”，单击“收款单号”栏的参照按钮，选择收款单，如图6-72所示。

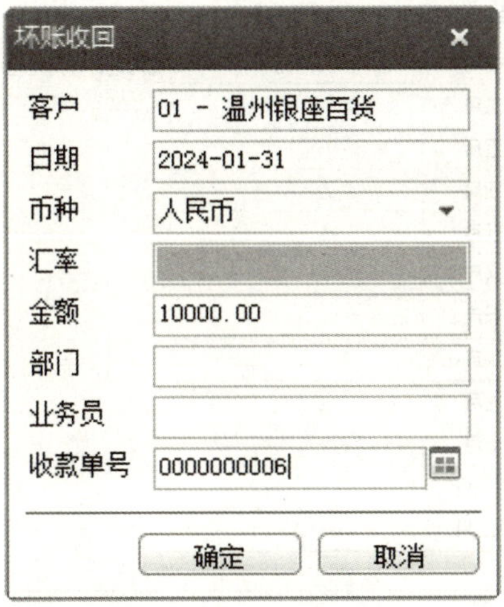

图6-72　坏账收回信息

（2）单击“确定”按钮，系统提示“是否立即制单”信息提示框，单击“是”按钮，生成一张收款凭证，单击“保存”按钮，如图6-73所示。

【特别说明】在录入一笔坏账收回的款项时，应该注意不要把该客户的其他收款业务与该笔坏账收回业务录入到一张收款单中。

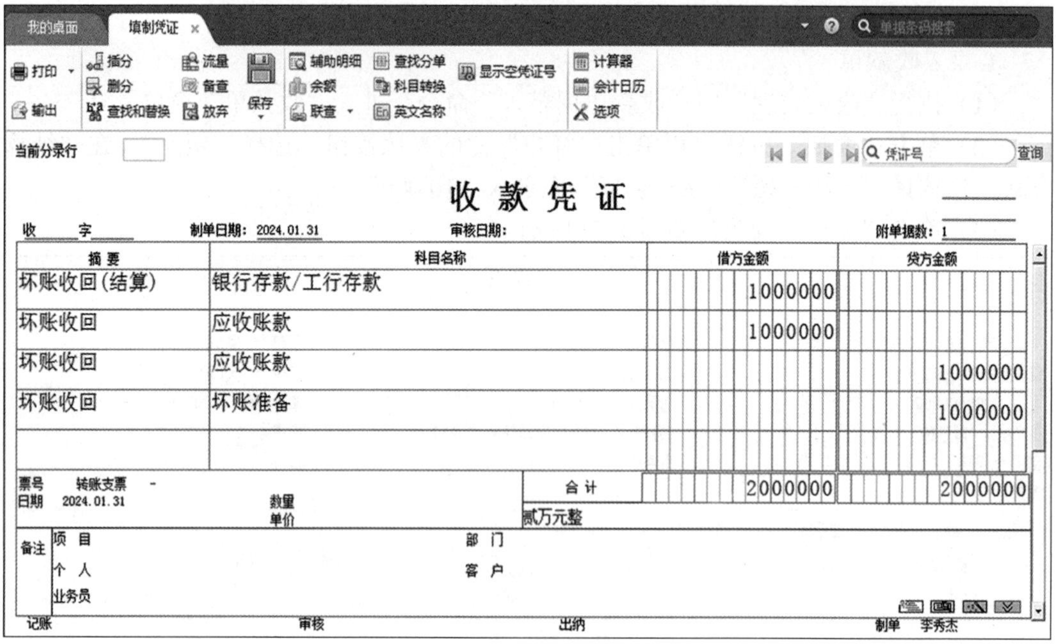

图6-73 收回坏账凭证

（三）处理第三笔业务（结账）

（1）执行“期末处理”→“月末结账”命令，打开“月末处理”窗口。

（2）双击1月份“结账标志”栏，如图6-74所示。

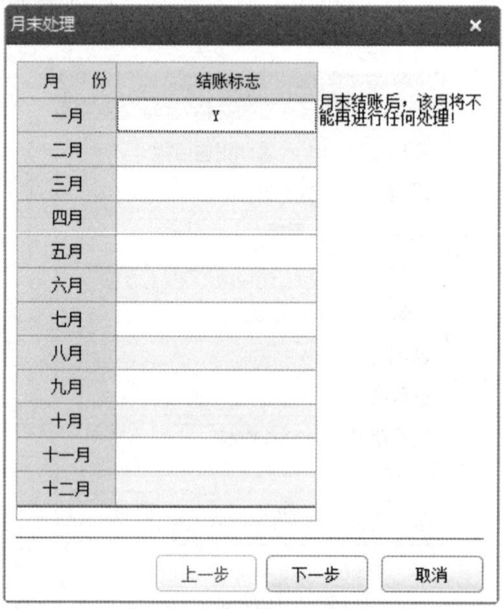

图6-74 月末处理窗口

（3）单击“下一步”按钮，出现“月末处理-处理情况”表，如图6-75所示。

（4）单击“完成”按钮，系统弹出“1月份结账成功”信息提示框。

（5）单击“确定”按钮即完成月末结账。

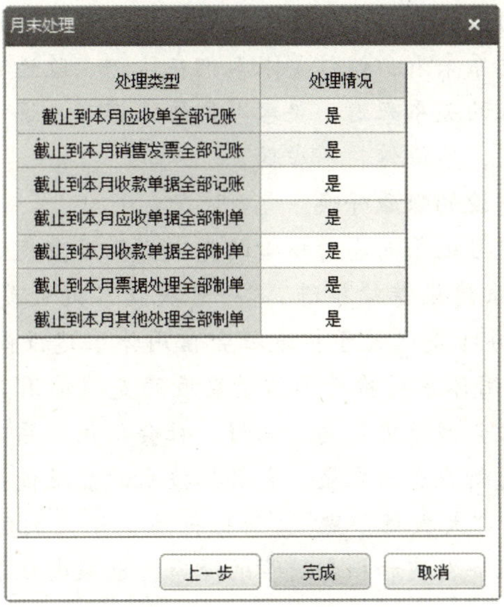

图6-75　月末处理情况表

【特别说明】

① 如果当月业务已经全部处理完毕，应进行月末结账。只有当月结账后，才能开始下月的工作。

② 进行月末处理时，一次只能选择一个月进行结账，前一个月未结账，则本月不能结账。

③ 在执行了月末结账后，该月将不能再进行任何处理。

深学践悟

加强新时代诚信文化建设

诚信是社会主义核心价值观的重要范畴。党的十八大以来，习近平总书记在多个重要场合强调诚信的重要性。党的二十大报告提出："弘扬诚信文化，健全诚信建设长效机制。"深刻学习领会习近平总书记关于诚信的重要论述，需要我们将理论和实践相结合来思考"为什么新时代需要高度重视诚信文化建设，如何加强新时代诚信文化建设"这个重大课题。

中国传统文化中的诚信观

在中华民族形成的早期，诚信就被先人所推崇。孔子认为诚信是做人的根本，"人而无信，不知其可也"。孔子教育学生，强调"文、行、忠、信"。《中庸》讲"诚者，天之道也；诚之者，人之道也"，将"诚信"提升到哲学层面，视为自然法则、人伦之理。在两千多年的历史中，这种思辨与劝诫渗透到中国传统文化的枝蔓中，成为中国人日用而不觉的文化基因。

在中国传统文化中，诚信体现在做人做事、从商从政各个方面，具有丰富内涵。择其要旨而言，可以概括为：诚者，不自欺，要做到表里如一；信者，不欺人，要做到言行一致。从人和自然的关系来看，诚信要求人们在认识、改造自然的活动中，尊重客观事实，不作假；从人与人的关系来看，要求人们信守诺言、遵守契约；从人与自身的关系来看，要做到做人实在，不矫饰、不虚伪。

诚信是新时代道德建设的强烈呼唤

党的十八大以来，以习近平同志为核心的党中央高度重视诚信建设，取得了一系列重要成果。社会信用体系建设持续推进，“一处失信、处处受限”的良好态势正在形成。2022年，中办、国办印发《关于推进社会信用体系建设高质量发展促进形成新发展格局的意见》，强调信用体系对推进高质量发展的支撑作用。在传统意义上的失信行为得到有效遏制，整个社会诚信文化向上向好、社会信用体系建设日益完善的同时，我们也看到，伴随着互联网新业态的发展、大数据技术的广泛使用，一些新的诚信问题又涌现出来，如网络诈骗、“大数据杀熟”、商标抢注、论文倒卖等备受关注。这些诚信“堵点”，不仅成为推动经济发展和社会进步的障碍，也极大地影响了人民的获得感、幸福感和安全感。

党的二十大报告指出：“中国式现代化是物质文明和精神文明相协调的现代化。”一个社会的诚信文化建设，直接反映了精神文明建设的水平。面对当前世界百年未有之大变局，面对以中国式现代化实现中华民族伟大复兴的使命任务，面对构建高水平社会主义市场经济体制的新要求，我们迫切需要进一步夯实社会诚信基石，推进新时代的诚信文化建设。

新时代需要何种诚信文化

首先，不是延续传统诚信文化的“母版”。一方面，传统的诚信观深刻地影响着我们；另一方面，今天传统诚信观所依托的社会结构已经解体，基于传统社会结构的文化生态也已发生改变。所以，我们要在传承优秀文化基因的基础上，实现创造性转化和创新性发展，赋予中国传统诚信文化以新的生机活力。

其次，不是西方信用文化的“翻版”。在中国推进现代化的进程中，我们学习模仿西方的科学技术、管理经验，也在学习西方的契约精神和信用观念。但是，建立在西方个人主义基础上的诚信文化，并不能够为我们提供完美的答案，这就要求我们在批判吸收、合理借鉴西方信用文化精华的基础上，结合中国的国情和特点进行再创造。

在中国共产党领导中国人民开创历史伟业的进程中，我们形成和发展了以马克思主义为指导的革命文化、社会主义先进文化，熔铸了以伟大建党精神为源头的中国共产党人精神谱系，为建设新时代的诚信文化提供了最直接的文化滋养。中国共产党人在百年奋斗中不忘初心、牢记使命的庄严承诺，不负人民、砥砺奋斗的卓绝行动，是新时代诚信文化建设的实践源泉。我们要树立大历史观的视野，从推进中国式现代化的历史进程看待新时代诚信文化建设，坚持以中国化时代化马克思主义为指导，在守正创新中形成有中国风格和时代特色的诚信文化。

自觉做新时代诚信文化的建设者

新时代呼唤诚信，每一个人都要做诚信道德的践行者、诚信文化的建设者。首先要明诚信之大德。在国家层面，诚信是一种境界。在新时代，我们讲诚信，最大的“诚”是对党和国家的忠诚，最大的“信”是对中国特色社会主义的信念和信仰。对党员干部来说，忠诚最重要的体现是对党和国家事业忠诚，对人民忠诚。对公民来说，忠诚于自己的国家，是首要的美德。忠诚于自己的国家，就要做到表里如一。

其次要守诚信之公德。在社会层面，诚信是一种责任。新时代诚信文化建设，既要靠制度约束，也要靠道德自觉。公民要深刻认识到，诚信是做人做事的道德底线，不可逾越；企业要深刻认识到，诚信是最宝贵的无形资产，要把诚信经营作为一种责任，努力为新时代诚信文化建设作出贡献。

最后要严诚信之私德。在个人层面，诚信是一种美德。诚信不仅是社会交往中应该遵循的规范，也是提升人格境界的必由途径。做事要“求真”，不唯书不唯上只唯实；做人要表里如一，不能人前人后两副面孔。

人无信不可，民无信不立，国无信不威。诚信是一个人安身立命之本，是社会发展进步的基石，是国家友好交往的前提。新时代诚信文化建设不仅关乎美好生活，也是国之大者。

资料来源：邢云文. 加强新时代诚信文化建设［N］. 光明日报，2023-05-25.

项目七

应付款管理系统业务处理

学习目标

掌握应付款管理系统初始设置；
掌握应付单据、付款单据的录入；
掌握票据业务处理并能够准确制单；
树立企业诚信经营理念，践行社会主义核心价值观。

任务一　应付款管理系统初始化

一、任务资料

（一）参数设置

单据审核日期为“单据日期”，应付账款核算模型为“详细核算”，受控科目制单方式为“明细到单据”，采购科目依据为“按存货”；勾选“自动计算现金折扣”。

（二）初始设置

1.基本科目设置

应付科目为“应付账款2202”，预付科目为“预付账款1123”，税金科目为“应交税费-应交增值税-进项税额22210101”，银行承兑科目为“应付票据2201”，商业承兑科目为“应付票据2201”，现金折扣科目为“财务费用6603”，票据费用科目为“财务费用6603”，票据利息科目为“财务费用6603”。

2.结算方式科目设置

现金结算方式科目为“库存现金1001”，现金支票、转账支票、银行承兑汇票、商业承兑汇票、电汇、其他结算方式的科目均为“银行存款-工行存款100201”。

3.控制科目设置

供应商的应付科目为“应付账款2202”，供应商的预付科目为“预付账款1123”。

4.产品科目设置

产品科目设置见表7-1。

表7-1　产品科目设置

存货编码	存货名称	采购科目	税金科目
001	真丝	140301	22210101
002	棉布	140302	22210101
003	混纺纱线	140303	22210101
004	床单	140501	22210101
005	被套	140502	22210101

（三）期初余额

期初余额见表7-2。

表7-2 期初余额

日期	供应商名称	摘要	科目
2023.12.15	嘉园布艺有限公司	采购真丝，117米，原币价税合计11 700元	2202
2023.12.19	嘉园布艺有限公司	采购被套，150个，原币价税合计21 000元，银行承兑票号11124321，票面利率6%，到期日2024-01-16，承兑银行为中国银行	2201

二、任务指导

使用“102李秀杰”的身份登录企业应用平台。

（一）系统参数操作步骤

1. 执行“应付款管理”→“设置”→“选项”命令，打开“账套参数设置”对话框。

2. 单击“编辑”按钮，在“常规”选项卡下，选择单据审核日期为“单据日期”，选中“自动计算现金折扣”，应付账款核算模型为“详细核算”，如图7-1所示。

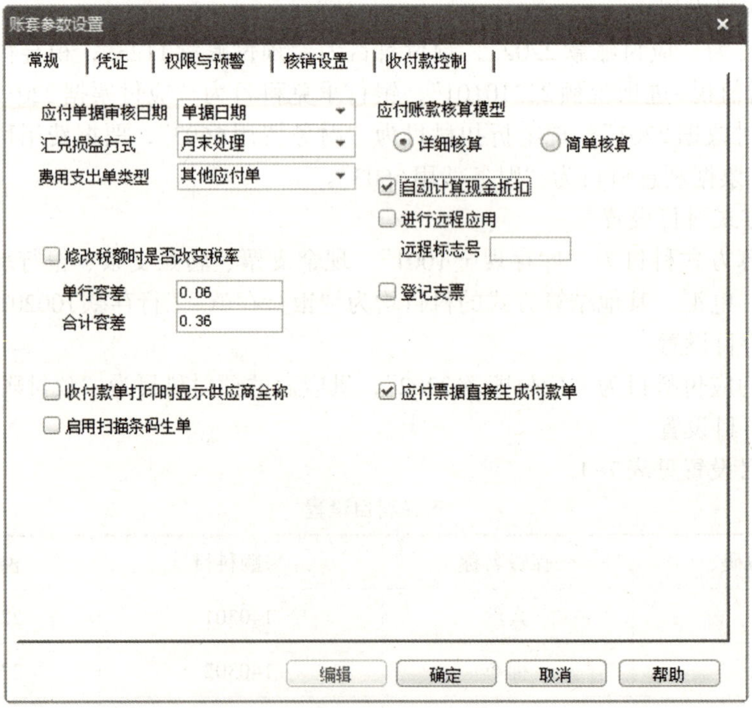

图7-1 参数设置-常规选项卡

3. 打开“凭证”选项卡，选择“受控科目制单方式”为“明细到单据”，如图7-2所示。

4. 单击“确定”按钮。

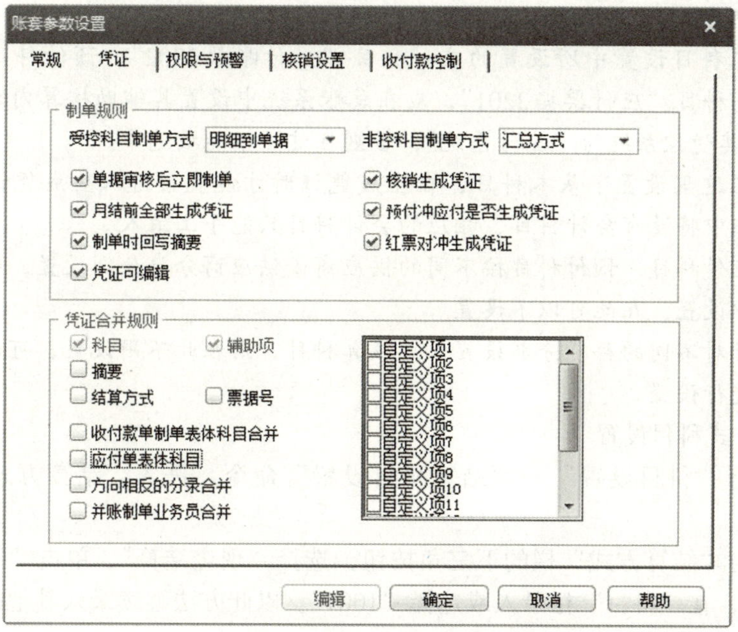

图7-2　参数设置-凭证选项卡

【特别说明】

①在进入应付款管理系统之前应在建立账套后启用应付款管理系统，或者在企业应用平台启用应付款管理系统。应付款管理系统的启用会计期间必须大于等于账套的启用期间。

②在账套使用过程中可以随时修改账套参数。

③如果选择单据审核日期为“审核日期”，则月末结账时单据必须全部审核。

（二）初始设置

1. 基本科目设置

（1）单击“设置”→“初始设置”，打开“科目设置”对话框，单击“设置科目”→“基本科目设置”。

（2）单击“增行”按钮，录入应付科目“应付账款2202”及其他基本科目，如图7-3所示。

基本科目

基本科目种类	科目	币种
应付科目	2202	人民币
预付科目	1123	人民币
税金科目	22210101	人民币
银行承兑科目	2201	人民币
商业承兑科目	2201	人民币
现金折扣科目	6603	人民币
票据费用科目	6603	人民币
票据利息科目	6603	人民币

图7-3　基本科目设置

【特别说明】

①在基本科目设置中所设置的应付科目“应付账款2202”、预付科目“预付账款1123”及承兑科目“应付票据2201”，应在总账系统中设置其辅助核算内容为“供应商往来”，并且其受控系统为“应付系统”，否则在这里不能被选中。

②只有在这里设置了基本科目，在生成凭证时才能直接进入生成凭证中的会计科目，否则凭证中将没有会计科目，相应的会计科目只能手工录入。

③如果应付科目、预付科目按不同的供应商或供应商分类分别设置，则可在“控制科目设置”中设置，在此可以不设置。

④如果针对不同的存货分别设置采购核算科目，则在此不用设置，可以在“产品科目设置”中进行设置。

2.结算方式科目设置

（1）执行“科目设置”→“结算科目设置”命令，进入“结算方式科目”设置窗口。

（2）单击“结算方式”栏的下三角按钮，选择“现金结算”，单击“币种”栏，选择“人民币”，在“科目”栏录入或选择“1001”。以此方法继续录入其他的结算方式科目，如图7-4所示。

结算方式科目

结算方式	币　种	本单位账号	科　目
1 现金结算	人民币		1001
201 现金支票	人民币		100201
202 转账支票	人民币		100201
301 银行承兑汇票	人民币		100201
302 商业承兑汇票	人民币		100201
4 电汇	人民币		100201
5 其他	人民币		100201

图7-4　结算方式科目设置

【特别说明】

①结算方式科目设置是针对已经设置的结算方式设置相应的结算科目，即在付款或收款时只要告诉系统结算时使用的结算方式就可以由系统自动生成该种结算方式所使用的会计科目。

②如果在此不设置结算方式科目，则在付款或收款时可以手工输入不同结算方式对应的会计科目。

3.控制科目设置

（1）执行“科目设置”→“控制科目设置”命令，进入“应付控制科目”设置窗口。

（2）选择各供应商的应付科目编码为“2202”，预付科目编码为“1123”，如图7-5所示。

应付控制科目

供应商编码	供应商名称	应付科目编码	应付科目名称	预付科目编码	预付科目名称
01	嘉园布艺	2202	应付账款	1123	预付账款
02	卓越	2202	应付账款	1123	预付账款
03	春雨	2202	应付账款	1123	预付账款

图7-5　控制科目设置

4. 产品科目设置

（1）执行“科目设置”→“对方科目设置”命令，进入“应付对方科目”设置窗口。

（2）设置存货编码001的采购科目编码为“140301”，应交增值税科目为“应交税费-应交增值税-进项税额22210101”，以此方式设置其他存货的采购科目及税金科目，如图7-6所示。

应付对方科目

序号	存货编码	存货名称	采购科目编码	采购科目名称	采购税金科目…	采购税金科目名称
2	001	真丝	140301	真丝	22210101	进项税额
3	002	棉布	140302	棉布	22210101	进项税额
4	003	混纺纱线	140303	混纺纱线	22210101	进项税额
5	004	床单	140501	床单	22210101	进项税额
6	005	被套	140502	被套	22210101	进项税额

图7-6　产品科目设置

（三）期初余额

1. 录入期初采购发票

（1）执行“设置”→“期初余额”命令，打开“期初余额”对话框。

（2）单击“确定”按钮，进入“期初余额明细表”窗口。

（3）单击“增加”按钮，打开“单据类别”窗口，选择单据“采购专用发票”。

（4）单击“确定”按钮，打开“采购发票”窗口。

（5）修改开票日期为“2023-12-15”，单击“供应商”栏的参照按钮，选择“嘉园”，科目栏录入“2202”，单击“存货编码”栏的参照按钮，选择“真丝”，在“数量”栏录入“117”，在“原币价税合计”栏录入“11 700”，如图7-7所示。

采购专用发票　单据号/条码　高级

发票号 0000000001　开票日期 * 2023-12-15　订单号
供应商 * 嘉园布艺　付款条件　科目 2202
币种 * 人民币　汇率 1.00000　部门
业务员　项目　备注
税率 13.00

插行　删行　批改　显示格式　排序定位

	存货编码	存货名称	规格型号	主计量	税率(%)	数量	原币单价	原币金额	原币税额	原币价税合计	累计付款	累
1	001	真丝		米	13.000000	117.00	88.500	10353.98	1346.02	11700.00		

图7-7　录入期初采购专用发票

（6）单击“保存”按钮。

【特别说明】

①如果退出了录入期初余额的单据，在“期初余额明细表”窗口中并没有看到新录入的期初余额，应单击“刷新”按钮，就可以列示所有期初余额的内容了。

②如果并未设置允许修改采购专用发票的编号，则在填制采购专用发票时不允许修改采购专用发票的编号。其他单据的编号也一样，系统默认的状态为不允许修改。

2.录入期初票据

（1）执行“设置”→“期初余额”命令，打开“期初余额查询”窗口。

（2）单击“确定”按钮，打开“期初余额明细表”窗口。

（3）单击“增加”按钮，打开“单据类别”窗口，选择单据类型为“银行承兑汇票”。

（4）单击“单据名称”栏的下三角按钮，选择“应付票据”，单据类型为“银行承兑汇票”，如图7-8所示，单击“确定”按钮。

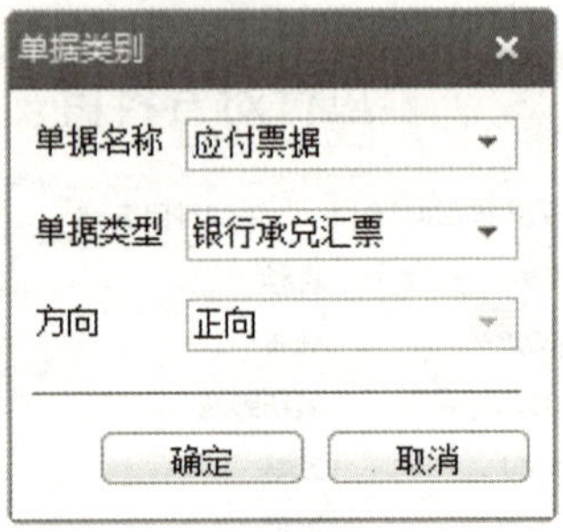

图7-8 单据类别对话框

（5）单击“增加”按钮，录入票据编号为“11124321”、票据面值为“21 000”、科目为“应付票据2201”等信息，修改签发日期为“2023-12-19”，到期日为“2024-01-16”，单击“保存”按钮，如图7-9所示。

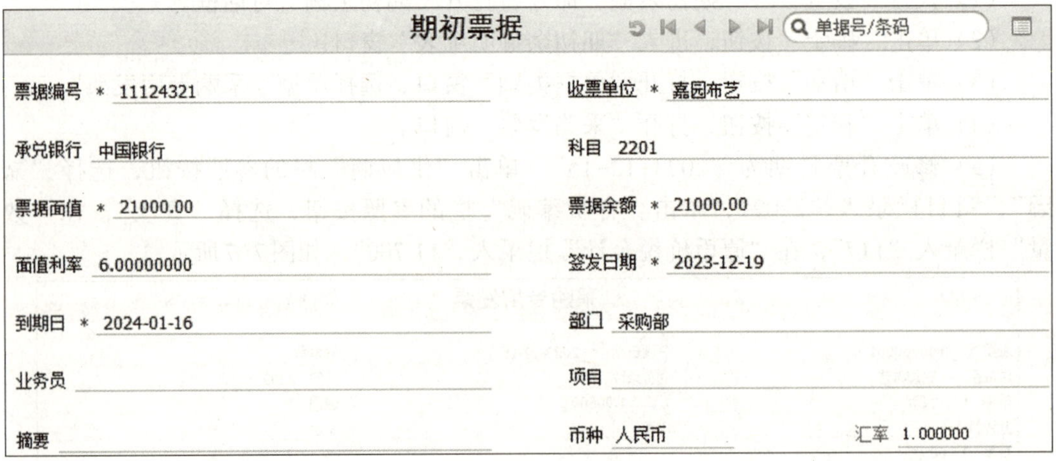

图7-9 期初票据录入

3.对账

（1）执行“对账”→“与总账对账”命令，打开“与总账对账结果”窗口。

（2）切换需要与总账对账的科目。

（3）应付期初与总账期初差额为0即为对账正确，如图7-10所示，

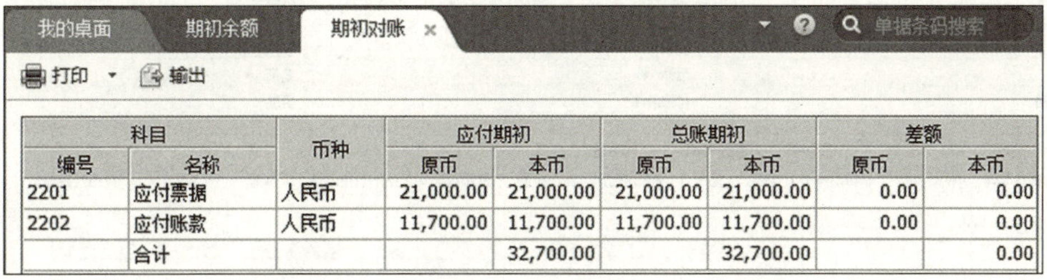

科目		币种	应付期初		总账期初		差额	
编号	名称		原币	本币	原币	本币	原币	本币
2201	应付票据	人民币	21,000.00	21,000.00	21,000.00	21,000.00	0.00	0.00
2202	应付账款	人民币	11,700.00	11,700.00	11,700.00	11,700.00	0.00	0.00
	合计			32,700.00		32,700.00		0.00

图7-10　期初对账

【特别说明】当保存了期初余额结果，或在第二年使用需要调整期初余额时可以进行修改。当第一个会计期结账后，期初余额只能查询不能再修改。

任务二　单据处理

一、任务资料

1.2024年1月9日，从温州春雨纺织品原料有限公司采购真丝，付款条件为“2/10, 1/20, n/30”，取得与业务相关的增值税专用发票，数量1 000米，原币价税合计56 500元。

2.2024年1月10日，从嘉园布艺有限公司采购真丝，取得与业务相关的增值税专用发票，数量220米，原币价税合计24 860元。

3.2024年1月10日，从温州春雨纺织品原料有限公司采购床单，取得与业务相关的增值税专用发票，数量100个，原币价税合计11 300元。

4.2024年1月10日，从温州卓越纺织品原料有限公司采购被套，取得与业务相关的增值税专用发票，数量100个，原币价税合计9 040元。

5.2024年1月15日，以转账支票支付温州春雨纺织品原料有限公司于2024年1月9日采购床单的价税款55 370元。

6.2024年1月15日，以转账支票支付温州春雨纺织品原料有限公司于2024年1月10日采购床单的价税款20 000元，余款作为预付款。

7.2024年1月16日，以转账支票支付嘉园布艺有限公司采购真丝的价税款24 860元。

二、任务指导

使用“102李秀杰”的身份登录企业应用平台。

（一）处理第一笔业务

1.录入采购发票

（1）在应付款管理系统中，执行“采购发票”→“采购专用发票录入”命令，打开“专用发票”对话框，如图7-11所示。

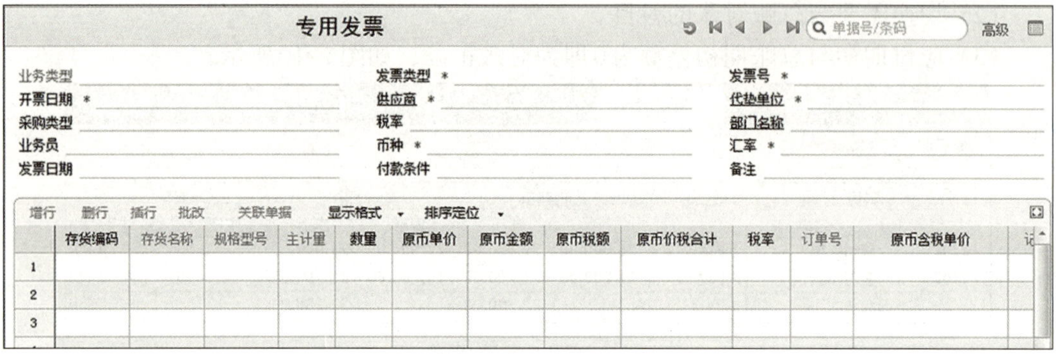

图7-11 专用发票

（2）单击“增加”按钮，修改开票日期为“2024-01-09”，单击“供应商”栏的参照按钮，选择“春雨”，单击“存货编码”栏的参照按钮，选择“真丝”，在“数量”栏录入“1 000”，在“原币价税合计”栏录入“56 500”，在“付款条件”栏选择“2/10，1/20，n/30”，如图7-12所示。

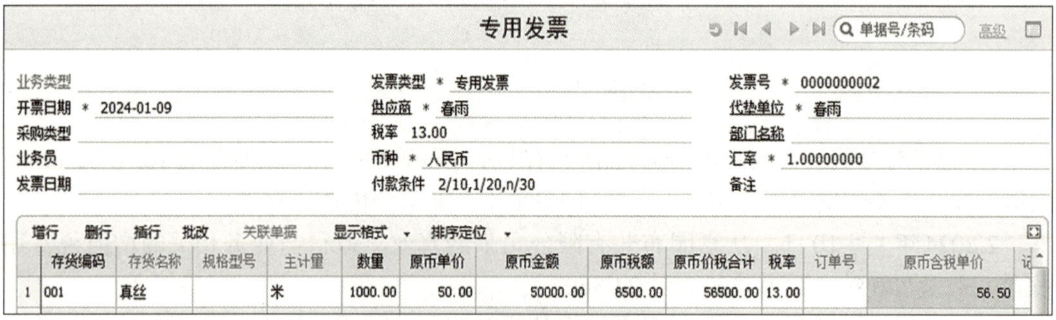

图7-12 业务一采购专用发票

（3）单击“保存”按钮，单击“退出”按钮退出。

2. 审核发票

（1）执行“采购发票”→“采购发票审核”命令，打开“采购发票列表”窗口。

（2）单击“查询”按钮，选中要审核的单据，单击“审核”按钮，如图7-13所示。

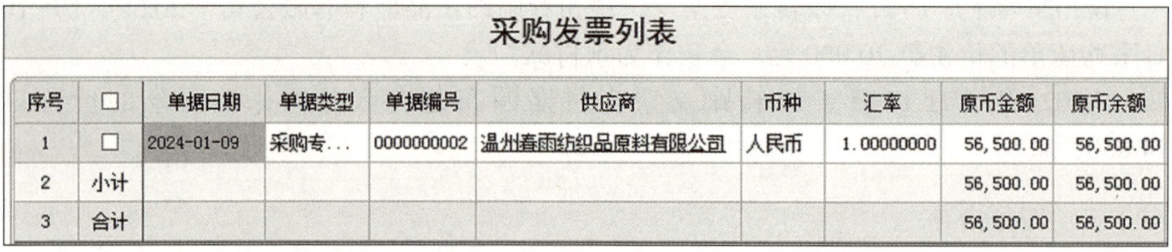

序号	□	单据日期	单据类型	单据编号	供应商	币种	汇率	原币金额	原币余额
1	□	2024-01-09	采购专...	0000000002	温州春雨纺织品原料有限公司	人民币	1.00000000	56,500.00	56,500.00
2	小计							56,500.00	56,500.00
3	合计							56,500.00	56,500.00

图7-13 审核发票窗口

（3）单击“退出”按钮退出。

3. 制单处理

（1）执行“凭证处理”→“生成凭证”命令，打开“制单查询”窗口。

（2）在“制单查询”窗口中，选择“发票”制单复选框，如图7-14所示。

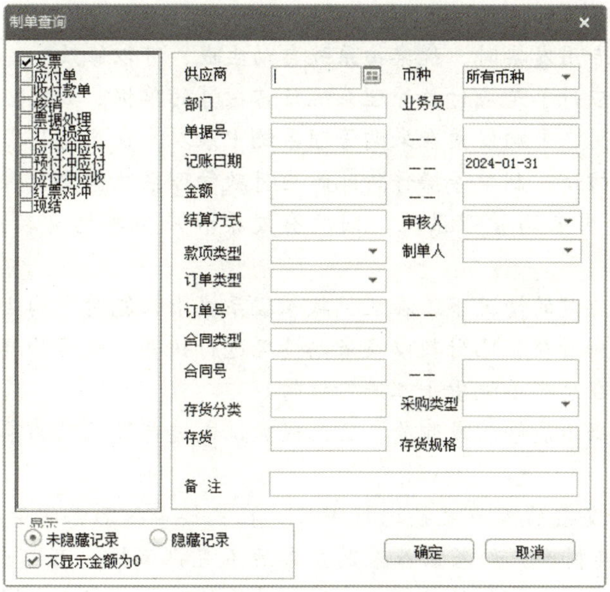

图7-14　制单查询窗口

（3）单击“确定”按钮，进入“采购发票制单”窗口。

（4）双击选中正确的单据，如图7-15所示。

图7-15　制单窗口

（5）单击“制单”按钮，生成凭证。

（6）单击“保存”按钮，如图7-16所示。

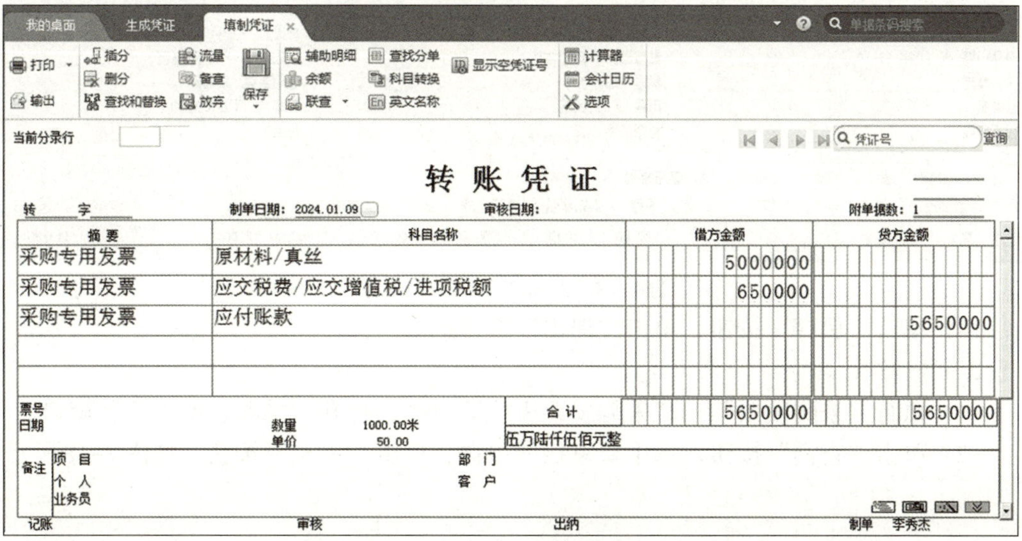

图7-16　业务一凭证生成窗口

【特别说明】

①在填制采购专用发票时，税率由系统自动生成，可以修改。

②采购发票与应付单是应付款管理系统日常核算的单据。如果应付款管理系统与采购管理系统集成使用，采购发票在采购管理系统中录入，在应付款管理系统中可以对这些单据进行查询、核销、制单等操作。此时应付款管理系统需要录入的只限于应付单。

③如果没有使用采购管理系统，则所有发票和应付单均需在应付款管理系统中录入。

④在不启用供应链的情况下，在应付款管理系统中只能对采购业务的资金流进行会计核算，即可以对应付款、已付款以及采购情况进行核算，而其物流的核算，即存货入库成本的核算还需在总账系统中手工进行结转。

⑤已审核的单据不能修改或删除，已生成凭证或进行过核销的单据在单据界面不再显示。

⑥在录入采购发票后可以直接进行审核，在直接审核后系统会提示“是否立即制单”，此时可以直接制单。如果录入采购发票后不直接审核，可以在审核功能中审核，再到制单功能中制单。已审核的单据在未进行其他处理之前可以取消审核后再修改。

（二）处理第二笔业务

1.录入采购发票

（1）在应付款管理系统中，执行“采购发票”→“采购专用发票录入”命令，打开“专用发票”对话框。

（2）单击“增加”按钮，新增一张“采购专用发票”。

（3）修改开票日期为“2024-01-10”，单击“供应商”栏的参照按钮，选择“嘉园”，单击“存货编码”栏的参照按钮，选择“真丝”，在“数量”栏录入“220”，在“原币价税合计”栏录入“24 860”，如图7-17所示。

专用发票

业务类型
开票日期 * 2024-01-10
采购类型
业务员
发票日期

发票类型 * 专用发票
供应商 * 嘉园布艺
税率 13.00
币种 * 人民币
付款条件

发票号 * 0000000003
代垫单位 * 嘉园布艺
部门名称 采购部
汇率 * 1.00000000
备注

	存货编码	存货名称	规格型号	主计量	数量	原币单价	原币金额	原币税额	原币价税合计	税率	订单号	原币含税单价
1	001	真丝		米	220.00	100.00	22000.00	2860.00	24860.00	13.00		113.00

图7-17 业务二采购专用发票

（4）单击“保存”按钮，单击“退出”按钮退出。

2.审核发票

（1）执行“采购发票”→“采购发票审核”命令，打开“采购发票列表”窗口。

（2）单击“查询”按钮，选中要审核的单据，单击“审核”按钮，如图7-18所示。

采购发票列表

序号	☐	单据日期	单据类型	单据编号	供应商	币种	汇率	原币金额	原币余额
1	☐	2024-01-10	采购专...	0000000003	嘉园布艺有限公司	人民币	1.00000000	24,860.00	24,860.00
2	小计							24,860.00	24,860.00
3	合计							24,860.00	24,860.00

图7-18　审核发票窗口

（4）单击“退出”按钮退出。

3.制单处理

（1）执行“凭证处理”命令，打开“生成凭证”窗口。

（2）在“制单查询”窗口中，选择“发票”制单。

（3）单击“确定”按钮，进入“采购发票制单”窗口。

（4）双击选中正确的单据，如图7-19所示。

发票列表

凭证类别　转账凭证　　制单日期　2024-01-31　　共 1 条

选择标志	凭证类别	单据类型	单据号	日期	供应商编码	供应商名称	部门	业务员	金额
1	转账凭证	采购专用发票	0000000003	2024-01-10	01	嘉园布...	采购部		24,860.00

图7-19　制单窗口

（5）单击“制单”按钮，生成凭证。

（6）单击“保存”按钮，如图7-20所示。

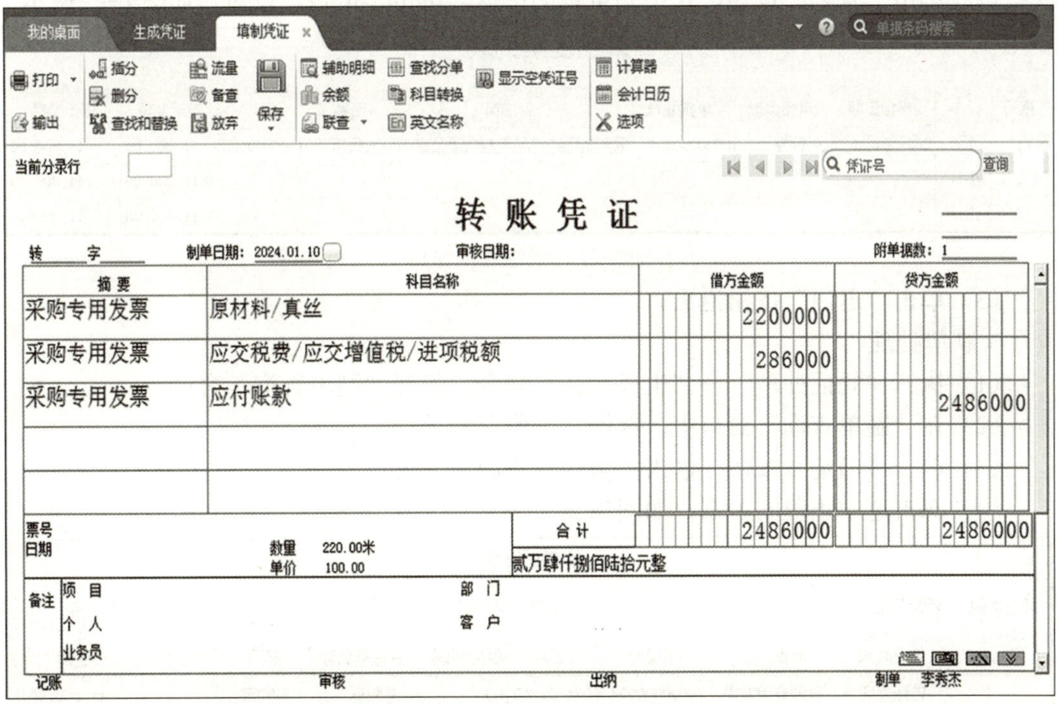

图7-20　业务二凭证生成窗口

（三）处理第三笔业务

1. 录入采购发票

（1）在应付款管理系统中，执行“采购发票”→“采购发票录入”命令，打开“专用发票”对话框。

（2）单击“增加”按钮，新增一张“采购专用发票”。

（3）修改存货属性“采购”，修改开票日期为“2024-01-10”，单击“供应商”栏的参照按钮，选择“春雨”，单击“存货编码”栏的参照按钮，选择“床单”，在“数量”栏录入“100”，在“原币价税合计”栏录入“11 300”，如图7-21所示。

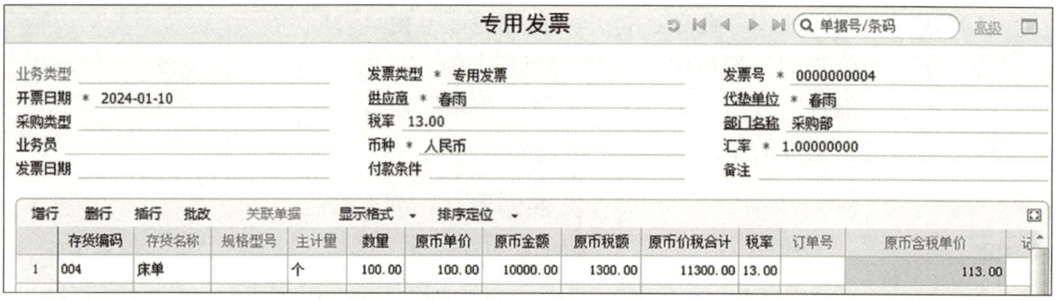
专用发票

业务类型
开票日期 * 2024-01-10
采购类型
业务员
发票日期
发票类型 * 专用发票
供应商 * 春雨
税率 13.00
币种 * 人民币
付款条件
发票号 * 0000000004
代垫单位 * 春雨
部门名称 采购部
汇率 * 1.00000000
备注

	存货编码	存货名称	规格型号	主计量	数量	原币单价	原币金额	原币税额	原币价税合计	税率	订单号	原币含税单价
1	004	床单		个	100.00	100.00	10000.00	1300.00	11300.00	13.00		113.00

图7-21　业务三采购专用发票

（4）单击“保存”按钮，单击“退出”按钮退出。

2. 审核发票

（1）执行“采购发票”→“采购发票审核”命令，打开“采购发票列表”窗口。

（2）单击“查询”按钮，选中要审核的单据，单击“审核”按钮，如图7-22所示。

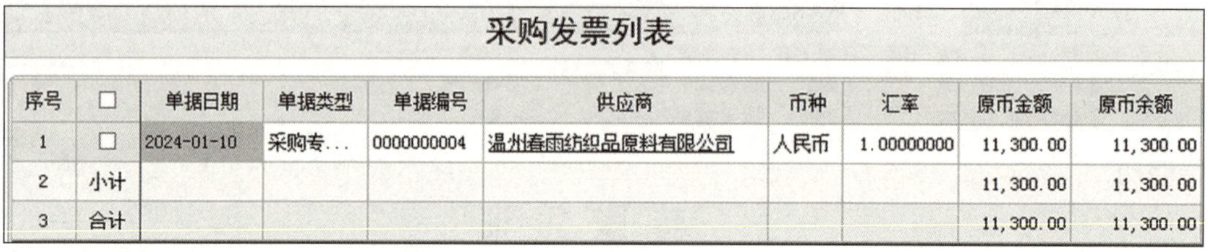
采购发票列表

序号	☐	单据日期	单据类型	单据编号	供应商	币种	汇率	原币金额	原币余额
1	☐	2024-01-10	采购专...	0000000004	温州春雨纺织品原料有限公司	人民币	1.00000000	11,300.00	11,300.00
2	小计							11,300.00	11,300.00
3	合计							11,300.00	11,300.00

图7-22　审核发票窗口

（3）单击“退出”按钮退出。

3. 制单处理

（1）执行“凭证处理”→“生成凭证”命令，打开“制单查询”窗口。

（2）在“制单查询”窗口中，选择“发票”制单。

（3）单击“确定”按钮，进入“采购发票制单”窗口。

（4）双击选中正确的单据，如图7-23所示。

发票列表

凭证类别 转账凭证　制单日期 2024-01-31　共 1 条

选择标志	凭证类别	单据类型	单据号	日期	供应商编码	供应商名称	部门	业务员	金额
1	转账凭证	采购专用发票	0000000004	2024-01-10	03	温州春...	采购部		11,300.00

图7-23　制单窗口

（5）单击“制单”按钮，生成凭证。

（6）单击“保存”按钮，如图7-24所示。

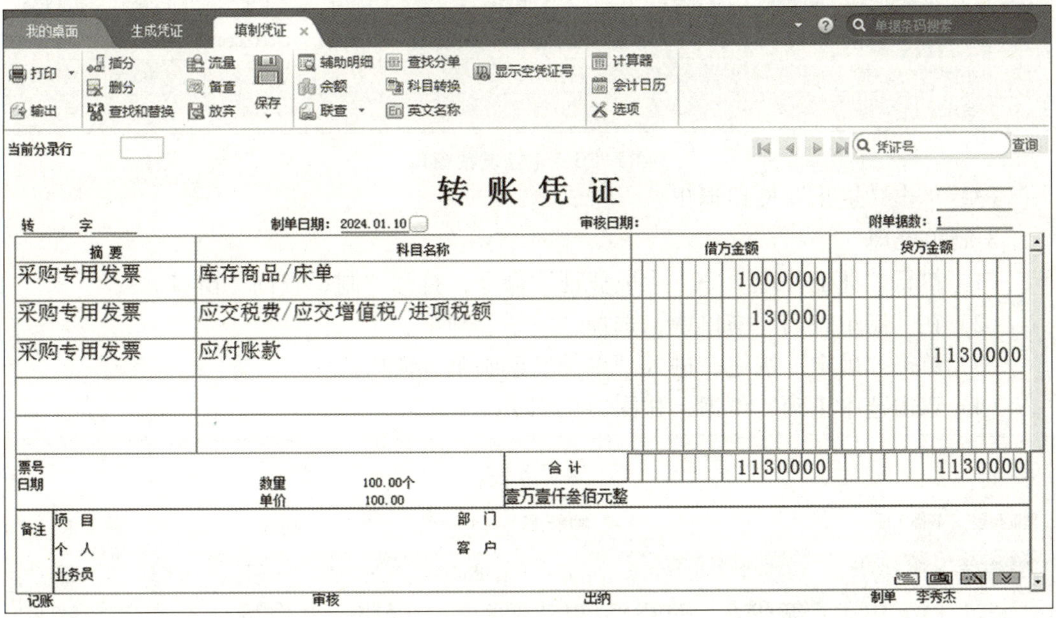

图7-24　业务三凭证生成窗口

（四）处理第四笔业务

1.录入采购发票

（1）在应付款管理系统中，执行“采购发票”→“采购专用发票录入”命令，打开“专用发票”对话框。

（2）单击“增加”按钮，新增一张“采购专用发票”。

（3）修改开票日期为“2024-01-10”，单击“供应商”栏的参照按钮，选择“卓越”，单击“存货编码”栏的参照按钮，选择“被套”，在“数量”栏录入“100”，在“原币价税合计”栏录入“9 040”，如图7-25所示。

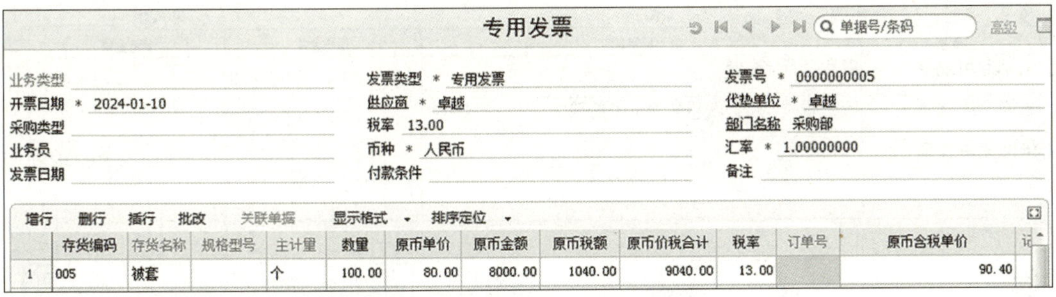

图7-25　业务四采购专用发票

（4）单击“保存”按钮，单击“退出”按钮退出。

2.审核发票

（1）执行“采购发票”→“采购发票审核”命令，打开“采购发票列表”窗口。

（2）单击“查询”按钮，选中要审核的单据，单击“审核”按钮，如图7-26所示。

采购发票列表

序号	□	单据日期	单据类型	单据编号	供应商	币种	汇率	原币金额	原币余额
1	□	2024-01-10	采购专...	0000000005	温州卓越纺织品原料有限公司	人民币	1.00000000	9,040.00	9,040.00
2	小计							9,040.00	9,040.00
3	合计							9,040.00	9,040.00

图7-26　审核发票窗口

（3）单击“退出”按钮退出。

3.制单处理

（1）执行“凭证处理”→“生成凭证”命令，打开“制单查询”窗口。

（2）在“制单查询”窗口中，选择“发票”制单。

（3）单击“确定”按钮，进入“采购发票制单”窗口。

（4）双击选中正确的单据，如图7-27所示。

发票列表

凭证类别　转账凭证　　制单日期　2024-01-31　　共 1 条

选择标志	凭证类别	单据类型	单据号	日期	供应商编码	供应商名称	部门	业务员	金额
1	转账凭证	采购专用发票	0000000005	2024-01-10	02	温州卓...	采购部		9,040.00

图7-27　制单窗口

（5）单击“制单”按钮，生成凭证。

（6）单击“保存”按钮，如图7-28所示。

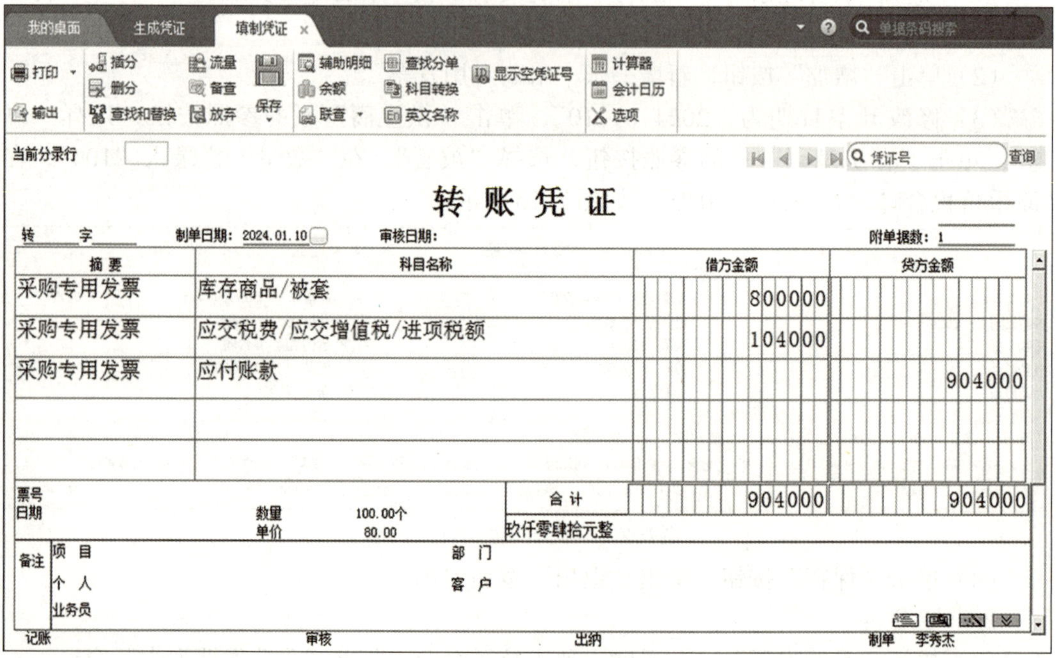

图7-28　业务四凭证生成窗口

（五）处理第五笔业务

1. 录入付款单

（1）在应付款管理系统中，执行“付款处理”→“付款单据录入”命令，进入“付款单”窗口。

（2）单击“增加”按钮。修改开票日期为“2024-01-15”，单击“供应商”栏的参照按钮，选择“春雨”，单击“结算方式”栏的下三角按钮，选择“转账支票”，在“金额”栏录入“55 370，在“摘要”栏录入“支付购买真丝的货税款”，如图7-29所示。

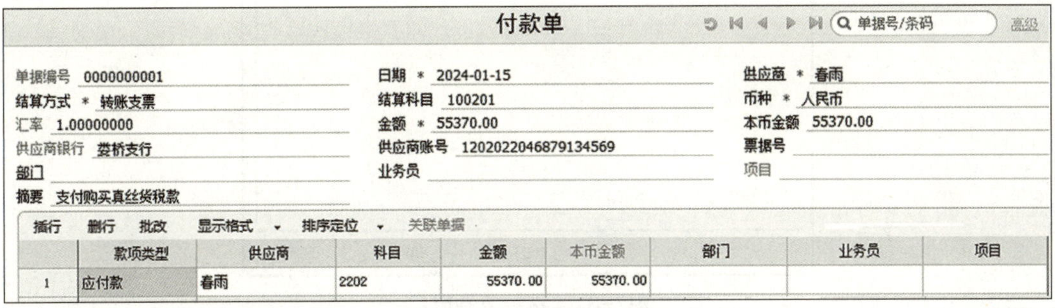

付款单

单据号/条码　高级

单据编号 0000000001　日期 * 2024-01-15　供应商 * 春雨
结算方式 * 转账支票　结算科目 100201　币种 * 人民币
汇率 1.00000000　金额 * 55370.00　本币金额 55370.00
供应商银行 娄桥支行　供应商账号 1202022046879134569　票据号
部门　业务员　项目
摘要 支付购买真丝货税款

插行　删行　批改　显示格式　排序定位　关联单据

	款项类型	供应商	科目	金额	本币金额	部门	业务员	项目
1	应付款	春雨	2202	55370.00	55370.00			

图7-29　填制付款单

（3）单击“保存”按钮，再单击“退出”按钮。

【特别说明】

①在单击付款单的“保存”按钮后，系统会自动生成付款单表体的内容。

②若在一张付款单中，表头供应商与表体供应商不同，则视表体供应商的款项为代收款。

③在填制付款单后，可以直接单击“核销”按钮进行单据核销的操作。

④如果是供应商退款，则可以单击“切换”按钮，填制红字付款单。

2. 审核付款单

（1）执行“付款处理”→“付款单据审核”命令，打开“付款单过滤条件”对话框。

（2）单击“查询”按钮，进入“收付款单列表”窗口，如图7-30所示。

收付款单列表

序号	☐	单据日期	单据类型	单据编号	供应商	币种	汇率	原币金额	原币余额
1	☐	2024-01-15	付款单	0000000001	温州春雨纺织品原料有限公司	人民币	1.00000000	55,370.00	55,370.00
2	小计							55,370.00	55,370.00
3	合计							55,370.00	55,370.00

图7-30　收付款单列表

（3）单击“确定”按钮，再单击“退出”按钮退出。

3. 核销

（1）执行“核销处理”→“手工核销”命令，进入“核销条件”窗口。

（2）单击“供应商”选择“温州春雨纺织品原料有限公司”，“计算日期”栏选择“2024-01-15”，如图7-31所示。

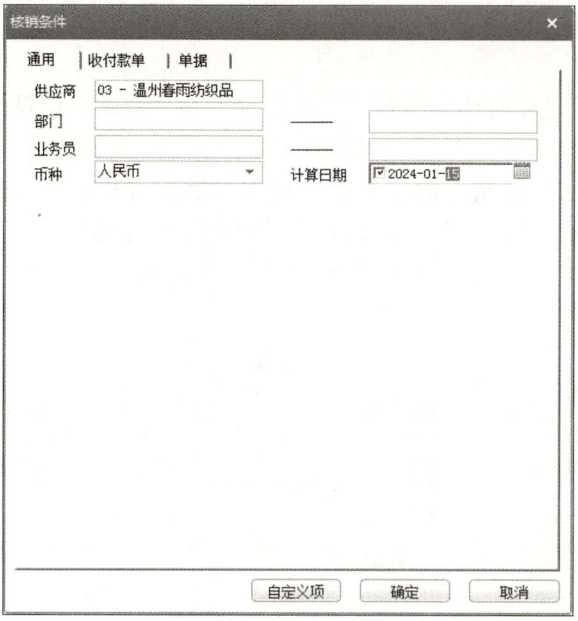

图7-31　核销条件窗口

（3）单击“确定”按钮，进入“单据核销”窗口。

（4）双击选择付款单对应的采购专用发票，采购专用发票对应的本次折扣为“1 130.00”，本次结算金额为“55 370.00”，如图7-32所示。

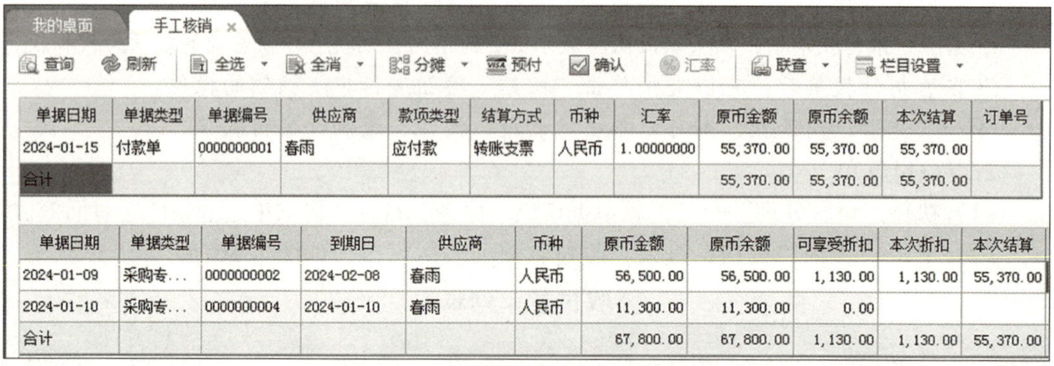

单据日期	单据类型	单据编号	供应商	款项类型	结算方式	币种	汇率	原币金额	原币余额	本次结算	订单号
2024-01-15	付款单	0000000001	春雨	应付款	转账支票	人民币	1.00000000	55,370.00	55,370.00	55,370.00	
合计								55,370.00	55,370.00	55,370.00	

单据日期	单据类型	单据编号	到期日	供应商	币种	原币金额	原币余额	可享受折扣	本次折扣	本次结算
2024-01-09	采购专...	0000000002	2024-02-08	春雨	人民币	56,500.00	56,500.00	1,130.00	1,130.00	55,370.00
2024-01-10	采购专...	0000000004	2024-01-10	春雨	人民币	11,300.00	11,300.00	0.00		
合计						67,800.00	67,800.00	1,130.00	1,130.00	55,370.00

图7-32　单据核销窗口

（5）单击“确认”按钮，核销相应的付款单和采购专用发票。

（6）单击“退出”按钮。

【特别说明】

①在保存核销内容后，单据核销窗口中将不再显示已被核销的内容。

②若发票中同时存在红蓝记录，则核销时先进行单据的内部对冲。

③如果核销后需要进行其他处理，可以在期末处理的“取消操作”功能中取消核销操作后再进行其他处理。

4.制单

（1）执行“凭证处理”→“生成凭证”命令，打开“制单查询”对话框。

（2）选中“收付款单制单”和“核销制单”前的复选框，单击“确定”按钮，进入“应付列表”窗口。

（3）双击选中正确的单据，单击“合并”按钮，如图7-33所示。

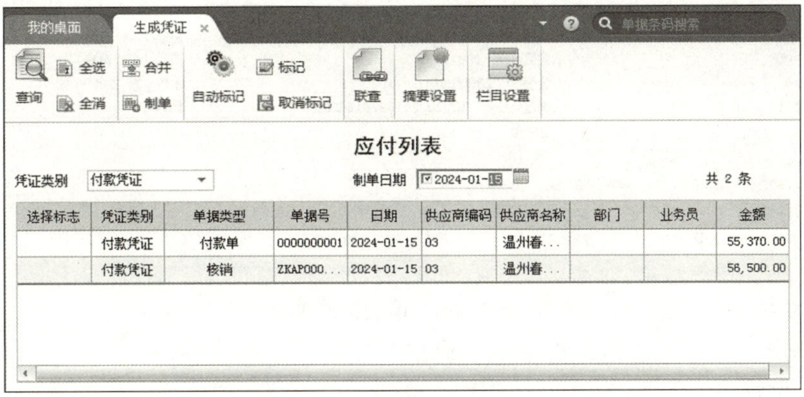

图7-33　应付制单窗口

（4）单击“制单”按钮，生成凭证。

（5）单击“保存”按钮，如图7-34所示。

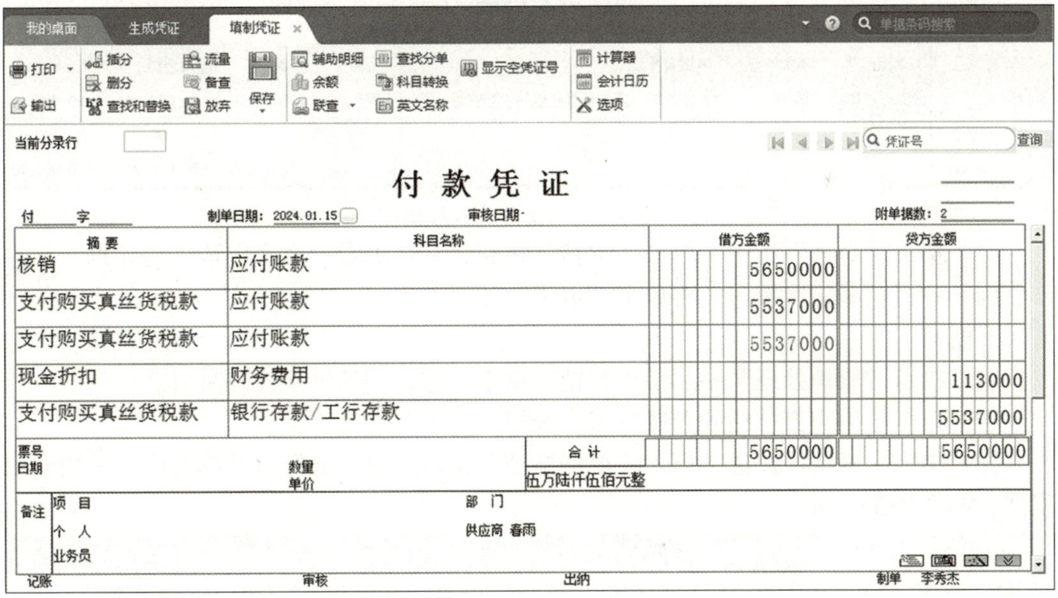

图7-34　业务五凭证生成窗口

（六）处理第六笔业务

1. 录入付款单

（1）在应付款管理系统中，执行“付款处理”→“付款单据录入”命令，进入“付款单”窗口。

（2）单击“增加”按钮。修改开票日期为“2024-01-15”，单击“供应商”栏的参照按钮，选择“春雨”，单击“结算方式”栏的下三角按钮，选择“转账支票”，在“金额”栏录入“20 000”。

（3）单击表体第一行选择类型“应付款”录入金额“11 300”，单击表体第二行选择类型“预付款”录入金额“8 700”，如图7-35所示。

付款单

单据编号 0000000002　　日期 * 2024-01-15　　供应商 * 春雨
结算方式 * 转账支票　　结算科目 100201　　币种 * 人民币
汇率 1.00000000　　金额 * 20000.00　　本币金额 20000.00
供应商银行 娄桥支行　　供应商账号 1202022046879134569　　票据号
部门　　业务员　　项目
摘要

插行　删行　批改　显示格式　排序定位　关联单据

	款项类型	供应商	科目	金额	本币金额	部门	业务员	项目
1	应付款	春雨	2202	11300.00	11300.00			
2	预付款	春雨	1123	8700.00	8700.00			

图7-35　填制付款单

（4）单击“保存”按钮，再单击“退出”按钮。

2. 审核付款单

（1）执行“付款处理”→“付款单据审核”命令，打开“付款单过滤条件”对话框。

（2）单击“确定”按钮，进入“收付款单列表”窗口，如图7-36所示。

收付款单列表

序号	☐	单据日期	单据类型	单据编号	供应商	币种	汇率	原币金额	原币余额
1	☐	2024-01-15	付款单	0000000002	温州春雨纺织品原料有限公司	人民币	1.00000000	20,000.00	20,000.00
2	小计							20,000.00	20,000.00
3	合计							20,000.00	20,000.00

图7-36　收付款单列表

（3）单击“全选”按钮，单击“审核”按钮，系统提示“本次审核成功单据1张”。

（4）单击“确定”按钮，再单击“退出”按钮退出。

3. 核销

（1）执行“核销处理”→“手工核销”命令，进入“核销条件”窗口。

（2）单击“供应商”栏的参照按钮，选择“春雨”。

（3）单击“确定”按钮，进入“单据核销”窗口。双击选择付款单对应的采购专用发票，如图7-37所示。

我的桌面　手工核销

查询　刷新　全选　全消　分摊　预付　确认　汇率　联查　栏目设置

单据日期	单据类型	单据编号	供应商	款项类型	结算方式	币种	汇率	原币金额	原币余额	本次结算	订单号
2024-01-15	付款单	0000000002	春雨	应付款	转账支票	人民币	1.00000000	11,300.00	11,300.00	11,300.00	
2024-01-15	付款单	0000000002	春雨	预付款	转账支票	人民币	1.00000000	8,700.00	8,700.00		
合计								20,000.00	20,000.00	11,300.00	

单据日期	单据类型	单据编号	到期日	供应商	币种	原币金额	原币余额	可享受折扣	本次折扣	本次结算
2024-01-10	采购专...	0000000004	2024-01-10	春雨	人民币	11,300.00	11,300.00	0.00	0.00	11,300.00
合计						11,300.00	11,300.00	0.00		11,300.00

图7-37　单据核销窗口

（4）单击“确认”按钮，核销相应的付款单和采购专用发票。

（5）单击“退出”按钮。

4. 制单

（1）执行“凭证处理”→“生成凭证”命令，打开“制单查询”对话框。

（2）选中“收付款单制单”和“核销制单”前的复选框，单击“确定”按钮，进入“应付列表”窗口。

（3）单击“全选”按钮，单击“合并”按钮，如图7-38所示。

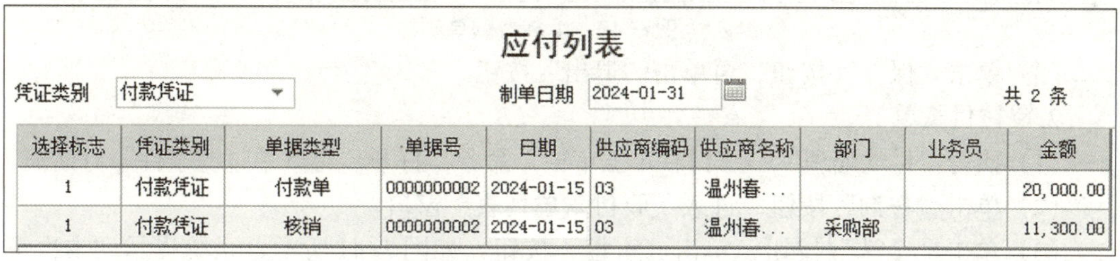
应付列表

凭证类别 付款凭证　制单日期 2024-01-31　共 2 条

选择标志	凭证类别	单据类型	单据号	日期	供应商编码	供应商名称	部门	业务员	金额
1	付款凭证	付款单	0000000002	2024-01-15	03	温州春...			20,000.00
1	付款凭证	核销	0000000002	2024-01-15	03	温州春...	采购部		11,300.00

图7-38　应付列表窗口

（4）单击“制单”按钮，生成凭证，单击“保存”按钮，如图7-39所示。

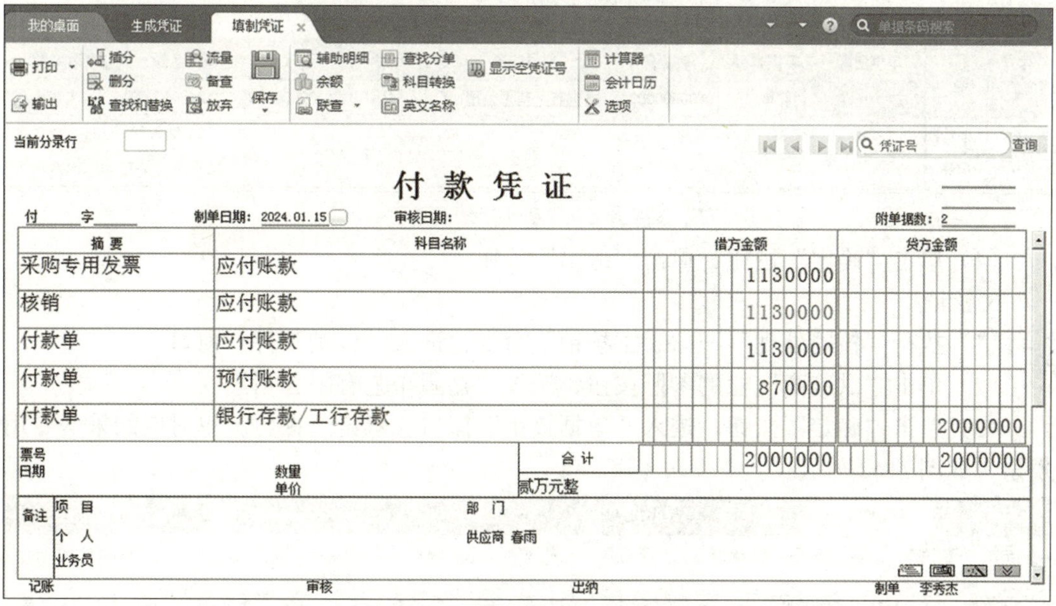

图7-39　业务六凭证生成窗口

（七）处理第七笔业务

1. 录入付款单

（1）在应付款管理系统中，执行“付款处理”→“付款单据录入”命令，进入“付款单”窗口。

（2）单击“增加”按钮。修改开票日期为“2024-01-16”，单击“供应商”栏的参照按钮，选择“嘉园”，单击“结算方式”栏的下三角按钮，选择“转账支票”，在“金额”栏录入“24 860”，如图7-40所示。

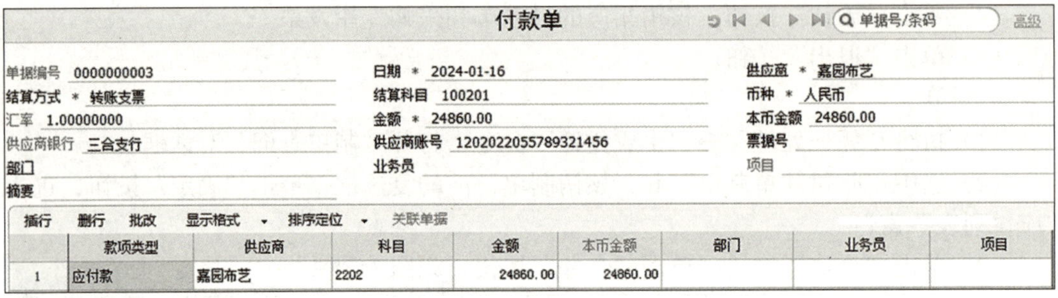

	款项类型	供应商	科目	金额	本币金额	部门	业务员	项目
1	应付款	嘉园布艺	2202	24860.00	24860.00			

图7-40　填制付款单

（3）单击“保存”按钮，再单击“退出”按钮。

2. 审核付款单

（1）执行“付款处理”→“付款单据审核”命令，打开“付款单过滤条件”对话框。

（2）单击“查询”按钮，进入“收付款单列表”窗口。

（3）单击“全选”按钮，单击“审核”按钮，如图7-41所示，系统提示“本次审核成功单据1张”。

序号	☐	单据日期	单据类型	单据编号	供应商	币种	汇率	原币金额	原币余额
1	☐	2024-01-16	付款单	0000000003	嘉园布艺有限公司	人民币	1.00000000	24,860.00	24,860.00
2	小计							24,860.00	24,860.00
3	合计							24,860.00	24,860.00

图7-41　收付款单列表

（4）单击“确定”按钮，单击“退出”按钮。

3. 核销

（1）执行“核销处理”→“手工核销”命令，进入“核销条件”窗口。

（2）单击“供应商”栏的参照按钮，选择“嘉园布艺有限公司”。

（3）单击“确定”按钮，进入“单据核销”窗口。双击选择付款单对应的采购专用发票，如图7-42所示。

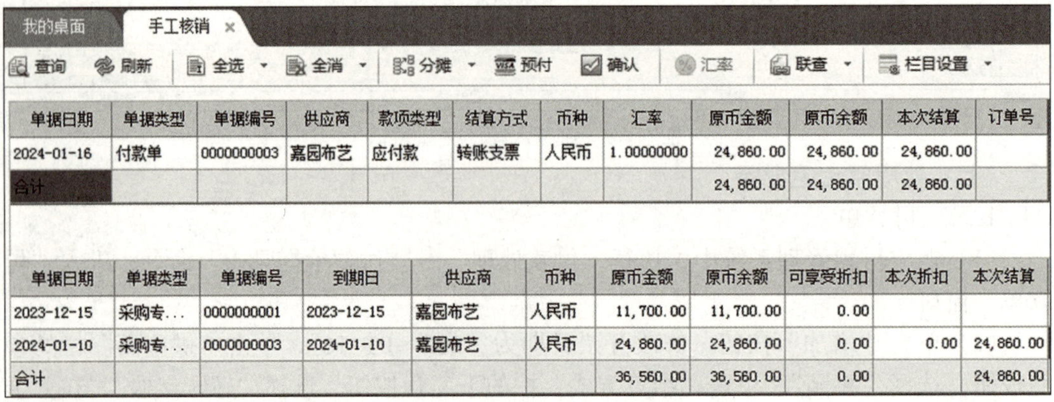

单据日期	单据类型	单据编号	供应商	款项类型	结算方式	币种	汇率	原币金额	原币余额	本次结算	订单号
2024-01-16	付款单	0000000003	嘉园布艺	应付款	转账支票	人民币	1.00000000	24,860.00	24,860.00	24,860.00	
合计								24,860.00	24,860.00	24,860.00	

单据日期	单据类型	单据编号	到期日	供应商	币种	原币金额	原币余额	可享受折扣	本次折扣	本次结算
2023-12-15	采购专...	0000000001	2023-12-15	嘉园布艺	人民币	11,700.00	11,700.00	0.00		
2024-01-10	采购专...	0000000003	2024-01-10	嘉园布艺	人民币	24,860.00	24,860.00	0.00	0.00	24,860.00
合计						36,560.00	36,560.00	0.00		24,860.00

图7-42　单据核销窗口

（4）单击“确认”按钮，单击“退出”按钮。

4. 制单

（1）执行“凭证处理”→“生成凭证”命令，打开“制单查询”对话框。

（2）选中“收付款单制单”和“核销制单”前的复选框，单击“确定”按钮，进入“应付列表”窗口。

（3）单击“全选”按钮，单击“合并”按钮，如图7–43所示。

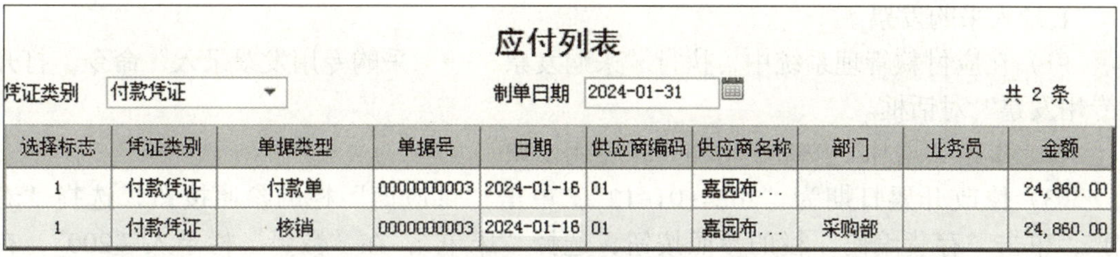

应付列表

凭证类别 付款凭证　　制单日期 2024-01-31　　共 2 条

选择标志	凭证类别	单据类型	单据号	日期	供应商编码	供应商名称	部门	业务员	金额
1	付款凭证	付款单	0000000003	2024-01-16	01	嘉园布...			24,860.00
1	付款凭证	核销	0000000003	2024-01-16	01	嘉园布...	采购部		24,860.00

图7–43　应付列表窗口

（4）单击“制单”按钮，生成凭证，单击“保存”按钮，如图7–44所示。

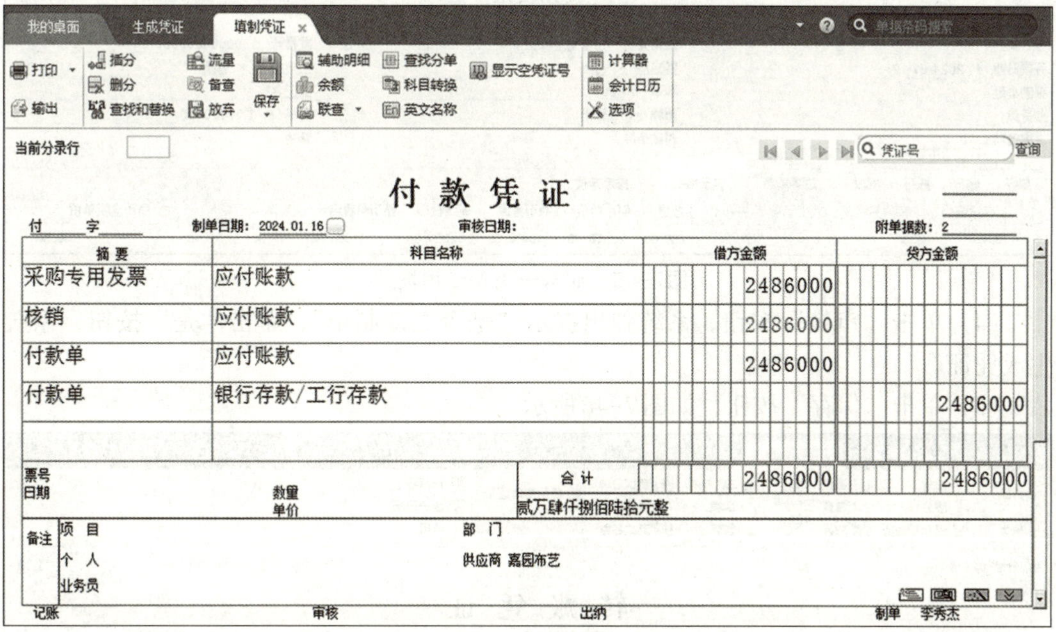

图7–44　业务七凭证生成窗口

任务三　票据管理

一、任务资料

1.2024年1月12日，向温州春雨纺织品原料有限公司采购床单，开出商业承兑汇票（票号11128765）支付货款，取得与业务相关的增值税专用发票，数量200个，原币价税合计11 300元。

2.2024年1月16日，对嘉园布艺有限公司的银行承兑汇票计息及结算制单（票号11124321）。

二、任务指导

（一）处理第一笔业务

1.录入采购发票

（1）在应付款管理系统中，执行“采购发票”→“采购专用发票录入”命令，打开“专用发票”对话框。

（2）单击“增加”按钮，增加一张专用发票。

（3）修改开票日期为“2024-01-12”，单击“供应商”栏的参照按钮，选择“春雨”，单击“存货编码”栏的参照按钮，选择“床单”，在“数量”栏录入“200”，在“原币价税合计”栏录入“11 300”，如图7-45所示。

图7-45　业务一采购专用发票

（4）单击“审核”按钮，系统弹出提示“是否立即制单”，单击“是”按钮，系统生成凭证。

（5）单击“保存”按钮，如图7-46所示。

图7-46　业务一凭证生成窗口1

2. 录入商业承兑汇票

（1）执行“票据管理”→“票据录入“命令，打开“商业汇票”对话框。

（2）单击“增加”按钮，增加一张商业汇票。

（3）单击“结算方式“栏的下三角按钮，选择”商业承兑汇票”，在“票据编号”栏录入“11128765”，在“收款人”单击参照按钮，选择“春雨”，在“票据面值”栏录入“11 300”，在“出票日期”栏选择“2024-01-12”，在“到期日”栏选择“2024-02-12，如图7-47所示。

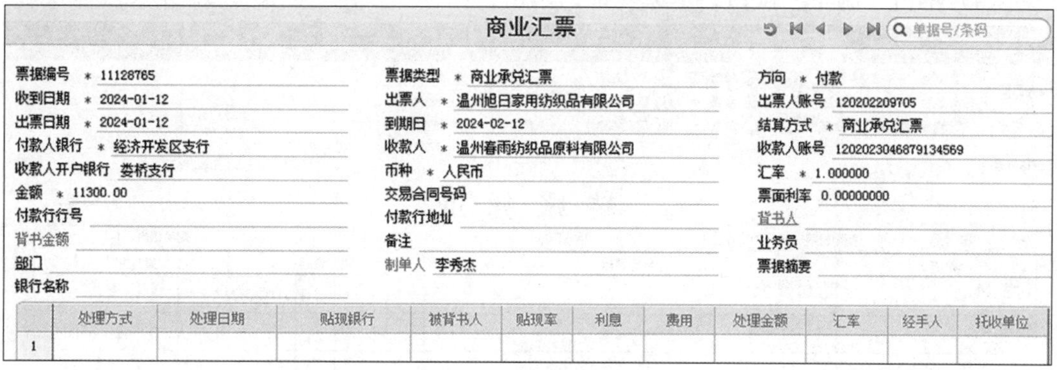

图7-47　商业汇票增加

【特别说明】

①保存一张商业票据之后，系统会自动生成一张付款单。这张付款单还需经过审核之后才能生成记账凭证。

②由票据生成的付款单不能修改。

③在票据管理功能中可以对商业承兑汇票和银行承兑汇票进行日常业务处理，包括票据的取得、结算、背书、转出、计息等。

④商业承兑汇票不能有承兑银行，银行承兑汇票必须有承兑银行。

3. 审核付款单

（1）执行“付款处理”→“付款单据审核”命令，打开“付款单过滤条件”对话框。

（2）单击“查询”按钮，进入“收付款单列表”窗口，如图7-48所示。

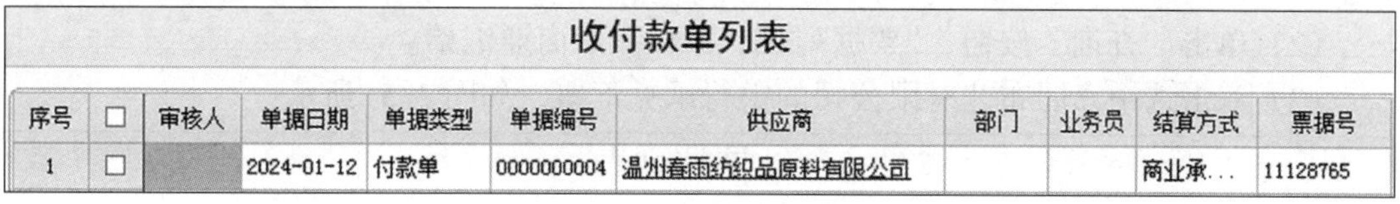

图7-48　收付款单列表窗口

（3）单击“全选”按钮，单击“审核”按钮，系统提示“本次审核成功单据1张”。

（4）单击“确定”按钮，再单击“退出”按钮退出。

4. 制单

（1）执行“凭证处理”→“生成凭证”命令，打开“制单查询”对话框。

（2）选中“收付款单制单”前的复选框，单击“确定”按钮，进入“应付列表”窗口。

（3）单击“全选”按钮，如图7-49所示。

应付列表

凭证类别　转账凭证　　　制单日期　2024-01-31　　　共 1 条

选择标志	凭证类别	单据类型	单据号	日期	供应商编码	供应商名称	部门	业务员	金额
1	转账凭证	付款单	0000000004	2024-01-12	03	温州春...			11,300.00

图7-49　应付列表窗口

（4）单击“制单”按钮，生成凭证，单击“保存”按钮，如图7-50所示。

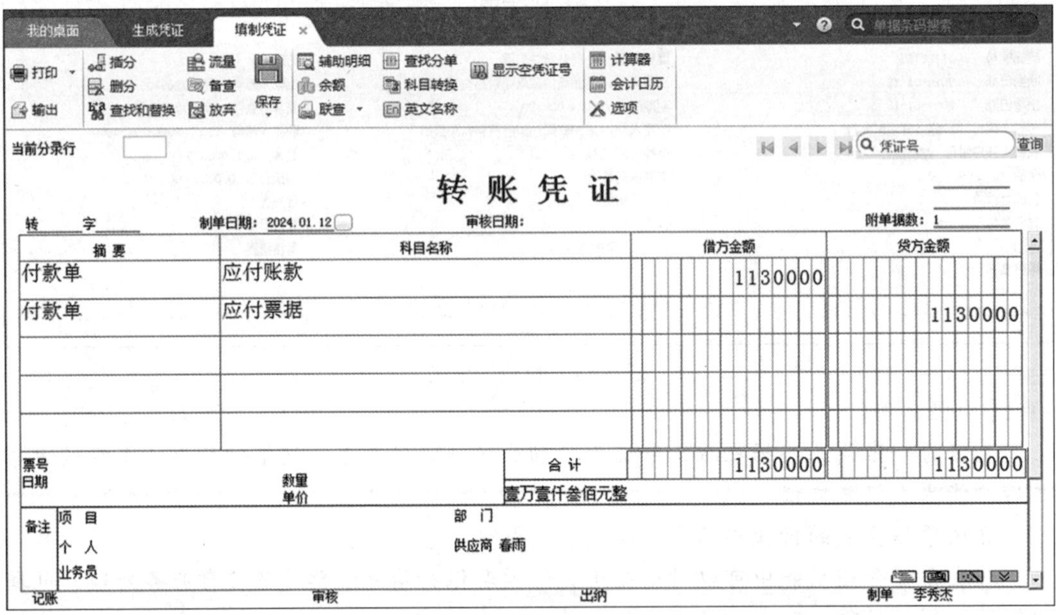

图7-50　业务一凭证生成窗口2

（二）处理第二笔业务

1.银行承兑汇票计息

（1）在应付款管理系统中，执行“票据管理”命令，打开“票据列表查询”对话框。

（2）单击“查询”按钮，“票据列表”窗口显示商业汇票。

（3）双击选中嘉园布艺有限公司的银行承兑汇票，如图7-51所示。

票据列表

☐	序号	状态	方向	票据类型	收到日期	票据编号	银行名称	票据摘要	币种	出票日期	结算方式
☐	1		付款	商业承...	2024-01-12	11128765			人民币	2024-01-12	商业承...
☑	2		付款	银行承...	2023-12-19	11124321			人民币	2023-12-19	
小计											

图7-51　票据管理窗口

（4）单击“计息”按钮，打开“票据计息”对话框，如图7-52所示。

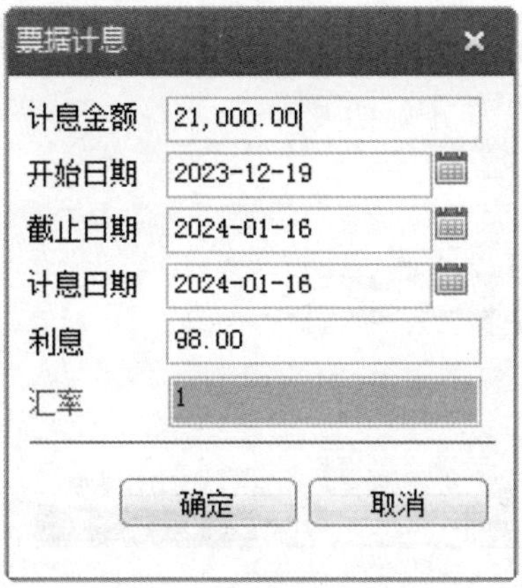

图7-52　票据计息窗口

（5）单击“确定”按钮，出现“是否立即制单”信息提示框，单击“是”按钮，生成凭证，如图7-53所示。

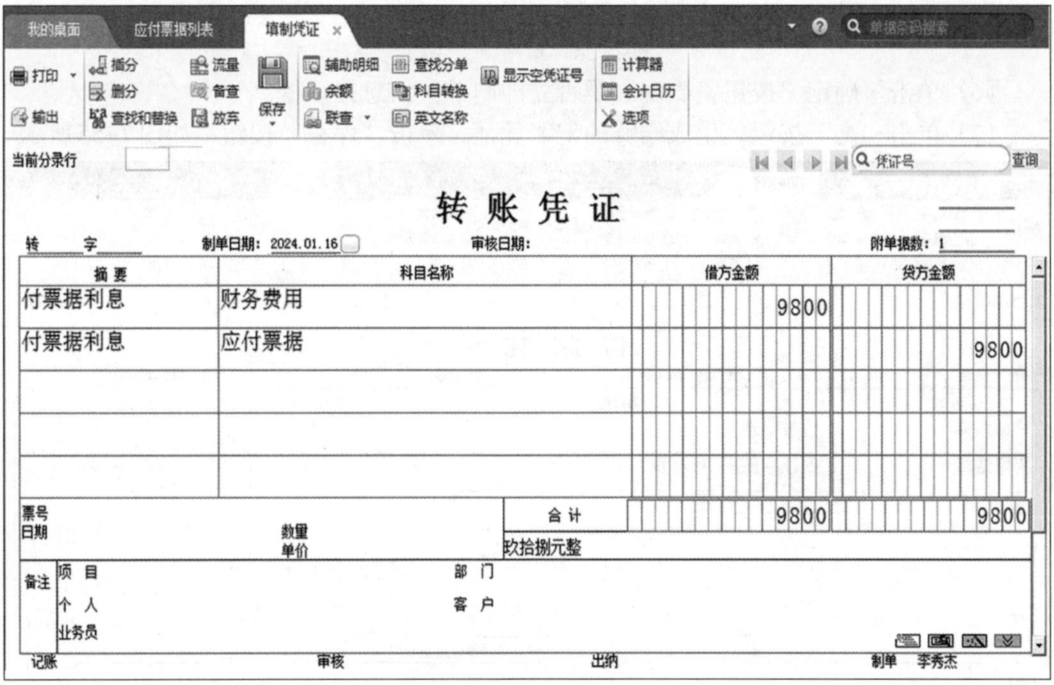

图7-53　票据计息凭证生成

2. 银行承兑汇票结算

（1）执行“票据管理”命令，打开“票据列表查询”对话框。

（2）单击“查询”按钮，进入“票据列表”窗口。

（3）双击选中嘉园布艺有限公司签发并承兑的银行承兑汇票。

（4）单击“结算”按钮，打开“票据结算”对话框。

（5）修改结算日期为“2024-01-16”，在“结算科目”栏录入“100201”，如图7-54所示。

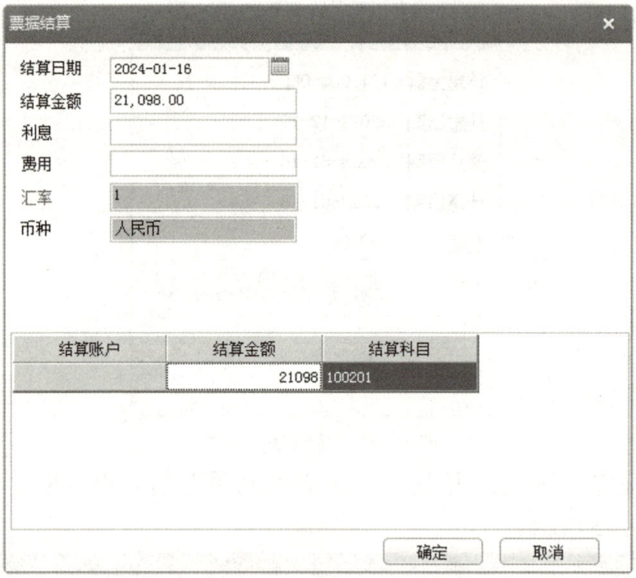

图7-54 票据结算窗口

（6）单击“确定“按钮，出现“是否立即制单”信息提示框。

（7）单击“是”按钮，生成结算的记账凭证，单击“保存”按钮，如图7-55所示。

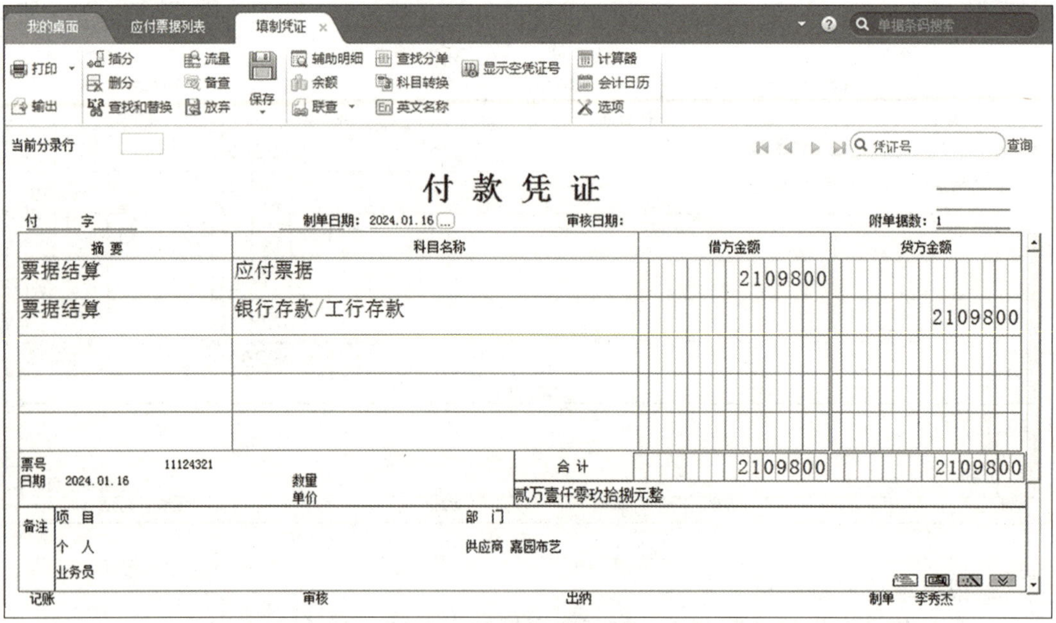

图7-55 票据结算凭证生成

（8）单击“退出”按钮退出。

【特别说明】

①当票据到期付款时，执行票据结算处理。

②进行票据结算时，结算金额应是通过结算实际支付的金额。

③票据结算后，不能再进行其他与票据相关的处理。

任务四　转账处理

一、任务资料

2024年1月16日，经三方同意，将2024年1月10日从温州卓越纺织品原料有限公司采购被套的价税款9 040元，转为温州春雨纺织品原料有限公司的应付账款。

二、任务指导

（一）应付账款冲应付账款操作步骤

1.在应付款管理系统中，执行“转账”→“应付冲应付”命令，打开“应付冲应付”对话框。

2.在转出“供应商”栏选择“温州卓越纺织品原料有限公司”，在“转入”栏选择“温州春雨纺织品原料有限公司”。

3.单击“查询”按钮，在“并账金额”栏录入“9 040”，如图7-56所示。

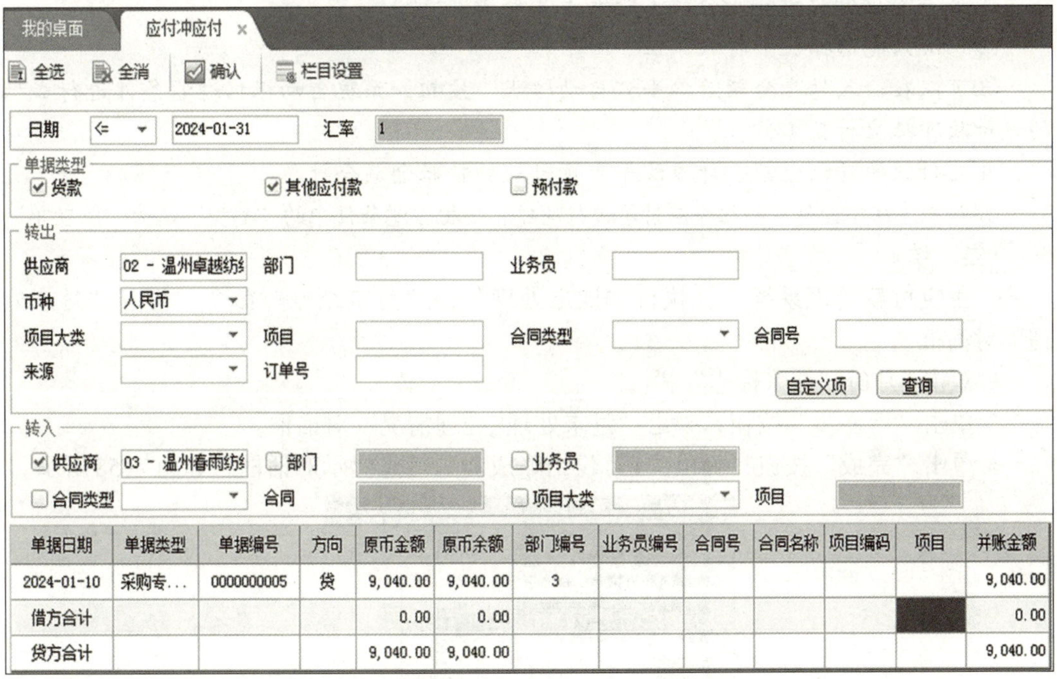

图7-56　应付冲应付对话框

4.单击“确认“按钮，出现“是否立即制单”信息提示框。

5.单击“是”按钮，生成凭证，单击“保存”按钮，如图7-57所示。

6.单击“退出”按钮。

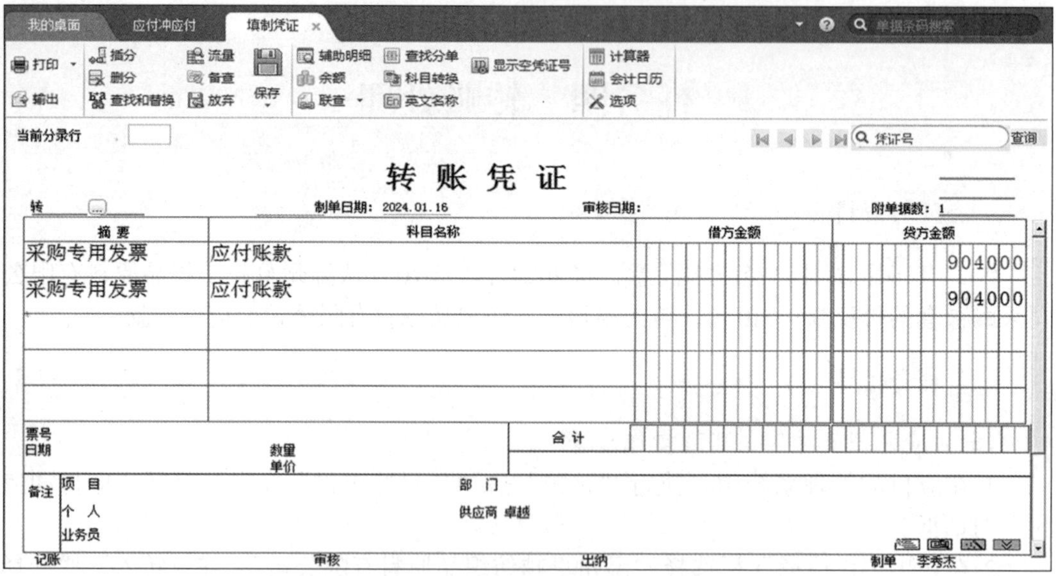

图7-57　应付冲应付凭证生成

【特别说明】

①每一笔应付款的转账金额不能大于其余额。

②每次只能选择一个转入单位。

③可以在输入转账金额后单击“自动转账”按钮，系统自动根据过滤条件进行成批的预付款冲抵应付款工作。

④应付款的转账金额合计应该等于预付款的转账金额合计。

⑤如果是红字预付款和红字应付单进行冲销，要把过滤条件中的“类型”选为“收款单”。

（二）结账

1.在应付款管理系统中，执行“期末处理”→“月末结账”命令，打开“月末处理”对话框。

2.双击1月份“结账标志”栏。

3.单击“下一步”按钮，弹出“月末处理-处理情况”对话框。

4.单击“完成”按钮，弹出“1月份结账成功”信息提示对话框，如图7-58所示。

图7-58　结账

5.单击“确定”按钮。

【特别说明】

①如果当月业务已经全部处理完毕，应进行月末结账。只有当月结账后，才能开始下月的工作。

②进行月末处理时，一次只能选择一个月进行结账，前一个月未结账，则本月不能结账。

深学践悟

企业信用报告介绍

企业信用报告是全面记录企业各类经济活动，反映企业信用状况的文书，是企业征信系统的基础产品。企业信用报告客观地记录企业的基本信息、信贷信息以及反映其信用状况的其他信息，全面、准确、及时地反映其信用状况，是信息主体的“经济身份证”。

企业信用报告主体信息主要包括六部分内容：信息概要、基本信息、信贷信息、非信贷信息、公共信息、声明及异议标注信息，根据服务对象的不同可对上述内容增减，形成不同版式的信用报告。

信息概要相当于报告主体的信用信息概览，可以帮助报告使用者快速了解主体的信用情况。基本信息展示企业的主要概况、注册资本及出资人信息、主要组成人员、上级机构、实际控制人等。信贷信息指企业在信贷交易过程中形成的反映其还款意愿和还款能力的信息，包含企业在金融机构的当前负债、已还清债务和相关还款责任信息，是信用报告的核心部分。非信贷信息指非金融负债履约信息，例如电信缴费和用水、电、燃气等信息。公共信息用于记录企业的社会表现，包含企业遵纪守法、履行法定义务的信息，以及在公共部门形成的行政信息。声明及异议标注信息包括数据提供机构说明、征信中心说明、信息主体声明和异议标注。

企业信用报告主要用于金融机构信贷审批和贷后管理，也用于政府部门评奖、评优、招标或审计机构进行财务审计等许多活动中。在经过企业的授权同意后，商业银行、政府部门等可以查询该企业的信用报告，了解其信用状况。

企业可通过人民银行网点、自助查询机、商业银行网银及手机银行APP查询自身信用报告。若企业认为信用报告中的信息存在错误、遗漏，可以向所在地人民银行或商业银行等业务发生机构提出异议。

资料来源：中国人民银行征信中心．企业信用报告介绍［EB/OL］．［2023-07-27］．http：//www.pbccrc.org.cn/zxzx/qyzx/list.shtml．

项目八

总账系统期末业务处理

学习目标

掌握自定义转账、对应结转和期间损益结转的设置和凭证的生成功能；
掌握月末对账、结账功能的使用；
客观公正，坚持准则，保证所提供的会计信息合法、真实、准确、及时、完整。

任务一　期末结转

一、任务资料

1.1月31日，结转本月发生的制造费用。制造费用根据产品工时分配，本月产品工时统计表见表8-1。

表8-1　产品工时统计表

产品名称	耗用工时	生产部门
床单	400小时	一车间
被套	600小时	二车间

2.1月31日，自定义结转完工产品成本（见表8-2和表8-3）。床单和被套全部完工，数量均为300个。

表8-2　结转床单完工成本（转账序号：0001）

摘要	方向	会计科目编码	项目	金额公式
结转床单完工成本	借	140501	床单	JG（ ）
	贷	500101	床单	QM（500101，月，，1）
	贷	500102	床单	QM（500102，月，，1）
	贷	500103	床单	QM（500103，月，，1）

表8-3　结转被套完工成本（转账序号：0002）

摘要	方向	会计科目编码	项目	金额公式
结转被套完工成本	借	140502	被套	JG（ ）
	贷	500101	被套	QM（500101，月，，2）
	贷	500102	被套	QM（500102，月，，2）
	贷	500103	被套	QM（500103，月，，2）

3.1月31日，进行期间损益结转。

4.1月31日，进行计提所得税操作。（如本期利润总额小于0，则不生成凭证）

二、任务指导

使用操作员“102李秀杰”的身份登录企业应用平台。

（一）结转制造费用

1. 在总账系统中，点击“总账”→“账表”→“科目账”→“余额表”，打开“发生额及余额”查询条件对话框，在科目栏录入“5101”—“5101”，级次选择“2”—“2”，选中“包含未记账凭证”复选框，其他条件默认，如图8-1所示。

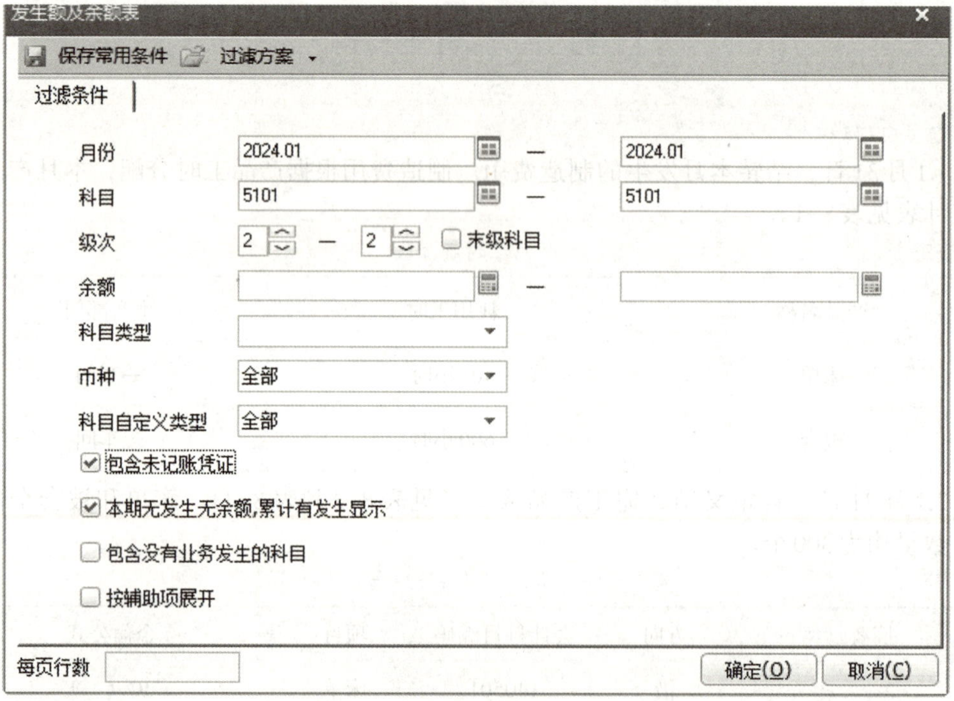

图8-1　发生额及余额查询条件

2. 点击“确定”按钮，打开“5101 制造费用”发生额及余额表，如图8-2所示。

发生额及余额表

金额式

月份：2024.01 - 2024.01

币种：全部

科目		期初余额		本期发生		期末余额	
编码	名称	借方	贷方	借方	贷方	借方	贷方
510101	其他			16, 290. 00		16, 290. 00	
510102	折旧费			2, 230. 00		2, 230. 00	
成本小计				18, 520. 00		18, 520. 00	
合计				18, 520. 00		18, 520. 00	

图8-2　发生额及余额表

3. 点击“凭证”→“填制凭证”，打开“填制凭证”窗口，点击“增加”按钮。

4. 填制日期为“2024-01-31”，录入摘要为“结转制造费用”，分别录入会计科目，辅助项金额按照产品耗用工时进行分配。

5.点击“保存”按钮，凭证保存成功，如图8-3所示。

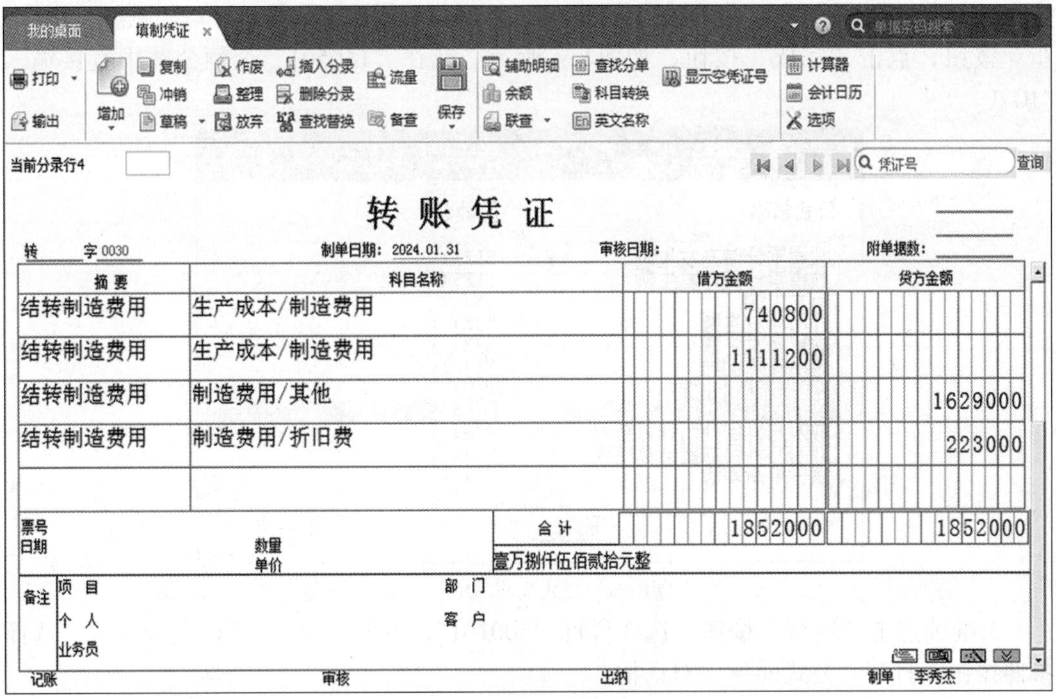

图8-3　结转制造费用凭证

6.对该张凭证进行审核、记账。

【特别说明】如果每月制造费用在不同产品之间的分配比例固定不变，则可以通过执行“总账”→“自定义转账”命令或者执行“总账”→“对应结转”命令完成制造费用结转凭证的生成。

（二）结转完工产品成本

1.在总账系统中，点击“总账”→“期末”→“转账定义”→“自定义转账”，进入“自定义转账设置”窗口。

2.点击“增加”按钮，打开“转账目录”设置对话框。

3.输入转账序号“1”，转账说明“结转床单完工成本”，选择凭证类别“转账凭证”，如图8-4所示。点击“确定”按钮，继续定义转账凭证的其他信息。

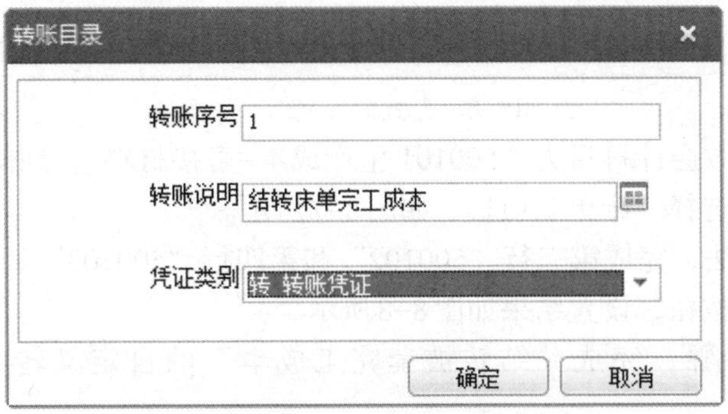

图8-4　转账目录

4.点击“增行”按钮，选择科目“140501”，方向“借”，双击金额公式，选择参照按钮，打开“公式向导”对话框，选择“取对方科目计算结果JG（　）”，点击“下一步”按钮，点击“完成”按钮，如图8-5所示。或在“140501”金额公式中直接输入“JG（　）”。

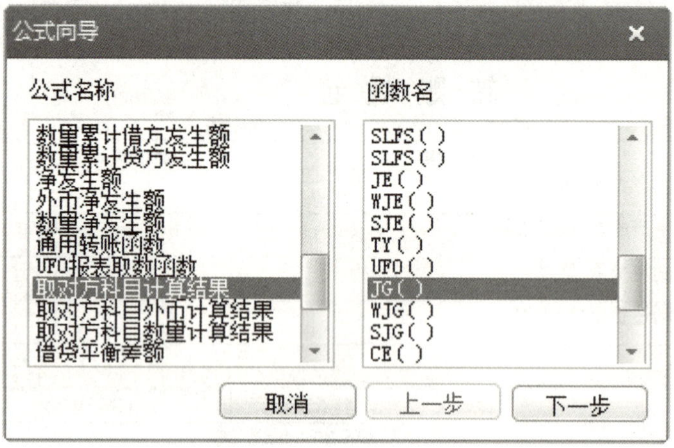

图8-5　公式向导-JG（　）

5.继续点击“增行”按钮，选择科目“500101”，方向“贷”，双击金额公式，选择参照按钮，打开“公式向导”对话框。

6.选择“期末余额QM（　）”，如图8-6所示。点击“下一步”按钮，继续设置公式。

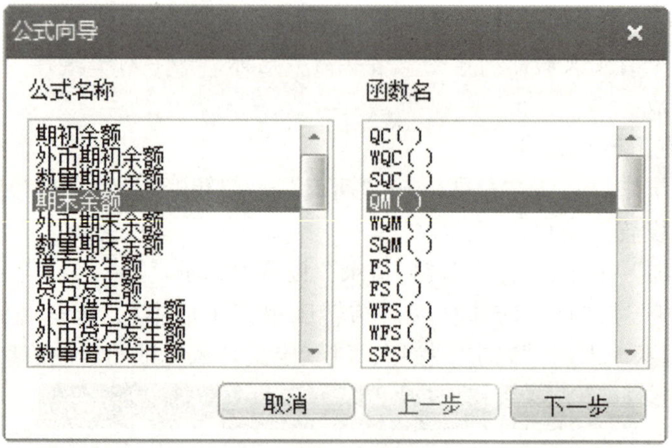

图8-6　公式向导-QM（　）

7.系统默认取数会计科目为“500101 生产成本-直接材料”，期间“月”，单击“项目”栏参照按钮，选择“床单”项目，如图8-7所示。

8.根据上述方法，完成第三行“500102”和第四行“500103”的定义，全部设置完毕，点击“保存”按钮，设置结果如图8-8所示。

9.重复上述步骤，完成“结转被套完工成本”的自定义转账设置，如图8-9所示。

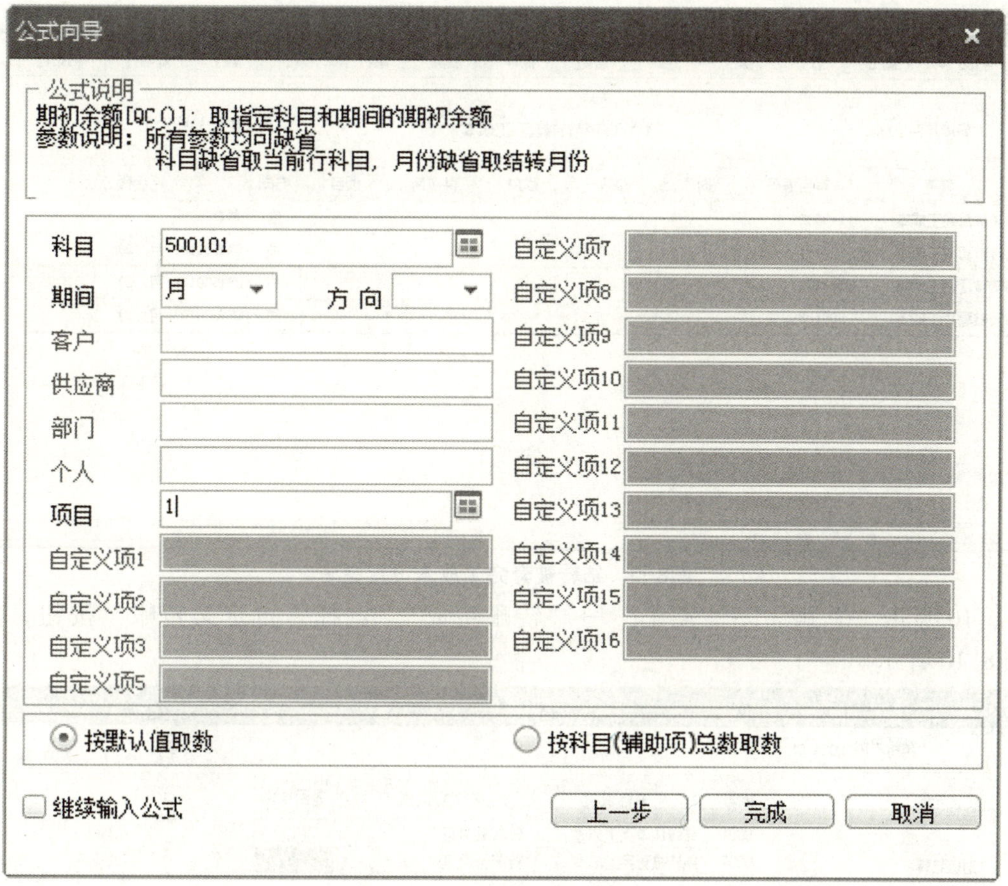

图8-7　公式向导（1）

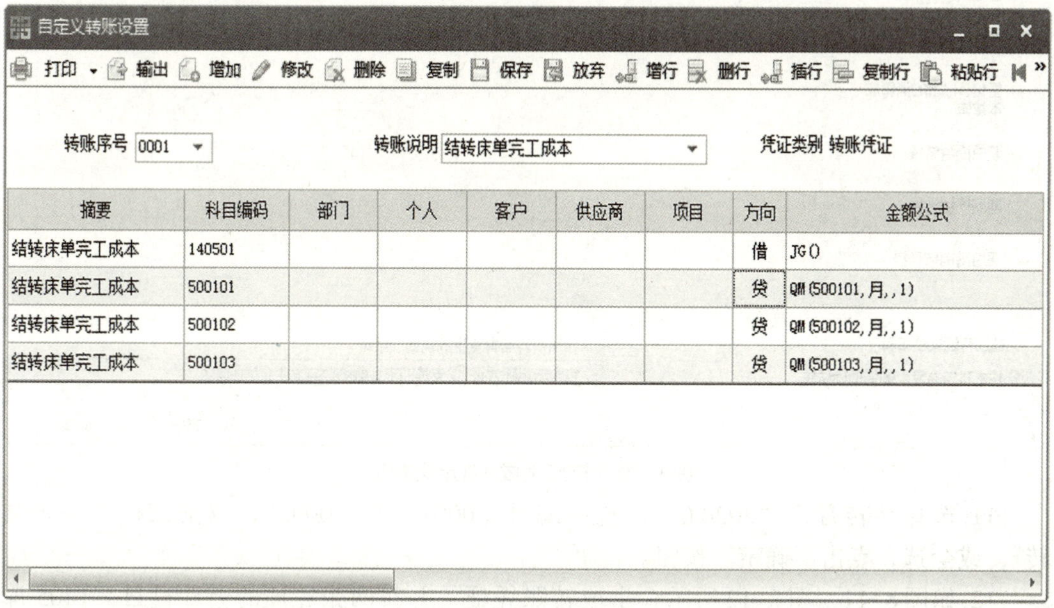

图8-8　结转床单完工成本设置完毕

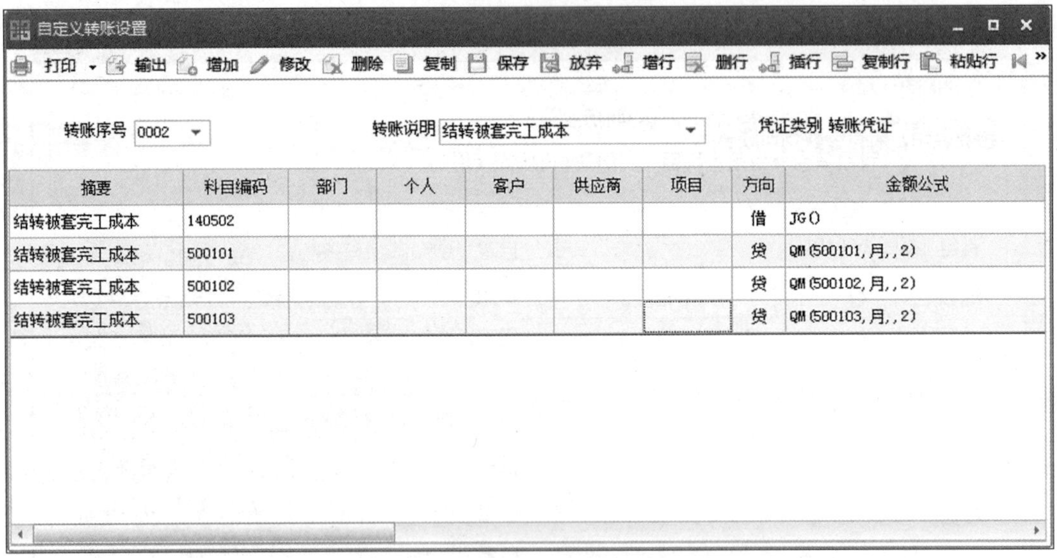

图8-9　结转被套完工成本设置完毕

10.点击“总账”→“期末”→“转账生成”，选择“自定义转账”按钮，如图8-10所示。

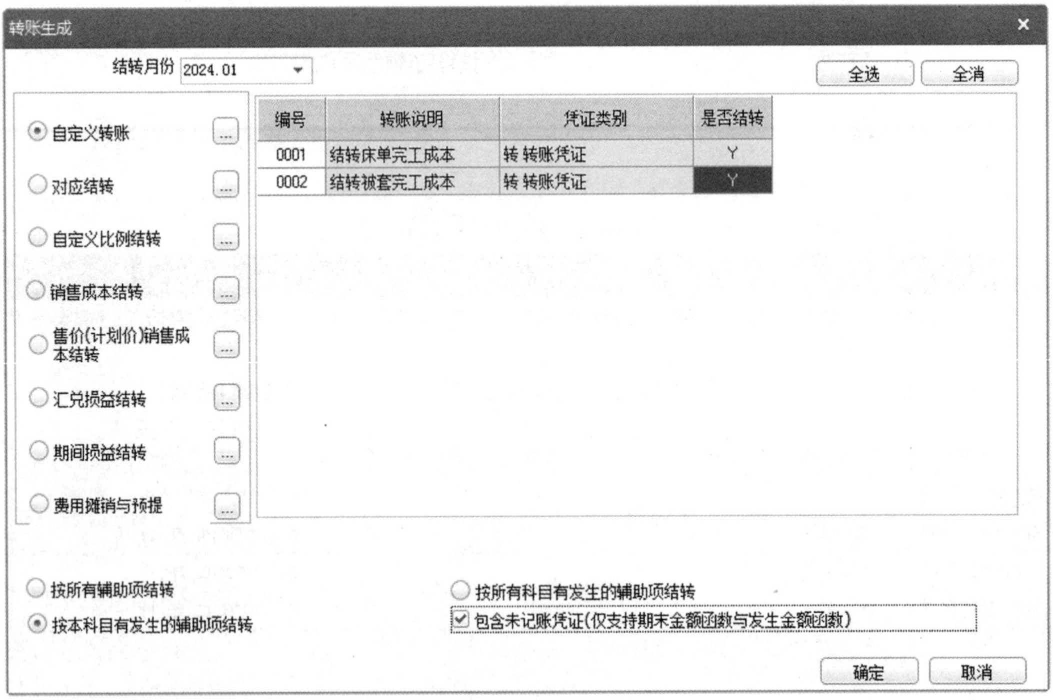

图8-10　转账生成-自定义转账

11.选择结转月份“2024.01”，选中编号“0001”和“0002”，双击该行“是否结转”，或全选，点击“确定”按钮。

12.如图8-11、图8-12所示，生成转账凭证，并将两张凭证的会计科目“1405 库存商品”的辅助核算数量分别修改为“300”，再分别点击“保存”按钮。

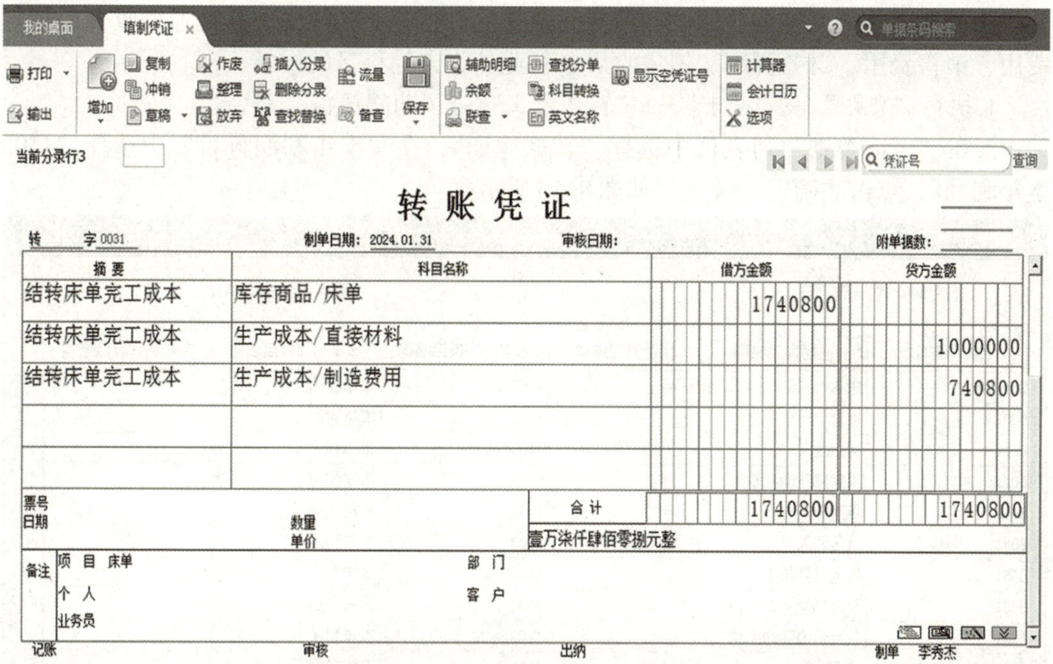

图8-11　结转床单完工成本凭证

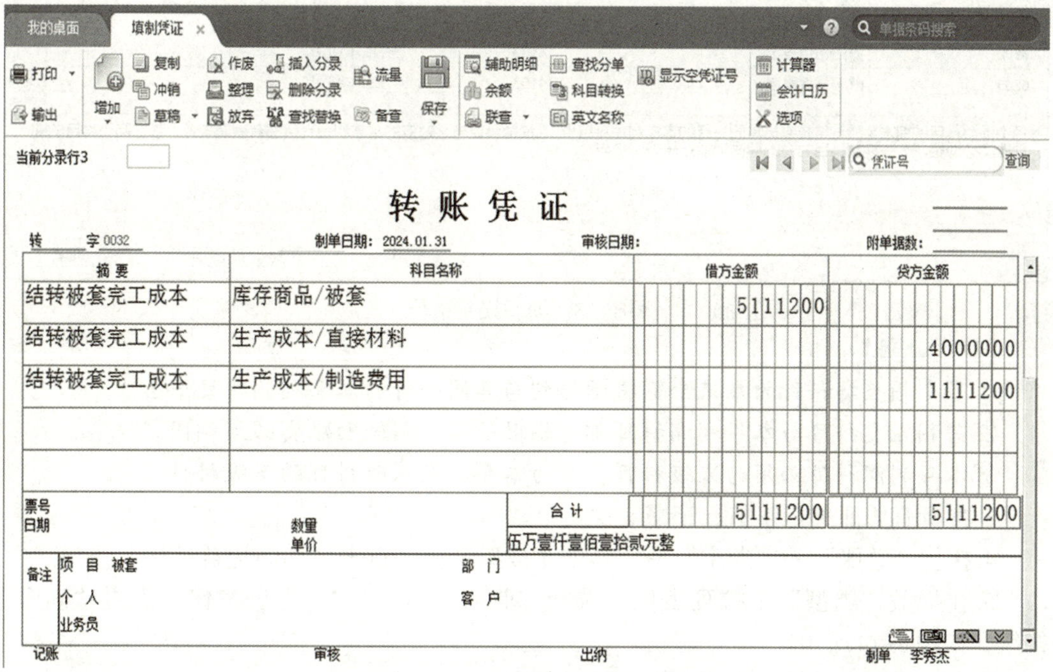

图8-12　结转被套完工成本凭证

13. 对以上两张凭证进行审核、记账。

（三）期间损益结转

期间损益结转主要用于在一个会计期间终了后将损益类科目的余额结转到本年利润

科目中，从而及时反映企业的盈亏情况，主要是对主营业务收支、其他业务收支、管理费用、销售费用、财务费用、销售收入、营业外收支等科目的结转。

1. 执行“总账”→“期末”→“转账定义”→“期间损益”命令。

2. 在“凭证类别”列表框中选择“转账凭证”，在“本年利润科目”中选择“4103 本年利润”，点击“确定”按钮，如图8-13所示。

损益科目编号	损益科目名称	损益科目账类	本年利润科目编码	本年利润科目名称	本年利润科目账类
600101	床单		4103	本年利润	
600102	被套		4103	本年利润	
6011	利息收入		4103	本年利润	
6021	手续费及佣金收入		4103	本年利润	
6031	保费收入		4103	本年利润	
6041	租赁收入		4103	本年利润	
6051	其他业务收入		4103	本年利润	
6061	汇兑损益		4103	本年利润	
6101	公允价值变动损益		4103	本年利润	
6111	投资收益		4103	本年利润	
6115	资产处置损益		4103	本年利润	
6201	摊回保险责任准备金		4103	本年利润	
6202	摊回赔付支出		4103	本年利润	
6203	摊回分保费用		4103	本年利润	

图8-13 期间损益结转

【特别说明】

①多个损益类科目的期末余额将结转到与其同一行的本年利润科目中去。

②若损益类科目与本年利润科目都有辅助核算，则辅助账类必须相同。

③本年利润科目必须为末级科目，且为本年利润入账科目的下级科目。

3. 将所有凭证进行审核、记账。

4. 执行“总账”→“期末”→“转账生成”命令，点击“期间损益结转”按钮。

5. 在损益“类型”下拉列表框中选择“收入”，点击“全选”按钮，点击“确定”按钮，如图8-14所示。

6. 生成期间损益结转（收入）凭证，如图8-15所示。

7. 在损益“类型”下拉列表框中选择“支出”，点击“全选”按钮，点击“确定”按钮，如图8-16所示。

8. 生成期间损益结转（支出）凭证，如图8-17所示。

图8-14　期间损益结转生成（收入）

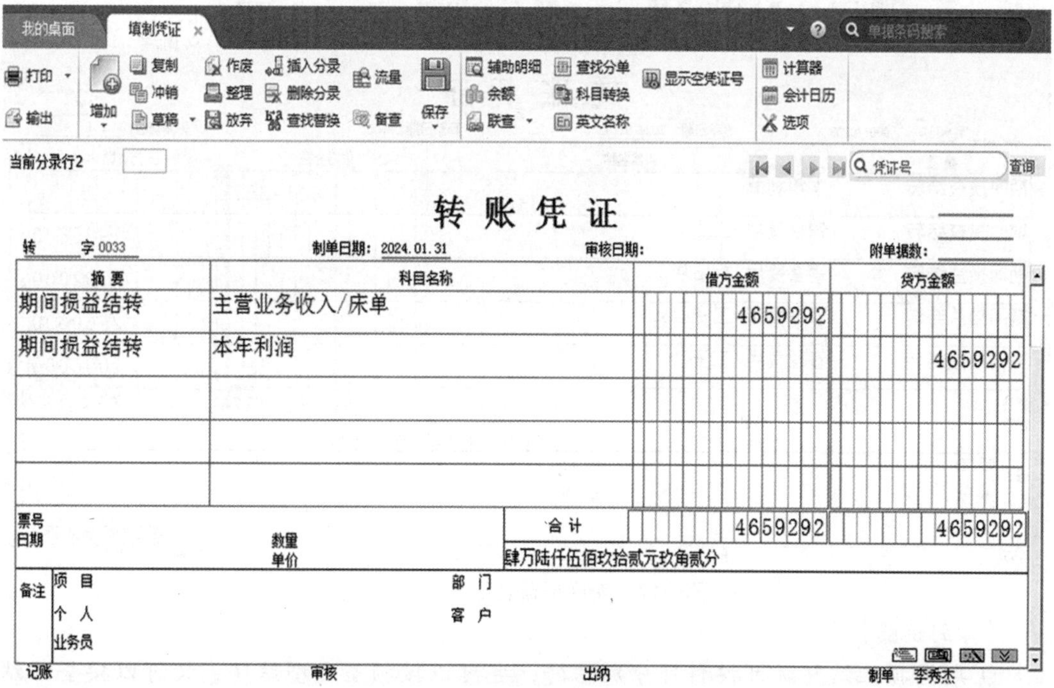

图8-15　期间损益结转凭证（收入）

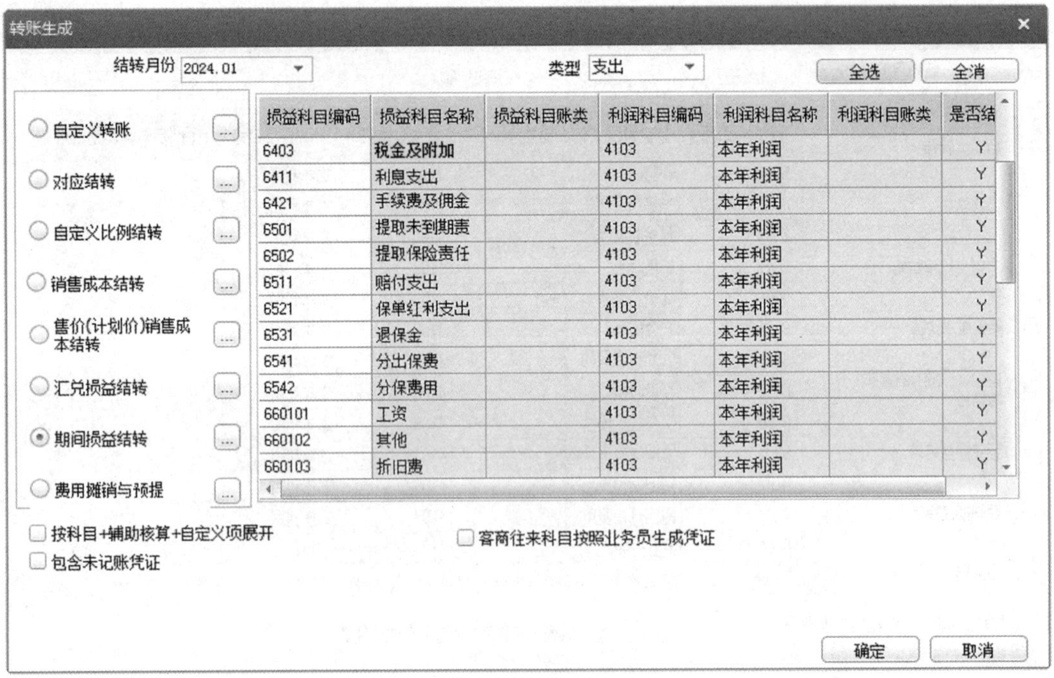

图8-16　期间损益结转生成（支出）

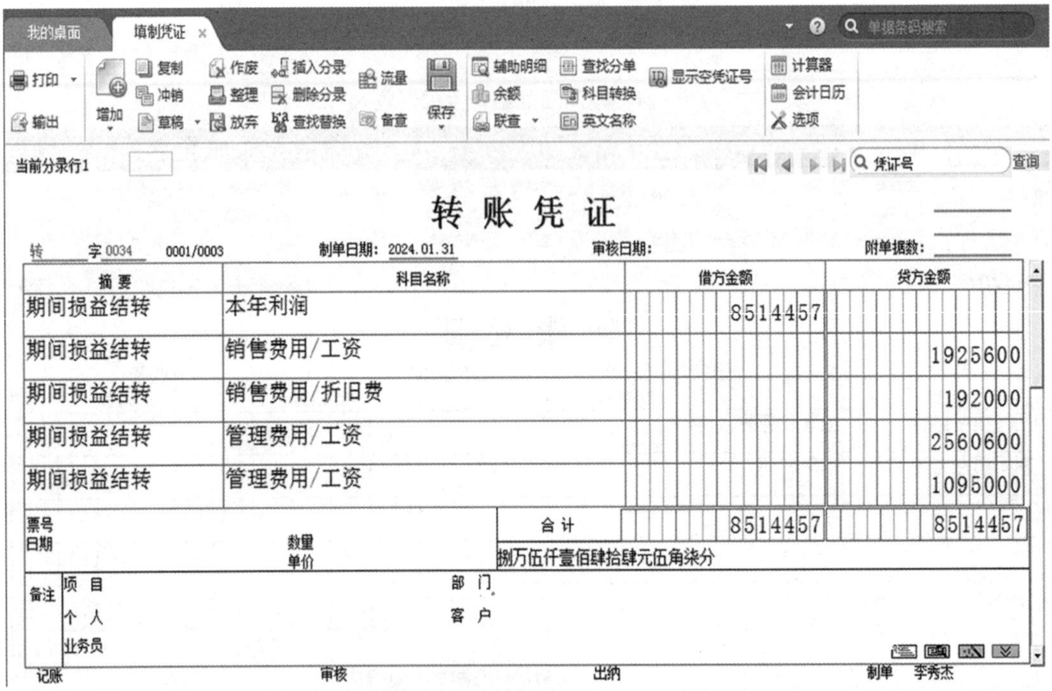

图8-17　期间损益转账凭证（支出）

【特别说明】

①期间损益结转既可按科目分别结转，也可以按损益类型结转，又可以按全部结转，结转方式视实际情况而定。生成期间损益结转凭证之前，应先将所有未记账凭证审

核记账，否则，生成的凭证数据可能有误。

②选择结转凭证时有三种方法：一是在“是否结转”处双击鼠标打上“Y”，表示该科目将执行结转；二是点击“全选”或“全消”按钮，选择要结转的科目；三是点击“损益类型”按钮，选择相应的结转类型，如收入。

③转账生成凭证后，同样需要对凭证进行审核和记账。

9.对以上两张凭证进行审核、记账。

（四）自定义结转：计提所得税

1.点击“总账”→“期末”→“转账定义”→“自定义转账”，进入“自定义转账设置”窗口。

2.点击“增加”按钮，打开“转账目录”设置对话框。

3.输入转账序号“0003”，转账说明“计提所得税”，选择凭证类别“转 转账凭证”，如图8-18所示。点击“确定”按钮，继续定义转账凭证的其他信息。

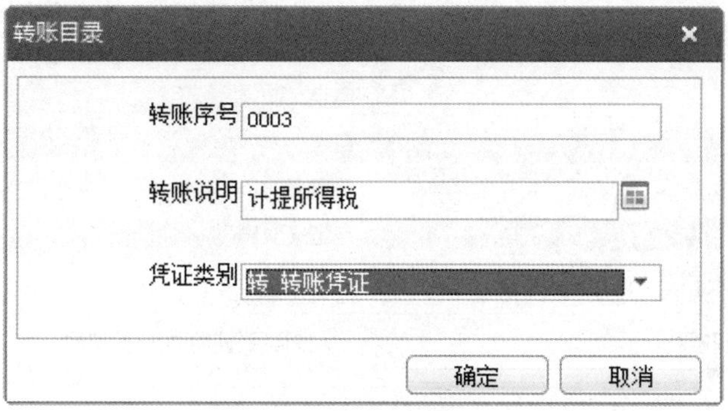

图8-18　转账目录

4.点击“增行”按钮，选择科目“6801”，方向“借”，双击金额公式，选择参照按钮，打开“公式向导”对话框。

5.选择“净发生额JE（　）”，如图8-19所示。点击“下一步”按钮，继续设置公式。

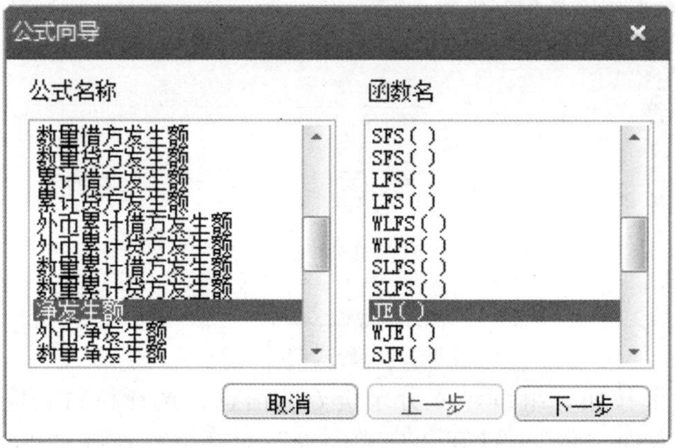

图8-19　公式向导-JE（　）

6.选择科目“4103”，其他采取系统默认，选择公式向导界面左下角复选框“继续输入公式”，如图8-20所示，选择运算符“*”，点击“下一步”按钮，选择“常数”，点击“下一步”按钮，在常数位置上输入利率0.25，如图8-21所示，点击“完成”按钮。

图8-20 公式向导（2）

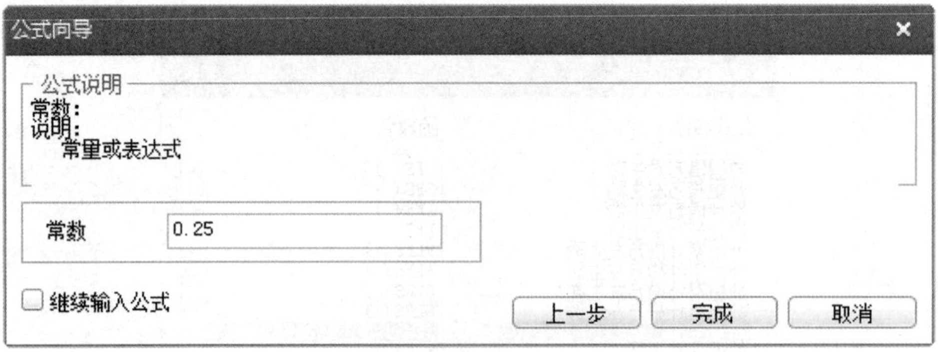

图8-21 公式向导（3）

7.点击“增行”按钮，继续录入分录贷方的信息，选择科目“应交税费-应交企业所得税222107”，方向“贷”，打开“公式向导”对话框，选择“取对方科目计算结果JG（ ）”，点击“下一步”按钮，点击“完成”按钮，或在“222107”金额公式中直接输入“JG（ ）”，公式设置成功，如图8-22所示。

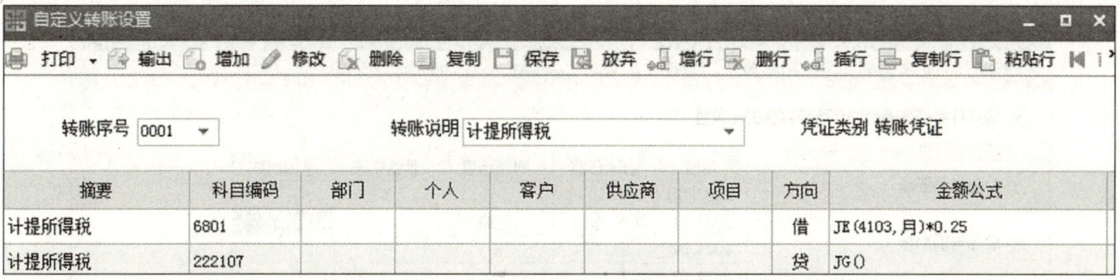

图8-22　自定义转账设置成功

8. 执行"总账"→"期末"→"转账生成"命令，选择"自定义转账"按钮。

9. 如图8-23所示，选择结转月份"2024.01"，选中编号"0003"，双击该行"是否结转"，点击"确定"按钮，生成结转企业所得税的凭证。

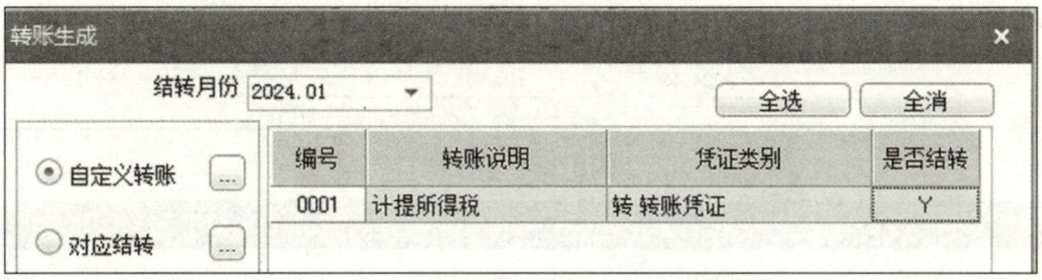

图8-23　转账生成-自定义转账

【特别说明】

①计提企业所得税后，所得税费用也要进行期间损益结转。

②所得税费用结转生成的凭证也要进行审核、记账。

任务二　对账与结账

一、任务资料

2024年1月31日，对总账进行对账和结账处理。

二、任务指导

使用操作员"101王琳"的身份登录企业应用平台。

（一）总账对账

1. 执行"总账"→"期末"→"对账"命令。

2. 用光标选中要进行对账的月份"2024.01"，点击"选择"按钮，再点击"对账"按钮，计算机开始自动对账，如图8-24所示。

（二）总账结账

1. 执行"总账"→"期末"→"结账"命令。

2. 如图8-25所示，在结账向导中，点击要结账的月份"2024.01"，点击"下一步"按钮。

图8-24　对账

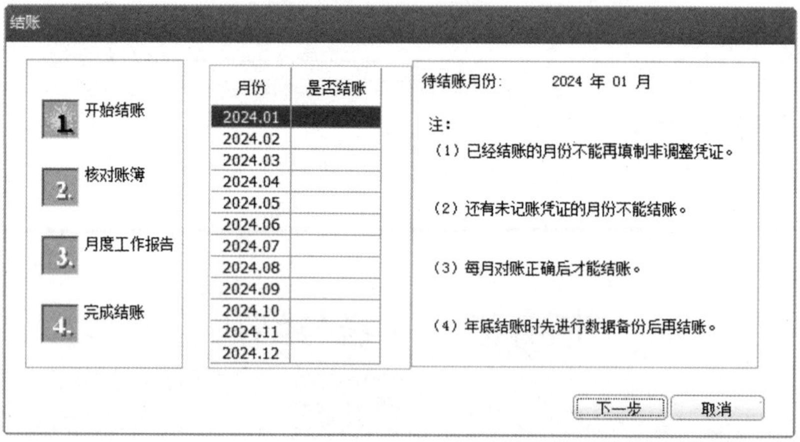

图8-25　结账（1）

3.如图8-26所示，点击“对账”按钮，进行对账。

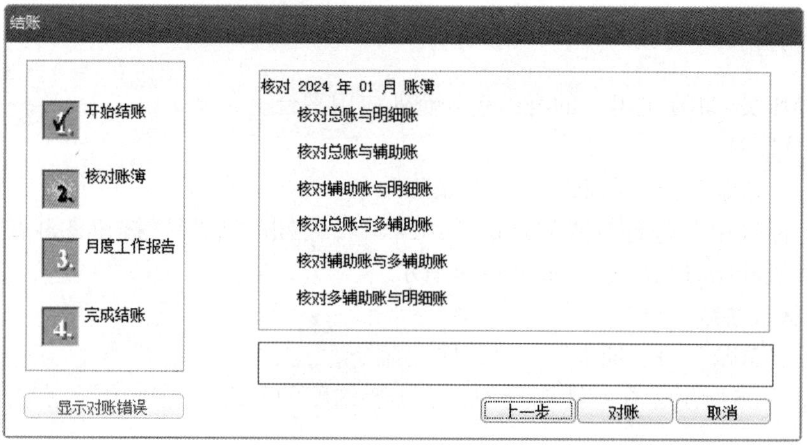

图8-26　结账（2）

4.如图8–27所示，对账完毕后，点击“下一步”按钮。

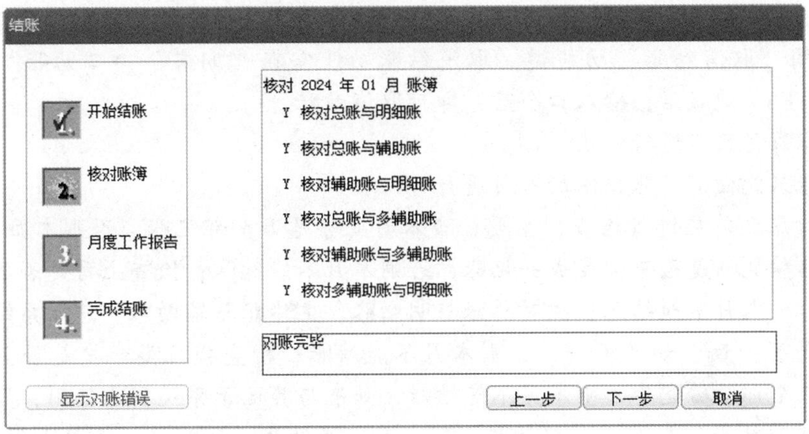

图8–27　结账（3）

5.如图8–28所示，显示“月度工作报告”（如果想打印可以点击“打印月度工作报告”按钮），点击“下一步”按钮。

图8–28　月度工作报告

6.如图8–29所示，点击“结账”按钮，如果符合结账的要求，系统进行结账，否则系统不进行结账。进入结账，如果提示“未通过检查不能结账”时，可点击“上一步”按钮，查看月度工作报告，仔细查找原因。

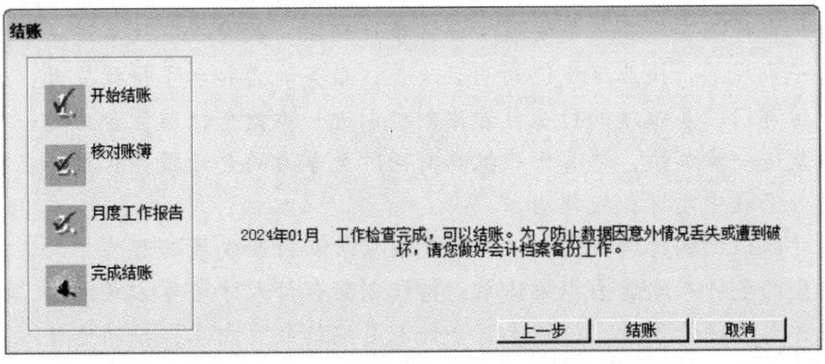

图8–29　结账

【特别说明】

①当结完账后，非法操作、计算机病毒或其他原因可能会造成数据被破坏，这时可以在此使用“取消结账”功能键。取消结账功能需在“期末”→“结账”窗口点击“Ctrl+Shift+F6”键激活，输入口令后，即可取消结账。

②结账每月只能进行一次。

③结账只能由有结账权限的人员进行。

④在结账之前应进行检查，主要检查本月业务是否全部记账，否则本月不能结账；检查月末结转凭证是否全部生成并记账，否则本月不能结账；检查上月是否已结账，上月未结账，则本月不能结账；核对总账与明细账、主体账与辅助账、总账系统与其他子系统数据是否一致，如果不一致，则本月不能结账；检查损益类账户是否全部结转完毕，如果未全部结转完毕，则本月不能结账；如果与其他子系统联合使用，还要检查其他子系统是否结账，如果未全部结账，则本月不能结账。结账前，还要进行数据备份，结账后，不能再输入该月的凭证。结账后将终止本月账户的记账工作，计算本月各账户发生额合计和本月各账户期末余额并将余额结转到下月月初。

深学践悟

会计改革与发展“十四五”规划纲要（节选）

（三）总体目标。

“十四五”时期，会计改革与发展的总体目标是：主动适应我国经济社会发展客观需要，会计审计标准体系建设得到持续加强，会计审计业发展取得显著成效，会计人员素质得到全面提升，会计法治化、数字化进程取得实质性成果，会计基础性服务功能得到充分发挥，以实现更高质量、更加公平、更可持续的发展，更好服务我国经济社会发展大局和财政管理工作全局。

——会计审计标准更加科学。会计准则体系、管理会计指引体系、内部控制规范体系、会计信息化标准体系以及注册会计师职业准则体系等各类会计审计标准体系得到进一步完善，对基层会计实务工作的指导更加精准，对标准实施情况的跟踪反应机制更加及时高效，切实推动各类标准体系得到有效实施。

——会计审计业实现高质量发展。会计审计领域“放管服”改革进一步深化，会计审计秩序进一步规范，执业环境得到明显改善，服务能力和水平持续提升，行业信誉度不断增强，跨部门、多维度的行业监管体制机制进一步健全，监管合力进一步增强，国际化发展步伐进一步加快，培育出一批具有国际竞争力的会计服务机构，在持续推进更高水平的对外开放中发挥积极作用。

——人才队伍结构持续优化。以经济发展需求和行业发展趋势为导向，建立健全分层次、分类型的会计人才能力框架体系，持续创新会计人才培养方式方法，持续改进会计人才评价体系和评价手段，持续丰富会计人员继续教育内容，推动会计人员专业技能和职业道德素养全面提升，会计人才结构更加优化、会计人才队伍不断壮大。

——会计法治更具约束刚性。推动加快修订《中华人民共和国会计法》《中华人民共和国注册会计师法》，同步加强相关配套规章制度立法工作，切实提高立法工作质量和水平。贯彻实施国家统一的会计制度的刚性要求和法律约束得到强化，会计监督体系更加健全有效，会计监督执法力量得到充实，会计监督检查方式得到丰富，执法必严、违法必究的法治氛围不断浓厚，为经济平稳运行和市场健康发展提供有效法治保障。

——会计职能实现拓展升级。以数字化技术为支撑，以推动会计审计工作数字化转型为抓手，健全完善各种数据标准和安全使用规范，形成对内提升单位管理水平和风险管控能力、对外服务财政管理和宏观经济治理的会计职能拓展新格局。

资料来源：中华人民共和国财政部. 关于印发《会计改革与发展“十四五”规划纲要》的通知［EB/OL］.［2023-07-27］. http：//kjs.mof.gov.cn/gongzuodongtai/202111/t20211126_3769461.htm.

项目九

财务报表管理系统业务处理

学习目标

掌握报表模板的应用和自定义报表功能的使用。

树立正确的质量观，把握财务信息质量的基础性和重要性作用。

任务一　报表模板的应用

一、任务资料

2024年1月31日，利用报表模板生成本月资产负债表和利润表（执行新金融准则）。

二、任务指导

使用操作员“101王琳”的身份登录企业应用平台。

（一）利用报表模板生成资产负债表

1.在企业应用平台中，执行“财务会计”→“UFO报表”命令，打开“UFO报表”，系统提示“日积月累”，单击“关闭”按钮。

2.单击“新建”按钮，打开一张空白表页。

3.执行“格式”→“报表模板”命令，打开“报表模板”对话框，在“您所在的行业”选择“2007年新会计准则科目”，在“财务报表”栏选择“资产负债表”，如图9-1所示。

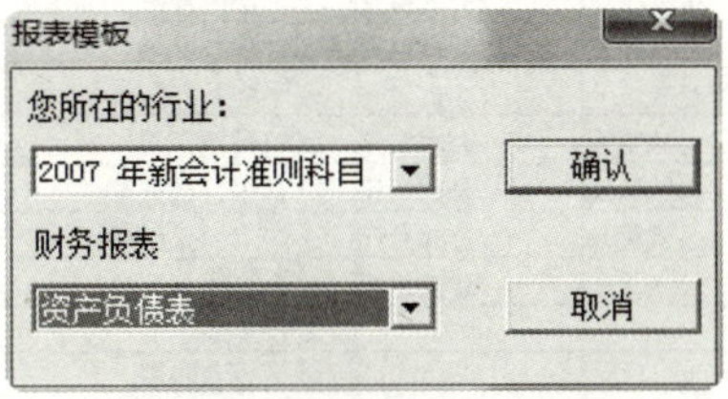

图9-1　报表模板窗口

4.单击“确认”按钮，系统提示“模板格式将覆盖本表格式！是否继续？”，如图9-2所示。

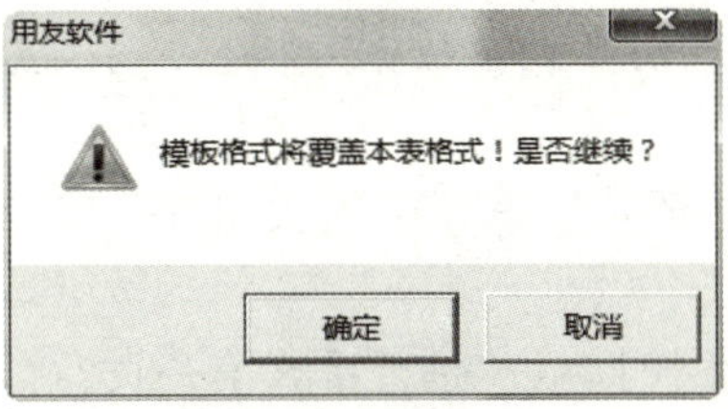

图9-2　信息提示窗口

5.单击“确定”按钮，生成资产负债表模板，此时报表为“格式”状态。删掉“A3”单元中的“编制单位：”，单击“数据”→“关键字设置”，选择“编制单位”，单击“确定”按钮。

6.按照新会计准则对资产负债表的格式进行修改，如图9-3所示。

	A	B	C	D	E	F	G	H
1					资产负债表			
2								会企01表
3	编制单位：xxxxxxxxxxxxxxxxxxxxxxxxxxxxxx		xxxx 年	xx 月	xx 日			单位:元
4	资　产	行次	期末余额	年初余额	负债和所有者权益	行次	期末余额	年初余额
5					（或股东权益）			
6	流动资产：			演示数据	流动负债：			
7	货币资金	1	公式单元	公式单元	短期借款	33	公式单元	公式单元
8	交易性金融资产	2	公式单元	公式单元	交易性金融负债	34	公式单元	公式单元
9	应收票据	3	公式单元	公式单元	衍生金融负债	35	公式单元	公式单元
10	应收账款	4	公式单元	公式单元	应付票据	36	公式单元	公式单元
11	预付款项	5	公式单元	公式单元	应付账款	37	公式单元	公式单元
12	应收利息	6	公式单元	公式单元	预收款项	38	公式单元	公式单元
13	其他应收款	7	公式单元	公式单元	合同负债	39	公式单元	公式单元
14	存货	8	公式单元	公式单元	应付职工薪酬	40	公式单元	公式单元
15	合同资产	9	公式单元	公式单元	应交税费	41	公式单元	公式单元
16	持有待售资产	10	公式单元	公式单元	其他应付款	42	公式单元	公式单元
17	一年内到期的非流动资产	11	公式单元	公式单元	持有待售负债	43	公式单元	公式单元
18	其他流动资产	12	公式单元	公式单元	一年内到期的非流动负债	44	公式单元	公式单元
19	流动资产合计	13	公式单元	公式单元	其他流动负债	45	公式单元	公式单元
20	非流动资产：				流动负债合计		公式单元	公式单元
21	债权投资	14	公式单元	公式单元	非流动负债：	46		
22	其他债权投资	15	公式单元	公式单元	长期借款	47	公式单元	公式单元
23	长期应收款	16	公式单元	公式单元	应付债券	48	公式单元	公式单元
24	长期股权投资	17	公式单元	公式单元	其中：优先股	49	公式单元	公式单元
25	其他权益工具投资	18	公式单元	公式单元	永续债	50	公式单元	公式单元
26	其他非流动金融资产	19	公式单元	公式单元	长期应付款	51	公式单元	公式单元
27	投资性房地产	20	公式单元	公式单元	预计负债	52	公式单元	公式单元
28	固定资产	21	演示数据 公式单元	公式单元	递延收益	53	公式单元	公式单元
29	在建工程	22	公式单元	公式单元	递延所得税负债	54	公式单元	公式单元
30	生产性生物资产	23	公式单元	公式单元	其他非流动负债	55	公式单元	公式单元
31	油气资产	24	公式单元	公式单元	非流动负债合计	56	公式单元	公式单元
32	无形资产	25	公式单元	公式单元	负债合计		公式单元	公式单元
33	开发支出	26	公式单元	公式单元	所有者权益（或股东权益）：	57		
34	商誉	27	演示数据 公式单元	公式单元	实收资本（或股本）	58	公式单元	公式单元
35	长期待摊费用	28	公式单元	公式单元	其他权益工具	59	公式单元	公式单元
36	递延所得税资产	29	公式单元	公式单元	其中：优先股	60	公式单元	公式单元
37	其他非流动资产	30	公式单元	公式单元	永续债	61	公式单元	公式单元
38	非流动资产合计	31	公式单元	公式单元	资本公积	62	公式单元	公式单元
39					减：库存股	63	公式单元	公式单元
40					其他综合收益	64	公式单元	公式单元
41					盈余公积	65	公式单元	公式单元
42					未分配利润	66	公式单元	公式单元
43					所有者权益（或股东权益）合计	67	公式单元	公式单元
44	资产总计	32	公式单元	公式单元	负债和所有者权益（或股东权益）总计	68	公式单元	公式单元

图9-3　资产负债表

7.将报表从“格式”状态切换到“数据”状态，系统提示“是否确定全表重算?”，单击“是”按钮。

8.执行“数据”→“关键字”→“录入关键字”命令，录入“编制单位”“年”“月”“日”具体信息。

9.单击“确认”按钮，系统提示“是否重算第一页?”，单击“是”按钮，系统自动算出资产负债表数据。

（二）利用报表模板生成利润表

1.在企业应用平台中，执行“财务会计”→“UFO报表”命令，打开“UFO报表”，系统提示“日积月累”，单击“关闭”按钮。

2.单击“新建”按钮，打开一张空白表页。

3.执行“格式”→“报表模板”命令，打开“报表模板”对话框，在“您所在的行业”栏选择“2007年新会计准则科目”，在“财务报表”栏选择“利润表”。

4.单击“确认”按钮，系统提示“模板格式将覆盖本表格式！是否继续?”。

5.单击“确定”按钮，生成利润表模板，此时报表为“格式”状态。删掉“A3”单元中的“编制单位:”，单击“数据”→“关键字设置”，选择“编制单位”，单击“确定”按钮。

6.按照新金融准则对利润表的格式进行修改，如图9-4所示。

	A	B	C
1	利润表		
2			会企02表
3	编制单位：xxxxxxxxxxxxxxxxxxxxxxxxxxxxxxxx	xxxx 年　xx 月	单位:元
4	项　　目	本期金额	上期金额
5	一、营业收入	公式单元	公式单元
6	减：营业成本	公式单元	公式单元
7	税金及附加	公式单元	公式单元
8	销售费用	公式单元	公式单元
9	管理费用	公式单元	公式单元
10	研发费用	公式单元	公式单元
11	财务费用	公式单元	公式单元
12	其中：利息费用	公式单元	公式单元
13	利息收入	公式单元	公式单元
14	加：其他收益	公式单元	公式单元
15	投资收益（损失以“-”号填列）	演示数据　公式单元	公式单元
16	其中：对联营企业和合营企业的投资收益	公式单元	公式单元
17	净敞口套期收益（损失以“-”号填列）	公式单元	公式单元
18	公允价值变动收益（损失以“-”号填列）	公式单元	公式单元
19	资产减值损失（损失以“-”号填列）	公式单元	公式单元
20	信用减值损失（损失以“-”号填列）	公式单元	公式单元
21	资产处置收益（损失以“-”号填列）	公式单元	公式单元
22	二、营业利润（亏损以“-”号填列）	公式单元	公式单元
23	加：营业外收入	公式单元	公式单元
24	减：营业外支出	公式单元	公式单元
25	三、利润总额（亏损总额以“-”号填列）	公式单元	公式单元
26	减：所得税费用	公式单元	公式单元
27	四、净利润（净亏损以“-”号填列）	公式单元	公式单元
28	（一）持续经营净利润（净亏损以“-”号填列）	公式单元	公式单元
29	（二）终止经营净利润（净亏损以“-”号填列）	公式单元	公式单元
30	五、其他综合收益的税后净额	公式单元	公式单元
31	（一）不能重分类进损益的其他综合收益	公式单元	公式单元
32		……	……
33	（二）将重分类进损益的其他综合收益	公式单元	公式单元
34	……	……	……
35	六、综合收益总额	公式单元	公式单元
36	七、每股收益：	公式单元	公式单元
37	（一）基本每股收益	公式单元	公式单元
38	（二）稀释每股收益	公式单元	公式单元

图9-4　利润表

7.将报表从“格式”状态切换到“数据”状态，系统提示“是否确定全表重算?”，单击“是”按钮。

8.执行“数据”→“关键字”→“录入关键字”命令，录入“编制单位”“年”“月”具体信息。

9.单击“确认”按钮，系统提示“是否重算第一页?”，单击“是”按钮，系统自动算出利润表数据。

任务二 自定义报表设计

一、任务资料

（一）自定义生成货币资金表

货币资金表格式见表9-1。

表9-1 货币资金表

单位名称：　　　　年　月　日　　　　单位：元

项目	期初数	期末数
库存现金		
银行存款		
合计		

制表人：

1.报表格式要求

（1）表头。标题“货币资金表”设置为黑体、14号、居中；“单位名称：”和“年　月　日”应设置为关键字。

（2）表体。表体中文字设置为宋体、12号、居中，第2、3列数据右对齐，第1行、第1列加粗。

（3）表尾。“制表人：”设置为宋体、10号、左对齐。

（行高：7；列宽：70）

2.报表公式设置

库存现金期初数：B4=QC（“1001”，月）

库存现金期末数：C4=QM（“1001”，月）

银行存款期初数：B5=QC（“1002”，月）

银行存款期末数：C5=QM（“1002”，月）

期初数合计：B6=B4+B5

期末数合计：C6=C4+C5

（二）自定义生成财务分析表

企业偿债能力分析表格式见表9-2。

表9-2 企业偿债能力分析表

单位名称： 年 月

评价内容	评价指标	评价结果（公式如下）
偿债能力	流动比率	流动资产/流动负债
	产权比率	负债总额/股东权益
	资产负债率	负债总额/资产总额

报表格式要求：

1.表头。标题设置为黑体、14号、居中；“单位名称：”和“年 月”设置为关键字。

2.表体。表体中文字设置为宋体、12号、居中，第3列右对齐，第1行、第1列加粗。

（行高：10；列宽：70）

二、任务指导

（一）自定义生成货币资金表

1.创建新表

（1）执行“财务会计”→“UFO报表”命令。

（2）单击“新建”按钮，生成一张空白表页。

2.报表格式定义

（1）设置报表尺寸

① 执行“格式”→“表尺寸”命令，打开“表尺寸”对话框。

② 输入行数7，列数3，单击“确认”按钮，如图9-5所示。

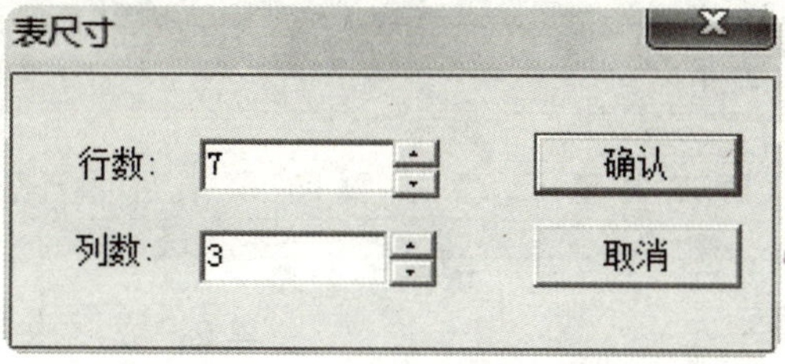

图9-5 设置表尺寸窗口

（2）定义组合单元

①选择单元格区域 A1：C1。

②执行“格式”→“组合单元”命令，打开“组合单元”对话框，如图9-6所示。

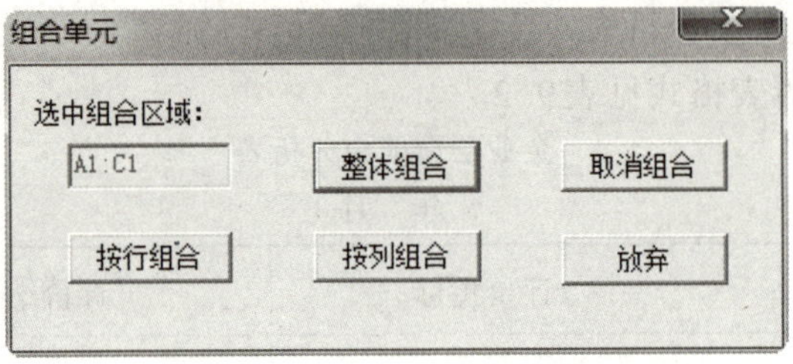

图9-6　定义组合单元窗口

③选择组合方式“整体组合”或“按行组合”，该单元即合并成一个单元格。

（3）画表格线

①选中报表需要画线的单元区域“A3：C6”。

②执行“格式”→“区域画线”命令，打开“区域画线”对话框，如图9-7所示。

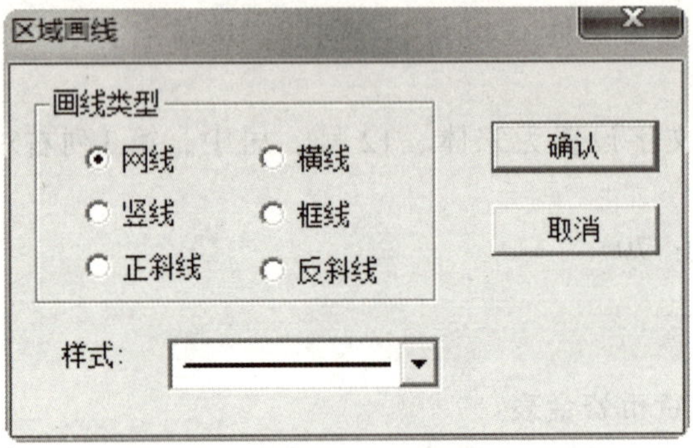

图9-7　区域画线窗口

③选择“网线”单选按钮，单击“确认”按钮，将所选区域画上表格线。

（4）输入报表项目

① 选中需要输入内容的单元或组合单元。

② 在该单元或组合单元中输入相关文字内容，例如：在A1组合单元中输入“货币资金表”字样，如图9-8所示。

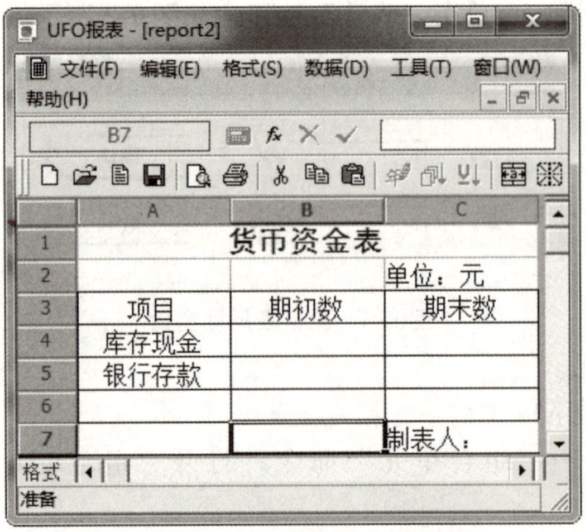

图9-8　自定义报表输入结果窗口

（5）设置单元风格

① 选中标题所在组合单元 A1。

② 执行“格式”→“单元属性”命令，打开“单元格属性”对话框。

③ 打开“字体图案”选项卡，设置字体为“黑体”，字号为 14，如图9-9所示。

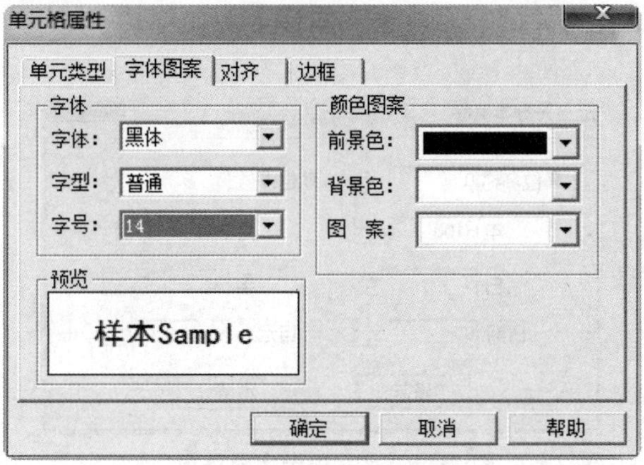

图9-9　单元格属性窗口

④ 打开“对齐”选项卡，设置对齐方式为“居中”，单击“确定”按钮。

⑤ 同理，表体中文字设置为宋体、12 号、居中；表尾文字设置为宋体、10 号；B4：C6设置为右对齐。

（6）定义报表行高和列宽

①选中需要调整的单元所在行。

②执行“格式”→“行高”命令，打开“行高”对话框。

③输入行高“7”，单击“确定”按钮。

④选中需要调整的单元所在列，执行“格式”→“列宽”命令，输入列宽“70”。

（7）设置关键字

①选中需要输入关键字的单元“A2”。

②执行“数据”→“关键字”→“设置”命令，打开“设置关键字”对话框。

③选择“单位名称”单选按钮，如图9-10所示，单击“确定”按钮。

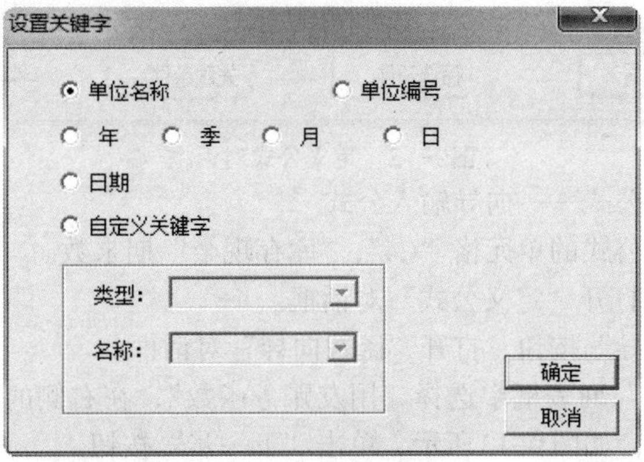

图9-10　设置关键字窗口

④同理，在“B2”处设置“年”“月”“日”关键字（如果要取消关键字，须执行“数据”→“关键字”→“取消”命令）。

⑤执行“数据”→“关键字”→“偏移”命令，打开“定义关键字偏移”对话框。

⑥在需要调整位置的关键字后面输入偏移量。如年“-100”，月“-50”，日“0”，如图9-11所示。

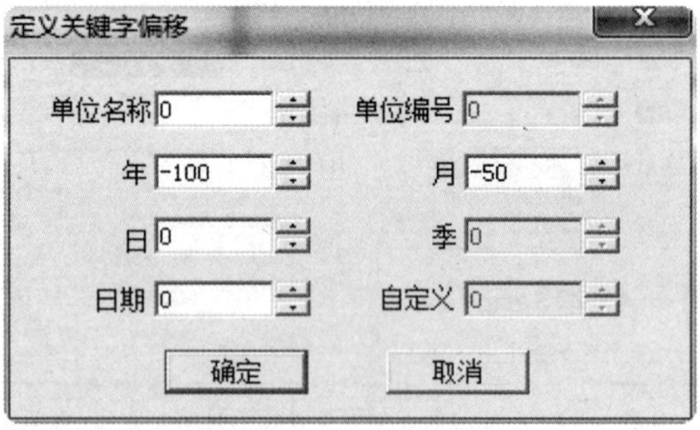

图9-11　定义关键字偏移窗口

⑦单击“确定”按钮。

【特别说明】关键字的位置可以用偏移量来表示，负值表示向左移，正值表示向右移。在调整时，可以通过输入正或负的数值来调整。

3. 报表公式定义

（1）定义单元格公式——直接输入公式

① 选择需要定义公式的单元格“B4”，“库存现金”期初数。

② 执行“数据”→“编辑公式”→“单元公式”命令，打开“定义公式”对话框（单击 按钮或按“=”键，都可打开“定义公式”对话框）。

③ 在“定义公式”对话框中直接输入总账期初函数公式：QC（“1001”，月），如图9-12所示，单击“确认”按钮。

图9-12　定义公式对话框

（2）定义单元格公式——向导输入公式

①选择需要定义公式的单元格“C4”，“库存现金”期末数。

②单击 按钮，打开“定义公式”对话框。

③单击“函数向导”按钮，打开“函数向导”对话框。

④在“函数分类”列表框中选择“用友账务函数”，在右侧的“函数名”列表框中选择“期末（QM）”，如图9-13所示，单击“下一步”按钮。

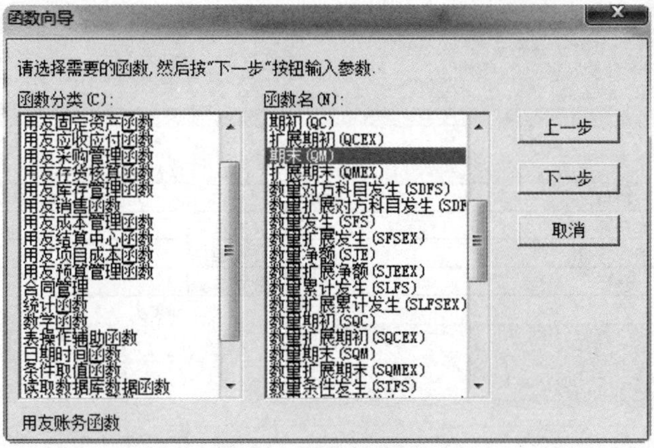

图9-13　函数向导窗口

⑤单击“参照”按钮，在“账务函数”窗口“科目”栏录入“1001”，在“期间”栏录入“月”，如图9-14所示。

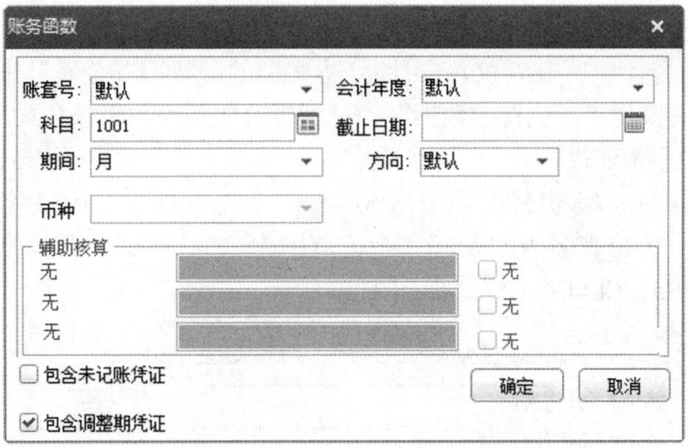

图9-14　用友账务函数向导窗口

⑥其余均采用系统默认值，单击“确定”按钮，返回“用友账务函数”对话框。

⑦单击“确定”按钮，返回“定义公式”对话框，单击“确认”按钮，如图9-15所示。

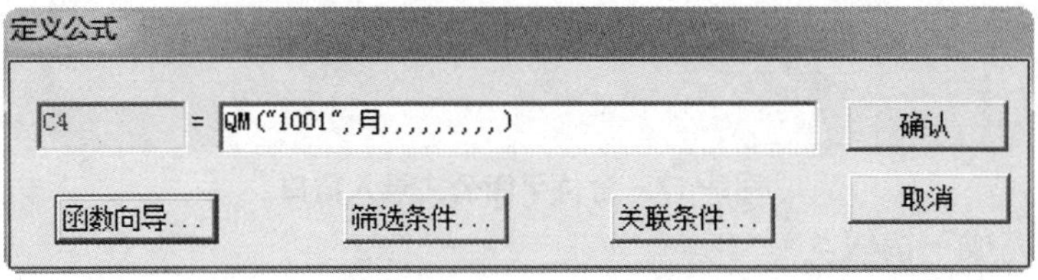

图9-15　定义公式对话框

⑧同理，输入“B5”“C5”的单元格公式。

⑨在“B6”处定义“B6=B4+B5”的单元格公式。

⑩在“C6”处定义“C6=C4+C5”的单元格公式。

定义完的公式在单元格中显示为“公式单元”，最后结果如图9-16所示。

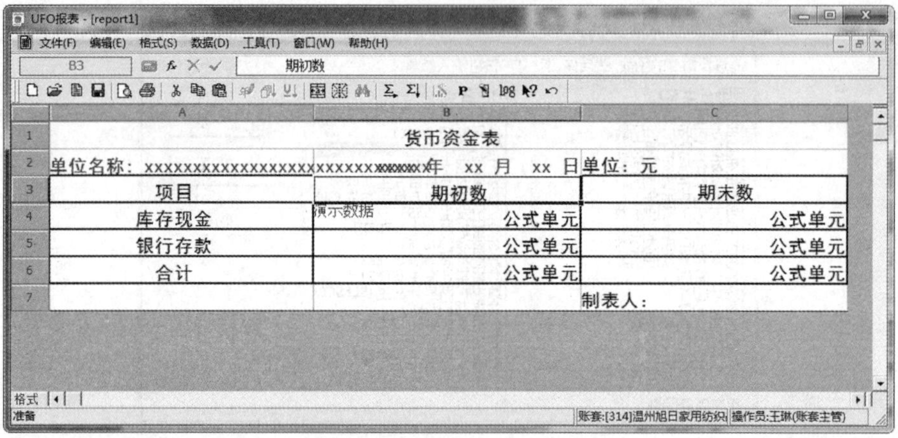

图9-16 货币资金表结果窗口

【特别说明】如果未进行账套初始化，那么账套号和会计年度需要直接输入。

(3) 定义审核公式

审核公式用于审核报表内或报表之间钩稽关系是否正确。例如，“资产负债表”中的“资产合计 = 负债合计 + 所有者权益合计”。本实训的“货币资金表”中不存在这种钩稽关系。若要定义审核公式，执行“数据”→“编辑公式”→“审核公式”命令即可。

(4) 定义舍位平衡公式

①执行“数据”→“编辑公式”→“舍位公式”命令，打开“舍位平衡公式”对话框。

②确定信息：舍位表名为“表1”，舍位范围为“B4：C6”，舍位位数为“1”，平衡公式为“B6=B4+B5，C6=C4+C5”，如图9-17所示。

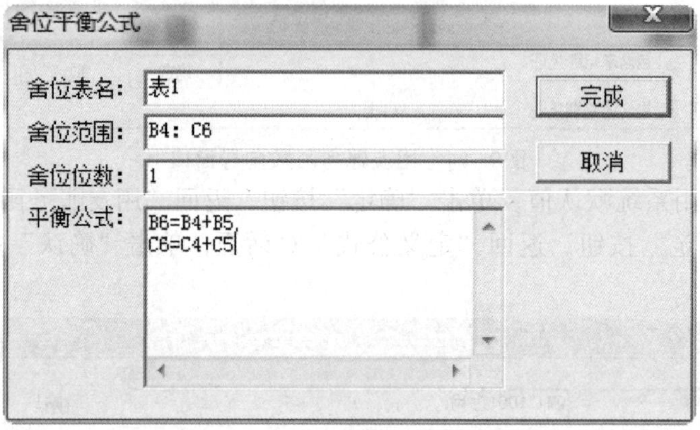

图9-17 舍位平衡公式录入窗口

③单击“完成”按钮。

【特别说明】

①舍位平衡公式是指用来重新调整报表数据进位后的小数位平衡关系的公式。每个公式一行，各公式之间用逗号“,”（半角）隔开，最后一条公式不用写逗号，否则公式无法执行。等号左边只能为一个单元（不带页号和表名）。

②舍位平衡公式中只能使用“+”“-”符号，不能使用其他运算符及函数。

（5）保存报表格式

① 执行“文件”→“保存”命令。如果是第一次保存，则打开“另存为”对话框。

② 选择保存文件夹；输入报表文件名“货币资金表”；选择“保存类型（*.REP）”，单击“保存”按钮。

【特别说明】报表格式设置完以后切记要及时将这张报表格式保存下来，以便以后随时调用，如果没有保存就退出，系统会提示“是否保存报表?”信息，以防止误操作。

4.报表数据处理

（1）打开报表

① 启动UFO系统，执行“文件”→“打开”命令。

② 选择保存的报表文件“货币资金表”，单击“打开”按钮。

③ 单击空白报表底部左下角的“格式/数据”按钮，使当前状态为“数据”状态。

【特别说明】报表数据处理必须在“数据”状态下进行。

（2）输入关键字值

①执行“数据”→“关键字”→“录入”命令，打开“录入关键字”对话框。

②输入单位名称“温州旭日家用纺织品有限公司”，年为“2024”，月为“1”，日为“31”，如图9-18所示。

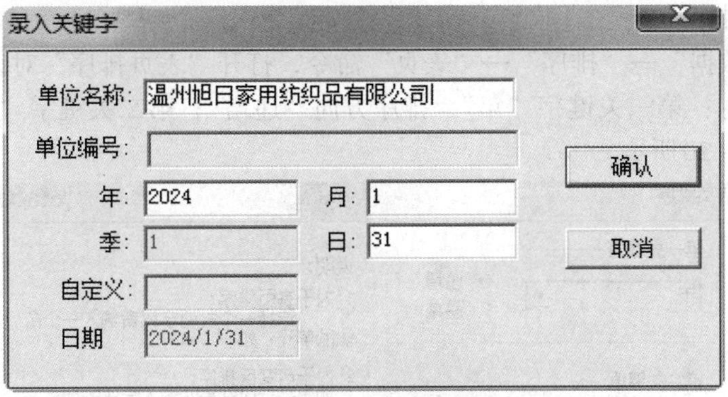

图9-18　录入关键字窗口

③单击“确认”按钮，系统弹出“是否重算第1页?”信息提示对话框。

④单击“是”按钮，系统会自动根据单元公式计算1月份数据；单击“否”按钮，系统不计算1月份数据，以后可利用“表页重算”功能生成1月份数据。

【特别说明】每一张表页均对应不同的关键字值，输出时随同单元一起显示。日期关键字可以确认报表数据取数的时间范围，即确定数据生成的具体日期。

（3）生成报表

① 执行“数据”→“表页重算”命令，系统弹出“是否重算第1页?”信息提示对话框。

② 单击“是”按钮，系统会自动在初始的账套和会计年度范围内根据单元公式计算生成数据，如图9-19所示。

（4）增加表页

① 执行“编辑”→“追加”→“表页”命令，打开“追加表页”对话框。

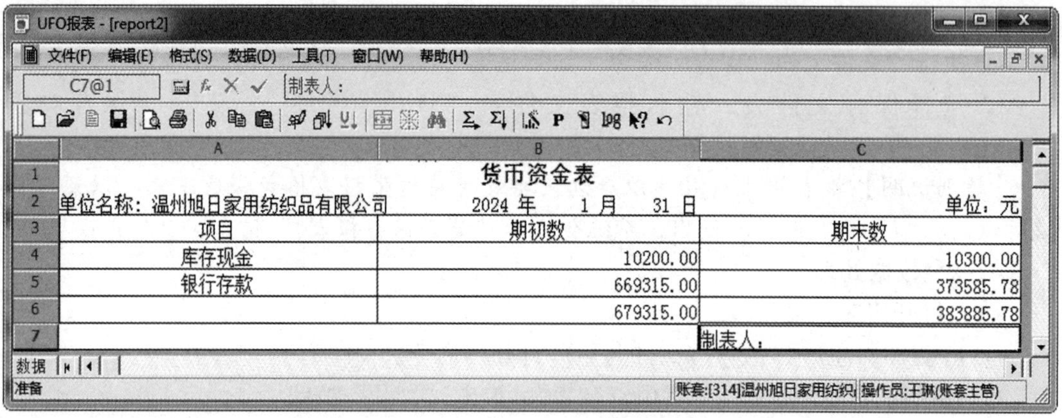

图9-19 生成1月的报表窗口

② 如需增加2月、3月的货币资金表，可输入需要增加的表页数“2”，单击“确认”按钮。

【特别说明】追加表页是在最后一张表页后追加N张空表页，插入表页是在当前表页后面插入一张空表页；一张报表最多能管理99 999张表页。

5.表页管理及报表输出

(1) 表页排序

①执行“数据”→“排序”→“表页”命令，打开“表页排序”对话框。

②确定信息：第一关键字“年”，排序方向“递增”；第二关键字“月”，排序方向“递增”，如图9-20所示。

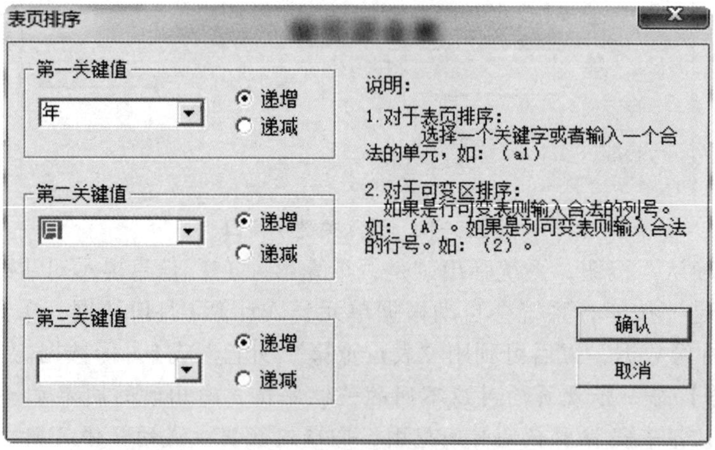

图9-20 表页排序窗口

③单击“确认”按钮。系统将自动把表页按年份递增顺序重新排列，如果年份相同则按月份递增顺序排列。

(2) 表页查找

① 执行“编辑”→“查找”命令，打开“查找”对话框。

② 确定查找内容“表页”，确定查找条件“月=1”。

③ 单击“查找”按钮，查找到的符合条件的表页作为当前表页。

（二）自定义生成财务分析表

1.创建新表

（1）执行“财务会计”→“UFO报表”命令。

（2）单击“新建”按钮，生成一张空白表页。

2.报表格式定义

具体操作步骤可参照“货币资金表”。

3.报表公式定义

（1）选择“C4”单元格，执行“数据”→“编辑公式”→“单元公式”命令，打开“定义公式”对话框。单击“筛选条件”按钮，打开“筛选条件”对话框，在“请输入筛选条件”栏录入“all”，如图9-21所示。

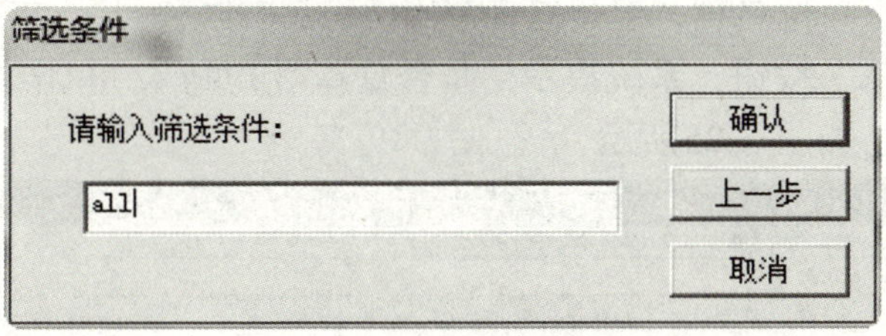

图9-21　筛选条件窗口

（2）单击“确认”按钮，继续单击“关联条件”按钮，在“当前关键值”栏选择“月”，在“关联表名”栏选择“D：\314\资产负债表. rep”，在“关联关键值”栏选择“月”，如图9-22所示。

图9-22　关联条件窗口

（3）单击“确认”按钮，打开“定义公式”对话框，如图9-23所示。复制“C4”栏中【"D：\314\资产负债表. rep"->】部分。

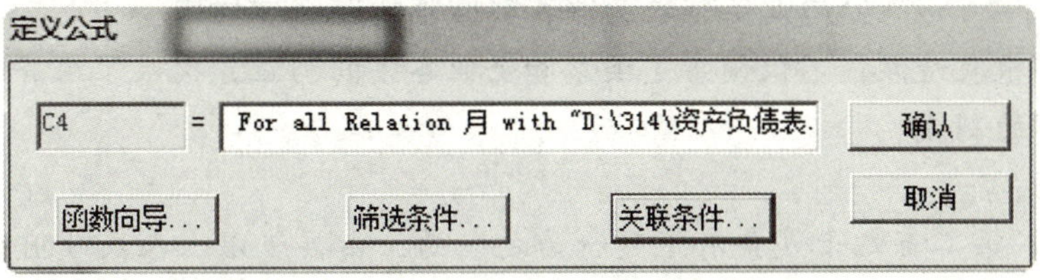

图9-23　定义公式（1）

（4）删除“C4”栏中所有内容，粘贴【"D：\314\资产负债表. rep"->】，并在其后录入【C19/"D：\314\资产负债表. rep"->G20】，如图9-24所示。

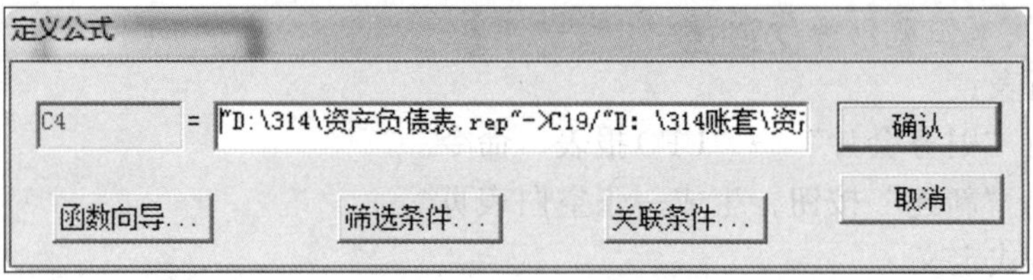

图9-24 定义公式（2）

（5）同理录入C5单元公式【"D：\314\资产负债表．rep"->G32/"D：\314\资产负债表．rep"->G43】，C6单元公式【"D：\314\资产负债表．rep"->G32/"D：\314\资产负债表．rep"->G44】。

（6）单击“保存”按钮，保存成功。

（7）录入关键字单位名称“温州旭日家用纺织品有限公司”、年“2024”、月“1”。

（8）单击“确认”按钮，系统提示“是否重算第1页?”，单击“是”按钮，生成企业偿债能力分析表，如图9-25所示。

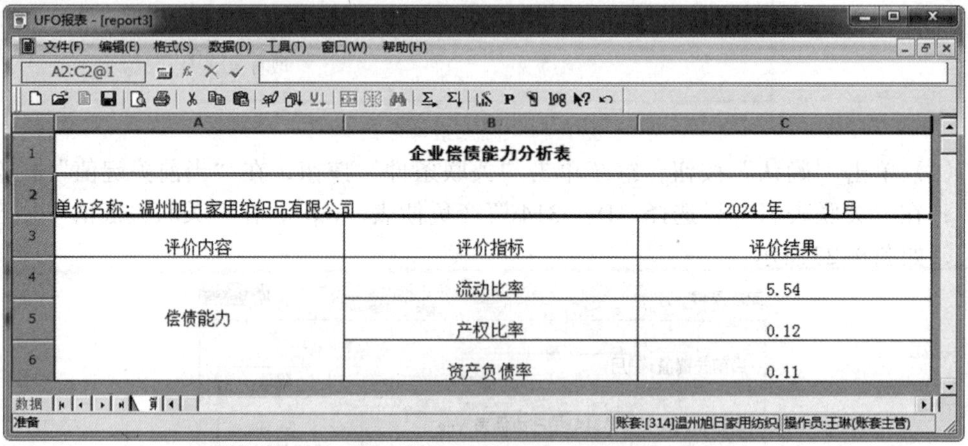

图9-25 企业偿债能力分析表

深学践悟

公司财务报表造假，将面临哪些法律后果

公司财务报表造假，不仅侵害了国家和企业各方的利益，扰乱了经济秩序，严重的还将面临法律的制裁。

法律依据：

《公司法》第二百四十九条有下列行为之一的，由县级以上人民政府财政部门责令改正，对公司处以五十万元以下的罚款，情节严重的，处以五十万元以上两百万元以下的罚款，对直接负责的主管人员和其他直接责任人员处以五十万元以下的罚款：（二）提供虚假记载或者隐瞒重要事实的财务会计报告。法律、行政法规对违反前款规定行为的处罚另有规定的，从其规定

《证券法》第一百九十三条 编造、传播虚假信息或者误导性信息，扰乱证券市场的，没收违法所得，并处以违法所得一倍以上十倍以下的罚款；没有违法所得或者违法所得不足二十万元的，处以二十万元以上二百万元以下的罚款。

《会计法》第四十三条 伪造、变造会计凭证、会计帐簿，编制虚假财务会计报告，构成犯罪的，依法追究刑事责任。尚不构成犯罪的，由县级以上人民政府财政部门予以通报，可以对单位并处五千元以上十万元以下的罚款；对其直接负责的主管人员和其他直接责任人员，可以处三千元以上五万元以下的罚款；属于国家工作人员的，还应当由其所在单位或者有关单位依法给予撤职直至开除的行政处分；其中的会计人员，五年内不得从事会计工作。

《刑法》第一百六十一条 【违规披露、不披露重要信息罪】依法负有信息披露义务的公司、企业向股东和社会公众提供虚假的或者隐瞒重要事实的财务会计报告，或者对依法应当披露的其他重要信息不按照规定披露，严重损害股东或者其他人利益，或者有其他严重情节的，对其直接负责的主管人员和其他直接责任人员，处五年以下有期徒刑或者拘役，并处或者单处罚金；情节特别严重的，处五年以上十年以下有期徒刑，并处罚金。

因此，提高从业人员的专业素质和法律意识，树立遵纪守法、坚持原则的职业道德精神尤为重要。

项目十

会计信息化综合实训

任务一　系统管理

一、任务内容

1.增加操作员。
2.建立企业账套。
3.进行系统启用。
4.进行财务分工。
5.备份/引入账套数据。

二、任务要求

将计算机日期调整至2024年1月1日，以系统管理员（admin）的身份进行企业建账。

三、任务资料

（一）企业相关信息

金叶科技有限公司（简称金叶科技）位于北京市海淀区上地信息产业基地开拓路19号，法定代表人魏振东，联系电话及传真均为010-62786622，纳税人识别号为910101089137621251。

该企业属于工业企业，从事软硬件及相关产品的生产及销售，采用“2007年新会计准则科目”核算体系，记账本位币为人民币，于2024年1月采用计算机系统进行会计核算及企业日常业务处理。

企业只有几个主要供应商，但客户很多，最好分类管理，有外币业务。

编码规则：科目编码级次4222；客户分类编码级次122；部门编码级次122；结算方式编码级次12。核算时数量精确到2位小数；单价设置5位小数。

（二）企业内部岗位分工

企业内部岗位分工情况见表10-1。

表10-1　企业内部岗位分工

编号	姓名	角色	职责
01	学生名字	账套主管、财务分析	负责系统日常运行管理，具有全部权限
02	王贺雯	总账会计、固定资产和工资核算、报表	负责总账、薪资核算、固定资产管理和报表
03	李扬	往来会计、材料会计、项目管理	负责往来管理、材料成本核算及项目管理
04	任小慧	出纳签字、现金管理	对收付款凭证进行核对，管理现金日记账、银行日记账、资金日报以及银行对账
05	孙怀庆	采购主管	负责企业的材料采购
06	蒋群	销售主管	销售一部负责人，管理一部销售工作
07	江黎	销售主管	销售二部负责人，管理二部销售工作
08	孟涛	仓库主管	负责管理材料收发、产品出入库

注：为操作简便起见，操作员口令为空。

（三）进行系统启用设置

由账套主管启用总账系统、薪资管理系统、固定资产系统，启用日期均为2024-01-01。

（四）备份及恢复账套数据

将账套命名为“账套号+姓名”。

任务二　基础档案设置

一、任务内容

1.部门及人员档案。
2.客商档案。
3.凭证类别、外币设置。
4.会计科目及期初余额录入。
5.备份/引入账套数据。

二、任务要求

将计算机日期调整至2024年1月1日，以账套主管（01）的身份进行操作。

三、任务资料

（一）部门信息

部门信息见表10-2。

表10-2　　部门信息

部门编码	部门名称
1	企管办
2	财务部
3	采购部
4	销售部
401	销售一部
402	销售二部
5	生产部

（二）职员信息

职员信息见表10-3。

表10-3 职员信息

职员编号	职员姓名	所属部门	职员属性	职员编号	职员姓名	所属部门	职员属性
101	魏振东	企管办	总经理	301	孙怀庆	采购部	部门经理
201	学生名字	财务部	部门经理	401	蒋群	销售一部	部门经理
202	王贺雯	财务部	会计	402	江黎	销售二部	部门经理
203	李扬	财务部	会计	501	孟涛	生产部	仓库主管
204	任小慧	财务部	出纳				

（三）地区分类

地区分类见表10-4。

表10-4 地区分类

地区分类编码	地区分类名称	地区分类编码	地区分类名称
01	北方区	03	中南区
02	华东区	04	西部区

（四）客户分类

客户分类见表10-5。

表10-5 客户分类

客户分类编码	客户分类名称
1	批发商
2	代理商
3	零散客户

（五）客户档案

客户档案见表10-6。

表10-6 客户档案

客户编号	客户名称	客户简称	所属分类码	所属地区码	税号	开户银行	账号	分管部门	专营业务员
001	北方管理软件学院	北方管理	1	01	910273678951442222	工行北京分行	11015892349	销售一部	蒋群
002	创远系统集成公司	创远	3	02	910349429839101142	工行上海分行	22100032341	销售二部	江黎
003	天津图书城	天津图书城	2	01	910203243242342113	工行天津分行	10210499852	销售二部	江黎

（六）供应商分类

本企业只有几个主要供应商，长期稳定，不需要分类管理。

（七）供应商档案

供应商档案见表10-7。

表10-7 供应商档案

供应商编号	供应商名称	供应商简称	所属分类码	所属地区码	税号	开户银行	账号	分管部门	分管业务员
001	大众印刷厂	大众	00	01	910110108534875344	工行北京分行	10543982199	采购部	孙怀庆
002	联诚软件	联诚	00	01	910110843543722553	工行北京分行	43828943234	采购部	孙怀庆

（八）外币设置

本企业采用固定汇率核算外币，外币只涉及美元一种，美元币符假定为USD，2024年1月初汇率为6.75。

（九）会计科目

本企业常用会计科目及期初余额见表10-8。

表10-8 常用会计科目及期初余额

科目编号及名称	辅助核算	方向	币别/计量	期初余额	备注
库存现金	日记账	借		5 845.70	修改
银行存款	银行账、日记账	借		211 057.16	修改
人民币户	银行账、日记账	借		211 057.16	新增
美元户	银行账、日记账	借	美元		新增
应收票据	客户往来	借			修改
应收账款	客户往来	借		157 600.00	修改
其他应收款		借		3 800.00	
备用金	部门核算	借			新增
应收个人款	个人往来	借		3 800.00	新增
坏账准备		贷		10 000.00	
预付账款	供应商往来	借			修改
材料采购		借		-80 000.00	
原材料		借		11 300.00	
光盘	数量核算	借		4 400.00	新增
			张	2 200	

续表

科目编号及名称	辅助核算	方向	币别/计量	期初余额	备注
复印纸	数量核算	借		6 900.00	新增
			包	460	
库存商品		借		27 078.00	
杀毒软件	数量核算	借		10 650.00	新增
			套	71	
百问ERP多媒体课件	数量核算	借		7 840.00	新增
			套	98	
工商管理案例集	数量核算	借		8 588.00	新增
			册	226	
委托加工物资		借		642.00	
固定资产		借		260 860.00	
累计折旧		贷		47 120.91	
短期借款		贷		100 000.00	
应付票据	供应商往来	贷			修改
应付账款	供应商往来	贷		276 850.00	修改
预收账款	客户往来	贷			修改
应付职工薪酬				8 200.00	
工资		贷			
职工福利		贷		8 200.00	
应交税费		贷		−16 800.00	
应交增值税		贷		−16 800.00	
进项税额		贷		−33 800.00	
销项税额		贷		17 000.00	
实收资本		贷		300 000.00	
本年利润		贷			
利润分配		贷		−110 022.31	
未分配利润		贷		−110 022.31	

续表

科目编号及名称	辅助核算	方向	币别/计量	期初余额	备注
生产成本	项目核算	借		17 165.74	修改
直接材料	项目核算	借		10 000.00	新增
直接人工	项目核算	借		4 000.74	新增
制造费用	项目核算	借		2 000.00	新增
其他	项目核算	借		1 165.00	新增
生产成本转出	项目核算	借			新增
制造费用		借			
工资		借			新增
折旧费		借			新增
其他		借			新增
主营业务收入		贷			
杀毒软件	数量核算	贷			新增
百问ERP多媒体课件	数量核算	贷			新增
工商管理案例集	数量核算	贷			新增
其他业务收入		贷			
主营业务成本		借			
杀毒软件	数量核算	借			复制
百问ERP多媒体课件	数量核算	借			复制
工商管理案例集	数量核算	借			复制
税金及附加		借			
其他业务成本		借			
销售费用		借			
工资		借			复制
办公费		借			复制
差旅费		借			复制
招待费		借			复制
折旧费		借			复制

续表

科目编号及名称	辅助核算	方向	币别/计量	期初余额	备注
管理费用		借			
工资	部门核算	借			新增
办公费	部门核算	借			新增
差旅费	部门核算	借			新增
招待费	部门核算	借			新增
折旧费	部门核算	借			新增
其他	部门核算	借			新增
财务费用		借			
利息支出		借			新增
手续费		借			新增

注：利用新增、修改、成批复制等功能完成对会计科目的编辑，最后指定会计科目。

（十）凭证类别

凭证类别见表10-9。

表10-9　凭证类别

凭证分类	限制类型	限制科目
收款凭证	借方必有	1001，100201，100202
付款凭证	贷方必有	1001，100201，100202
转账凭证	凭证必无	1001，100201，100202

（十一）项目目录

项目目录见表10-10。

表10-10　项目目录

<table>
<tr><td rowspan="3">科目 / 项目目录</td><td colspan="3">产品</td></tr>
<tr><td colspan="2">教学课件开发</td><td rowspan="2">工具软件开发</td></tr>
<tr><td>ERP模拟体验光盘</td><td>ERP普及教程</td></tr>
<tr><td>生产成本</td><td colspan="3">是</td></tr>
<tr><td>生产成本——直接材料</td><td colspan="3">是</td></tr>
<tr><td>生产成本——直接人工</td><td colspan="3">是</td></tr>
<tr><td>生产成本——制造费用</td><td colspan="3">是</td></tr>
<tr><td>生产成本——生产成本转出</td><td colspan="3">是</td></tr>
</table>

（十二）结算方式

结算方式见表10-11。

表10-11 结算方式

结算方式编码	结算方式名称	票据管理
1	现金结算	否
2	支票结算	否
201	现金支票	是
202	转账支票	是
3	银行汇票	否
4	商业汇票	否
401	商业承兑汇票	否
402	银行承兑汇票	否
9	其他	否

（十三）付款条件

付款条件见表10-12。

表10-12 付款条件

编码	信用天数	优惠天数1	优惠率1	优惠天数2	优惠率2	优惠天数3	优惠率3
01	30	5	2				
02	60	5	4	15	2	30	1
03	90	5	4	20	2	45	1

（十四）开户银行

编码：01；名称：中国工商银行北京分行上地分理处；账号：8316587962。

（十五）备份账套数据

账套名称为“任务二（学号）”。

任务三 总账系统初始设置

一、任务内容

1. 选项设置。
2. 辅助期初余额录入。
3. 期初试算平衡。

4. 备份/引入账套数据。

二、任务要求

将计算机日期调整至2024年1月1日，以账套主管（01）的身份进行操作。

三、任务资料

（一）总账控制参数

总账控制参数见表10-13。

表10-13　总账控制参数

选项卡	控制对象	参数设置
凭证	制单控制	制单序时控制 支票控制 资金及往来赤字控制 允许修改、作废他人填制的凭证 可以使用其他系统受控科目
	凭证控制	打印凭证页脚姓名 出纳凭证必须经由出纳签字
	凭证编号方式	凭证编号方式采用系统编号
	外币核算	外币核算采用固定汇率
	预算控制	进行预算控制
账簿	打印位数宽度	账簿打印位数每页打印行数按软件的标准设定
	明细账打印方式	明细账打印按年排页
会计日历		会计日历为1月1日至12月31日
其他	排序方式	部门、个人、项目按编码方式排序

（二）期初余额

1. 总账期初明细（见任务二中的表10-8“常用会计科目及期初余额”）。

2. 辅助账期初明细（见表10-14至表10-17）。

表10-14　其他应收款——应收个人款期初余额明细

会计科目：其他应收款——应收个人款　　余额：借3 800元

日期	凭证号	部门	个人	摘要	方向	期初余额
2023-12-26	付-118	企管办	魏振东	出差借款	借	2 000.00
2023-12-27	付-156	销售一部	蒋群	出差借款	借	1 800.00

表10-15 应收账款期初余额明细

会计科目：应收账款 余额：借157 600元

日期	凭证号	客户	摘要	方向	金额	业务员	票号	票据日期
2023-10-25	转-118	北方管理软件学院	期初	借	99 600	蒋群	P111	2023-10-25
2023-11-10	转-15	天津图书城	期初	借	58 000	江黎	Z111	2023-11-10

表10-16 应付账款期初余额明细

会计科目：应付账款 余额：贷 276 850 元

日期	凭证号	供应商	摘要	方向	金额	业务员	票号	票据日期
2023-10-20	转-45	联诚	购买原材料	贷	276 850	孙怀庆	C001	2023-10-20

表10-17 生产成本期初余额明细

会计科目：生产成本 余额：借 17 165.74 元

科目名称	杀毒软件	百问ERP多媒体课件	合计
直接材料(410101)	4 000	6 000	10 000
直接人工(410102)	1 500	2 500.74	4 000.74
制造费用(410103)	800	1 200	2 000
其他(410104)	500	665	1 165
合计	6 800	10 365.74	17 165.74

（三）试算平衡

保证期初试算平衡，对账平衡。

（四）备份账套

备份账套数据，账套名称为“任务三（学号）”。

任务四 总账系统日常业务处理

一、任务内容

1. 定义常用摘要。
2. 根据业务进行凭证填制、审核、出纳签证及记账。
3. 备份/引入账套数据。

二、任务要求

1. 以“王贺雯”的身份进行凭证填制、凭证查询操作。

2. 以“任小慧”的身份进行出纳签字，库存现金、银行存款日记账和资金日报表的查询，支票登记。

3. 以“01”的身份进行审核、记账、账簿查询操作。

4. 将计算机日期调整至2024年1月31日。

三、任务资料

（一）定义摘要

定义常用摘要“从工行提现金”。

（二）凭证管理

1. 填制凭证

1月经济业务如下：

（1）2日，销售一部蒋群报销业务招待费1 200元，以现金支付。（附单据一张）

（2）3日，财务部任小慧从工行提取现金10 000元，作为备用金。（现金支票号XJ001）

（3）5日，收到兴华集团投资资金10 000美元，汇率1∶6.75。（转账支票号ZZW001）

（4）8日，采购部孙怀庆采购复印纸200包，每包15元，材料直接入库，货款以银行存款支付。（转账支票号ZZR001）

（5）12日，销售一部蒋群收到北方管理软件学院转来的一张转账支票，金额99 600元，用以偿还前欠货款。（转账支票号ZZR002）

（6）14日，采购部孙怀庆从联诚购入杀毒软件100套，单价120元，货税款暂欠，已验收入库。（适用税率13%）

（7）16日，企管办购办公用品190元，付现金；支付车间水电费5 000元，付现金。

（8）18日，企管办魏振东出差归来，报销差旅费2 000元，交回现金200元。

（9）20日，生产部领用光盘500张，单价2元，用于生产百问ERP多媒体课件。

（10）21日，销售二部江黎销售给创远系统集成公司杀毒软件50套，单价200元；百问ERP多媒体课件50套，单价150元；工商管理案例集200册，单价50元，开具增值税专用发票，税率13%，货款未收到，货物已全部办理出库并发货完毕。

2. 修改凭证

（1）经查，16日企管办购办公用品费用应为190元，误录为170元。

（2）经查，14日采购部系从供应商“大众”购入杀毒软件100套。

3. 删除凭证

经查，2日蒋群报销的业务招待费属个人消费行为，不允许报销，现金已追缴，业务上不再反映。

4. 出纳签字

由出纳任小慧对所有涉及现金和银行科目的凭证签字。

5. 审核凭证

由账套主管对凭证进行审核。

6.记账

由账套主管对凭证进行记账。测试系统提供的取消记账功能，然后重新记账。

7.查询凭证

查询现金支出在100元以上的凭证。

（三）账簿查询

每题均需截图保存。

1.查询2024.01余额表。

2.查询原材料-光盘数量金额式明细账。

3.定义并查询管理费用多栏账。

4.查询2024.01部门收支分析表。

5.查询企管办魏振东个人往来情况。

（四）现金管理

每题均需截图保存。

1.查询现金日记账。

2.查询资金日报。

3.登记支票登记簿。

（五）往来账查询

每题均需截图保存。

1.查询供应商-大众明细账。

2.进行客户往来账龄分析。

（六）项目账查询

每题均需截图保存。

1.查询ERP模拟体验光盘项目明细账。

2.进行项目统计分析。

（七）备份及恢复账套数据

将账套命名为“任务四（学号）”。

任务五　薪资管理系统业务处理

一、任务内容

1.建立账套。

2.部门及人员档案设置。

3.公式设置、工资分摊、计提工资及月末处理。

4.备份/引入账套数据。

二、任务要求

1. 以账套主管的身份进行薪资账套的建立及初始设置。
2. 以工资类别主管王贺雯的身份进行工资日常业务处理。
3. 将计算机日期调整至2024年1月31日。

三、任务资料

（一）建立薪资账套

工资类别个数：多个；核算币种：人民币RMB；要求代扣个人所得税；不进行扣零处理；人员编码长度：3位；启用日期：2024年1月1日。

（二）基础信息设置

1. 人员类别设置

管理人员、经营人员、车间管理人员、生产工人。

2. 人员附加信息设置

增加“性别”“身份证号”作为人员附加信息。

3. 工资项目设置

工资项目设置见表10-18。

表10-18　工资项目设置

项目名称	类型	长度	小数位数	增减项
基本工资	数字	8	2	增项
奖励工资	数字	8	2	增项
交补	数字	8	2	增项
应发合计	数字	10	2	增项
请假扣款	数字	8	2	减项
养老保险金	数字	8	2	减项
扣款合计	数字	10	2	减项
实发合计	数字	10	2	增项
代扣税	数字	10	2	减项
请假天数	数字	8	0	其他

4. 工资类别及相关信息

（1）工资类别：正式人员。

部门选择：所有部门。

工资项目：基本工资、奖励工资、交补、应发合计、请假扣款、养老保险金、扣款合计、实发合计、代扣税、请假天数。

工资项目的定义公式和人员档案分别见表10-19和表10-20。

表10-19 工资项目的定义公式

工资项目	定义公式
请假扣款	请假天数*20
养老保险金	基本工资*0.05
交补	iff(人员类别="管理人员" or 人员类别="车间管理人员",300,150)

表10-20 人员档案

人员编号	人员姓名	部门名称	人员类别	账号	中方人员	是否计税
101	魏振东	企管办	管理人员	20080010001	是	是
201	学生自己	财务部	管理人员	20080010002	是	是
202	王贺雯	财务部	管理人员	20080010003	是	是
203	李扬	财务部	管理人员	20080010004	是	是
204	任小慧	财务部	管理人员	20080010005	是	是
301	孙怀庆	采购部	管理人员	20080010006	是	是
401	蒋群	销售一部	经营人员	20080010007	是	是
402	江黎	销售二部	经营人员	20080010008	是	是
501	孟涛	生产部	车间管理人员	20080010009	是	是
502	吴强	生产部	生产工人	20080010010	是	是

注：以上所有人员的代发银行均为中国工商银行上地分理处。

（2）工资类别：临时人员。

部门选择：生产部。

工资项目：基本工资、请假扣款、请假天数。

人员档案见表10-21。

表10-21 人员档案

人员编号	人员姓名	部门名称	人员类别	账号	中方人员	是否计税
503	罗江	生产部	生产工人	20080010011	是	是
504	刘青	生产部	生产工人	20080010012	是	是

5.银行名称

中国工商银行上地分理处；账号定长为11。

6.权限设置

设置“王贺雯”为两个工资类别的主管。

（三）工资数据

1.1月份人员工资情况

正式人员工资情况见表10-22。

表10-22　　正式人员工资情况

姓 名	基 本 工 资	奖 励 工 资
魏振东	5 000	500
学生自己	3 000	300
王贺雯	2 000	200
李扬	2 500	250
任小慧	2 000	200
孙怀庆	3 000	300
蒋群	4 500	450
江黎	3 000	300
孟涛	2 500	250
吴强	1 500	150

临时人员工资情况见表10-23。

表10-23　　临时人员工资情况

姓 名	基 本 工 资
罗江	1 800
刘青	1 200

2.1月份工资变动情况

（1）考勤情况：李扬请假2天；孙怀庆请假1天；罗江请假3天。

（2）因需要，决定招聘李力（编号505）到生产部担任生产人员，以补充力量，其基本工资2 000元，无奖励工资，代发工资银行账号：20080010013。

（3）因去年销售一部推广产品业绩较好，每人增加奖励工资200元。

（四）代扣个人所得税

个人所得税税率表见表10-24。

表10-24 个人所得税税率表

（居民个人工资、薪金预扣预缴适用）

级数	预扣预缴应纳税所得额	预扣率	速算扣除数(元)
1	不超过36 000元的部分	3%	0
2	超过36 000元至144 000元的部分	10%	2 520
3	超过144 000元至300 000元的部分	20%	16 920
4	超过300 000元至420 000元的部分	25%	31 920
5	超过420 000元至660 000元的部分	30%	52 920
6	超过660 000元至960 000元的部分	35%	85 920
7	超过960 000元的部分	45%	181 920

（五）工资分摊

生成3张凭证传递给总账系统。

应付职工薪酬总额等于工资项目“实发合计”，工会经费以此为计提基数。工资费用分配的转账分录（科目自行填写）见表10-25。

表10-25 工资费用分配的转账分录

部门 \ 工资分摊		工资		工会经费(2%)	
		借方	贷方	借方	贷方
企管办、财务部、采购部	管理人员				
销售部	经营人员				
生产部	车间管理人员				
	生产工人				

（六）查询凭证

薪资系统当月结账。

（七）备份及恢复账套数据

将账套命名为“任务五（学号）”。

任务六 固定资产系统业务处理

一、任务内容

1. 选项设置。
2. 初始设置。

3.原始卡片录入、日常业务处理及期末业务处理。
4.备份/引入账套数据。

二、任务要求

1.以账套主管的身份进行账套的建立及初始设置。
2.以王贺雯的身份进行固定资产管理。
3.将计算机日期调整至2024年1月31日。

三、任务资料

（一）初始设置

1.控制参数（见表10-26）。

表10-26　控制参数

控制参数	参数设置
约定与说明	我同意
启用月份	2024.01
折旧信息	本账套计提折旧 折旧方法:平均年限法(二) 折旧汇总分配周期:1个月 当(月初已计提月份=可使用月份-1)时,将剩余折旧全部提足
编码方式	资产类别编码方式:2 1 1 2 固定资产编码方式: 按“类别编码+部门编码+序号”自动编码 卡片序号长度:3
账务接口	与账务系统进行对账 对账科目: 固定资产对账科目:固定资产 累计折旧对账科目:累计折旧
补充参数	业务发生后立即制单 月末结账前一定要完成制单登账业务 固定资产缺省入账科目:固定资产 累计折旧缺省入账科目:累计折旧

2.资产类别（见表10-27）。
3.部门及对应折旧科目（见表10-28）。

表10-27 资产类别

编码	类别名称	净残值率	单位	计提属性
01	交通运输设备	4%		正常计提
011	经营用交运设备	4%	辆	正常计提
012	非经营用交运设备	4%	辆	正常计提
02	电子设备及其他通信设备	4%		正常计提
021	经营用电子及通信设备	4%	台	正常计提
022	非经营用电子及通信设备	4%	台	正常计提

表10-28 部门及对应折旧科目

部门	对应折旧科目
企管办、财务部、采购部	管理费用/折旧费
销售部	销售费用/折旧费
生产部	制造费用/折旧费

4.增减方式的对应入账科目（见表10-29）。

表10-29 增减方式的对应入账科目

增减方式目录	对应入账科目
增加方式	
直接购入	工行存款
减少方式	
毁损	固定资产清理

5.原始卡片（见表10-30）。

（二）日常业务

均需生成凭证传递给总账系统。

1.1月21日，财务部购买扫描仪一台，价值1 500元，净残值率4%，预计使用年限5年。

2.1月23日，对轿车进行资产评估，评估结果为原值“200 000元”，累计折旧“45 000元”。

3.1月16日，企管办的轿车添置新配件10 000元。（转账支票号ZZR005）

4.1月27日，企管办的传真机转移到采购部。

5.1月31日，计提本月折旧费用。

6.1月31日，生产部毁损计算机一台。

表10-30　原始卡片

固定资产名称	类别编号	所在部门	增加方式	可使用年限	开始使用日期	原值（元）	累计折旧（元）	对应折旧科目名称
轿车	012	企管办	直接购入	6	2022.11.01	215 470	37 254.75	管理费用/折旧费
笔记本电脑	022	企管办	直接购入	5	2022.12.01	28 900	5 548.80	管理费用/折旧费
传真机	022	企管办	直接购入	5	2022.11.01	3 510	1 825.20	管理费用/折旧费
计算机	021	生产部	直接购入	5	2022.12.01	6 490	1 246.08	制造费用/折旧费
计算机	021	生产部	直接购入	5	2022.12.01	6 490	1 246.08	制造费用/折旧费
合计						260 860	47 120.91	

注：净残值率均为4%，使用状况均为“在用”，折旧方法均采用平均年限法（二）。

（三）期末业务

与总账系统对账平衡，结账。

（四）备份账套数据

账套名称为“任务六（学号）”。

任务七　总账系统期末业务处理

一、任务内容

1.银行对账。
2.期末转账定义及转账生成。
3.期末业务处理、对账和结账。
4.备份/引入账套数据。

二、任务要求

1. 以“任小慧”的身份进行银行对账操作。
2. 以“王贺雯”的身份进行自动转账操作。
3. 以“学生自己”的身份进行审核、记账、对账、结账操作。
4.将计算机日期调整至2024年1月31日。

三、任务资料

（一）银行对账

1.银行对账期初

金叶科技银行账的启用日期为2024/01/01，工行人民币户企业日记账调整前余额为

211 057.16元，银行对账单调整前余额为233 829.16元，未达账项一笔，系银行已收企业未收款22 772元。

2.银行对账单

1月份银行对账单见表10-31。

表10-31 1月份银行对账单

日期	结算方式	票号	借方金额	贷方金额
2024.01.03	201	XJ001		10 000
2024.01.06				60 000
2024.01.08	202	ZZR001		3 000
2024.01.14	202	ZZR002	99 600	

（二）自动转账定义

1.自定义结转

（1）计提短期借款利息（年利率8%）。

借：财务费用（利息支出JG（ ）取对方科目计算结果）

贷：应付利息（短期借款（2101）科目期末余额*8%/12）

（2）制造费用结转。

“杀毒软件”和“百问ERP多媒体课件”各承担50%，计入产品成本。

（3）完工产品入库。

“杀毒软件”30套，单价160元；“百问ERP多媒体课件”90套，单价100元。

（4）销售成本结转。

如日常业务已做结转，此步骤省略；如日常业务未结转，须做本题。

2.期间损益结转

（1）结转收入类科目至“本年利润”科目。

（2）结转支出类科目至“本年利润”科目。

（三）自动转账生成

1.生成上述定义的自定义凭证，并审核、记账。

2.生成期间损益结转凭证，并审核记账。

（四）计提所得税

如盈利，计提所得税，并结转；如亏损，本题不用做。

（五）结转“本年利润”

结转“本年利润”科目余额到“利润分配”科目。

（六）对账

（七）结账

确保薪资管理、固定资产系统均结账，总账最后结账。

（八）备份账套数据

账套名称为“任务七（学号）”。

任务八　财务报表系统业务处理

一、任务内容

1. 表格绘制。
2. 公式定义。
3. 报表生成与核对。
4. 备份/引入账套数据。

二、任务要求

1. 以账套主管的身份进行报表管理操作。
2. 将计算机日期调整至2024年1月31日。

三、任务资料

1. 自定义报表——简易货币资金表

（1）格式设计见表10-32。

表10-32　简易货币资金表

编制单位：　　年　月　日　　单位：元

资产	期初数	期末数
库存现金		
银行存款		
合计		

会计主管：　　制表人：

要求如下：报表标题居中；报表各列等宽，宽度为40毫米；D8单元设置为字符型。

（2）生成2024年1月31日的简易货币资金表。

2. 资产负债表和利润表

利用报表模板生成资产负债表、利润表。

3. 保存报表

将3张表保存为："1月资产负债表（学号）"、"1月利润表（学号）"和"1月简易货币资金表（学号）"。

参考文献

[1] 牛永芹. ERP财务业务一体化实训教程（用友U8 V10.1版）[M]. 北京：高等教育出版社，2016.

[2] 张丽静. 会计电算化 [M]. 上海：立信会计出版社，2013.

[3] 王忠孝，隋冰. 新编会计信息化 [M]. 5版. 大连：大连理工大学出版社，2014.

微课索引

为了便于学生自主学习，我们针对本教材的重点难点内容制作了以下31个微课，并以二维码的形式添加在本教材中，用手机扫描二维码即可直接观看，括号内标注了二维码的具体页码。